高职学生创新创业教程

主　编　哈申图雅　李伟树

副主编　崔　文　付国宏　哈斯巴特尔

　　　　李国章　刘赫男

编　委　石丽艳　车力木格　刘湘君　魏斌

　　　　颜岩　白布日其其格　杨振喜　吴永胜

北京理工大学出版社

BEIJING INSTITUTE OF TECHNOLOGY PRESS

内容简介

本书按照"理念—方法—实践"的主线展开,"方法""理论""实践"三者构成一个有机系统,涵盖了创业活动的多个层面和所有活动。全书共 12 章,主要介绍了创新创业、创业素质认知、创业项目与资源分析、创业团队的组建、市场调研、产品设计与创新、商业模式设计、市场营销、创业融资、创业计划与商业计划书撰写、新创企业管理和大学生创业案例分析等内容。

本书适合作为高等职业院校创新创业课程的教材,也可供创业者学习和参考。

图书在版编目(CIP)数据

高职学生创新创业教程/哈申图雅,李伟树主编 . —北京:北京理工大学出版社,2016.8
(2018.7重印)

ISBN 978 - 7 - 5682 - 2996 - 8

Ⅰ.①高…　Ⅱ.①哈…②李　Ⅲ.①创业 - 高等职业教育 - 教材　Ⅳ.①G717.38

中国版本图书馆 CIP 数据核字(2016)第 204014 号

出版发行／北京理工大学出版社有限责任公司
社　　址／北京市海淀区中关村南大街 5 号
邮　　编／100081
电　　话／(010)68914775(总编室)
　　　　　　(010)82562903(教材售后服务热线)
　　　　　　(010)68948351(其他图书服务热线)
网　　址／http://www.bitpress.com.cn
经　　销／全国各地新华书店
印　　刷／北京泽宇印刷有限公司
开　　本／787 毫米×1092 毫米　1/16
印　　张／18　　　　　　　　　　　　　　　　　　　　责任编辑／高　芳
字　　数／414 千字　　　　　　　　　　　　　　　　　文案编辑／高　芳
版　　次／2016 年 8 月第 1 版　2018 年 7 月第 4 次印刷　责任校对／周瑞红
定　　价／58.00 元　　　　　　　　　　　　　　　　　责任印制／王美丽

前　　言

创新创业是建立在创新基础上的创业，但是创新受到人们现有认知、行为习惯等方面的影响，阻碍对创新的接受，使得创新创业会面临比传统创业更高的风险。我们编写的《高职学生创新创业教程》在创业关键环节上指导更加深入，方法更加具体，案例更加充实，具有以下特点：

第一，立足理念介绍。本书着力于创业先进理念的介绍，并将创业与企业管理、市场营销等相结合，实现了把近年来该领域的新理论、新理念引入的目标。本书多次强调，拥有正确的创业理念是做好创业基础学习的关键。

第二，突出方法指导。本书在着重强调理念的同时，注重创业所需方法的介绍。一方面，详细分析了创业基础所需要的市场调研、产品设计、商业模式制定、营销组合构建等方法的应用。另一方面，对大学生比较关心的创业计划书写作、财务融资的来源、创业案例的详细剖析等也做了系统回答。

第三，面向实践使用。本书注重对实践的指导，通过案例分析、行业分析等强化了理念和方法的实践应用，可以直接辅助于创业活动的开展和相应得管理。尤其在主要案例分析上，本书选取两个具有"互联网"、"众筹"等时代特征真实的案例，是主编作为指导老师全程指导的创业案例。

第四，强调系统整合。"理念 – 方法 – 实践"是主编在写作教科书的一贯主张，且在其他教科书中有较为成功的应用。为切实做到这一点，在"理念"介绍之后，"方法"的引入是为了"理论"的实现，而"实践"的引入是"理论"和"方法"的具体运用。这样，三者构成一个有机系统，涵盖了创业活动的多个层面和所有活动。

编者

2016 年 8 月 9 日

目　　录

第一章 创新与创业

【内容提要】

什么是创新？创新的意义何在？什么是创业？创业有哪些类型？创业的要素和过程是怎样的？创业能为个人发展带来什么好处？当今创业的时代背景是怎样的？这些都是我们在确定创业之前必须认真思考的问题。本章正是从这些问题入手，为您开启创业之门，并为后续的创业学习奠定基础。

【引导案例】

"驴妈妈"：把自助游的流量导向景点

"驴妈妈"是洪清华的第三次创业。他的生意始终未离开过"旅游"二字。第一次创业是在北京，他跟朋友创办了达沃斯巅峰旅游景观设计中心，如今这家公司已经成为具备全国旅游规划甲级资质的单位。第二次创业是2004年他在上海创办奇创旅游规划设计机构（以下简称"奇创"）。该机构曾为三亚、漓江、千岛湖等旅游地做过规划。但是，真正让洪清华声名在外的，还是面向大众的B2C网站"驴妈妈"。

向抱怨要商机

洪清华一直认为，抱怨最多的地方必然存在巨大商机。游客对旅行社意见很大。他们反感所有的门票被打包，厌恶被带到指定商店买高价的劣质商品。景区对旅行社是又爱又恨：爱的是旅行社能带来门票收入，而恨的是旅行社不能带动周边消费。那个时候的市场是从观光游向休闲游过渡的时期，有大量的休闲设施建成。

洪清华判断，"未来一定是自驾游、自助游的游客激活景点的周边消费"。买一张门票游玩之后，游客还要住下来，晚上喝点咖啡，品尝一下景点周边的特色餐饮，悠哉地待上两三天。洪清华坚持认为，景区门票一定要打折，让"驴友"过来之后产生综合消费、二次消费的价值远远大于一次性购买门票的价值。

其实，洪清华的这个想法诞生于2005年，但他真正付诸行动是在2008年。为什么要推迟3年才行动？很重要的原因是，他在等待自助游市场的爆发。

2008年电子商务慢慢热起来。在旅游行业摸爬滚打多年的洪清华感觉"散客潮"的时代即将来临，将"电子商务潮"和"散客潮"两股热潮整合起来，一定能产生很好的商业模式。洪清华没选择跟团游，也没选择机票、酒店作为切入口，而是大胆地选择了从来无人涉足的自助游市场进入。

"领先一步可能是先烈，领先半步就是先锋"。作为第一个"吃螃蟹"的人，洪清华坚持通过电子商务平台向全国各地的自助游旅客卖门票。这也成为"驴妈妈"跟途牛、悠哉等众多旅游网站最大的区别。洪清华解释说，"驴妈妈"尽管是一家综合性旅游网站，但80%的业务是卖自助游产品，比如当季主打产品、"开心驴行"等，而其余的20%是卖跟团游产品。洪清华坚信："我们的核心业务一定是自助游和门票。"

起步阶段的确艰难。景点服务商接受电商模式和打折门票需要一个循序渐进的过程。好在"驴妈妈"有先发优势，还有在奇创旅游规划咨询机构（简称"奇创"）做景区规划时结识的一些景区服务商。洪清华以免费的形式鼓励服务商到"驴妈妈"平台上做尝试，派市场人员苦口婆心地一遍遍沟通，做思想工作。"先有产品，然后再拿产品吸引游客，而且少量的产品是没有用的，起码得有1 000家供应商。"这是洪清华当时说服景点服务商的理由。

与传统区域性门票代理商不同，"驴妈妈"是面向全国的分销平台。经过一年时间的市场培育，"驴妈妈"的票务分销平台签了1 000多家代理商。这时的"驴妈妈"迎来了首轮融资。为了让更多"驴友"知道"驴妈妈"，洪清华开始大力推广网站。

B2B2C 全三角

2010年年初，当网站有四五千家景点之后，"驴妈妈"已经具备不小的知名度。一个"黄金周"能为某些景点输送游客几万人次。当营业额和订购数量开始形成规模后，"驴妈妈"仅向游客输送门票产品的模式显得越来越单薄。"游客抱怨餐饮不好，抱怨没有导游，抱怨旅游时在当地人生地不熟，等等。这些都是商机。"这时，洪清华开始不断丰富电商平台产品，为驴友提供度假酒店、餐饮、娱乐、租车、导游等自助游产品。他们还在三亚、黄山、厦门等旅游目的地开设分公司，服务当地游客。

业务发展过程中，洪清华发现，在中国的旅游产业链上，景区运营水平参差不齐，管理水平有很大提升空间。这时，洪清华的几大业务板块逐步显现。他通过成立景城国际旅游运营集团打通了旅游产业链。集团旗下景城旅游发展有限公司专做景区运营管理，而景城旅游营销有限公司负责景区营销服务。他还创办了"帐篷客"，在景区开设连锁酒店。再加上"奇创"的业务，洪清华在旅游市场可谓"无孔不入"，用他的话来说，形成一个"**B2B2C 全三角**"。

洪清华一边通过"驴妈妈"为自助游游客提供服务，一边帮景区做营销和规划设计等服务。"当为景区做规划设计的时候，景区看到我们的服务很专业，可能就会把相应的资源嫁接过来。'驴妈妈'获取门票等资源后，又可以为游客提供更好、更丰富的产品。所有好的商业价值，一定是实现二次、三次的价值。就像苹果手机，光卖硬件只能赚一部分钱，硬件使用后的服务又能赚大量的钱。"洪清华的道理很简单，不是单纯将"驴妈妈"打造成电子商务公司，而是要将其打造成一家服务型公司。

洪清华首先通过网站把游客送到景区，提取佣金。输送完游客后，再通过旅游营销和规划产生二次价值。"卖服务的收入，已经超过了佣金收入"。这就是洪清华真正的商业模式。

2011年，洪清华明显感觉到了中国自助游市场的蓬勃发展。当时国家旅游局统计数据显示，中国全年出游人数约26亿，大概只有8.2%是跟团游，而剩下的91.8%都是自助游。"今年的'十一'黄金周，30%的游客选择自助游。自助游旅客更多。"洪清华终于等到了"驴妈妈"业务的爆发。

目前，"驴妈妈"已经有了7 000多家打折景点的门票，打折幅度一般在二到八折。他们前前后后得到了江南资本、红杉、鼎晖等机构的三轮投资。今天，在出境旅游还是以跟团游为主流的情况下，洪清华又开始推出出境"自由行"产品。据透露，2013年他们将大力开展全球门票业务。"我要瞄准下一个主流。难点在于市场的成熟和对产品的接受度。"

洪清华的下一个目标是希望再花3～4年的时间，将"驴妈妈"打造成集攻略、点评、公共服务、旅游景点等于一体的电子商务社区。"自助游天下，就找'驴妈妈'"。这是他们的诉求。

（资料来源：创业邦.2012-12.封面故事.编者进行了整理和删减）

思考： ▶▶＞＞＞

1. 你认为洪清华的创业属于什么类型的创业，经历了哪些过程？
2. 洪清华的成功创业取决于哪些要素？
3. 洪清华的哪些创业精神值得我们学习？
4. 洪清华的创业与传统的创业模式有哪些差异，体现了哪些时代背景？

创业是人类最基本的实践活动。从某种意义上说，人类社会发展的历史，就是一部不断创业的历史。通过各个时代人们不断的创业，人类不断地创造新的物质财富和精神财富，来满足自身物质和精神的需要，从而推动社会不断进步，使社会逐步走向文明、昌盛、富强。

1.1 创新的概念与意义

1.1.1 创新的概念

创新是指以现有的思维方式提出区别于常规或常人思路的见解为导向，利用现有知识和物质，在特定环境下，本着理想化需要或为满足社会的需求，而改进或创造新的事物、方法、元素、路径、环境，并且能够获得一定有益效果的行为。

创新是以新思维、新发明和新描述为特征的一种概念化过程。它起源于拉丁语。其原意有3层含义,即更新、创造新的东西和改变。创新,是人类特有的认知能力和实践能力,是人类主观能动性的高级表现形式,是推动民族进步和社会发展的不竭动力。一个民族要想走在时代前列,就一刻也不能没有理论思维,一刻也不能停止理论创新。创新在经济、商业、技术、社会学以及建筑学等领域的研究中都有着举足轻重的分量。在我国,经常用"创新"一词表示改革的结果。改革被视为经济发展的主要推动力,促进创新的因素也被视为至关重要的条件。对于创新概念的理解一般有狭义和广义两个层次。狭义的创新概念立足于把技术和经济结合起来,即创新是一个从新思想的产生到产品设计、试制、生产、营销和市场化的一系列活动。广义的创新概念力求将科学、技术、教育等与经济融汇起来,即创新表现为不同参与者和机构(包括企业、政府、学校、科研机构等)之间交互作用的网络。在这个网络中,任何一个节点都可能成为创新行为实现的特定空间。创新行为因而可以表现在技术、体制或知识等不同层面。

阅读材料

"创新"的定义及其沿革

"创新"一词早在《南宋·后妃传·上·宋世祖殷淑仪》中就曾被提到,意为创立或创造新的东西。《韦氏词典》对"创新"下的定义为:引入新概念、新东西和革新。也就是说,"革故鼎新"(前所未有)与"引入"(并非前所未有)都属于创新。

在国际上,奥地利经济学家约瑟夫·熊彼特是创新理论的奠基人。他最早在1911年出版的德文版《经济发展理论》一书中,就论述了关于经济增长并非均衡变化的思想。此书在1934年被译成英文时,使用了"创新"(innovation)一词。1928年,熊彼特在首篇英文版论文《资本主义的非稳定性》(Instability of Capitalism)中首次提出了创新是一个过程的概念,并于1939年出版的《商业周期》(Business Cycles)一书中比较全面地提出了创新理论。按照熊彼特的观点,所谓"创新",就是建立一种新的生产函数。也就是说,把一种从来没有过的关于生产要素和生产条件的"新组合"引入生产体系。在熊彼特看来,作为资本主义"灵魂"的"企业家"的职能就是实现"创新",引入"新组合"。所谓"经济发展",也是针对整个资本主义社会不断地实现这种"新组合"而言的。熊彼特所说的"创新""新组合"或"经济发展",包括以下5种情况:第一,引进新产品;第二,引用新技术,即新的生产方法;第三,开辟新市场;第四,控制原材料的新供应来源;第五,实现企业的新组织。自20世纪60年代起,管理学家们开始将创新引入管理领域。现代管理大师彼得·德鲁克在《动荡年代的管理》一书中发展了创新理论。他认为,创新的含义是有系统地抛弃昨天,有系统地寻求创新机会,在市场薄弱的地方寻找机会,在新知识萌芽时期寻找机会,在市场的需求和短缺中寻找机会。创新是赋予资源以新的创造财富能力的行为。任何使现有资源的财富创造潜力发生改变的行为,都可被称为创新。他还在《创新与创业精神》一书中提到,创新是企业家的特定工具。他们利用创新改变事实,作为开创其他不同企业或服务项目的机遇。

1.1.2 创新的类型

创新并非少数天才的专利。创新是创业的源泉、本质和灵魂。创新能力是进行创业最重要的资本。创新的类型主要包括：

（1）盈利模式创新

盈利模式创新是指公司寻找全新的方式，将产品和其他有价值的资源转变为现金。这种创新常常会挑战一个行业关于生产什么产品，确定怎样的价格，如何实现收入等问题的传统观念。溢价和竞拍是盈利模式创新的典型例子。

（2）网络创新

在当今高低互联的世界里，没有哪家公司能够独自完成所有事情。网络创新让公司可以充分利用其他公司的流程、技术、产品、渠道和品牌。悬赏或众包等开放式创新方式是网络创新的典型例子。

（3）结构创新

结构创新是通过采用独特的方式组织公司的资产（包括硬件、人力或无形资产）来创造价值。它可能涉及从人才管理系统到固定设备重新配置等方方面面。结构创新的例子包括建立激励机制，鼓励员工朝某个特定目标努力，实现资产标准化，以降低运营成本和复杂性，甚至创建企业大学，以提供持续的高端培训。

（4）流程创新

流程创新涉及公司主要产品或服务的各项生产活动和运营。这类创新需要彻底改变以往的业务经营方式，使公司具备独特的能力，高效运转，迅速适应新环境，并获得领先市场的利润率。流程创新常常是一个企业核心竞争力的重要组成部分。

（5）产品性能创新

产品性能创新是指公司在产品或服务的价值、特性和质量方面进行的创新。这类创新既涉及全新的产品，也包括能带来巨大增值的产品升级和产品线延伸。产品性能创新常常是竞争对手最容易效仿的一类。

（6）产品系统创新

产品系统创新是将单个产品和服务联系或捆绑起来创造出一个可扩展的强大系统。产品系统创新可以帮助公司建立一个能够吸引、取悦顾客的生态环境，抵御竞争者的侵袭。

（7）服务创新

服务创新保证并提高了产品的功用、性能和价值。它能使一个产品更容易被试用和享用；它为顾客展现了他们可能会忽视的产品特性和功用；它能够解决顾客遇到的问题，并弥补产品体验中的不愉快。

（8）渠道创新

渠道创新是指将产品与顾客和用户联系在一起的所有手段。虽然电子商务在近年来成了主导力量，但实体店等传统渠道还是很重要，特别是在创造身临其境的体验方面。这方面的创新老手常常能发掘出多种互补方式，将他们的产品和服务呈现给顾客。

（9）品牌创新

品牌创新有助于顾客和用户识别、记住你的产品，并在面对你和竞争对手的产品或替代品时选择你的产品。好的品牌创新能够提炼一种"承诺"，吸引买主并传递一种与众不同的身份感。

（10）顾客契合创新

顾客契合创新是要理解顾客和用户的深层愿望，并利用这些了解来发展顾客与公司之间富有意义的联系。顾客契合创新开辟了广阔的探索空间，可以帮助人们找到合适的方式把自己生活的一部分变得更加难忘，富有成效，并充满喜悦。

只选择一两种创新类型的简单创新不足以获得持久的成功，尤其是单纯的产品性能创新，很容易被模仿、超越。创新主体只有综合应用上述多种创新类型，才能打造可持续的竞争优势。

1.2　创业的定义与类型

 ### 1.2.1　创业的定义

创业的原意是"创立基业"或者"建功立业"。《辞海》对创业的解释就是"开创基业"。"创业"一词最早出现于《孟子·梁惠王下》，即"君子创业垂统，为可继也"，将创建功业与一脉相承、流传后世联系起来。创业一词由"创"和"业"组成。"创"一般指创建、创新、创立、创造、创意，而"业"一般是指学业、业务、工作，专业、就业、转业、事业，财产、家业等。由此可以看出，创业有丰富的内涵，不单单是创办企业。

对于创业，不同的学者从不同的角度出发有着不同的解释。有人认为，创业是创业者对自己拥有的资源或通过努力能够拥有的资源进行优化整合，从而创造出更大经济或社会价值的过程。还有人认为，创业是一种劳动方式，是一种需要创业者运营、组织、运用服务、技术、器物进行思考、推理和判断的行为。全球创业研究和创业教育的开拓者杰夫里·蒂蒙斯教授认为："创业是一种思考、推理和行为方式。这种行为方式是机会驱动、方法注重和与领导相平衡。创业导致价值的产生、增加、实现和更新，不只是为所有者，也为所有参与者和利益相关者。"当代管理大师彼得·德鲁克认为："任何敢于面对决策的人，都可能通过学习成为一个创业者并具有创业精神。创业是一种行为，而不是个人的性格特征。"创业是一种可以组织并且是需要组织的系统性工作。

借鉴以上各种定义，并结合现实创业实践内容，在这里，我们将开创新事业，或扩大现有的生产规模，或改变现有的经营模式都归结为创业。

 ### 1.2.2　创业类型

随着创业活动的日益广泛，创业活动的类型也呈现出多样化的趋势。了解创业类型，比较不同类型创业活动的特点，有助于我们更好地理解、开展创业活动。创业类型的划分方式有很多，所依据的标准也不尽相同。在这里，我们从不同的维度出发，以全面的视角看待创业，对创业的类型进行划分。

（1）依创业目的可将其分为机会型创业和生存型创业

机会型创业是指创业的出发点并非谋生，而是为了抓住、利用市场机遇。它以市场机会为目标，以创造新的需要或满足潜在需求为目标，因而会带动新产业发展。生存型创业是指为了谋生而自觉或被迫地创业，大多偏于尾随和模仿，因而往往会加剧市场竞争。

（2）依创业起点可将其分为创建新企业和既有组织内创业

创建新企业是指创业者从无到有地创建全新企业的过程。这个过程充满机遇和刺激，但风险和难度也大。创业者往往缺乏足够的资源、经验和支持。既有组织内创业是指在现有组织内的有目的的创新过程。以企业组织为例，可指公司由于产品、营销以及组织管理体系等方面的原因，在企业内进行重新创建的过程。

（3）依创业者数量可将其分为独立创业和合伙创业

独立创业是指创业者独自创办自己的企业。其特点在于产权归创业者个人所有，而且企业由创业者自由掌控，决策迅速；但创业者要独自承担风险，创业资源整合比较困难，并且受个人才能限制。合伙企业是指与他人共同创办企业。其优势和劣势正好与独立创业相反。

（4）依创业项目性质可将其分为传统技能型、高新技术型和知识服务型创业

传统技能型创业是指使用传统技术、工艺的创业项目，如酿酒、饮料、中药、工艺美术片等。这些独特的传统技能项目在市场上表现出经久不衰的竞争力。高新技术型创业是指知识密集度高，带有前沿性和研究开发性质的新技术、新产品创业项目。例如，将航天等高新技术领域的成果实现产业化，形成新产品。微波炉进入千家万户就是最好的例子。知识服务型创业是指为人们提供知识、信息等内容的创业项目。当今社会，会计师事务所、工程咨询公司等各类知识性咨询服务机构不断细化并增加。这类项目投资少，见效快，竞争也日渐激烈。

（5）依创业方向和风险可将其分为依附型、尾随型、独创型和对抗型创业

依附型创业可分为两种情况：一是依附于大企业或产业链而生存，在产业链中明确自己的角色，为大企业提供配套服务。二是特许经营权的使用。例如，利用知名品牌效应和成熟的经营管理模式，通过连锁、加盟等方式进行创业。尾随型创业，即模仿他人创业。行业内已经有同类企业或类似经营项目。新创企业尾随他人之后，学着别人做。独创型企业是指提供的产品和服务能够填补市场空白，大到独创商品，小到商品的某种技术，如环保洗衣粉等。对抗型创业是指进入其他企业已经形成垄断地位的某个市场，与之对抗较量。

（6）依创业方式可将其分为复制型创业、模仿型创业、安定型创业和冒险型创业

依创业方式可分为4种情况：复制型创业是在现有经营模式的基础上进行简单复制的过程。例如，某人原本在一家化工品制造企业担任生产部经理，后来离职创立一家与原化工品制造企业相似的新企业，且生产的产品和销售渠道与离职前的那家企业相似。模仿型创业是一种在借鉴现有成功企业经验基础上进行的重复性创业。这种创业虽然很少给顾客带来新创造的价值，创新的成分也很低，但对创业者自身命运的改变还是较大的。例如，某软件工程师辞职后，模仿别人开一家饮食店。这种形式的创业具有较高的不确定性，学习过程长，犯错误的机会多，试错成本也较高。不过，创业者如果具有较高的素质，那么只要他得到专门的系统培训，注意把握市场进入契机，创业成功的可能性也比较大。安定型创业是一种在比较熟悉的领域所进行的不确定因素较小的创业。例如，企业内的研发团队在开发完成一项新产品之后，继续在该企业内开发另一款新的产品。这种创业形式强调的是个人创业精神的最

大限度的实现，而不是对原有组织结构进行设计和调整。冒险型创业是一种在不熟悉的领域进行的不确定性较大的创业。这种创业除了对创业者具有较大的挑战，并给其带来很大的改变外，其个人前途的不确定性也很高。通常情况下，那些以创新的方式为人们提供具有自主知识产权的新产品、新服务的创业活动，便属于这种类型的创业。

（7）依创业主体可将其分为个体创业和公司创业

根据创业活动主体的不同，创业可划分为个体创业和公司创业。个体创业主要指不依附于某一特定组织而开展的创业活动。公司创业主要指在已有组织内部发起的创业活动。这种创业活动既可以由组织自上而下发动，也可以由员工自下而上推动，但无论推动者是谁，公司内的员工都有机会通过主观努力参与其中，并在这种创业中获得报酬，得到锻炼。从创业本质来看，个体创业与公司创业有许多共同点，但是由于创业主体在资源、禀赋、组织形态和战略目标等方面各不相同，因而两者在创业的风险承担、成果收获、创业环境、创业成长等方面存在较大差异。两者的主要差异见表1-1。

表1-1 个体创业和公司创业的主要差异

个体创业	公司创业
● 创业者承担风险	● 公司承担风险，而不是与个体相关的生涯风险
● 创业者拥有商业概念	● 公司拥有概念，特别是与商业概念有关的知识产权
● 创业者拥有全部或者大部分事业	● 创业者或许拥有公司的权益，但可能只是一小部分
● 从理论上说，创业者的潜在回报是无限的	● 在公司内，创业者所能获得的潜在回报是有限的
● 个体的一次失误可能意味着整个创业失败	● 公司拥有更多的容错空间，能够吸纳失败
● 受外部环境波动的影响较大	● 受外部环境波动的影响较小
● 创业者具有相对独立性	● 公司内部的创业者更多受团队的牵制
● 在过程、试验和方向的改变上具有灵活性	● 公司内部的规划、程序和官僚体系会阻碍创业者的策略调整
● 决策迅速	● 决策周期长
● 低保障	● 高保障
● 缺乏安全网	● 有一系列安全网
● 在创业主意上，可以沟通的人较少	● 在创业主意上，可以沟通的人较多
● 至少在创业初期，存在有限的规模经济和范围经济	● 能够很快实现规模经济和范围经济
● 严重的资源局限性	● 在各种资源的占有上都有优势
（资料来源：Morris M.，Kuratko D. *Corporate Entrepreneurship.* Harcourt College Publishers，2002）	

1.3 创业的过程与阶段

一般而言，创建新企业是一个充满挑战，甚至非常痛苦的过程。在未知的不确定的情况下投入自己的积累，对创业者来说，其面临的压力可想而知，付出的心智和汗水将不计其数。创业过程涉及许多活动和行为，但最重要的环节在于企业与它最佳的市场机会相适应。换言之，创业过程主要是企业为实现其任务和目标而发现、分析、选择并利用市场机会的管理过程。按照时间顺序，创业过程可分为分析市场机会、选择目标市场、设计市场营销组合，以及管理创业活动4个阶段，如图1-1所示。

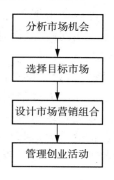

图1-1 创业的过程

（1）分析市场机会

分析市场机会既是创业过程的核心，也是创业管理的关键环节。通俗地说，市场机会是指未满足的需要。哪里有未满足的需要，哪里就有市场机会。分析市场机会包括寻找发现市场机会和评估市场营销机会两个方面的活动。

寻找发现市场机会是企业分析市场机会的必要前提。寻找发现市场机会包括以下3种方式：第一，分析企业的营销环境，找出有利和不利的因素。企业要学会从宏观和微观的营销环境中及时识别市场机会，发觉其中的有利和不利的因素。第二，广泛收集市场信息。建立完善的市场营销信息系统，开展经常性的调查研究工作，是企业收集信息的重要途径。通过市场调研寻找发现未满足的需要。第三，制造机会。制造营销机会在于能对营销环境变化做出敏捷的反应，善于在许多寻常事物中迸发灵感，巧于利用技术优势开发出新产品。

评估市场营销机会是企业分析市场机会的重要基础。市场营销机会是指对企业的营销具有吸引力的、企业在此能享有竞争优势和差别利益的环境机会。市场机会能否成为企业的营销机会要具备3个条件：一，它是否与企业的任务和目标一致；二，它是否符合企业的资源条件；三，企业利用该机会是否能享有更大的差别利益。

（2）选择目标市场

选择目标市场是企业创业过程中面临的一个重要问题。任何企业都没有足够的人力资源和资金满足整个市场或追求过分大的目标。只有扬长避短，找到有利于发挥本企业现有的人、财、物优势的目标市场，才不至于在庞大的市场上瞎撞乱碰。

选择目标市场主要包括以下4个步骤：第一，预测市场需求量。市场需求预测是在市场调研的基础上，运用科学的理论和方法，对未来一定时期的市场需求量及影响需求诸多因素进行分析研究，寻找市场需求发展变化的规律。一般采用定性预测和定量预测两种方法。第二，市场细分化。通过市场调研，依据消费者的需要和欲望、购买行为和购买习惯等方面的差异，把某一产品的市场整体划分为若干消费者群的市场分类过程。每一个消费者群就是一个细分市场，而每一个细分市场都是具有类似需求倾向的消费者构成的群体。第三，市场目标化。在评估完各个细分市场后，选择合适的细分市场作为目标市场。第四，市场定位。根据市场的竞争情况和企业的条件，确定企业产品在目标市场上的竞争地位。具体地说，就是在目标顾客的心目中为产品创造一定的特色，赋予一定的形象，以适应顾客一定的需要和偏好。

（3）设计市场营销组合

营销组合是企业的综合营销方案，即企业根据目标市场的需要和自己的市场定位，对自己可控制的各种营销因素（产品、价格、渠道、促销等）和优化组合进行综合运用。设计市场营销组合主要以4P营销理论为依据。

4P营销理论被归结为4个基本策略的组合，即产品策略，主要是指企业以向目标市场提供各种适合消费者需求的有形和无形产品的方式吸引消费者的方式；价格策略，是企业以按照市场规律制定价格和变动价格等方式更好地影响企业的销售量，从而获得最大利润的策略；渠道策略，主要是指企业以合理选择分销渠道和组织商品实体流通的方式实现其营销目标；促销策略，主要是指企业以利用各种信息传播手段刺激消费者的购买欲望，以促进产品销售的方式实现其利润增长的手段。

（4）管理创业活动

管理创业活动包括计划、组织、执行和控制营销工作等一系列过程。计划是指制订支持创业的计划。组织是指协调所有创业人员的工作，同其他部门密切配合，组织创业资源的使用。执行和控制是指执行营销计划，利用控制系统控制意想不到的事发生，以实现创业的目标。

1.4 创业的要素

创业是一项非常艰苦的事业，亦是一个复杂和复合的系统。创业需要多种条件、资源和要素。通常来说，创业的关键包括3个要素，即机会、团队和资源。

1.4.1 创业要素的内容

（1）创业机会

创业机会往往是新的市场需求，或者是需求大于供给的市场需求，或者是可以开辟新产品的市场需求。这样的市场需求并非只有创业者认识到了，其他的竞争者也许也会很快加入竞争的行列。因此，并不是每一个创业者都需要付出行动去满足它。

（2）创业团队

创业团队并不是一群人的简单组合，而是一个特殊的群体。它要求团队成员能力互补，拥有共同的愿景和价值观，通过相互信任、自觉合作、积极努力而凝聚在一起，并且团队成员愿意为共同的目标奉献自己，发挥自己最大的潜能。

（3）创业资源

创业资源是指初创企业在创造价值的过程中需要的特定资产，其中包括有形与无形的资产。它是新创企业创立和运营的必要条件，主要形式表现为人才、资本、机会、技术和管理等。

1.4.2 要素之间的关系

有着"创业教育之父"美誉的杰弗里·蒂蒙斯（Jeffry A. Timmons）在长期研究的基础上，提出了创业要素模型——蒂蒙斯模型，见图1-2。

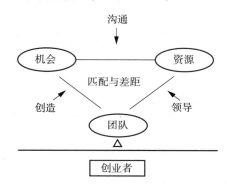

图1-2 蒂蒙斯模型

蒂蒙斯模型在创业领域有着深远的影响。首先，该模型简洁明了，提炼出创业的关键要素：机会、创业者及其创业团队、资源。这3个要素是任何创业活动都不可或缺的。若没有机会，创业活动就成了盲目的行动，根本谈不上创造价值；机会普遍存在，但若没有创业者识别和开发机会，创业活动也不可能发生；合适的创业者把握住合适的机会，还需要有资源。若没有资源，机会就无法被开发利用。

其次，该模型突出了要素之间匹配的思想。这对创业来说十分重要。蒂蒙斯认为，在创业活动中，不论是机会，还是团队，抑或是资源，都没有好和差之分。重要的是匹配和平衡。这里说的匹配，既包括机会与创业者之间的匹配，也包括机会与资源之间的匹配。机会、创业者、资源之间的平衡和协调，是创业成功的基本保证。蒂蒙斯说的这些道理虽然很简单，但对创业活动而言非常重要，而且要真正做到也不是一件很容易的事情。

再次，该模型具有动态特征。创业的3个要素很重要，但不是静止不变的。随着创业过程的开展，其重点也会相应地发生变化。创业过程实际上是创业的3个要素相互作用，由不平衡向平衡方向发展的过程。成功的创业活动，不仅要将机会、创业者及其创业团队、资源做出最适当的搭配，而且要使其在事业发展过程中始终处于动态的平衡状态。

1.5 创业精神与人生发展

创业精神既是以创新、变革为核心的个性品质，也是推动社会经济变革，促进社会经济发展的重要力量。它既体现在创业者个体在创业实践活动中所表现出来的独特的市场判断能力，与众不同的行为方式，以及敢于冒险、敢于担当、百折不挠的意志品质等方面，也体现在一个国家或一个企业的技术创新、经营模式创新、管理制度创新、产业创新等方面。它既对个体的人生追求和事业发展具有重要影响，也对企业发展、民族兴旺和国家繁荣具有重要影响。

 1.5.1 创业精神

（1）创业精神的概念

创业精神这个概念出现于 18 世纪。多年来，其含义在不断变化着。综合已有的创业精神的定义，我们这样界定创业精神：创业精神是创业者在创业过程中的重要行为特征的高度凝结。这种精神主要表现为敢于创新、勇担风险、团结协作、坚持不懈等。创业精神的基本内涵可以从哲学、心理学、行为学 3 个层面加以理解。从哲学层面看，创业精神是人们对创业行为在思想观念上的理性认识；而从心理学层面看，创业精神是人们在创业过程中体现的创业意志和创业个性的心理基础；从行为学层面看，创业精神是人们在创业时所表现出的创业品质和创业素质的行为模式。

创业精神是创业者各种素质的综合体现。它集冒险精神、风险意识、效益观念和科学精神于一体，体现了创业者具有开创性的观念、思想和个性，以及积极进取、不惧失败、敢于承担等优秀品质。创业精神不但是一种抽象的品质，而且是推动创业者创业实践的重要力量。这具体表现在以下 3 个方面：第一，创业精神能让创业者发现别人注意不到的趋势和变化，看到别人看不到的市场前景；第二，创业精神能让创业者在新事物、新环境、新技术、新需求、新动向面前具有较强的吸纳力和转化力；第三，创业精神能让创业者不断地寻找机遇，不断地追求创新，不断地推出新的产品和新的经营方式。

（2）创业精神的来源

创业精神的形成与发展受相应文化环境、产业环境、生存环境等的影响。

①文化环境。创业本身是一种学习。创业者离不开现实文化环境。作为学习者，其所生活区域的文化就是学习的重要内容之一。因此，在一个商业文化氛围浓厚的地方，潜在的创业行动者容易培养创业精神。以温州为例，温州十分发达的商业文化传统孕育了当今温州商人的创业精神。

②产业环境。不同的产业环境会对创业精神产生影响。对于垄断行业而言，企业缺少竞争，就容易抑制创业精神的产生。在一个完全竞争的市场结构中，由于企业间优胜劣汰，竞争激烈，更有可能形成创业精神。

③生存环境。常言道："穷则思变。"从生存环境来看，资源贫瘠、条件恶劣的区域往往能激发人的斗志。从创业视角分析，在资源贫瘠的地方，人们为了改善生存状况而寻求发展机会，整合外界资源，进而催生创业念头，激发创业精神。

（3）创业精神的特征

经济学家熊彼特专门研究了创业者创新和追求进步的积极性所导致的动荡和变化，将创业精神看作一种具有创造性和破坏性的力量。这是因为创业者创造的"新组合"使旧产业遭到淘汰，原有的经营方式被全新的、更好的方式破坏。管理学家德鲁克将这一理念更推进了一步。他将创业者称作主动寻求变化，对变化做出反应并将变化视为机会的人。

综观各个学派、各方人士对创业精神的理解，通过对古今中外创业者的创业活动和人格特征的深入分析，我们将创业精神的特征概括为以下几个方面：

①综合性。创业精神，是由很多精神特质综合作用而产生的。比如创新精神、拼搏精神、专一精神、进取精神、合作精神等，都是创业精神的重要特质。

②整体性。创业精神，是由哲学层面的创业观念、心理学层面的创业意志，以及行为学层面的创业品质构成的整体。缺少其中任何一个层面，都无法构成创业精神。

③先进性。创业精神，体现在立志开创前无古人的事业，所以它必然具有超越历史的先进性，想前人之未曾想，做前人之未曾做。

④时代性。不同时代的人，面对不同的物质生活条件和精神生活条件，创业精神的物质基础和精神营养自然有所不同，创业精神的内容也就各不相同。

⑤地域性。创业精神还明显地带有地域特色。例如，作为改革开放前沿的广东，其创业精神明显带有"敢为天下先""务实求真""开放兼容"和"独立自主"等特性。

（4）创业精神的相关因素

①创业精神与学历高低无关。创业精神与一个人学历的高低无关：无论是中学生、本科生，还是博士生，只要其拥有创业精神，这种精神就不会因为学历的差距而有任何不同。

②创业精神与企业大小无关。需要说明的是，创业精神与企业大小也没有关系：不论是大型企业的老板，还是便利店的老板，在开办企业时，所需要拥有的创业精神都是一样的，并不会因为所创企业的大小不同，使创业精神的本质有丝毫的区别。

（5）创业精神的作用

创业精神能激起人们进行创业实践的欲望，是一种心理上的内在动力机制。创业精神在很大程度上决定着一个人是否敢于投身创业实践。它支配着人们对创业实践活动的行为和态度，并影响行为和态度的方向及强度。

创业精神能够渗透到3个广阔的领域产生作用：个人成就的取得（个人如何成功地创建自己的企业）、大企业的成长（大公司如何使其整个组织重新焕发创业精神，以具有更强的竞争力并创造高成长），以及国家的经济发展（帮助人民变得富强）。创业精神的力量能够帮助个人、企业，乃至整个国家或地区在面对21世纪的竞争时走向成功和繁荣。当前，世界产业结构正经历着彻底转变，而创业精神定会在我国发挥更大的作用。它有利于加快转变经济发展方式，促使经济社会又好又快发展。

（6）创业精神的培育

①培育创业人格。个性特征对个体创业来说是极其重要的，尤其是"独立性""敢为性""坚持性"等特征。所以，人格的教育与创业精神的培养是相辅相成的。高校要根据大学生的心理特点，有针对性地教授心理健康方面的知识，引导大学生树立心理健康意识，强化心理素质，增强心理调节能力和对于社会的适应能力，自觉培养坚韧不拔的意志品质和艰苦奋斗的内在精神，提高承受挫折和解决问题的能力。此外，还可以采用创业案例剖析创业者的人格特征，进行心理训练等，让学生了解形成良好心理素质与优秀人格特征的途径。

②培养创新能力。创新能力是创业精神的核心。高校必须突出对学生创新能力的培养。一定要尊重学生的个性发展，爱护和培养学生的好奇心，为学生潜能的充分开发营造一种宽松的氛围。鼓励学生勇于突破，有针对性地突破前人、突破书本、突破老师。通过开设创新创造类课程，举办主题知识技能竞赛，让学生感受、理解创新的产生和发展过程，培养学生的创新思维和科学精神。

③宣扬创业文化。校园文化是学生成才的外部环境。对于学生来说，它具有陶冶、激励

和导向功能。高校应将创业精神有机地融入学科、科技等活动中，以培养学生的创业精神；具体讲，可经常邀请成功的企业家或成功的校友来学校作报告，利用他们的激情感染学生，利用他们的榜样力量鼓励学生，增强大学生对于创业的信心。

④强化创业实践。鼓励学生在课余时间参加一些创业模拟和社会实践活动，增强学生对企业的了解以及对社会的适应能力，比如在校内外开展创业竞赛活动，与外部企业联合开展大学生实习见习等。"纸上得来终觉浅，绝知此事要躬行"。让学生在实践中磨炼自己，形成正确的创业认知，孕育创业精神，增强解决问题的能力。

 1.5.2　创业精神对个人生涯发展的影响

创业精神并不是与生俱来的，而在于后天的学习、思考和实践。创业精神一旦形成，就会对人的一生产生重要的影响。这种影响不仅体现在创业者创业准备和创业活动的始终，还体现在日常的工作、学习和生活中。从某种意义上说，创业精神不但决定个人生涯发展的态度，而且决定个人生涯发展的高度和速度。

（1）创业精神决定个人生涯发展的态度

作为一个社会人，其生涯发展必然要受到各种社会因素的影响，但是不同的人由于其生涯发展的态度不同，所以在面临各种各样的发展机遇时，其选择也不相同。创业精神作为一种思想观念、个性心理特征和行为模式的综合体，必然会对其生涯发展态度具有重要影响。例如，创业精神中思想观念的开放性、开创性，容易让人接受新思想、新事物，形成开放的态度，敢于开风气之先，从而想他人之未曾想，做他人之不敢做，成为事业上的领跑者。再如，创业精神中的创新精神、拼搏精神、进取精神、合作精神等，能使人树立积极的生活态度，在顺境中居安思危，不懈奋进，在逆境中不消沉萎靡，排除万难，励精图治，重新找到生涯发展的方向。有道是"态度决定一切"。在相同的个人天赋和社会环境下，有创业精神的人有着比其他人更加积极的人生态度，所以更有可能发现机会、把握机会，就更有可能看到别人不能看到的风景。

（2）创业精神决定个人生涯发展的高度

创业精神是一个人核心素质的集中体现。它不仅决定了一个人在机遇面前的选择，而且决定了一个人的生涯目标和事业追求。具有创业精神的人，无论是创办自己的企业，还是在各种各样的企、事业单位就业，都会志存高远、目光远大、心胸宽广。这样的人不但在事业上会取得更大的成绩，在个人品德和修为上也会达到更高的境界。

随着国家经济、政治、文化、社会、生态"五位一体"的深入改革，社会结构将发生重大调整，各行各业将在变革中重新达到利益均衡。这既为个人的发展提供了更多的机会，也给其带来了更大的挑战。在这种背景下，大学生如果能够有意识地培养自己的创业精神，让个人理想与社会发展的趋势和节奏相吻合，就有可能使自己的事业发展，达到计划经济时期无法想象的高度；但是，大学生如果在个人生涯发展上仍然沿袭计划经济时期的思维模式，不主动规划自己的生涯发展，一切等着家长、学校和政府安排，一心想找个安稳、轻闲的"铁饭碗"，就很有可能一辈子也找不到理想的工作，甚至毕业就"失业"。

（3）创业精神决定个人生涯发展的速度

创业精神是一种主动精神和创造精神。这种精神能让人积极主动、优质、高效地做好自己承担的每一份工作，从而在平凡的岗位上做出不平凡的奉献。实践证明，具有创业精神的人，不管在什么岗位，不管从事什么职业，其强烈的成就动机，其追求增长、追求效率的欲望，都将转化为内心强劲追求事业成功的动力。在这种动力驱使下，人们会将眼前的工作作为未来事业发展的起点，把握好生命中的每一次机会，做好自己所从事的每一项工作。创业精神也是一种求真务实的精神。这种精神的本质，就是实事求是、讲求实效，就是实干苦干、反对浮夸、反对空谈。在人类社会的发展史上，许多企业家正是凭借这种精神，创造了从白手起家到富可敌国的财富神话；许多科学家、思想家、政治家、教育家和劳动模范，也正是凭借这种精神，从一个普通学子成长为举世瞩目的业界精英。当前，我国正处于改革开放的攻坚时期。改革是一条从未有人涉足过的路。所以，既不能在书本中找到答案，也无法从前人的经验中寻找固定的模式，更不能靠空想和辩论解决出路问题。在这种背景下，富于创业精神的人，敢于靠自己的实践探索，"摸着石头过河"，会接受更多的挑战，完成更多的任务，取得更大的业绩，因而会取得更快的发展。

1.6　当今创业的时代背景

这是一个风起云涌的时代。一二十年之后，当我们回首这段历史，我们会为自己的胆怯而感到遗憾。这是一个风云变幻的时代。改革是我们成长过程的主要基调。传统的社会关系、思想观念、道德伦理、价值体系开始瓦解，而取代传统的，是一个多元化的世界。所有的一切，无时无刻不在变化；所有的一切，都有可能被打破。这一切，需要你我重新定义。

1.6.1　互联网与创业

（1）世界经济步入大数据时代

2012 年开始，大数据以及大数据时代等概念进入人们的生活，成为备受关注的经济话题。

所谓大数据时代，是指随着互联网的发展和云计算的产生，数据渗透到当今世界的每一个行业和业务职能领域，已经成为重要的生产要素。哈佛大学教授加里·金曾经说过，庞大的数据资源使不同的领域开始了量化进程。无论是学术界、商界，还是政府机关，几乎所有领域都开始了这一进程。人们对海量数据的挖掘和应用，预示着新一波生产率增长和消费者盈余浪潮的到来。大数据时代给创业造成哪些影响呢？

首先，数据挖掘和应用本身就成为创业的重要领域。如阿里巴巴集团在经营淘宝、天猫等网络交易平台，支持众多中小企业完成网上交易的过程中，也积累了大量消费者信息数据。对这些数据的挖掘成为重要的新型商业领域。为此，阿里巴巴集团于 2012 年 7 月宣布设立首席数据官，专职负责推进数据平台分享战略。

其次，重视商业数据的积累成为创业企业获得核心竞争优势的重要内容。由于数据成为重要的生产要素，现代经济的很多规律均体现在庞大的商业数据之中。如果不掌握这些数据，那么最终将难以获得核心技术知识，进而失去核心竞争力。如汽车行业，关于汽车设计的相关数据等都会凝聚在一定数字化平台上。如果一个汽车企业只进行汽车生产制造，而不做产品研发设计，就不可能聚集数字化平台数据，最终将锁定在制造领域。因而，未来国际创业环境中具有决定性作用的不是生产什么产品、提供什么样的服务，而是有关生产与服务的数据集聚在哪里。因而，飞机、汽车等装备制造领域的开发试验工具系统、制药领域的化合物筛选装备及模型，以及网络交易系统等数据集聚载体，将成为当代创业国际环境中重要的创业平台。

（2）互联网成为创业国际环境中最重要的物理支撑

网络应用于社会近 20 年的时间，对人类社会的生产及生活方式产生了重大影响，而且这种影响还远远没有结束。特别是随着移动互联网的快速发展，网络化仍然以飞快的速度向更多经济领域拓展，成为影响创业的重要因素。首先，网络在实体经济领域的拓展性应用，成为当今创业的重要领域。除了我们已经熟知的网络销售、网络书店等业务外，一些传统服务领域辅之以网络也实现了升级和发展。如上海寺冈有限公司借助互联网平台，从一个平台制造企业成功转型为一个云计算服务型企业。其次，网络技术本身的不断发展和升级，开辟了许多新的创业空间，如基于移动互联网的飞信、基于网络的小米宝盒等。可以预期，互联网，特别是移动互联网将成为当代创业国际环境中重要的物理支撑。哪里网络发达，哪里就将成为创业最为肥沃的土壤，哪里就将孕育更多的企业。

 1.6.2　知识经济与创业

如今的经济是世界经济一体化条件下的经济，是以知识决策为导向的经济。它促使我们对身边发生的一切事物重新审视与认识。知识经济形态是科学技术与经济运行日益密切结合的必然结果，是经济形态更人性化的表现。

（1）知识经济的概念

知识经济就是以知识运营为经济增长方式，知识产业为龙头产业，知识经济成为新的经济形态的人类社会经济增长方式与经济发展模式。

知识经济，也被称作智能经济，指的是建立在知识和信息的生产、分配和使用基础上的经济。它是和农业经济、工业经济相对应的一个概念。

这里的以知识为基础，是相对于现行的"以物质为基础的经济"而言的。现行的工业经济和农业经济，虽然也需要用到知识，但是这些经济的增长主要取决于能源、原材料和劳动力，是以物质为基础的经济。

知识经济是以人类的知识，特别是科学技术知识累积到一定程度，以及知识在经济发展中发挥的作用增加到一定比重的历史产物，同时也是信息革命导致知识共享，高效地产生新知识的时代产物。

（2）知识经济的特点

知识经济理论形成于 20 世纪 80 年代初。美国加州大学的教授保罗·罗默于 1983 年提出了"新经济增长理论"。他认为知识是一个重要的生产因素，可以提高投资的收益。该理论的提出标志着知识经济形成了初步的理论基础。知识经济作为一种新的经济形态，是对经历了 200 余年发展的工业经济的超越与创新，具有一系列崭新的特点。

第一，知识经济是以新科技革命为依托的信息化经济。以往工业经济的发展和繁荣直接取决于资本、资源，硬件技术的数量、规模和增量，片面追求产品技术的极致和单一商品生产规模的最大化；而知识经济直接依赖于知识或有效信息的积累和利用，将知识作为追求发展的内在驱动力，强调产品的数字化、网络化和智能化。

第二，知识经济是以高科技人才为核心的人才经济。现代国际竞争是综合国力的竞争。其关键是科学技术，特别是高科技领域的竞争，而其中起决定作用的核心因素是人才的竞争。近年来，国内外一些高科技企业，无论是美国著名的微软公司，还是中国驰名的阿里巴巴、腾讯、百度，之所以都能够异军突起，高科技优秀人才起了至关重要的作用。

第三，知识经济是一种创新经济。这种创新绝非传统工业技术的简单创新，而是建立在最高科技成果基础上的，在一系列新兴领域的开拓与创造。这些领域具体包括信息科学技术、新材料科学技术、空间科学技术、海洋科学技术，以及有益于环境的高新技术和管理软科学技术等高新技术产业。

第四，知识经济是真正意义上的全球一体化经济。全球信息网络的开通及其进一步发展，不仅使全球信息资源共享成为可能，而且随着信息技术的发展，必将为整个人类社会充分利用和共享信息资源提供更为快捷的手段和更为广阔的空间。

（3）知识经济时代创业活动的功能

知识经济时代的创业具有增加就业、促进创新、创造价值等功能，同时也是解决社会问题的有效途径之一。

①创业是科技创新的扩容器。知识经济只是在一定程度上改变了就业的方向和结构，而不可能自动解决就业问题。事实上，新创企业可以通过提供岗位、服务社会带动就业。创业型中小企业更是发挥了重要作用，创造了大部分就业机会。尤其是当大企业裁员时，中小企业能在稳定就业方面起到越来越重要的作用。2014年10月21日，国家统计局发布的前3季度经济数据显示：我国就业形势相当不错，尽管GDP增速放缓至第三季度的7.3%，但新增就业1 000万人的目标还能提前实现，为下一步深化改革提供了较大的回旋余地。其中，中小企业成了就业的主渠道。大学生创业一方面解决了自身的就业问题，另一方面也解决了社会人员的就业问题。全社会广泛的创业活动，有利于解决社会就业问题，促进和谐社会的建立。

②创业是科技创新的加速器。知识经济时代的创业更可以实现先进技术的转化，推动新产品或新服务的不断出现，创造出新的市场需求，进一步推动并深化科技创新，从而提高企业或是整个国家的创新能力，推动经济的增长。创业是新理论、新技术、新知识、新制度形成现实生产力的转化器。新建立的企业要想在激烈的市场竞争中站住脚，就要使用先进的生产技术，采用科学的技术手段。因此，创业可以加速科技的创新。美国国家科学基金会和美国商业部等机构在20世纪80年代和90年代发表的报告表明，第二次世界大战以后，美国创业型企业的创新占美国全部创新的一半以上，占重大创新的95%。

③创业是经济发展的原动力。在知识经济时代，不论是在发达国家，如美国、英国，还是在发展中国家，如中国，创业都是一个国家经济发展中最具活力的部分，是国家经济发展的原动力。"全球创业观察"（GEM）在2007年对42个国家的创业状况进行的研究发现，在主要的7大工业国中，创业活动的水平与该国的年经济增长是高度正相关的。因此，从全球视角来看，创业对一国经济发展起着至关重要的作用。在过去的30年里，美国出现了"创业革命"。高新技术与创业精神的结合成了美国保持世界经济领先地位的"秘密武器"。我国改革开放以后，国家实行市场经济，积极支持个人投资兴办企业。新创办的中小企业成

为我国新的经济增长点，对我国经济持续高速增长，以及促进我国的城市化进程和现代化建设，都起到了重要的作用。

④创业是社会进步的推动器。创业活动促进了社会经济体制的改革和深化，繁荣了市场，丰富了人们的生活，提高了生活质量，促进了社会稳定和谐，是实现共同富裕的有效途径。创业还可以激发整个社会的创新意识和创新精神，有利于社会文化、观念的转变。此外，创业使无数人进入了社会和经济的主流，对社会形成创新、宽容、民主、公正、诚信等观念和文化具有积极推动作用。

（4）知识经济时代创业的关键因素

在知识经济时代，知识已经取代传统的有形资产成为支撑竞争优势最为关键的资源。"科技创新"因此成为这一时代创业活动的大趋势。在动荡复杂的竞争环境中，知识要比其他资产具有更快的更新和淘汰速度。因此，优秀的创业者还需要及时而有效地将"创新成果"转化为"商业价值"。只有如此，才能在多变的环境中保持持续的优势地位。知识经济时代创业有如下关键因素：

①持续创新，拥有自主技术。在全球化环境下，信息、技术和人才成为新创企业的关键因素，也是企业间竞争的焦点，特别是通过对技术和知识产权的占有，使其在市场上获得竞争地位并控制市场。根据相关数据显示，目前全世界有86%的研发收入和90%以上的发明专利都被掌握在发达国家的手里。凭借着科技优势，以及建立在科技优势基础上的国际规则，发达国家与其跨国公司在世界上形成高度垄断，从而获得大量的超额利润。2008年金融危机后，世界范围内的经济转型和资源重组为知识经济背景下发展中国家的企业实现跨越式反超提供了机遇。创业者唯有勇于承担风险和持续创新，才能获得核心竞争力和后续发展的动力。

②技术引领市场，挖掘潜在需求。在知识经济条件下，创业者需要学会利用独创的知识开发新产品，挖掘"潜在需求"，而不是仅仅为了生存而瓜分、扩大现有市场。潜在需求中的"需求"是企业通过"技术引领"创造的。例如，苹果公司在推出 iPad 之前，大多数人不知"触屏电脑"为何物，更别说"需求"。苹果公司依靠其先进的技术、一流的设计，跟踪用户需求，推出了更便于携带与使用的全触屏电脑 iPad，并迅速引发需求狂潮。挖掘潜在需求，要求创业者必须兼具敏锐的洞察能力和强大的创新能力。从个体角度看，挖掘潜在需求的创业者在这一新领域避开对手，很容易成为引领者并获得创业成功；从整体角度看，挖掘潜在需求能够开发更大的市场，创造更多的就业机会，更好地推动社会经济发展。

③兼容并蓄，快速改革。知识经济时代的知识存在信息量大和淘汰速度快这两大特点。单个创业者很难拥有所需的全部知识。面对全球化进程下越来越激烈的竞争环境，唯有兼容并蓄，以开放的心态进行广泛的知识合作，才能获得创业所需的源源不断的动力。创业者只有拥有乐观积极的态度，视变化为机遇，把握市场方向和需求，抓住变革的方向和节奏并予以快速响应，才能在不断变化的环境中取得成功。

④全球化的胸襟与眼光。我们身处一个全球化的时代，而一旦选择创业，那么无论愿意与否，客观上都不可避免地卷入一场全球化的竞争。因此，拥有全球化的胸襟与眼光显得尤为重要。其具体表现在两个方面：一是要有融入全球化的勇气。即使处在创业初期，这份勇气也尤为重要，因为机会面前人人平等。只有拥有全球化的勇气，才能抓住全球化的机会。二是要有全球布局的思维。如今，通过网络手段，来自全球的潜在顾客都有可能成为目标客

户，而世界各地的货源也有可能成为自己的创业资源。创业者需要运用全球化的思维对不同市场采取不同战略，以整合全球资源。

1.6.3　消费群体的个性需求

随着"80后"渐渐成为社会的中坚力量，"90后"纷纷进入社会工作，年轻一代即将成为消费的主力军。世界上每个角落的零售商都紧盯着"80后""90后"消费者的口袋。他们不断揣摩研究"80后""90后"的消费习惯：他们可以在同一时间会朋友、上网购物、喝拿铁；因为选择的多样性，他们购物时犹豫不决；他们喜欢个性化，不喜欢和朋友的商品重合；他们会透支消费，但是他们亦爱用优惠券；他们在社交媒体上分享购物体验，亦在社交媒体上获取购物信息。他们性格多变，富有个性，充满活力。可以说，零售市场得"80后""90后"者得天下，一点都不为过。

现在的年轻一代减少了去商场购物的时间。在他们的概念中，在一个又大又旧又无聊的商场闲逛是浪费时间的事情。所以，商场只有提供个性化的服务，让购物变得有趣、有意义，并且值得回忆，年轻一代的消费者才认为商场值得前往。同时年轻人喜欢质量好的商品，但是他们往往不盲目崇拜品牌和高价。他们要质量好并且能体现自己品位的商品，要让自己区别于自己的朋友。

年轻一代的个性化需求，成为不少实体零售商守住线下阵地的重要砝码。2014年4—6月，哆啦A梦主题展在北京朝阳大悦城举办。除了静态展览外，朝阳大悦城还通过多种营销方式进行联动。哆啦A梦助阵购物中心，吸引了不少哆啦A梦迷前往。这也是满足消费者个性化需求的一个案例。另外，2013年银泰15周年庆典的小怪兽也成为引爆周年庆的重要元素。2014年5月、6月银泰提出没大没小、没羞没臊的"大小孩"模式，引入Hello Kitty这个超萌"大小孩"。促销不仅仅是满返满送，周年庆也不仅仅是折扣。不管是蓝胖子，还是超萌小怪兽，抑或是Kitty猫，对于零售商来说，他们都走在满足消费者个性化需求的营销道路上。

相比老一代消费者，当下的年轻人对待品牌具有更高的道德标准。他们会根据品牌商的社会表现决定是否购买这家店的商品。有调查显示，32%的年轻人不会购买社会表现不好的品牌商的东西，这些商品不能被他们接受，这对品牌商和零售商来说是新的挑战和机遇。

"血汗工厂"一词纷纷出现在各大媒体。富士康被指责为"血汗工厂"，格力也陷入"血汗工厂"风波，耐克、ZARA的代工厂也被指责为"血汗工厂"。这说明越来越多的消费者不仅仅关注商品本身，他们的社会责任感也强于以往。所以，对于品牌商和零售商来说，不仅仅是要取悦消费者，更要让消费者看到商家的社会责任意识，树立自己良好的品牌形象。所以，对于珍惜羽翼的品牌来说，越来越看重代言明星的个人口碑，越来越多的零售商现身在灾难一线参加救援，也有不少企业制订人才培养计划、扶助贫困大学生计划等。通过这些方式，一方面是在承担自己的社会责任，另一方面也是在树立自己良好的品牌形象。

了解年轻一代消费者，进而满足他们的消费需求，是未来创业领域的重点战略。这是一群让人又爱又恨的群体。他们的钱比任何一代人的都好赚，却也难赚，关键在于是否真的懂他们。零售商要了解消费者的特性，提供更加多样的服务和特色。在交易方式上不仅要提供钱货交易的方式，也要提供物物交易的方式，以租赁的方式满足消费者的需求。美国的

Rent the Runway 就是符合新一代消费者的成功案例。它专门提供奢侈品、礼服等租赁服务，满足女性特定时间点的特定需求。在营销方式上，也要想方设法采用个性的、能够受到年轻一代喜爱的方式。

 1.6.4　大众创业氛围形成

对于大学生自主创业，国家制定了很多优惠政策，具体如下：

①大学毕业生在毕业后两年内自主创业，到创业实体所在地的工商部门办理营业执照，注册资金（本）在 50 万元以下的，允许分期到位，首期到位资金不低于注册资本的 10%（出资额不低于 3 万元），1 年内实缴注册资本追加到 50% 以上，余款可在 3 年内分期到位。

②大学毕业生新办咨询业、信息业、技术服务业的企业或经营单位，经税务部门批准，免征企业所得税两年；新办从事交通运输、邮电通信的企业或经营单位，经税务部门批准，第一年免征企业所得税，第二年减半征收企业所得税；新办从事公用事业、商业、物资业、对外贸易业、旅游业、物流业、仓储业、居民服务业、饮食业、教育文化事业、卫生事业的企业或经营单位，经税务部门批准，免征企业所得税一年。

③各国有商业银行、股份制银行、城市商业银行和有条件的城市信用社要为自主创业的毕业生提供小额贷款，并简化程序，提供开户和结算便利，贷款额度在 2 万元左右。贷款期限最长为两年，到期确定需延长的，可申请延期一次。贷款利息按照中国人民银行公布的贷款利率确定，担保最高限额为担保基金的 5 倍，期限与贷款期限相同。

④政府人事行政部门所属的人才中介服务机构，免费为自主创业毕业生保管人事档案（包括代办社保、职称、档案工资等有关手续）2 年；提供免费查询人才、劳动力供求信息，免费发布招聘广告等服务；适当减免参加人才集市或人才劳务交流活动收费；优惠为创办企业的员工提供一次培训、测评服务。

以上优惠政策是国家针对所有自主创业的大学生而制定的。各地政府为了扶持当地大学生创业，也出台了相关的政策法规，而且更加细化，更贴近实际。

本章要点回顾

本章包含 6 小节，分别介绍了创新的概念与意义，创业的定义与类型，创业的阶段与过程，创业的要素，创业精神与人生发展，以及当今创业的时代背景。创业是一个创造新事物、实现价值增值的过程，需要付出极大的努力，也必须承担一定的风险。不同的创业类型有着不同的活动特点。机会、创业者及其创业团队、资源是任何创业活动都不可或缺的。按照时间顺序，可将创业过程具体划分为识别机会、整合资源、创办新企业，以及新企业生存和成长 4 个阶段。创业精神是创业者在创业过程中的重要行为特征的高度凝结，是创业者各种素质的综合体现。创业精神一经形成，就会对人一生的发展产生重要影响。它是经济发展的原动力，是解决就业问题最有效的措施，也是促进科技成果产生和转化的根本动力。在互联网与知识经济时代，创业活动呈现出新的变化：高科技公司的比例大幅度提高，小企业的数量明显增多，企业内创业的增多，以及母体脱离型企业壮大。通过本章的学习，相信你已经对创业有了初步的理解。

习题

1. 名词解释

创新、机会型创业、创业精神、知识经济

2. 简答题

（1）简述创业所需经历的4个阶段。

（2）简述个体创业与公司创业的主要差异。

（3）创业有哪几个要素？它们之间的关系是什么？

（4）简述知识经济时代创业有哪些功能。

3. 思考题

通过本章的学习，结合导入案例，分析"驴妈妈"成功的原因。

课后拓展

本章介绍了创业精神对于人生发展的影响。限于篇幅，本章知识简单概括了3点创业精神对人生的影响。其实，不同的人，在不同的环境下，对于这个问题的理解是不一样的。你是如何看待创业精神对人生发展的影响的？列举一下你的观点。

第二章　创业素质认知

【内容提要】

创业者的成功绝非偶然。他们本身所具备的素质和能力，使得他们在机会来临时有敏锐的发现能力，在面对风险时能够冷静、灵活、坚毅，有很强的抗压能力，有不断开拓创新的能力和品质。那究竟什么样的人适合创业，他们又具有什么样的性格、能力与价值观？如何对自己是否具有创业特质进行判断和评估，是本章将要探讨的问题。值得注意的是，所有测评的结果仅仅是参考，不是绝对的。某个人是否能够成为创业者，是环境、生活经历和个人选择的结果。没有人天生就是创业者。

学习完本章后，希望同学们做到：

①了解创业者具备的素质和能力；

②了解职业性格测评的方法和工具；

③了解职业价值观的评估方法；

④能对自己是否具有创业特质进行初步评估。

【引导案例】

强烈的自我实现欲望——丝宝集团的梁亮胜

丝宝集团的梁亮胜现在很有名，上了《福布斯》中国富豪榜，但寻究当年，梁亮胜也不过是一打工仔。1982年，梁亮胜带着他的太太，和所在内地工厂的其他40多名青年工友一道被派往香港工作。当时梁亮胜一家在香港只有四五平方米的住处。那是在一套不到30平方米的房子里，这座房子里一共住了三家人，除去公用厨房、洗手间、走道，房间之小难以想象。他们两口子住厅，另两家人各租了一间房。因为别人白天上班时要走厅，他就从厅里拉一块塑料布，留一个过道。他们夫妻两人只能挤在沙发上睡。那时，梁亮胜的梦想就是想有个楼花。

即使是在这样艰苦的条件下，梁亮胜还是每天晚上坚持去上学。在香港的3年时间里，梁亮胜系统地学习了航运、英语、国际贸易和经济管理等课程。后来梁亮胜就依靠做国际贸易，向国内贩卖檀香木材而淘到了第一桶金。再后来，他就办起了丝宝集团，出品舒蕾、风影洗发水等。现在梁亮胜站在成功者的角度说："回头来看，一起到香港的40多人现在都还在工厂里做工，因为他们满足现状，觉得现在做工比原来在国内做工好多了。"因为他觉得自己可以做得更好，赚更多的钱，过更好的生活，他要给自己当老板，做自己的主人；而原来一起随他到香港做工的40多个工友，却没有他这样的欲望，所以他们20年前给别人做工友，20年后仍然只能给别人做工友，为别人赚钱。

在成功的企业家身上有一种本能、一种冲动、一种超乎寻常的自我意识。一旦环境允许，条件具备，它们就会体现出来。世界上许多大的企业家都有一个从追求外在财富动机向追求社会责任和成就感的内在动机的转化过程。就像当年比尔·盖茨念大学时，当艾伦把一本《大众电子学》放在他面前时，一种自我意识与自我冲动使得比尔·盖茨放下了多少人可望而不可即的哈佛学业，走上世界首富之路。当他身价百万美元时，他自己都著文称：现在赚多少钱对我已没有任何意义了。

（案例来源：根据相关资料整理）

2.1　创业者

（1）创业者的概念

法国经济学家 Richard Cantillon 首次提出创业者一词，并将其定义为"敢于冒险开创一项新事业并勇于承担责任的人"。法国经济学家 Say（1800）明确给出了创业者的定义。他将创业者描述为将经济资源从生产率较低的区域转移到生产率较高的区域的人，并认为创业者是经济活动过程中的代理人。奈特（1921）赋予了创业者不确定性决策者的身份，认为创业者要承担由创业的不确定性所带来的风险。此后，创业者的内涵随着经济的发展而不断丰富和完善。目前理论界大多倾向于这种观点：创业者是发现和利用机会，负责创造新价值过程的个体。

（2）创业者的类型

按照不同的分类标准，可以将创业者分为不同的类型。从创业者的创业意图角度，我们可以将创业者分为以下3种类型：

①生存型创业者。生存型创业者是指为生活所迫，不得不开展创业活动的人群，比如下岗职工、失地农民、城市其他失业人员等。这类创业者所从事的创业，多为科技含量相对较低的事业。

②变现型创业者。一般是过去在党政机关掌握一定权力，或者在国有企业、民营企业当经理人，从而聚集了大量资源的领导者。他们在机会适当的时候离职而开办公司，实际是将过去的权力、资源和市场关系变现，将无形资源转化为有形的资产。

③机会型创业者。这种类型的创业者又可分为两种：一种是盲动型，而另一种是冷静型。前者多数极为自信，容易冲动。他们中多数同时是博彩爱好者。他们的创业行为容易失败，而一旦成功，往往能成就一番大事业。后者的特点是谋定而后动，不打无准备之仗。他们掌握了独特的资源，或是拥有专门的技术，而一旦创业，成功率通常很高。他们是创业者中的精英。我们在本书中讨论的创业者主要是指机会型创业者。

（3）创业者性格

性格一词来源于希腊语，意为雕刻的痕迹或戳记的痕迹。它强调个人的典型行为表现和由外部条件决定的行为。我国的心理学界把性格定义为：一个人经由生活经历所积累的稳定性为习惯倾向。了解自己的性格特点是进行职业生涯规划、进行创业选择的重要环节。

性格探索的工具——MBTI（Myers-Briggs Type Indicator）——的理论来源于著名心理学家荣格有关知觉、判断和人格态度的观点，由布莱格斯（Katherine C. Briggs）和她的女儿迈尔斯（Isabel Briggs – Myers）研究发展成为心理测评工具，因此称之为 Myers-Briggs Type Indicator。MBTI 有许多研究数据的支撑，并经证明信度和效度都比较高，因此被广泛运用。

①MBTI 的 4 个维度。MBTI 用 4 个维度偏好二分法评估一个人的类型偏好。每个维度偏好二分法均有两极组成。

● 能量倾向维度：你更喜欢将自己的注意力集中于何处？你从何处获得活力？（见表2 – 1）

表2 – 1　能量倾向维度偏好二分法

外倾型（E）	内倾型（I）
注意力和能量主要指向外部世界的人和事，从与人交往和行动中得到活力	注意力和能量集中于自己的内心世界，从对思想、回忆和情感的反思中得到活力
与他人在一起时感到振奋	独自一个人感到振奋
希望成为注意的焦点	避免成为注意的焦点
先行动，再思考	先思考，再行动
喜欢边想边说出声	在脑中思考
易于被了解，愿与人共享个人信息	注意隐私，只与少数人共享个人信息
说的比听的多	听的比说的多
热情的交流	不把热情表露出来
反应迅速，喜欢快节奏	思考之后再反应，喜欢慢节奏
较之精深更喜欢广博	较之广博更喜欢精深

● 接受信息维度：你如何获取信息？（见表2 – 2）

表2 – 2　接受信息维度偏好二分法

感觉型（S）	直觉型（N）
用自己的五官获取信息。喜欢收集实实在在的，确实已出现的信息。对于周围所发生的事件观察入微，特别关注现实	通过想象、无意识等超越感觉的方式获取信息。喜欢看整个事件的全貌，关注事实之间的关联。想要抓住事件的模式，特别善于看到新的可能性
相信确定而有形的事物	相信灵感和推理
喜欢具有实际意义的新主意	喜欢新主意和新概念只出于自己的意愿
崇尚现实主义与常识	崇尚想象力和新事物
喜欢运用和琢磨已有的技能	喜欢学习新技能，但掌握之后容易厌倦
留心特殊和具体的，喜欢给出细节	留心普遍和有象征性的，使用隐喻和类比
循序渐进地给出信息	跳跃式地以一种绕圈的方式给出信息
着眼于现在	着眼于将来

● 处理信息维度：你是如何做决定的？（见表 2 - 3）

表 2 - 3　处理信息维度偏好二分法

思考型（T）	情感型（F）
通过分析某一行动或选择的逻辑后果做决定。会将自己在情景中分离出来，对自己的正反两方面进行客观分析。从分析和确认事件中获得活力。目标是要找到一个能够应用于所有相似情景的标准或原则	喜欢考虑对自己和他人来说什么是最重要的，会在头脑中将自己放在情境所牵涉的所有人的位置上并试图理解别人的感受，然后在此基础上根据自己的价值判断做出决定。从对他人表示赞赏和支持中获得活力。目标是创造和谐的氛围，把每一个人都当作一个独特的个体来对待
后退一步，客观地分析问题	向前看，关心行动给他人带来的影响
崇尚逻辑、公正和公平，有统一的标准	注重感情与和睦，看到规律的例外性
自然地发现缺点，有吹毛求疵的倾向	自然地想让别人快乐，易于理解别人
可能被视为无情、麻木、漠不关心	可能被视为过于感情化、无逻辑、脆弱
认为诚实比机敏更重要	认为诚实与机敏同样重要
认为只有合乎逻辑的感情才是正确的	认为所有的感情都是正确的，无论有意义与否
受获得成就欲望的驱使	受驱使与被人理解的驱使

● 行动方式维度：你如何与外部世界打交道？（见表 2 - 4）

表 2 - 4　行动方式维度偏好二分法

判断型（J）	知觉型（P）
喜欢将事情管理得井井有条，过一种有计划的、井然有序的生活。喜欢做出决定，完成后继续下面的工作。生活通常会比较有规划、有秩序，喜欢把事情敲定下来。照计划和日程安排事情对他们来说很重要，从完成任务中获得能量	喜欢以一种灵活、自发的方式生活，更愿意体验并理解生活，而不是控制它。详细的计划或最后决定会使他们感到被束缚。愿意对新的信息和选择保持开放，直到最后一分钟。足智多谋，善于调节自己，以适应当前场合的需求，并从中获得能量
做完决定后感到快乐	因保留选择的余地而快乐
具有"工作原则"：先工作，再玩（有时间的话）	具有"玩的原则"：先玩，再工作（有时间的话）
确立目标并按时完成任务	当有新的情况时便改变目标
想知道自己的处境	喜欢适应新环境
着重结果	着重过程
通过完成任务获得满足	通过着手新事物而获得满足
把时间看成有限的资源，认真对待时间期限	把时间看成无限的资源，认为时间期限是活的

②MBTI 测评问卷。以下有成对的 32 道题。请你考虑一下你喜欢成对中的哪一个，1A 还是 1B 或 2A 还是 2B。如果你非常喜欢 1A，就给它 5 分；如果你很不喜欢 1B，就给它 0 分，但 A 和 B 的分数加起来应等于 5，既不能大于 5，也不能小于 5，即：你若给 1A4 分或 3 分，就得给 1B1 分或 2 分（4 + 1 = 5 或 3 + 2 = 5）；同时，所给分数必须是整数，不能出现

2.5 分等。另外，这里只有"喜欢"与"不喜欢"，而没有"正确"与"错误"。最后取每组较高分数对应的字母，并将其组合起来就是你的测评结果。

把分数填写在评分栏中，注意题号及选择项的顺序（见表 2－5）

表 2－5　MBTI 测评问卷计分表

I －		E －		N －		S －	
题号	评分	题号	评分	题号	评分	题号	评分
1B		1A		2A		2B	
5A		5B		6B		6A	
9A		9B		10A		10B	
13A		13B		14A		14B	
17A		17B		18A		18B	
21B		21A		22A		22B	
25B		25A		26B		26A	
29B		29A		30A		30B	
合计		合计		合计		合计	
F －		T －		P －		J －	
题号	评分	题号	评分	题号	评分	题号	评分
3A		3B		4A		4B	
7A		7B		8A		8B	
11A		11B		12A		12B	
15A		15B		16A		16B	
19B		19A		20B		20A	
23B		23A		24B		24A	
27A		27B		28A		28B	
31B		31A		32B		32A	
合计		合计		合计		合计	

1. A. 只有了解了别人对问题的想法之后，才做出决定。
   B. 不和人家协商，就自己做出决定。
2. A. 人家说你有想象力，说你富有直觉。
   B. 人家说你重视事实，要求准确。
3. A. 根据个人感情以及对他人的了解，设身处地为他人着想。
   B. 根据现有客观资料对情况做系统的分析。
4. A. 如果有人愿意承担任务，那就作为任务来安排。
   B. 力求任务明确，保证有人承担。
5. A. 愿意安静地思考问题。

B. 愿意与人们周旋，活跃，有干劲。

6. A. 用所熟悉的有效方法把工作做完。

B. 设法用新的方法做工作。

7. A. 根据以往生活的经验和人们的是非观念做出结论。

B. 不掺情绪地根据逻辑进行谨慎分析，最后做出结论。

8. A. 避免按照固有计划办事，不给事情规定最后期限。

B. 安排好了的事情，就不再变动。

9. A. 遇到问题时，不与别人沟通交谈，喜欢独自承担或思考。

B. 喜欢和别人谈话或讨论，不愿独处或独自考虑问题。

10. A. 考虑可能实现的问题。

B. 应付现实。

11. A. 被认为是一个重感情的人。

B. 被认为是一个爱思考的人。

12. A. 做决策时周密地考察事物并长时间从各个角度考虑。

B. 收集所需信息，考虑一下后迅速而坚定地做出决策。

13. A. 人家很难了解自己的想法和行动。

B. 常常和别人一道参加各项活动。

14. A. 喜欢抽象的、概括性的或理论性的论述。

B. 喜欢具体的或真实的叙述。

15. A. 帮助别人了解他们自己的情感。

B. 帮助别人做出逻辑的决策。

16. A. 不断随现实的变化而寻找新的选择，改变原有选择。

B. 事先对问题的发展和变化有所了解并做出预料。

17. A. 一概不外露自己的思想和感情。

B. 随时与别人沟通自己的思想和感情。

18. A. 惯于整体地看待事物。

B. 注重事物的细节。

19. A. 用资料、数据、分析与推理做决策。

B. 用常识和经验做决策。

20. A. 根据事情进展逐步订出计划。

B. 一有必要，就在行动前先期订出计划。

21. A. 愿意结识新朋友，了解新事物。

B. 愿意独自一个人或与熟悉的人在一起。

22. A. 注重印象。

B. 注重事实。

23. A. 信服可以证实的结论。

B. 信服通情达理的说法。

24. A. 把有关具体的情况都尽量写在本子上。

B. 尽量不用笔记本或做记录。

25. A. 在一个小组内充分地讨论一个未曾考虑过的新问题。

    B. 自己冥思苦想一个问题，然后把结果和别人谈。

26. A. 准确地执行小心制订的详细计划。

    B. 想出计划，搭好架子，但不一定实行计划。

27. A. 偏重感情做事的人。

    B. 重视有逻辑的人。

28. A. 在一时冲动之下随意做出一些事情。

    B. 事先清楚地知道自己所要做的事情。

29. A. 成为人们注意的中心。

    B. 显得沉默寡言。

30. A. 有不与实际完全吻合的想象。

    B. 查看实际的细节。

31. A. 乐于用理性分析情况。

    B. 乐于体验充满情绪的场景或讨论。

32. A. 按安排好的时间开会。

    B. 等一切就绪时开会。

③MBTI 4 个维度的说明。在 MBTI 测评结果中，一个人在每个维度上只能是一种偏好。如一个人是内倾型的，就不能是外倾型的，是知觉型的，就不会是判断型的，但这并不意味着一个内倾的人没有外倾的特征，只是表明，在绝大多数情况下其自然反应是内倾的，但是也有外倾的时候，在特别的情境下，甚至可能主要表现为外倾。所以，不要绝对地看待测评的结果。

④MBTI 与创业者型。在以上所述的 4 个维度下，根据每个人的不同性格表现，会产生 16 种不同的组合。这 16 种组合分别对应着不同的职业倾向。按照 MBTI 的解释，在 16 种组合中，只有 ESTP 是创业者型，即：能量外倾、感觉型信息接收方式、思考型处理问题方式及知觉型行动方式。这类性格的人，往往灵活，忍耐力强，实际，注重结果；认为理论和抽象的解释非常无趣；喜欢积极采取行动解决问题；注重当前，自然而不做作；享受和他人在一起的时刻；喜欢物质享受和时尚；学习新事物最有效的方式是亲身感受和练习。

2.2　创业者素质

【引导案例】

新东方的创始人

俞敏洪是国内英语培训的头牌学校新东方的创始人。针对俞敏洪的创业经历，《中国青年报》记者卢跃刚在《东方马车——从北大到新东方的传奇》中有详细记录。其中令人印象尤深的是对俞敏洪一次醉酒经历的描述，令人看后不禁想落泪。俞敏洪那次醉酒，缘起于新东方的一位员工贴招生广告时被竞争对手用刀子捅伤。俞敏洪意识到自己在社会上混，应该结识几个警察，但又没有这样的门道。最后通过报案时仅有一面之缘的那个警察，将刑警大队的一个政委约出来"坐一坐"。卢跃刚是这样描述的："他兜里揣了3 000元钱，走进香港美食城。在中关村十几年，他第一次走进这么好的饭店。他在这种场面交流有问题：一是他那口江阴普通话别别扭扭，跟北京警察对不上牙口。二是找不着话说。为了掩盖自己内心的尴尬和恐惧，劝别人喝，自己先喝；不会说话，只会喝酒。因为不从容，光喝酒不吃菜，喝着喝着，俞敏洪失去了知觉，钻到桌子底下去了。

"老师和警察把他送到医院，抢救了两个半小时才活过来。医生说，换一般人，喝成这样，回不来了。俞敏洪喝了一瓶半的高度'五粮液'，差点喝死。他醒过来喊的第一句话是：'我不干了！'学校的人背他回家的路上，一个多小时，他一边哭，一边撕心裂肺地喊着：'我不干了！——再也不干了！——把学校关了！——把学校关了！——我不干了……'。他说：'那时，我感到特别痛苦，特别无助。四面漏风的破办公室，没有生源，没有老师，没有能力应付社会上的事情。同学都在国外，而自己正在干着没有希望的事业……'他不停地喊，喊得周围的人发怵。他哭够了，喊累了，睡着了，睡醒了，酒醒了，晚上7点还有课，又像往常一样，背上书包上课去了。"

俞敏洪还有一件下跪的事，在新东方学校也是尽人皆知。那是当着几十口人，当着自己的同学、同事，当着在饭店吃饭的不相干的外人，俞敏洪"扑通"一声就给母亲跪下了。起因是，俞母将俞敏洪的姐夫招来新东方干事，先管食堂财务，后管发行部，但有人不愿意，不知谁偷偷把俞敏洪姐夫的办公设备搬走了。俞母大怒，也不管俞敏洪正和王强、徐小平两个新东方骨干在饭店包间里商量事，搬把凳子便堵在包间门口破口大骂。王强和徐小平看见俞敏洪站起来，"大义凛然"地向门外走去。还以为他是要去跟母亲做坚决的斗争呢，谁知这位新东方学校的校长，万人景仰的中国留学"教父"，"扑通"一声，当着大伙儿的面，给母亲跪下了。弄得王强和徐小平面面相觑，目瞪口呆。王强事后回忆说："我们期待着俞敏洪能堂堂正正从母亲面前走过去，可是他跪下了。顿时让我崩溃了！人性崩溃了！尊严崩溃了！非常痛苦！"一个外人看见这样的场景尚且觉得"崩溃"，觉得"非常痛苦"，那么，作为当事人和下跪者的俞敏洪会是什么样的感觉呢？现在大家都知道俞敏洪是千万富豪、亿万富翁，而谁又知道俞敏洪这样一类创业者是怎样成为千万富豪、亿万富翁的呢？他们在成为千万富豪、亿万富翁的道路上有着怎样的品质和素质，付出了怎样的代价，付出了怎样的努力，忍受了多少委屈和痛苦？

（案例来源：根据相关资料整理）

 ## 2.2.1　创业者素质的概念

创业者想要取得成功，不仅需要良好的外部条件，比如国家政策、市场环境、行业环境、良好的团队等，同时内部条件也是极其重要的。这种内部条件就是创业者个人必须具备的促使创业成功的素质。这种素质是一种综合素质。

目前教育学观点下具有代表性的3种观点如下：

①创业素质是指人在后天接受教育和环境影响下形成和发展的，在社会实践活动中表现出来的比较稳定的个性特征。

②创业素质是指在人的心理素质和社会文化素质基础上，在环境和教育的影响下形成和发展起来的，在社会实践活动中全面地、较稳定地表现出来并发挥作用的身心组织要素、结构及其质量水平。

③创业素质是以人的先天禀赋为基础，在环境和教育的影响下形成和发展起来的，在创业实践活动中表现出来并相对稳定地发挥作用的身心组织要素的总称。

 2.2.2 创业者素质的构成

不同学者对于创业者素质的构成有不同的观点。美国创业家马丁·J·格伦德认为，成功创业者应该具备的"九大素质"是：选择一个爱好，制定一个目标，拿着薪水学习，与成功者为伍，相信自己，以己之长发财致富，敢于提问，不循规蹈矩，不墨守成规，以及努力工作等。威廉·D·拜格雷夫认为，优秀创业者的基本素质应包括10个"D"：理想（Dream）、果断（Decisiveness）、实干（Do-ers）、决心（Determination）、奉献（Dedication）、热爱（Devotion）、周详（Detail）、命运（Destiny）、金钱（Dollar）和分享（Distribute）。我国学者对创业素质构成要素的阐述往往概括性比较强。如有人认为创业素质包括个性素质、智力素质、文化素质、心理素质、身体素质5种素质；有人认为主要包括创业意识、创业心理品质、创业能力和创业社会知识结构；也有人认为包括人格品质、心理素质、能力素质等。

（1）强大的内在驱动力

创业者的内在驱动力往往表现为强烈的成功欲望和事业心。欲望是一种生活目标或人生理想。创业者的欲望与普通人的欲望的不同之处在于，他们的欲望往往超出他们的现实，往往只有打破他们现在的立足点，打破眼前的樊笼，才能够实现。所以，创业者的欲望往往伴随着行动力和牺牲精神。

创业者的内在驱动力，除了来自强烈的成功欲望之外，现实生活中受到的刺激也有可能激发创业者的创业行为。如果这种刺激让承受者感到痛苦和屈辱，就可能在其心中激起强烈的愤恨与反抗精神，从而促使他们焕发"超常规"能力，进而实现成功创业。

（2）强大的心理素质

心理素质是指创业者个人的心理条件，由创业者的自我意识、气质、性格、情感、价值观等心理要素构成。由于创业者致力于创业活动的特殊性，往往要求创业者具有与常人不同的心理素质。创业的过程是艰辛并充满诸多不确定性的。面对无数的不确定性和未知的风险，只有保持良好的心态，才能避免患得患失，避免冲动行事，避免与目的背离的选择，从而更好地面对和解决困境。要具备强大的心理素质，一方面要加强修养，多从历史经验中寻找答案；另一方面要善于学习。恐惧往往来源于无知。只有不断地学习，才能减少无知，才能更加稳重。

（3）良好的知识素质

知识素质是指创业者所应该具有的较为丰富的企业管理知识，如营销、财务等方面的专业知识，极为丰富的企业管理经验和新创企业所涉及的技术、工艺知识，一定的外语知识，以及计算机、网络基础知识等。创业者的知识素质对企业经营活动发挥着重大的影响。创业者只有具有良好的知识素质，才能胜任创业管理活动。

良好的知识素质还包括良好的经验素质。创业者的经验素质是指创业者在创业过程及新创企业经营管理活动中实践经验的积累。经验之所以对创业者具有重要意义，是因为经验是形成管理能力的中介，是知识升华为能力的催化剂。一个受过良好管理教育的人，只有与创业实践相结合，才能形成创业管理能力，成为成功的创业者。

（4）创业精神

创业精神是创业者必须具备的基本素质，包括独立性、敢为性、坚韧性、克制性和适应性5种因素。它与一个人的心理品质相关。独立性是指思维和行为不受他人影响，能够独立地思考、判断、选择、行动；敢为性是指敢于行动，敢于冒险，敢于拼搏，敢于承担；坚韧性是指为了达到目标而坚持不懈、不屈不挠、忍耐坚毅等个性品质；克制性是指能够自我调节、控制自己的情绪、情感，能够避免盲动、冲动的个性品质；适应性是指能及时适应环境和条件变化，处事灵活，善于进行自我调查和角色转换的认同和学习，善于人际合作。

王江民40多岁到中关村创业，靠卖杀毒软件，几乎一夜间就变成了百万富翁，几年后又变成了亿万富翁。他曾被称为中关村百万富翁第一人。王江民的成功看起来很容易，不费吹灰之力。其实不然。王江民困难的时候，曾经一次被人骗走500万元。王的成功，可以说是偶然之中蕴含着必然。王江民3岁的时候患过小儿麻痹症，落下终身残疾。他从来没有进过正规大学的校门，20多岁还在一个街道小厂当技术员，38岁之前不知道电脑为何物。王江民的成功，在于他对痛苦的忍受力。从上中学起，他就开始有意识地磨炼意志。"比如说爬山。我经常去爬山。五百米高，很快就爬上去了。慢慢地爬上去也就不感觉累。再一个就是下海游泳。从不会游泳到喝海水，最后到会游泳，一直到很冷的天也要下水游泳，在冰冻的海水里锻炼自己的忍受力。比如：如果别人要游一千米、两千米，那么我也要游到一千米、两千米。游到二三千米以后再上岸的时候都不会走路了，累得站不起来了。就这样锻炼自己，磨炼自己的意志。"他40多岁辞职来到中关村，面对欺骗，面对商业对手不择手段、不遗余力的打击，都能够坦然面对。所以，中关村能人虽多，倒让这样一个外来的残疾人拔了百万富翁的头筹。（王江民先生于2010年4月4日病逝）

所以，创业的先决条件，不是有多好的项目，多雄厚的资金，而是有着正如坚韧、执着等无与伦比的创业精神。只有拥有了创业精神，才能够突破困难，打开成功的大门。

 2.2.3　哪些人不适合创业

①缺少职业规划和职业意识的人。任何人的成功都不是偶然的。职业规划和职业意识往往能更大限度地激发人的活力和创造力。缺少职业规划和职业意识的人，往往满足于机械性地完成自己分内的工作，缺少进取心和主动性。

②不勤奋的人。前面提到，创业的成功需要自己具备良好的知识结构、能力、个性心理品质、创业精神等。一个懒惰的人，一定无法达到这些要求。在创业的过程中，可能会遇到

许多困难和风险，而不勤奋的人是难以应对的。

③唯命是从、僵化死板的人。这种类型的人，往往难以进行开拓性的工作，难以发现创业机会，难以灵活处理创业过程中遇到的难题，难以创造性地完成任务。

④固执己见，缺乏团队精神的人。固执己见不等于坚持自己的意见，而是任何时候都以自我为中心，不尊重他人意见，没有团队精神的性格。在创业的过程中，尤其是创业初期，团队的良好协作是事业成功的基本条件。

⑤无主见，患得患失的人。创业过程中，需要创业者有主见、果敢、坚毅、经得起困难和风险。无主见、患得患失的行为会导致创业行为难以坚持到底，难以克服创业过程中的各种困难。

 2.2.4　创业者素质的自我认知与判断

创业者素质的认知是创业准备的重要环节，而自我认知是创业素质认知的基本方法。

（1）自我认知的重要性

自我认知是心理学的一个重要课题。客观全面的自我认知是心理健康的基础。从职业发展理论的角度来看，大学生的自我认知是自我评估、进行生涯规划和职业选择的基础。

只有在进行了正确的自我认知之后，大学生才能更好地对性格、兴趣、能力、价值观等进行评估，从而有助于进一步认识社会，认识自己的工作，认识人与社会的关系，进而有助于大学生进行包括创业在内的理性的职业选择。

正确的自我认知，是成功创业的基础。只有有了正确的自我认知，在创业选择、创业项目选择、创业团队组建等方面才能更加有效率。你可以有的放矢地搜寻那些符合个人特质的人和信息，而不会将时间浪费在一些明显不适合的领域里。

正确的自我认知是一个人能否健康快乐生活的基础。日常生活中，我们对自我的了解往往比较粗略。这种粗略的了解可能会使我们对生活的理解甚至对人生价值的认识产生偏差，从而影响工作和生活的质量。如果一个人有全面、客观的自我认知，他在进行职业选择时，包括在创业选择时，就不会盲目，不会患得患失；相反，会更有自信，更有毅力。

（2）自我认知的方法和原则

一般而言，自我认知的方法或途径有以下5种：

①职业测评。正规的职业测评工具和量表都是心理学家和职业发展理论专家经过多年研究和实证检验而制成的。职业测评具有简单、快捷、全面、相对科学的特点，但是，由于这些测评方法和量表多为国外研究成果，其常模的选择具有特定的人文和社会背景。尽管国内专家们已经做了大量的本土化研究，但是，大学生在使用这些工具时，仍然要理性地看待测试结果，应结合多种途径对自己进行评估。

②生活事件法。反思自己在日常生活中的各种活动和重要事件中处理问题的认识、方法、感受等，以判断、分析自己的性格、能力等特点。比如，自己在遇到问题时，是比较冷静，还是比较急躁，是喜欢自己独自处理，还是喜欢求助于他人，是不是体现出了进取精神等，从中分析自己的特质是否与创业者素质相符，从而判断自己是否真的适合创业。

③他人反馈法。所谓"旁观者清"，有时候我们自己确实很难意识到自己存在的优点或缺点，而这些优、缺点很可能是创业是否能成功的关键因素。因此，从他人的反馈中分析自

己的特点很有必要性。这些"他人"主要包括父母、亲朋、老师、同学、合作伙伴等。

④职业咨询，即寻求专业职业指导和咨询人员的指导。

在使用各种方法进行自我认知时，应遵循以下原则：

①科学原则。在进行自我认知的过程中，应该多种方法和途径相结合，以弥补各种方法的不足，达到更科学地评估自己的目的。

②发展原则。大学生阶段，是一个人成长和发展非常迅速的阶段，体能、性格、理想、价值观等都可能慢慢清晰或者改变。因而，自我认知也是一个发展的过程，靠一两次评估得出的结论并不是全面的、科学的。从创业素质认知的角度来看，由于创业行为的机会成本相对来说更大，对个人创业素质的认知更需要在一定时期内以发展的眼光进行科学和准确的评估，以增加成功的概率。

2.3 创业者的能力

创业者能力是个人或团体所具备的从事开拓性活动时的特殊的心理能力和个性品质，是创业者解决创业及创业企业成长过程中遇到的各种复杂问题的本领，是创业者基本素质的外在表现。它有很强的实践性、一定的开拓性、集中的表现力，以及高度的综合性。创业者的能力是创业者整体素质体系中的核心因素，从实践的角度看，表现为创业者把知识和经验有机结合起来并运用于创业管理的过程。它具体包括机会识别能力、风险决策能力、战略管理能力、开拓创新能力、创业网络构建能力和组织管理能力等。

2.3.1 机会识别能力

机会总是给予善于捕捉机遇的"机会头脑"。在稍纵即逝的"机会"面前，能敏捷捕捉、明智决断，是创业者创业的思维基本功。只有具备这种"机会敏感综合征"——以一种近乎病态痴狂的态度等待、感悟、决断机会的人，才能够不失时机地进行创业，成为合格的创业者。

2.3.2 风险决策能力

创业者的决策能力集中体现在创业者的战略决策能力上，即创业者在对新创企业外部经营环境和内部经营能力进行周密细致的调查和准确而有预见性分析的基础上，确定企业发展目标，选择经营方针，制定经营战略的能力。虽然创业者有时候也进行一些战术性决策，但会把更多的精力用于战略决策上。

2.3.3 战略管理能力

把创业仅看作一些天赋、灵感与智慧的闪念是完全错误的。创业始终是一种可以管理，也需要管理的系统工作，而绝不是坐等灵感的刹那降临。因此，创业者必须始终保持常态的管理意识。管理主要是针对机会的捕捉和利用加以管理。有许多发明家，虽然擅长创新，也有创业的宏愿，但管理意识的薄弱导致错失良机，实现不了将创新成果向创业成果的转化，并且他们也没有意识到，只有通过常态的管理机制，才能更多、更好地捕捉到种种发明创造。

2.3.4　开拓创新能力

创业者必须具备创新能力。这是由经营管理活动的竞争性决定的。提高竞争力的关键在于发挥创业者的创新能力。只有不断地用新思想、新产品、新技术、新制度和新的工作方法替代原来的，才能使企业在竞争中立于不败之地。

2.3.5　创业网络构建能力

创业者必须善于建立本行业的广泛社会网络，包括有关本行业的现代电脑网络。密集的行业网络沟通有助于创业者从广泛的社会网络中获取高回报的创业信息，促使创业者在巨型网络提供的信息精华中，吸取经验教训，培养创业精神，既勇于冒险，又坦然地接受失败。"网络"素质较高的创业者，由于掌握了极其丰富的发明、生产、销售等诸多信息，真正做到了知己知彼，因而其决策之成功，回报之效益，为一般创业者所望尘莫及。

2.3.6　组织管理能力

创业者具有把各项生产要素有机组合起来，形成系统整体合力的杰出才能。创业者就是研究、开发、生产、销售等各个环节的协调者、组织者和领导者。为使创业者的组织才能发挥到最高水准，创业者必须具备敏锐的判断力、坚韧的毅力，以及高超的管理艺术，尤其应具备以下两方面的能力：一方面，他必须对自己经营的事业了如指掌，有预测生产和消费趋势的能力；另一方面，他必须善于选择合作伙伴，有组织或领导他人、驾驭局势变化的能力。

2.4　创业者价值观

2.4.1　概念

（1）价值观

价值观就是我们在生活和工作中所看重的原则、标准或品质。它是指向我们一生中最重要的东西，因此也是一套自我激励机制。价值观具有因人而异，相对稳定，在特定条件下可能发生改变的特点。

（2）职业价值观

职业生涯规划大师舒伯（Super）认为，职业价值观是个人追求的与工作有关的目标，即个人的内在需求及在从事活动时所追求的工作特质或属性。

任何人，无论做任何事，其最终目标都是追求人生的成功和快乐，但不同的人获得成功和快乐的来源是不一样的。那些能使人从工作中体验到成功和快乐的要素就是职业价值观。不同的人对于职业的期待可能是不一样的：有的人希望安安稳稳地做自己力所能及的事情；有的希望挣得高薪；有的希望能获得权力；有的希望实现自己的人生价值……造成这些差别的原因，主要就是职业价值观的不同。

（3）创业者的职业价值观

创业是一种职业选择。创业者的职业价值观也是众多职业价值观的一部分。不同的价值观有不同的体现。同样，对创业者而言，他们的价值观也有不同的体现。总体来说，创业者的价值观有许多共同的特征。

马斯洛（Maslow）提出，人有5个层次的需求：胜利需求、安全需求、归属需求、自我尊重需求，以及自我实现的需求。只有当低层次的需求得到基本满足后，个人才能关注并致力于满足下一层次的需求。这些需求的内在推动力，就是职业价值观。层次需求对应了不同的职业价值观。其中，自我尊重需求对应着成就、地位、声望、自主性。自我实现的需求对应发展和成长、兴趣、创造性、社会意义等。这两类需求往往是创业者的需求。一般情况下，它们所对应的价值观就是创业者的职业价值观。

 2.4.2　职业价值观测评

说明：下面有52道题，且每道题都有5个备选答案。请根据自己的实际情况或想法，在题后面圈出相应的字母。每题只能选择一个答案。

A——非常重要

B——比较重要

C——一般

D——较不重要

E——很不重要

1. 工作中必须经常解决新的问题。ABCDE

2. 工作能为社会福利带来看得见的效果。ABCDE

3. 工作奖金很高。ABCDE

4. 工作内容经常变换。ABCDE

5. 能在工作范围内自由发挥。ABCDE

6. 工作能使同学、朋友非常羡慕你。ABCDE

7. 工作带有艺术性。ABCDE

8. 工作能使人感觉到你是团体中的一分子。ABCDE

9. 不论怎么干，总能和大多数人一样晋级，涨工资。ABCDE

10. 工作使自己有可能经常变换工作地点、场所和方式。ABCDE

11. 工作中能接触到各种不一样的人。ABCDE

12. 工作上下班时间比较随便、自由。ABCDE

13. 工作使自己不断获得成功的感觉。ABCDE

14. 工作赋予高于别人的权力。ABCDE

15. 在工作上，能试行一些自己的新想法。ABCDE

16. 在工作中不会因为身体或能力等因素被人瞧不起。ABCDE

17. 能从工作的成果中知道自己做得不错。ABCDE

18. 工作中经常要外出，参加各种集会和活动。ABCDE

19. 只要做这份工作，就不想再被调到其他意想不到的单位和工种上去。ABCDE

20. 工作能使世界更美丽。ABCDE

21. 在工作中，不会有人常来打扰你。ABCDE

22. 只要努力，工资就会高于其他同年龄的人，升级或涨工资的可能性也就比干其他工作大得多。ABCDE

23. 工作是一项对智力的挑战。ABCDE

24. 工作要求自己把一些事务管理得井井有条。ABCDE

25. 工作单位有舒适的休息室、更衣室、浴室及其他设备。ABCDE

26. 工作让自己有可能结识各行各业的知名人物。ABCDE

27. 在工作中，能和同事建立良好的关系。ABCDE

28. 在别人眼中，自己的工作是很重要的。ABCDE

29. 在工作中经常接触到新鲜的事务。ABCDE

30. 工作使自己能常常帮助别人。ABCDE

31. 在工作单位中，有可能经常变换工作。ABCDE

32. 工作作风使自己被别人尊重。ABCDE

33. 同事和领导人品较好，相处比较随便。ABCDE

34. 工作会使许多人认识你。ABCDE

35. 工作场所很好，比如有适度的灯光，安静、清洁的工作环境，甚至恒温、恒湿等优越的条件。ABCDE

36. 在工作中，为他人服务，使他人感到很满意，自己也很高兴。ABCDE

37. 工作中需要计划并组织别人的工作。ABCDE

38. 工作需要敏锐的思考。ABCDE

39. 工作可以使自己获得较多的额外收入，比如常发实物，常购买打折扣的商品，常发商品的提货券，有机会购买进口货等。ABCDE

40. 工作中自己是不受别人差遣的。ABCDE

41. 工作结果应该是一种艺术，而不是一般的产品。ABCDE

42. 工作中不必担心会因为所做的事情使领导不满意而受到训斥或经济惩罚。ABCDE

43. 工作中能和领导有融洽的关系。ABCDE

44. 可以看见努力工作的结果。ABCDE

45. 工作中常常需要提出许多新的想法。ABCDE

46. 由于自己的工作，经常得到许多人的感谢。ABCDE

47. 工作成果常常能得到上级、同事或社会的肯定。ABCDE

48. 在工作中，可能做一名负责人。虽然可能只领导很少几个人，但信奉"宁做兵头，不做将尾"的俗语。ABCDE

49. 从事的那种工作，经常在报刊、电视中被提到，因而在人们心目中很有地位。ABC-DE

50. 工作有数量可观的夜班费、加班费、保健费或营养费等。ABCDE

51. 工作比较轻松，精神上也不紧张。ABCDE

52. 工作需要和影视、戏剧、音乐、文学等艺术打交道。ABCDE

【评分与评价】

上面的 52 道题分别代表 13 项工作价值观。每圈一个 A，B，C，D，E，分别得 5 分、4 分、3 分、2 分、1 分。请根据下面的评价表中每一项前面的题号，计算每一项的得分总数，并把它填在表 2-6 中每一项的得分栏上。然后在表格下面依次列出得分最高和最低的 3 项。

表 2-6 评价表

得分	题号	价值观	说明
	2，30，36，46	利他主义	工作的目的和价值，在于直接为大众的幸福和利益尽一份力
	7，20，41，52	审美主义	工作的目的和价值，在于能不断地追求美的东西，得到美感的享受
	1，23，38，45	智力刺激	工作的目的和价值，在于不断进行智力的操作，动脑思考，学习并探索新事物，解决新问题
	13，17，44，47	成就感	工作的目的和价值，在于不断创新，不断取得成就，不断得到领导和同事的赞扬，或不断实现自己想要做的事
	5，15，21，40	独立性	工作的目的和价值，在于能充分发挥自己的独立性和主动性，按自己的方式、步调或想法去做，不受他人的干扰
	6，28，32，49	社会地位	工作的目的和价值，在于所从事的工作在人们的心目中有较高的社会地位，从而使自己得到人的重视和尊敬
	14，24，37，48	管理权	工作的目的和价值，在于获得对他人或某事物的管理支配权，能指挥并调遣一定范围内的人或事物
	3，22，39，50	经济报酬	工作的目的和价值，在于获得优厚的报酬，使自己有足够的财力，以获得自己想要的东西，使生活过得较为富有
	11，18，26，34	社会交际	工作的目的和价值，在于能和各种人交往，建立比较广泛的社会联系和关系，甚至能和知名人物结识
	9，16，19，42	安全感	不管自己能力怎样，希望在工作中有一个安稳局面，不会因为奖金、涨工资、工作调动，或领导训斥等经常提心吊胆，心烦意乱
	12，25，35，51	舒适安逸	希望能将工作作为一种消遣、休息或享受的形式，追求比较舒适、轻松、自由、优越的工作条件和环境
	8，27，33，43	人际关系	希望一起工作的大多数同事和领导人品较好，相处在一起感到愉快、自然，认为这就是很有价值的事，是一种极大的满足
	4，10，29，31	追求新意	希望工作内容应该经常变换，使工作和生活显得丰富多彩，不单调枯燥

一般而言，具有创业特质的人，其职业价值观更多地表现为智力刺激、成就感、社会地

位、独立性、经济报酬等。在进行创业选择时，可以把职业价值观的测评作为一个参考维度。

本章要点回顾

本章包含 4 小节，分别介绍了创业者、创业者创业、创业者的能力和创业者价值观。创业者是指某个人发现某种信息、资源、机会，或掌握某种技术，利用或借用相应的平台或载体，将其发现的信息、资源、机会或掌握的技术，以一定的方式，转化、创造成更多的财富、价值，并实现某种追求或目标的过程的人。创业者想要取得成功，不仅需要良好的外部条件，比如国家政策、市场环境、行业环境，以及良好的团队等，同时内部条件也是极其重要的。这种内部条件就是创业者个人必须具备的促使创业成功的素质。这种素质是一种综合素质。不同的学者对创业者素质的构成有不同的观点。本章主要介绍了 4 种创业者应该具备的素质：强大的内在驱动力，强大的心理素质，良好的知识素质，以及创业精神。创业者能力是指个人或团体所具备的从事开拓性活动时的特殊的心理能力和个性品质，是创业者解决创业及创业企业成长过程中遇到的各种复杂问题的本领。创业者的能力是创业者整体素质体系中的核心因素，从实践的角度看，表现为创业者把知识和经验有机结合起来并运用于创业管理的过程。它具体包括机会识别能力、整合资源能力、风险决策能力、战略管理能力、创新能力和创业网络构建能力等。创业者的职业价值观也是众多职业价值观的一部分。不同的价值观有不同的体现；同样，对创业者而言，他们的价值观也有不同的体现。通过本章的学习，相信你已经对创业者有了初步的认识。

习题

1. 名词解释

创业精神、生存型创业者、变现型创业者、机会型创业者

2. 简答题

（1）简述创业素质认知的 4 个过程。

（2）简述什么是创业精神。

（3）从创业意图角度，我们可以将创业者分为哪三种类型，且每种类型有什么特点？

3. 思考题

通过本章的学习，结合本章导入案例，分析梁亮胜属于生存型创业者、变现型创业者、机会型创业者这 3 种类型中的哪一种？

课后拓展

本章介绍了创业者应该具备的创业素质。限于篇幅，本章只是简单概括了 4 种创业者素质，以及 4 类不适合创业的人。请选择其中一种，具体分析这类人为什么不适合创业。

第三章 创业项目与资源分析

~~~~~~~~~~~~【内容提要】↑
　　对于创业者来说，创业项目的选择是十分重要的。为此，我们要掌握创业项目的识别能力，对创业项目的风险进行评估。同时，在进行创业的过程中，创业者也需要拥有寻找、整合创业项目资源的能力。本章详细介绍了创业者如何对创业项目进行识别、评估，并通过合适的途径寻找创业资源，运用专门的方式对创业资源进行整合与创造性利用。
　　学完本章后，希望同学们做到：
　　①了解创业项目的类型与特点；
　　②掌握创业项目的评估方法；
　　③会分析创业项目的风险，并了解风险规避途径；
　　④了解创业项目资源的获取方式；
　　⑤掌握整合并创造性利用创业项目资源的方式。

【导入案例】

格兰仕的企业家机会感知能力与创新及品牌战略

　　格兰仕的第一次创业是在 1978 年，正值改革开放时期，国家出台了许多新的政策。当时物资短缺、匮乏，只要能生产出来，就不愁销路。格兰仕创始人感知到创业大有作为，于是抛弃铁饭碗，艰辛创业。1991 年，数千家羽绒厂家混战不休，恶性竞争非常激烈。集体企业的"大锅饭"并没有打破，缺乏相应的制度保障，无法应对未来的市场竞争。格兰仕创始人认为转产转制势在必行。格兰仕的第二次创业是在 1992 年进行的。1992 年，格兰仕在日本市场上发现微波炉产品，感觉到这小东西有得做。当时，微波炉全国产量才 10 万台，只有 4 家企业在做，并且价格较高。格兰仕决定转产转制，很快买进东芝生产线，同时到上海引才、借才，寻求技术支持。意识到"占领全球市场的唯一出路是掌握技术的高端领域，必须打造属于自己的一流技术"（朱月容、沈颖，2008），格兰仕于是持续投资技术研发，最终能够向欧盟、美国以及日本等诸多跨国公司输出技术、核心零部件并提供技术服务。20 世纪 90 年代初，国内巨大的微波炉市场潜力让格兰仕认识到天时、地利、人和俱备，于是它抓住机会，在自家门口建设自有品牌，不断推进格兰仕品牌的全球化和国际化。所以，格兰仕从一开始，在帮国外跨国公司做贴牌生产的时候就开始在国内积极地推行品牌战略。从 1992 年开始，格兰仕成功地在 67 个国家和地区注册了格兰仕的中英文商标。1997 年树立企业国际化目标，力争把格兰仕创造成国际品牌。

（资料来源：杨桂菊 . 代工企业转型升级的运作理念与资源整合：本土案例 ［J］. 2012（10）：106 – 115）

3.1 创业项目的识别

3.1.1 创业项目与创业机会

（1）创业项目与创业机会

在创业的过程中，最重要的一件事情就是寻找并确定合适的创业项目。合适的创业项目与创业机会是分不开的。创业机会的识别既是创业的开端，更是创业的前提。

那么，什么是创业机会呢？

创业机会是一种通过创造性结合资源，满足市场需求，创造价值，并且有利于创业者和社会的机会。

（2）创业机会的来源

机会是在变化中产生的。创业机会主要来源于各种因素的变化与创新。其中，最主要的就是政策的变化，技术的发展与创新，还有市场的变化。

①政策改动。政治因素、规章制度的变动带来了相关资源使用上的变动，因此成为创业机会的重要来源之一。国家或区域政策环境的变化能够促进商机的产生，从而将原有的资源重新整合并使用，提高了资源的使用效率。

②技术创新。技术的变化与创新是创业机会的重要来源之一。随着科技发展与社会科技的进步，技术上的变化组合与创新可为创业者带来创业机会。

③市场变化。市场变化而产生的具有一定规模与开发价值的消费需求被认为是创业机会。市场机会是潜在的、隐性的、非直接的消费需求带来的。市场新需求的产生、市场供求关系的转变、市场竞争态势的变化都能带来创业机会。

【扩展阅读】

技术创新带来商业机会

上海九港公司近年来坚持走"技术创新，加强科技投入"的道路，依靠新技术、新产品走天下。在日前召开的"新千年首次订货会"上，签订合同达 400 多万元，用户来自浙江、江苏、内蒙古、四川、广西、福建、山东、湖南等 17 个省市，销售形势十分看好。该公司当年一直沿着简单模仿其他厂家的机械的老路子，销售上一直打不开局面。公司领导意识到只有创新，才能立本，哪怕花费 10 倍的努力，也要走自己的创新之路。几年来，他们先后开发成功热风循环快速纸箱烘干机、全自动平台模切机、大规格纸箱成型机等新产品。用户想到的，他们千方百计做好；用户没想到的，他们也想尽办法做好。"想用户所想，急用户所急"成为他们公司的宗旨。扬州永盛纸制品有限公司看到该公司的 2 600×1 800 大型平台自动模切机后爱不释手，在订货会上立即拍板，当场提货。浙江省最大的服装生产集团莱机华集团买走了该公司的模切机、纸箱成型机、分纸压线两用机、双色水性印刷开槽机等十多台大型设备。黑龙江光明家具公司看了国内 20 多家纸箱机械厂家，最后还是看中了九港公司的设备。他们的看法是："九港公司的机械的确千方百计为用户着想，确有特色。""人无我有，不断创新"。该公司开发国内独创的多功能纸箱烘干机，曾帮助国内许多中、小型纸箱厂走出靠天吃饭的困境。这次他们在技术上又有创新，在订货会上也十分"抢手"。

（摘自《中国包装》，2000 年第 3 期）

3.1.2　创业机会的特征与类型

（1）创业机会的特征

创业机会几乎主要是指具有较强吸引力的，具有时效性、持久性的，能够创造价值的，有利于创业活动的机会。创业者或者创业团队可根据创业机会进行创业活动，并从中获益。

①时效性。创业机会只存在于某个时间段。这个时间段被称为"机会窗口"。因此，创业机会具有时效性。当市场需求处于一种不平衡的状态时，创业者需要及时搜集信息并捕捉机会，迅速采取行动。这样就可能取得创业的成功并获取收益。

②持久性。创业机会在具有时效性的同时，也应该具有持久性，能够得到进一步的发展。也就是说，判断一个创业机会合适与否的标准之一，是判断市场是否会有足够的时间使创业者对创业机会进行开发。

③创造价值。创业机会应带来商业价值或社会价值。市场回应是判断创业机会价值的一个重要标准。所谓市场回应程度，是指市场对创业者产品或服务的接受程度。只有在市场能够对创业项目的产品有很好的回应时，创业者的产品才有可能实现货币价值。

（2）创业机会的类型

①技术机会。技术机会是指技术创新带来创业机会。随着科技发展与社会科技的进步，技术上的变化组合与创新，可为创业者带来创业机会。一方面，机会会引导新创企业开发出新产品和新服务；另一方面，新产品和新服务又能带来新的创业机会。

②市场机会。市场机会一般包括 3 类：第一类是在当下市场的已有的产品和服务中寻找尚未满足顾客的需求，开发新的市场，或开发现有产品的新功能和新用途；第二类是指创造开发，设计生产出具有新功能的产品，以满足变化的市场需求；第三类是指基于社会分工演化下专业化所衍生的市场。

③政策机会。政治因素、规章制度的变动带来了相关资源使用上的变动，因此带来了相

关的创业机会。国家或区域政策环境的变化能够促进商机的产生，从而将原有的资源重新整合并使用，提高了资源使用效率。

3.1.3 创业项目的识别

创业机会识别是创业者在创业活动中需要关注的一个重要问题。由于创业过程就是围绕着机会进行识别、开发、利用的过程，因此创业者应当具备识别正确的创业机会的重要技能。

（1）创业的愿望

创业的愿望是创业机会识别的前提。创业者拥有创业愿望，并将其作为创业的原动力，督促自己发现并识别市场机会。创业者如果没有创业意愿，即使他遇见再好的创业机会，他也会视而不见，并失之交臂。因此，拥有创业的愿望是创业机会识别的前提。

（2）创业能力

创业者的创业能力是创业机会识别的基础。创业者在识别创业机会的过程中会用到创业者的个人能力。与创业机会识别相关的能力主要有远见与洞察能力、信息获取能力、技术发展趋势预测能力、模仿与创新能力，以及建立各种关系的能力等。

（3）创业环境

创业环境的支持是创业者进行创业机会识别的关键。创业环境包括政府政策、社会经济条件、创业和管理技能、创业资金和非资金支持等方面，是创业过程中多种因素的组合。一般来说，如果社会对创业失败比较宽容，有浓厚的创业氛围，国家对个人财富创造比较推崇，有各种渠道的金融支持和完善的创业服务体系，产业有公平、公正的竞争环境，就会鼓励更多的人创业。

3.1.4 创业项目的评估

基于蒂蒙斯（Timmons）在《New Venture Creation：Entrepreneurship for the 21th Century》中提出的创业机会评价体系，创业者在进行创业项目评估的过程中需要注意 8 大类的评估。这 8 大类包括行业和市场、经济性、收获、竞争优势、管理团队、致命缺陷问题、个人标准、战略差异。对每个指标的吸引力可分为最高潜力和最低潜力，并对最高潜力和最低潜力进行描述。

（1）市场评估准则

①市场定位：一个好的创业机会，必然具有特定市场定位，专注于满足顾客需求，同时能为顾客带来增值的效果。因此，评估创业机会的时候，可由市场定位是否明确、顾客需求分析是否清晰、顾客接触通道是否流畅、产品是否持续衍生等判断创业机会可能创造的市场价值。创业带给顾客的价值越高，创业成功的机会也就越大。

②市场结构：针对创业机会的市场结构进行以下分析：进入障碍，供货商、顾客、经销商的谈判力量，替代性竞争产品的威胁，以及市场内部竞争的激烈程度。由市场结构分析可以得知新企业未来在市场中的地位，以及可能遭遇竞争对手反击的程度。

③市场规模：市场规模大小与成长速度，也是影响新企业成败的重要因素。一般而言，

市场规模大者，进入障碍相对较低，市场竞争激烈程度也会略为下降。如果要进入的是一个十分成熟的市场，那么纵然市场规模很大，由于已经不再成长，利润空间必然很小，因此这个新企业恐怕就不值得再投入；反之，一个正在成长中的市场，通常也会是一个充满商机的市场，所谓水涨船高，只要进入时机正确，就必定会有获利的空间。

④市场渗透力：对于具有巨大市场潜力的创业机会，市场渗透力（市场机会实现的过程）评估将会是一项非常重要的影响因素。聪明的创业家知道选择在最佳时机进入市场，也就是市场需求正要大幅成长之际，你已经做好准备，等着接单。

⑤市场占有率：从创业机会预期可取得的市场占有率目标，可以显示这家新创公司未来的市场竞争力。一般而言，要成为市场的领导者，最少需要拥有20%以上的市场占有率；如果市场占有率低于5%，则这个新企业的市场竞争力即使不高，也会影响未来企业上市的价值。在具有赢家通吃特点的高科技产业，新企业只有拥有成为市场前几名的能力，才比较具有投资价值。

⑥产品的成本结构：产品的成本结构，也可以反映新企业的前景是否亮丽。例如，从物料与人工成本所占比重之高低，变动成本与固定成本之比重的大小，以及经济规模产量大小，可以判断新企业创造附加价值的幅度以及未来可能的获利空间。

（2）效益评估准则

①合理的税后净利：一般而言，具有吸引力的创业机会，至少需要能够创造15%以上税后净利。如果创业预期的税后净利在5%以下，那么这不是好的投资机会。

②达到损益平衡所需的时间：合理的损益平衡时间应该能在两年以内达到，但如果3年还达不到，恐怕就不是值得投入的创业机会。不过，有的创业机会确实需要经过比较长的耕耘时间，通过这些前期投入，创造进入障碍，保证后期的持续获利。在这种情况下，只有将前期投入视为一种投资，才能容忍较长的损益平衡时间。

③投资回投率：考虑到创业可能面临的各项风险，合理的投资回报率应该在25%以上。一般而言，15%以下的投资回报率是不值得考虑的创业机会。

④资本需求：投资者一般会比较欢迎资金需求量较低的创业机会。事实上，许多个案显示，资本额过高其实并不利于创业成功，有时还会带来稀释投资回报率的负面效果。通常，知识越密集的创业机会，对资金的需求量越低，投资回报反而会越高。因此，在创业开始的时候，不要募集太多资金，最好通过盈余积累的方式创造资金。比较低的资本额，将有利于提高每股盈余，并且可以进一步提高未来上市的价格。

⑤毛利率：毛利率高的创业机会的风险相对较低，也比较容易取得损益平衡；反之，毛利率低的创业机会，风险则相对较高。遇到决策失误或市场产生较大变化的时候，企业很容易遭受损失。一般而言，理想的毛利率是40%。当毛利率低于20%的时候，该创业机会就不值得再予以考虑。软件业的毛利率通常都很高，所以只要能找到足够的业务量，从事软件创业在财务上遭受严重损失的风险会相对比较低。

⑥策略性价值：能否创造新企业在市场上的策略性价值也是一项重要的评价指标。一般而言，策略性价值与产业网络规模、利益机制、竞争程度密切相关，而创业机会对于产业价值链所能创造的加值效果，也与它采取的经营策略与经营模式密切相关。

⑦资本市场活力：当新企业处于具有高度活力的资本市场时，它的获利回收机会相对也比较高。不过资本市场的变化幅度极大，在市场高点时投入，资金成本较低，筹资相对容

易；而在资本市场低点时，投资新企业的诱因则较低，好的创业机会也相对较少。不过，对投资者而言，市场低点的成本较低，有的时候投资回报反而会更高。一般而言，若新创企业处在活跃的资本市场，则比较容易创造增值效果。因此，资本市场活力也是一项可以用来评价创业机会的外部环境指标。

⑧退出机制与策略：由于投资的目的都在于利益的回收，因此退出机制与策略就成为评估创业机会的一个重要指标。企业的价值一般也要由具有客观鉴价能力的交易市场决定，而这种交易机制的完善程度也会影响新企业退出机制的弹性。由于退出的难度普遍高于进入，所以具有吸引力的创业机会，应该为所有投资者考虑退出机制，以及退出的策略规划。

3.2　创业项目的风险分析

3.2.1　创业项目风险的构成与分类

机遇与风险总是并存的。在创业过程中，不可避免地会有风险因素的干扰。如果不能及时规避风险或把风险降到最低，则很有可能造成创业活动很难进行下去，甚至导致创业活动的失败。在激烈的市场竞争面前，学会识别风险并化解风险是十分重要的。

创业风险是指在创业过程中存在的风险，主要是由不断变化的、不确定的因素构成的。它被分为系统风险与非系统风险两类。

（1）系统风险

系统风险是由于环境因素的不确定性导致的风险，是创业者自身难以掌控的。创业者只能加强监测和预警，提前做好准备，尽力规避它们。它主要由以下几点组成：

①国家法律及政策变化的不确定性。商业领域出现的新事物，经常是超前于立法机构和政府制定的法律政策，往往缺少国家标准。因此，当新的事物或者新的商业模式出现之后，如果存在法律空白等其他原因，政府或立法机构就可能会及时做出相应的政策调整。这些政策调整可能会改变之前的商业环境，对创业者的创业项目产生有利或者不利的影响。

创业者的新产品，在被正式销售之前，需要获得政府职能部门的许可；但某些时候，新创企业的产品并非一定都获得所需的政府许可。当产品扩大影响范围并引起社会讨论时，面对政策空白，政府或立法机构会及时进行调整。

②商品市场需求的不确定性。创业的商品市场带来的风险，是指在创业的市场实现环节，创业者会遇到由于市场需求的不确定性或竞争的不确定性而导致的创业失败的风险。在开发市场的过程中，由于新产品的市场需求是潜在的，待成长的，市场接受新产品的具体时间具有不确定性，因此创业者很难在产品投入市场之前就预判出市场接受自己新产品的具体时间，也很难确定新产品上市的最合适时间点。

同时，由于新产品的市场需求是潜在的，待成长的，因此创业者很难预测出自己新产品的市场需求的成长速度，同时也难以预测新产品的扩散速度。这些不确定性也为创业者的下一步计划带来了困扰。创业者只能通过时刻关注市场，结合新产品市场需求的增长情况制订并实施下一步计划。

③市场同行竞争的不确定性。市场是随时间千变万化的，市场竞争也是瞬息万变的。根据一些创投公司的调查，多数创业者的创业计划中忽视了对同行的竞争者分析。在真正的市场中，拥有相似产品的创业团队是非常多的，在团队整体的知识、技术相差不多的情况下，如何战胜竞争者就是创业者要考虑的一个问题了。

由于创业者过度关注自己的产品，满足于自己的"具有新意的"点子，多数创业者会忽视掉同行市场竞争的实际态势，因此在不知不觉中被超越，甚至导致创业失败。

④生产要素市场供给的不确定性。新产品的生产是离不开上级原料供应的。创业者在选定创业项目并决定投入生产后，能不能及时从上游市场获得价格合适且足量的原材料供给具有不确定性。同时，受到各种因素的影响，上级供应商的原料是否充足，或是上级原料供应商更愿意将原料销售给出价高的下游企业，供应商是否遵守契约按时足量供应原料等这些行为具有不确定性。这些是创业者很难控制的。

【扩展阅读】

随着互联网的发展，许多打车软件也相继问世。比如滴滴专车，快的打车等打车软件进入我们的生活。但是，由于各地政府对这些专车的态度不同，所以这个软件频频陷入困境。23日，北京市交通委等8个部门再度约谈滴滴、优步等平台负责人，明确指出以上平台涉嫌违法组织客运经营，逃漏税，违规发送商业性短信息等。此前，上海已加大对专车的查处力度，而北京此番将矛头指向专车，表明京沪双城收紧专车的态度愈发明显。

此前，北京市交通委等部门已多次约谈过专车平台负责人，但截至目前，各大平台的专车服务依旧没有受到影响。北京市交通委负责人表示，虽然专车满足了部分市民的个性化出行需求，但也给城市交通带来了冲击，道路交通拥堵的情况有所加剧。"而且在北京从事专车、快车运营的平台、车辆、驾驶员均不具备相应的经营资质，缺乏有效的服务监管，存在较大的安全隐患。"该负责人说道。

其实，从去年起，辽宁、浙江、江苏、上海等省市就相继认定专车运营不合法。其中，上海对于专车的处罚尤为严厉。根据《上海市查处车辆非法客运办法》和《上海市查处车辆非法客运若干规定》的相关条款，执法部门对专车非法客运实施"1+3+10"的处罚，即每查处一辆专车非法客运，除对当事人进行1万元行政罚款和暂扣驾驶证3~6个月的处罚外，同时将对网络平台进行10万元行政罚款的处罚。

艾媒咨询董事长张毅也认为，专车提供的服务实际上是符合社会发展和市民需求的，只不过目前还存在太多的漏洞和不足。"不能说当前的法律法规不支持专车，专车这个行业就没有未来。"张毅说道。他表示，现行的法律应给专车一定的调整空间，而专车也要尽快找准自身定位，逐渐向合法化靠拢。

（摘自《中国报告大厅》，http://www.chinabgao.com/info/83050.html）

（2）非系统风险

非系统风险是指非外部因素导致的风险，是与创业者自身、创业者团队和创业投资者等有关的不确定因素导致的风险。例如实施创业项目的不确定性，以及创业团队能力的不确定性带来的风险。非系统风险主要由以下几点组成：

①技术风险。技术风险是指由技术方面因素的不确定性导致创业失败的风险。随着科学的发展和社会的进步，技术市场也在不断地发生变化。新技术导向的新产品在技术实现方面具有不确定性。这影响到新产品是不是能够及时问世。同时，技术手段是否存在风险，新技术是否易于实现、是否适合大规模生产，也关系到新产品能不能在市场中占有一席之地；技术寿命长短的不确定性也属于技术风险的一种。在日新月异的技术及产品更迭中，新产品的核心技术是否很快被更新的技术创意更新掉是创业者要面临的风险。

②生产风险。企业在生产过程中，由于生产技术或生产工艺落后导致的生产周期过长或生产成本过高导致的难以大批量生产，或是在利润方面没有竞争优势，是创业者需要警惕的生产风险之一；同时，由于生产外包或其他原因导致的产品质量难以保证，是创业者更要慎之又慎，力图规避的创业风险。

③财务风险。创业者在启动创业项目之前，最重要的就是得到资金，但在资金的获取过程中往往存在最大的不确定性。现阶段创业者主要通过自筹、银行贷款、风险投资等方式获取资金。在真正实施阶段，自筹资金多来源于薪酬结余积累或是家庭积蓄。商业银行小额贷款的资金额度往往不足以支撑市场容量较大的创业活动，而争取风投公司的投资又不十分容易。因此，创业者如何抓住自有产品的优势，多途径吸引资金，就成了一件充满不确定性却又十分重要的事情。

④团队管理风险。创业者在进行创业活动时，可能会遇到由于管理不善导致的团队分裂造成的创业失败。这种风险属于管理风险。创业团队内部需要形成团队凝聚力，否则团队可能会在后来的磨合中失去最初共同的目标而各奔东西。

3.2.2　创业项目的风险规避途径

创业者可能会遇到国家法律以及政府政策改变的风险。这主要是因为我国处在社会主义初级阶段，市场经济体制还没有建立完全。因此，具体法律或政策的制定可能超出创业者的预期而带来创业风险。

创业者如果不在创业前认真了解与创业有关的法律法规，认真了解所在行业的基本政策，就有可能在实践的过程中忽视法律，踩到雷区。更有甚者，在风险和利益同时存在的情况下，存在投机心理而钻法律的空子，造成创业失败，甚至更为严重的后果。

因此，创业者在创业之前就应该把法律法规作为创业必备知识，懂法守法，并用法律保护自己的合法权益；同时只有时刻关注相关政策的调整，并随政策的变化对自己的创业计划有所调整，才能在创业过程中获得先机。

（1）提前进行市场调研，选择创业的正确方向

当创业者确定了创业项目之后，下面的一个重要环节就是市场调研。通过详尽的市场调研，可以大概地了解创业项目的市场潜力以及成长性，进而结合其他因素，对创业项目做出客观的评估。

创业者在做好市场调研的前提下，了解市场需求，可以对市场未来发展方向进行预估，进而选择正确的创业方向。这还需要相对详细地了解创业者对相关行业的发展现状、未来前景、经济变化形势、行业发展趋势以及市场竞争情况。

（2）做竞争对手分析

市场上同类竞争者的存在，为创业团队带来了创业失败的风险。由此，创业团队可通过分析竞争对手，了解竞争对手的信息，获知竞争对手的发展策略，先行一步，做出最适当的应对。

一旦确定了竞争对手，从战略制定讲，就需要对竞争对手做以下4个方面的分析：

第一，竞争对手的各期目标和战略；

第二，竞争对手的经营状况和财务状况分析；

第三，竞争对手的技术经济实力分析；

第四，竞争对手的领导者和管理者背景分析。

（3）非系统风险的规避

➢ 技术风险防范。

创业者对技术风险的防范，主要是指对技术风险进行识别、预测，并采取行之有效的措施进行规避，以降低风险的行为。对技术研发过程中风险的防范，是减少风险损失、获得创业成功的重要途径。

创业者可对技术风险从以下几条途径进行规避：一是避开高风险的开发项目或是技术开发中的高风险因素；二是创业者尽可能利用自有技术或过期的专利技术，并对所用技术进行科学的评估；三是创业者在技术开发过程中对无法避免的风险性因素，要尽可能减少风险带来的损失。

（4）财务风险规避

创业者可采取"多渠道融资"规避由于创业资金不足导致的创业风险。若采用单一的融资渠道，则可能更易于面临资金链断裂的风险。创业者应采取"自筹、债券融资、股权融资，争取政府机构支持"等多种手段，以获取资金。

创业者应在创业的过程中，及时收回初始资金并获取利润，以避免企业出现支付危机。创业者在创业经营环节中应时刻保证流动资金多于到期应付的贷款，维持企业的良好信誉。

在出现资金周转困难时应果断采取应对措施，例如增加自筹资金，将短期贷款转化为长期贷款，督促客户进行支付或对产品进行促销等，以解决困境。

同时，创业者应在企业内部建立一套行之有效的财务预警机制。运用财务安全指标预测企业财务危机，借以分析导致企业失败的管理失误，有效解决资金的可获得性，通过预警后不断调整自身，以摆脱财务困境。

（5）管理风险规避

创业者应在团队形成之初就确立团队的"领导"任务，并努力形成团队凝聚力，鼓励团队成员拥有一致的目标、愿景、利益、思路等。在团队遇到困难时，团队的核心人物应及时鼓励团队成员，防止团队成员因畏难而出走或去寻找其他更具有诱惑力的商机。

在团队确立之初就确定好科学、健全的内部管理制度，可降低创业风险，提高创业成功率。具体而言，就是建立创新激励机制，建立人才储备机制，构建法人治理结构。

 ### 3.2.3　创业者风险承担能力的估计

创业是具有风险的。创业过程中最主要的因素就是风险评估与风险承担。因此，理性的创业者需要对创业机会进行风险预估，并在预测自己的风险承担能力的同时，尽力找出规避或降低风险的关键点。

创业者风险承担能力是指创业者愿意承担创业风险的程度和容忍创业过程中不确定性的程度。在创业过程中，创业者需要在前期准备阶段针对特定的创业机会，分析并判断创业风险的具体来源以及发生概率，对宏观环境、市场、消费者等具有不确定性的因素进行评估，并预估自己的承受能力，进而进行风险决策。

创业者风险承担能力 = 企业的财务能力/可承受最大的风险损失

这一比值越大，表明创业者对创业风险的承担能力更强。创业者应在创业准备阶段多提高自己团队的财务能力，尽量规避创业风险，提高自己的风险承担能力。

 3.2.4　基于机会风险的创业收益预测

创业收益是创业者创业的主要动因，它是指创业者将自己拥有的技术资源、资本资源等资源投入创业项目后，通过运营，实际产出额减去投入后剩下的部分，就是创业项目回报给创业者的财务和社会收益。

创业收益不是无风险收益。创业者承担风险后可能会获得相关报酬，且收益与风险一般呈正相关关系。

在创业者对各项风险因素可能发生概率以及造成的损失进行预估后，可以测算特定创业机会的风险收益，以机会风险收益为判据评判是否值得开展该创业项目。在通常情况下，创业机会的风险收益越大，越值得创业者对这个创业项目进行投入。下面是特定机会的风险收益的测算公式：

$$FR = \frac{(Mt + Mb) \cdot B \cdot Ps \cdot Pm}{Cd + J} \cdot S$$

FR 表示特定机会的风险收益指数，Mt 表示特定机会的技术及市场优势指数，Mb 表示创业者的策略优势指数，B 表示特定机会持续期间内的预期收益，Ps 表示技术成功概率，Pm 表示市场成功概率，S 表示创业团队优势指数，Cd 表示利用特定机会创业的有形资产投资总额，而 J 表示利用特定机会创业的无形资产投资总额。

3.3　创业项目的资源需求分析

 3.3.1　创业项目资源概述与分类

（1）创业项目资源概述

创业者在实施创业项目之前，要筹集并获得必要的资源。资源是企业在向社会提供产品的过程中，所拥有的或能支配的用以达到创业目标的各种要素以及要素组合。创业过程实际上就是创业者筹集、整合和拓展资源的过程，是创业者对创业资源重新整合，以获得竞争优势的过程。

（2）创业项目资源分类

根据资源基础论，我们可将创业项目资源分为核心资源与非核心资源。在创业过程中，要学会识别核心资源，在立足于核心资源的基础上发挥非核心资源的辐射作用。只有这样，才能实现创业资源的最优组合，才能够最充分地利用创业资源。

另一种分类方法是将创业资源分为内部资源与外部资源。

①核心资源。核心资源是创业资源中最重要的，有别于其他创业项目的具有优势的资源，是创业机会识别、机会筛选和机会运用几大阶段的主线。核心资源主要包括技术、管理和人力资源。

一是技术资源。技术资源是一种积极的机会资源。它在创业初期起着最关键的作用。第一，创业技术是决定创业产品的市场竞争力以及获利能力的重要因素；第二，创业技术的核心程度影响着所需创业资本的大小；第三，是否具有独特的核心技术影响着新创企业能否在市场中取得成功。

对于创业团队来说，主动寻找并引进具有商业价值的科技成果，是创业团队的核心竞争力所在。创业企业的首要任务就是寻找一种成功的创业技术。

二是管理资源。管理资源，亦即创业者资源，代表着创业团队的领导人本身对机遇的识别、把握能力和对其他资源的整合能力。这些能力都直接影响创业的成败。管理资源对创业企业的成长有着十分重要的作用。

三是人力资源。人力资源是一个企业创新的源泉，是企业的财富。一个创业团队在成长为企业的过程中，需要不断地发现、挖掘高素质人才，为团队注入新的活力。人力资源不仅指创业及团队的特点和知识、激情，还包括创业者及拥有的团队、能力、意识、社会关系、市场信息等。

②非核心资源。非核心资源主要是指创业团队所需的资金、场地与环境资源，在创业过程中有着同样重要的作用。

一是资金资源。资金是创业者在创业过程中整合资源的重要媒介。对于创业者来说，创业过程中筹集并投入一定的资金资源，不仅是创业活动得以开展的基础，更有助于筹集社会资源。资金资源包括创业需要的启动资金、创业转型或发展所需要的再次融资。

二是场地资源。企业在选择场地时，要考虑到多方面的因素。良好的场地资源能够大幅降低企业的运营成本，为企业提供便利的生产环境与经营环境，更能帮助企业在短期内积累更多的顾客，或质量好、价格低廉的供应商。

三是环境资源。环境资源作为一种外围资源影响着创业企业的发展，包括信息资源、文化资源、政策资源、市场资源等。例如，信息资源可以为创业者提供优厚的场地资金、管理团队等关键资源；文化资源是指企业的核心文化，有助于企业凝聚力的形成，促进管理资源的持续发展。

③内部资源。从控制资源的主体角度，可以将创业资源分类为内部资源和外部资源。

内部资源来自创业团队的内部积累，是创业者自身所拥有的可用于创业的资源，具体包括创业者个人或创业团队具有的知识技能与核心技术，创业团队所拥有自主支配权的生产资料等，创业者自身拥有的可用于创业的自由资金，创业者所拥有的创业机会信息，创业者的管理才能等。

一是团队拥有的资金。创业团队所拥有的资金，不仅属于创业的核心资源，更属于内部资源。资金是一种速动性资产，既可以迅捷地换回新创企业所需的各种其他资产，也可在其他资产难以快速兑现的情况下发挥应急作用。

二是知识资产及技术专长。创业者或创业团队所拥有的、有价值的知识性成果被称为知识性资产，包括已经获得的各类知识产权，例如专利、软件著作权等。在知识经济形态下，知识性资产和技术专长是创业团队的创业基础，代表着创业团队的核心竞争力。

三是关系网络。关系网络是创业者或创业团队所拥有的各种社会关系的总和，包括创业者的个体网络以及创业企业的组织关系网络。例如已有的客户资源，以及稳定的合作伙伴等。这些关系网络有助于创业团队进行市场拓展，为新创企业的初期创建及其后续发展奠定了良好的基础，为新创企业的发展提供更为坚实的支持和保障等。

四是营销网络。新创企业的成功与强大的营销网络是分不开的。营销网络是重要的创业资源之一。创业团队无论是销售自己生产的产品，还是销售别人的产品，都需要强大的营销网络作为营销平台。

④外部资源。外部资源则更多来自外部的机会发现，在创业初期起着重要的作用。创业团队在创业初期面临着资源不足的重要问题。一方面，新创企业的创新与成长必须消耗大量资源；另一方面，新创企业由于自身还很弱小，没有实现资源自我积累与增值的途径。因此，创业团队需要识别机会，从外部获取充足的创业资源，实现企业的快速成长。

一是市场。市场是创业项目得以产生、生存并发展的基础，是创业者正确决策的重要信息依据，是适时调整创业思路的基础。在千变万化的市场经济中，创业团队需要及时地搜集尽量完备的市场信息，否则就会因信息滞后而处于竞争的劣势。

另外，在市场上首先获得客户认同，较早占据市场的新创企业具有更大的优势。消费者容易形成品牌忠诚度，为市场先行者带来更稳定的客户支持。因此，创业团队需要及时收集市场信息，努力开拓市场资源，积极争取获得更多的客户认同。

二是政策信息。政府政策对创业活动的支持主要体现在按照创业企业衍生及发展的需求，提供必要的优惠和支持，包括税收、注册等方面的支持。

创业者及创业团队需要在创业的过程中时时关注政策信息，把握政策改动中对自己有利的一面，及时避开或减轻政策中对自己创业活动不利方面的影响。对于创业团队来说，信息的收集也十分重要，在竞争十分激烈的情况下需要更加丰富、及时的信息。

（3）影响创业资源获取的因素

创业资源的获取环节是创业团队在创业初期所面临的一个重要环节，是新创企业在确定了资源需求以后利用自身的资源禀赋获取资源的过程，主要包括外部购买、外部吸引和内部积累3个方面。经过调查分析，以下因素可能会影响创业资源的获取，在创业过程中应当尤其注意。

①创业导向。创业导向是创业组织解决问题、响应环境变化的一系列相关活动在创业活动中的具体表征。创业导向的企业具备创新和风险承担的态度，能够在面对竞争对手时积极应战，面临市场机会时超前行动。创业导向反映了企业追求机会时的态度，驱使企业得以扩张，技术得以进步。这种态度或者意愿会正向激励创业行为，财富由此被创造。

创业导向可分为多种维度，包括创新性、风险承担性、前瞻性与竞争积极性。

创新性是指创业团队或新创企业在面临挑战时愿意通过具有创意、创新的方式来解决，包括新产品、新技术、新工艺或新的管理思想等。

风险承担性是指新创企业愿意将大量资源投入到创业活动中的意愿和愿意承担不确定风险的程度。

前瞻性是指新创企业在预测市场需求的前提下，率先将新产品或新服务引入市场并获得利润的行为。

竞争积极性是指新创企业为了成功进入市场而与市场中已有竞争者有力地进行竞争的程度。

在创业导向的指导下，创业团队能够创造性地、积极主动地整合资源并利用资源。因此，创业导向影响着创业团队对创业资源的获取。

②创业团队拥有的初始资源。创业团队拥有的初始资源包括教育程度、创业经验、知识、技术以及网络关系。

创业团队在进行创业活动的过程中，将先前的创业经验中转移来的知识运用到本次创业活动中，有助于发现、获取创业资源。拥有创业经验的创业者在不确定性和时间压力下，运用先前创业经验做出有利于本次创业活动的判断，更容易获得可取的特定机会，从更多途径获取到创业资源。

创业者已有的行业经验、市场知识等强化了其发现创业机会、获取创业资源的能力；同时，创业者拥有的初始资源能够帮助创业者解决创建和管理创业团队中遇到的许多困难，更有利于新创企业的发展。

④创业网络。创业网络包括社交关系网络与营销网络。创业者拥有的社交关系网络是新创企业最重要的资源之一，有助于提供企业正常运转所需的各种资源。社交关系网络能通过促进信息传递的方式，大大降低企业的交易成本，帮助新创企业获得与企业需求相匹配的资源，因此对于创业资源的获取具有重大意义。

营销网络是重要的创业资源之一。创业团队在销售产品的过程中需要强大的营销网络作为营销平台。强大的营销网络有助于创业资源的获取。

3.3.2　创业资源的作用

创业者获取创业资源的最终目的是组织这些资源并服务于创业活动，使创业活动获得成功。因此，创业者获取的创业资源对创业活动产生积极的影响。

（1）资金资源在创业中的作用

资金资源是创业者在创业活动中最重要的媒介。充足的资金有助于新创企业的发展。在创业的过程中，创业团队无论是进行产品研发、产品推广，还是进行生产销售，都离不开充足的资金，并且大多数新创企业在创业初期是没有或有很少收入的。因此，创业之前要对资金资源做好一定的准备，以备不时之需，来规避因资金链断裂而带来的创业活动失败的风险。

（2）技术资源在创业中的作用

针对基于技术服务的新创企业来说，技术资源是企业存在和发展的基石，是创业活动稳定发展的根本所在。因此，新创企业在进行创业活动之前，就要找寻成功的创业技术。

（3）专业人才在创业中的作用

专业人才对于新创企业的成长和发展起着十分重要的作用。对于技术类导向的新创企业来说，专业人才的获取显得尤为重要。因此，新创企业需要不断地发现、挖掘高素质人才，为团队注入新的活力。

（4）社会关系网络在创业中的作用

社会关系网络是创业者或创业团队所拥有的各种社会关系的总和，包括创业者的个体网络以及创业企业的组织关系网络，例如已有的客户资源、稳定的合作伙伴等。这些关系网络有助于创业团队进行市场拓展，为新创企业的初期创建及其后续发展奠定良好的基础，为新创企业的发展提供更为坚实的支持和保障。

 3.3.3 创业项目资源的获取方式

（1）资金资源

①外源融资。创业团队可以通过市场交易途径获取创业资源。其中，比较常见的一种方式是通过外源融资的方式获取创业资源。外源融资是指企业通过一定方式向企业之外的其他经济主体筹集资金，包括直接融资、间接融资两种融资方式。外源融资是指吸收其他经济主体的储蓄，以转化为自己投资的过程。外源融资方式包括银行贷款、发行股票、企业债券等。此外，企业之间的商业信用、融资租赁在一定意义上也属于外源融资的范围。

②内源融资。内源融资是指公司经营活动结果产生的资金，即公司内部融通的资金。它主要由留存收益和折旧构成，是指企业不断将自己的资金储蓄转化为投资的过程。内源融资主要包括权益性融资和债务性融资两种方式。权益性融资构成企业的自有资金。投资者有权参与企业的经营决策，有权获得企业的红利，但无权撤退资金。债务性融资构成负债。企业要按期偿还约定的本息。债权人一般不参与企业的经营决策，对资金的运用也没有决策权。

（2）人才与技术资源

创业团队在创业阶段需要引进人才资源与技术资源。创业者可以通过以下几种方式吸引人才，引进技术。

第一，吸引技术持有者加入创业团队；第二，购买他人的成熟技术，并进行技术市场寿命分析；第三，购买他人的前景型技术，再通过创业团队的后续开发，将其包装成为一件商品。

（3）技术、市场与政策信息资源

创业者需要在创业阶段引入技术、市场与政策信息资源。创业者可以结合自己的实际情况，通过政府机构、同行创业者、专业信息机构、互联网等方式获取技术、市场与政策信息资源。

3.4 创业项目资源的整合

创业资源整合是指创业者用最小的资源量获得最好的收益，是企业间竞争的一个新角度。在当今社会日趋激烈的企业竞争中，对资源的整合能力的考察很重要。资源整合能力强的企业，说明它充分利用了自己的内部资源与外部资源，处于竞争优势。创业者需要在获得各种创业资源后，有效地对其进行识别，并借助创业团队内部力量或外部力量对创业资源进行组织和整合，实现企业的核心竞争力。

3.4.1 创业资源整合的原则

（1）寻找利益相关者

创业团队在进行资源整合时，要关注与自身利益有关系的组织和个人。首先寻找利益相关者，辨别出利益相关者之间的利益关系。强调创业团队自身与利益相关者的利益关系，必要时创造出与利益相关者之间的利益。

（2）构建共赢机制

创业团队在进行资源整合的过程中，不仅要考虑自身的利益，更要考虑资源提供者的利益，使双方达到利益上的共赢。在与资源提供者进行合作时，创业团队要确立好各方利益都能实现的共赢机制，给资源提供者一定的回报。

（3）维持长期合作

资源整合以利益共赢为基础，需要以信任来维持，以达到长期合作。创业团队要努力构建制度信任，从而建立与资源提供者更广泛的信任关系，以获取更长远的合作和更大的回报。

【扩展阅读】

"久久丫"傍"青岛啤酒"玩转 2006 世界杯

2006 德国世界杯之前的"久久丫"，是在全国拥有 600 多家连锁店的熟食企业，但在广州等南方市场一直无法打开局面。"久久丫"决定抓住世界杯这种 4 年一遇的机会，从球迷身上找到突破口。"久久丫"想到了啤酒。一直以来，看足球时喝啤酒是众多球迷的消费习惯，如果再加上鸭脖子，就是一种绝妙的搭配。"青岛啤酒"投入几千万元冠名了央视的世界杯栏目，而"久久丫"若能与其联手，对"久久丫"来说，无论是品牌形象，还是市场推广，都是莫大的促进，而且不需要付出额外的费用。于是，"久久丫"主动找到"青岛啤酒"，提出联合营销，并为"青岛啤酒"开出免费陈列的优惠条件。数百家分店的网络对于"青岛啤酒"是个不小的诱惑。基于市场双赢的考虑，"青岛啤酒"欣然接受了"久久丫"抛来的橄榄枝。从 6 月 5 日起的一周内，"青岛啤酒""久久丫"合作的新闻发布会在上海、北京、广州、深圳 4 地轮番召开，正式展开世界杯营销攻势。6 月 9 日，世界杯第一天，"24 小时电话、网上购买'久久丫'鸭脖子，送青岛啤酒，助威世界杯组合套餐"活动开始推出。双方联合打出的口号是：看世界杯，喝青岛啤酒，啃久久丫。旋即，全国范围内刮起了鸭脖子销售风暴。世界杯开赛当天，"久久丫"全国销量比平时一下子增长了 70%～80%，几乎销售一空。在上海"久久丫"连锁店，世界杯首日正值德国队对阵哥斯达黎加队的焦点战，"久久丫"鸭脖子销量急速上升，甚至导致部分连锁店脱销。1 个月下来，"久久丫"卖掉了 200 多万只鸭脖子，全国营业额达到 1 800 万元，而"久久丫"不过投入 150 万元左右的资金。

（案例：《中国花卉报》，2013 年 9 月 3 日）

3.4.2　创业资源整合的途径

（1）业务外包

业务外包又被称为资源外包，是指企业在拥有合同的情况下，将一些非核心的、辅助性的功能或业务外包给外部的专业化厂商，利用它们的专长和优势提高企业的整体效率和竞争力，从而达到降低成本、提高效率、充分发挥自身核心竞争力、增强企业对环境的迅速应变能力的一种管理模式。

（2）合资

合资又称合营，是指企业通过合资经营的方式将各自的资源整合在一起，共同分享利润，共同承担风险。

（3）联合研发产品

新产品的开发是个复杂的过程。从寻求创意到新产品问世往往需要花费大量的时间，而市场环境的复杂多变又使新产品开发上市的成功率极低。企业间共同开发并提供新产品时，可以利用共同的资源，进行技术交流，减少人力资源闲置，节省研究开发费用，分散高风险，共同攻克技术难题。两个企业或者多个企业联合开发一项新的产品时，企业各自都可以利用新产品改造现有的产品，提高产品的质量或创新卖点，从而提高市场竞争力。

（4）资源共享

资源共享就是把属于本企业的资源与其他企业共享。其共享方式既可以是有偿的，也可以是无偿的。资源共享一方面可以充分利用现有资源提高资源利用率，另一方面可以避免因重复建设、投资和维护造成的浪费，是实现优势互补和高效、低成本目标的重要措施。

3.5　创业项目资源的创造性利用

（1）善用资源整合技巧

创业者将已有的资源进行拼凑，加入一些新的元素，与已有的元素重新组合，或是形成新的创业目的，形成在资源利用方面的创新行为，就是善用资源整合的技巧之一。

创业者突破环境、市场等资源的约束，积极主动地突破资源传统利用方式的约束，利用手头已有的资源完成创业目标。

创业者通常使用身边已有的一切资源进行创业活动。创业者可以通过自己的独有经验和技巧，对一些效用不那么高的资源进行改造利用，并加以整合创造。整合已有的资源，快速应对新情况，是创业者创业成功的利器之一。创业者善于用发现的眼光，洞悉身边各种资源的属性，将它们创造性地整合起来。

（2）发挥资源杠杆效应

尽管存在资源约束，但创业者并不会为当前起控制或支配作用的资源所限制。成功的创业者善于利用关键资源的杠杆效应，利用他人或者别的企业的资源完成自己创业的目的：用一种资源补足另一种资源，产生更高的复合价值；或者利用一种资源撬动并获得其他资源。其实，大公司也不只是一味地积累资源。它们更擅长资源互换，进行资源结构的更新和调整，积累战略性资源。这是创业者需要学习的经验。

（3）设置合理利益机制

资源通常与利益相关。创业者之所以能够从家庭成员那里获得支持，是因为家庭成员之间不仅是利益相关者，更是利益整体。既然资源与利益相关，创业者在整合资源时，就一定要设计好有助于资源整合的利益机制，借助利益机制把包括潜在的和非直接的资源提供者整合起来，借力发展。因此，整合资源需要关注有利益关系的组织或个人，要尽可能多地找到利益相关者。同时，分析清楚这些组织或个体和自己以及自己想做的事情有利益关系。利益关系越强、越直接，整合到资源的可能性就越大。这是资源整合的基本前提。

本章要点回顾

本章所涉及的内容是创业项目的资源分析，分别介绍了创业项目的类型与特征，创业项目的识别方式，创业项目的风险分析，创业项目的资源需求分析，以及创业项目的资源整合途径。

创业者在进行创业活动之前，要对创业项目有一定的评估，而该评估是需要有固定的标准的。创业项目的风险分析也十分重要。学会对风险进行创业收益预测并对创业者的风险承担能力进行评估是十分重要的。

随着创业活动的进行，如何筹集创业资源成了创业者要面对的重要问题。创业者要学会创造性地整合资源，掌握创业资源管理的技巧和策略。

习题

1. 名词解释

创业者风险承担能力、特定机会的风险收益的测算公式

2. 简答题

（1）简述创业机会的来源和特征。

（2）创业项目有哪些类型，都可以从什么方式识别并获得？

（3）如何对创业项目进行评估，都要注意哪些方面，运用什么准则？

（4）简述创业项目的风险类型，并说明有哪些规避途径。

（5）创业项目资源都有哪些类别？

（6）简述从哪些途径可以获取创业项目资源。

（7）创业项目资源整合的原则是什么？

3. 综合应用题

（1）结合"久久丫"案例，分析"久久丫"在资源整合过程中用到了什么原则？

（2）试举一个成功进行资源整合的商业案例。

课后拓展

本章介绍了创业项目的识别及创业项目资源整合的知识。限于篇幅，本章只介绍了创业

项目的普遍类型和创业资源的一般获取方式。其实，还有很多与创业资源整合有关的内容没有体现。那么，你能否收集相关资源整合案例并对其分析呢？找出一个你认为最有特点的资源整合案例，并和同学讨论一下吧。

第四章　创业团队的组建

██████████ 【内容提要】↑
_____

　　我们生活中不乏个人创业成功的案例，不过一般而言，独立创业者创办的新企业成长较为缓慢。因此，风险投资者通常更愿意选择创业团队创办的企业。拥有一支好的创业团队意味着更加完善的创业计划，更加细致的分工合作，以及更加深厚的社会资源。这些是独立创业者所不具备的。本章主要介绍创业团队的概念内涵、构成要素，组建创业团队的方法，以及如何对创业团队进行管理。

　　学习完本章后，希望同学们做到：

　　①明白创业团队的定义及类型；

　　②了解创业团队的常见问题；

　　③熟知创业团队的管理方法；

　　④掌握组建创业团队的工具使用方法。

【导入案例】

白手起家，从每一次失败中吸取经验

　　李强强，1990年出生，温州乐清人，浙江大学城市学院传媒学院会展经济与管理专业大四学生，杭州无懈可击网络科技有限公司创始人兼总经理。

　　刚走进大学，李强强在社团招募中屡屡被拒。他认识到与人交际的重要性。为了突破这一点，他加入了学生会公关部。

　　一年的磨炼之后，李强强已经可以独自一人到校外拉赞助，可以与陌生人很好地沟通。大二，李强强创立了公共关系协会，担任会长。那时候，学校重大活动，都有他的参与，他经常找一些餐厅、奶茶店、考试机构等开展合作。后来他还创建过团队，在校外接活，不过，开拓业务不易，以失败告终。

　　"我还是有收获的，最起码知道，创业这条道可行。"李强强说。任何一次失败，他都能从中吸取通往成功的经验。

　　机遇往往是给有准备的头脑。

　　2011年暑假，李强强注意到，传统企业正往电商化转型。传统企业注重产品质量和物流工作，而通过第三方系统的网上运营，能帮客户把"好产品"变成"热销品"。

李强强找到了该做的事。那年 10 月，他找到了合作伙伴肖哲。肖哲之前从事的就是网络分销咨询服务。两个人联合创办了杭州无懈可击网络科技有限公司，注册资金 3 万元。其中李强强出资 1.8 万元，是最大股东。

第一个客户，是在四季青服装批发市场中找到的。刚进市场时，李强强总被轰出来。他知道，必须先和商家热聊起来。他把自己当作客户，进店先聊款式，问销售情况，再谈电商理念，让对方认为自己是个"行家"，再接着谈。就这样，在市场里磨了几天，李强强签下了第一单。

这个客户，以前线下年销售额 35 万元，通过李强强他们的运作，新增线上销售年营业额达到了 115 万元。他们公司也挣到了第一桶金 10 万元。

现在，公司股东从原来的 2 人增加到 4 人，正式员工已有 8 人，还有十多名兼职实习生。公司帮助服饰、箱包、小商品等领域的数十家客户实现了销售额大幅突破。比如其中一家服装公司，销售额从 2011 年的 600 万元提高到 2012 年的 1 100 万元。

李强强还有更多的想法。他希望能像偶像马云一样，不仅能够创造全新的网上商业模式，还能提供更多就业岗位。

创业体会："90 后"的创业，偏向移动互联网、新媒体、电子商务等新型行业，更新速度快。要想走得远，就要比别人想得多。我现在虽然谈不上有多成功，但取得的这一点点成绩，离不开整个团队。创业团队，贵在精。每个成员都身兼数职，优劣互补，缺一不可。创业，选好伙伴很重要！

（摘自搜狐资讯 2013 年 6 月 28 日）

4.1　创业团队的概念

4.1.1　创业团队的定义

李开复谈大学生创业时曾表示创业最重要的不是点子，而是对时机的把握和拥有良好的团队。何为团队？不同的学者从不同的角度做出了不同界定。路易士（Lewis，1993）认为，团队是由一群认同并致力于达成共同目标的人组成。这群人相处愉快并乐于一同工作，共同为达成高品质的结果而努力。盖兹贝克和史密斯（Katezenbach，Smith，1993）认为，一个团队由少数具有"技能互补"的人组成。他们认同一个共同目标和一个能使他们彼此担责的组织规定。由此可见，创业团队一般指由两个或两个以上具有一定利益关系的、彼此分享认知、承担责任、通过合作为某个企业或某个创业目标而努力的特殊群体。

4.1.2　创业团队的类型

依据创业团队的组成者之间的相互关系可以将创业团队划分为 3 种类型：星状、网状和虚拟星状。

（1）星状创业团队

星状创业团队是目前最为常见的创业团队，也被称为核心主导型创业团队。该团队中有一个核心人物，即团队的领导者。该领导者基于自身创业理念和需要组建团队，而其他成员在团队中充当支持者的角色。

（2）网状创业团队

网状创业团队也称群体型创业团队。一般来说，网状创业团队的成员是在创业之前就有密切联系，成员在交往过程中，基于共同理念对某想法有共同的认知，并就创业行为达成共识，从而开始进行创业。由于没有明确的核心人物，创业团队每位成员基本上扮演的都是协作者或伙伴的角色，各成员地位相对平等。

（3）虚拟星状创业团队

虚拟星状创业团队由网状创业团队演化而来，是前两种类型的中间形态。在团队中有一名核心主导成员，但是该核心成员的主导地位是由团队全体成员协商确立的。因此，该核心成员虽然较普通团队成员有更多话语权，但其更接近于整个团队的代言人，而非真正的核心主导成员，且其行为必须充分考虑其他团队成员的意见。

（4）3 种类型创业团队的比较

创业过程是一个充满了不确定性的过程。不同的创业团队各有特点，不存在优劣之分。创业者应该根据创业团队的实际现状，选择适合创业目标需要的创业团队，使其发挥出优势，规避其劣势，从而打造优秀创业团队。（见表 4 – 1）

表 4 – 1　3 种类型创业团队比较

类型	优点	缺点
星状	决策程序简单，效率高，团队结构紧密	容易造成权力过于集中，决策风险加大；成员与核心主导成员冲突时，通常选择离开
网状	成员地位平等，有利于沟通交流；面对冲突，容易达成共识，成员不会轻易离开	团队结构较为松散，容易形成多头领导局面；决策效率相对较低；成员一旦离开，容易导致团队涣散
虚拟星状	既不过于集权，又不过于分权；核心成员具有一定威信，能够主持局面	核心成员主导力不足，对整个团队的控制力不足；决策效率较低

4.2　创业团队的组建程序

（1）明确创业目标

创业团队将在接下来的长时间内同甘共苦，完成生命中最具挑战的事业。这需要强有力的驱动力，将大家凝聚在一起，并长久地坚持下去。这个驱动力就是创业愿景。真正的团队愿景能够激活每个人的斗志，使全体成员紧紧地连在一起，能淡化人与人之间的利益冲突，形成一股强大的向心力，推动整个团队前行。

确定创业目标需要先明确创业阶段的目标，即创业阶段的技术、市场、组织、管理等各项工作，实现企业从无到有的突破。在确定了总目标之后，为了更好地推动目标的实现，我们需要对总目标进行细化，设定一系列的若干可行的、阶段性的子目标。

（2）制订创业计划

在确定了一个个阶段性子目标以及总目标后，接下来的工作是实现这些目标。这需要制订周密的创业计划。创业计划是在对创业目标进行具体分解的基础上，以团队为整体来考虑的计划，创业计划确定了在不同的创业阶段所需要完成的阶段性任务，以及达成任务的途径与方法。团队按照创业计划执行约定的步骤以实现最终的创业目标。

（3）招募团队成员

招募团队成员是创业团队组建中关键的一步。关于创业团队成员的招募，主要应考虑两个方面：一是考虑互补性，考虑能否与其他成员在能力或技术上形成互补。这种互补性的形成既有助于强化团队成员间彼此的合作，又能保证整个团队的战斗力，更好地发挥团队的作用。一般而言，创业团队至少需要管理、技术和营销 3 个方面的人才。缺少任何一个角色，团队都无法高速而有效地运转。

第二个需要考虑的方面是团队规模。适度的团队规模是保证团队运转流畅的重要条件。团队成员太少会无法实现团队的功能和优势，而成员过多则可能会产生交流的障碍，团队可能会分裂成许多小团队，削弱团队的凝聚力。一般认为团队成员规模需要控制在 2 ~ 12 人，以四五个人为最佳。

（4）明确权责划分

为了保证团队成员坚定执行创业计划，顺利开展各项工作，必须预先在团队内部进行职权划分，具体明确每个成员的职责和相应权限。划分权责时既要保证每个人能力的合理利用，又要避免职权的重叠交叉或无人承担。此外，由于创业过程中面临的环境动态复杂，会不断出现新的问题，团队成员可能会出现更换，因此，团队成员的权责也会根据需要不断进行调整。

（5）构建制度体系

创业团队制度体系体现了创业团队对成员的控制和激励能力，主要包括团队的各种约束制度和激励机制。一方面，创业团队通过各种约束制度（主要包括纪律条例、组织条例、财务条例、保密条例等）指导成员避免做出不利于团队发展的行为，从而实现对团队成员的约束，保证团队秩序的稳定。另一方面，创业团队要实现高效运作，就需要有效的激励机制（主要包括利益分配方案、奖惩制度、考核标准、激励措施等），使团队成员看到团队成功后自身利益得到保障，达到调动成员工作积极性的目的。要实现有效激励，首先要把各成员的收益模式讲清楚，尤其是关于股权、奖惩、加入与退出等与团队成员利益密切相关的事宜。必须注意的是，创业团队的制度一旦协商同意，则应该以规范化的书面协议确定下来，以免带来不必要的混乱。

（6）团队的调整融合

创业团队并非创业一开始就能运转流畅。随着创业团队的运作，团队组建时在人员匹配、制度设计、权责划分等方面的不合理之处逐渐暴露出来。当问题逐渐被解决后，展现在我们面前的是一个初具规模的创业团队。团队问题的暴露是一个动态持续的过程，所以团队调整也是分阶段的动态过程，如表 4 - 2 所示。

表 4 - 2 创业团队阶段特征与调整重点

阶段	特征与重点
形成期	初步形成创业团队的内部框架，建立创业团队对外工作机制
规范期	通过交流想法设定团队目标、成员职责、流程标准等规范性制度
震荡期	隐藏问题暴露，公开讨论，顺畅沟通，改善关系，解决矛盾
凝聚期	形成有力的团队文化，更广泛的授权，以及更清晰的权责划分
收获期	遇到挑战，提升团队效率，解决问题，取得阶段性成功
调整期	对团队进行整顿，明确新阶段的计划、目标，优化团队规范

4.3 创业团队的管理技巧和策略

创业团队的成功模式没有可以遵循的统一定律。对优秀创业团队的研究表明，优秀创业团队往往具有一些共同的特质。团队领导者需要的是将这些特质灌输给团队成员并长久地执行下去。

（1）凝聚人心

创业团队所有成员都认同整个团队是一股密切联系而又缺一不可的力量。大家都能够意识到只有企业获得成功，才能保证团队中每一个人的利益。团队中任何人都不会因为自己的个人利益而损坏公司的整体利益。

（2）合作精神

成功的创业公司最显著的特点是拥有一支能整体协同配合的团队，而不仅是培养一两个杰出的人物。团队成员注重互相配合，减轻他人的工作负担并提高整体的效率。他们注重在创业者和关键成员中培养核心人物，并通过奖酬制度进行有效的激励。

（3）全局视野

团队中每个人可能只承担任务的一部分，但是每个人都要明白整个任务的目标、设计思路以及预期目标，而不能只关心自己所负责的部分，形成狭隘的部门思维。

（4）立足长远

创业是一个艰苦卓绝的过程。团队成员们应该认同企业的长远目标，而不能指望一夜暴富，创业是一个持续5年，甚至10年的过程，在这个过程中不会是一帆风顺的，会有酸甜苦辣各种经历。团队成员需要的是不断奋斗，坚持到最后的胜利。

（5）收益目标

创业者的目标是企业的成功，而非每月的薪水。团队成员需要意识到，只有最终的资本收益，才是他们获得成功的标准。在这之前任何的薪水或者奖励都是可以被取消的。

（6）价值创造

团队成员都致力于价值创造。新时代的创业者要明白，因为每个参与分蛋糕的人都会帮助将蛋糕做大，所以不需要担心人多粥少的问题。当企业能够为顾客、供应商、销售商都提供更多的价值时，表明其已经赢得了市场的认可。

（7）公平分配

对关键员工的奖励以及团队的股本分配设计应该与一段时期内团队成员的贡献、业绩和成果挂钩，尽量做到公平、公正，以避免意外情况的发生。

4.4　创业团队常见问题与解决方法

不同的创业者在共同的创业愿景鼓舞下组成了创业团队，为共同目标而努力，但是随着创业进度的开展，团队成员会在资金筹措、利益分配、管理原则、发展方向上出现许多预料不到的问题。这些问题都可能影响到团队的发展。

 ### 4.4.1　创业团队常见的问题

创业团队存在的问题主要从创业理念、素质能力和团队合作 3 个方面体现。具体表现情况如表 4-3 所示。

表 4-3　创业团队常见问题

问题类型	问题表现
创业理念	团队成员想法不一，各有所图； 团队成员心态不够好，准备不足或信心不足
素质能力	核心领导人的德和才不足以领导整个团队； 团队成员能力不足，结构不合理
团队合作	团队缺乏有效沟通机制，缺少合理工作程序

 ### 4.4.2　创业团队常见问题的解决方案

（1）创业理念

在创业理念方面，创业团队经常碰到的具体问题就是团队成员想法不同或心态不好，直接表现为团队班子不稳定、意见不一致等问题。在创业初期，团队成员拥有共同的目标愿景比技能更加重要。通过共同的愿景，团队可以建立共同的事业目标，促进团队为目标而努力。但是实际上，创业团队成员往往都有自己的想法和观点，特别是团队中具备领导特质的人有两个或两个以上时，意味着团队存在不稳定因素。这需要创业团队的所有成员都能非常清醒地认识到自身的优势和劣势，同时对其他成员的长处和短处也一清二楚，从而对整个团队的现状有清楚的认识。在此基础上，团队可以避免各成员因为互相不熟悉、想法不一致而产生的矛盾、纠纷，保证团队的向心力和凝聚力。很多创业团队的成员互相之间非常熟悉，知根知底，而正是因为这份熟悉间的信任，帮助他们避免了很多问题，最终获得了成功。

（2）素质能力

现代大型企业往往实行职业经理人聘用制。在企业开创之初，一名具备领袖气质的领导人是不可或缺的支柱。他指引着整个创业团队的方向。这个领导人不单单需要具备团队管理能力和市场运作能力，更重要的是需要在团队成员中有着巨大的、无形的影响力，有着一呼百应的气势和号召力。很多创业团队之所以在短时间内消亡，很重要的原因在于创业团队的带头人不是一名合格的领导者。

美国硅谷流传着这样一条"谚语"：由两个 MBA 和 MIT 博士组成的创业团队，是创业团队的保证。虽然有些夸大其词，却蕴含着一个道理：一个由研发、技术、市场、融资等各方面人才组成的优势互补团队，是创业成功的一大保障。创业团队建立时，需要考虑的重要问题就是成员之间的知识、资源、能力或者技术的互补，以便充分发挥个人的能力与优势，强化队员间的彼此合作，达到一加一大于二的效果。一般来讲，团队成员的知识、能力结构越全面、合理，团队创业成功的可能性就越大。

（3）团队合作

创业团队往往是一群关系相熟的人基于共同的创业理念发展而来，但是在实际运作当中，往往也会遇到团队结构不合理，沟通不畅，或做事、说法不一等情况。如果没有好的制度保证，这些隐藏的问题得不到及时的反馈，得不到解决，那么这些问题将很有可能经过一段时间的潜伏后爆发，成为团队离心、解散的导火索。另外，团队创业很重要的一个问题就是利益分配。这需要最初创业开始时将团队中基本的责、权、利说清楚，尤其是股权、利益分配等原则问题，包括未来可能出现的增资、撤资、扩股、融资、人事安排及解散等事宜。只有这样，企业在经过发展壮大后，才不会出现因为利益纠纷而产生团队矛盾，导致团队解散。

本章要点回顾

本章主要介绍创业团队的概念内涵、构成要素，组建创业团队的方法，以及如何对创业团队进行管理。本章包含 4 小节，分别介绍了创业团队的概念、组建程序，管理技巧和策略，以及创业团队常见问题与解决方法。拥有一支好的创业团队意味着更加完善的创业计划，更加细致的分工合作，以及更加深厚的社会资源。这些是独立创业者所不具备的。不同的创业者在共同的创业愿景鼓舞下，组成了创业团队，为共同目标而努力。从创业团队创立开始，随着创业进度的开展，团队成员会在资金筹措、利益分配、管理原则、发展方向上出现许多预料不到的问题。这些问题都可能影响到团队的发展，因此需要采取相应的解决办法。通过本章的学习，相信你已经初步地理解了创业团队。

习题

1. 名词解释

创业团队、星状创业团队、网状创业团队、虚拟星状创业团队

2. 简答题

（1）简述创业团队组建所需经历的 4 个阶段。

（2）简述 3 种类型创业团队的主要差异。

3. 思考题

通过本章的学习，结合导入案例分析李强强成功的原因。

课后拓展

本章介绍了创业团队的组建。请结合本章内容谈谈你对李开复谈大学生创业时曾表示"创业最重要的不是点子，而是对时机的把握和拥有良好的团队"这一观点的看法。

第五章 市场调研

▨▨▨▨▨▨【内容提要】

创业者在创业初期进行市场调研，是为了提高产品或服务的销售决策质量，解决存在于产品或服务在销售中的问题，或组织根据特定的决策问题运用科学的方法有目的地收集、统计资料及调研结果。学完本章，希望大家能做到：

①理解创业调研的内涵；

②掌握创业调研的程序；

③掌握创业调研方案的概念、重要性和主要内容；

④掌握实地定性调研的各种方法，并比较优、劣势；

⑤掌握问卷的设计方法；

⑥会撰写创业调研报告。

【导入案例】

方维一元夺宝系统：中小企业吸粉引流最实用工具

随着互联网的发展，网上购物已成为人们的主流消费习惯。所以，众多传统企业、实体店也都考虑将销售和推广的重心转移到线上。众所周知，如果想做好线上销售或推广，则首先要有足够的粉丝或流量。那么，如何有效吸粉引流呢？对此，这些寻求转型的企业并不得其法。福建方维科技公司推出的一元夺宝系统，或许能为大家带来希望，为大家如何利用互联网思维低成本吸粉引流带来一些启发。

福建方维科技，是国内优秀的软件开发商，拥有近8年的产品研发经验.其推出的产品包括团购系统、外卖系统、上门O2O系统、众筹系统、P2P系统等，始终致力于以自身的技术实力，为中小企业转型，实现"互联网+"提供商业模式创新和一站式技术解决方案。目前服务过的客户已接近上万家。

方维科技的产品研发人员在推出一元夺宝系统时，充分考虑了商家运用一元夺宝系统的便捷性，并针对用户体验也做了专门的市场调研和针对性设计：使其界面更美观，操作更流畅，在与同类产品的比较中更受消费者欢迎。因此，方维一元夺宝系统可谓兼顾商家与顾客的需求，能够让双方都以最简单、最快速、最轻松的方式参与到"一元夺宝"的行列中，是一款真正考虑市场、考虑用户的产品。

企业一旦拥有了方维一元夺宝系统，就可以轻而易举地采用眼下比较火热的"一元夺宝"新型购物模式，也即让消费者通过企业的一元夺宝平台只需花1元就可能买到倾心的商品，比如一部新款手机，或者一份豪华旅游套票，或者一部高档轿车等。由于奖品具有很大的吸引力，而消费门槛却只有1元，所以消费者都会抱着侥幸的心理参与一下。

对于企业来说，通过一元夺宝这种模式，能很好地聚集起大量消费者，从而达到低成本吸粉引流的目的。当然，奖品除了可以是手机或汽车等昂贵商品外，也可以是商家自己的商品。这样，一元夺宝模式下，除了吸粉引流，商家还可以顺便卖货，而且不需要降价打折就能快速销货，因为将商品分割成1元销售后，消费者无形中就觉得消费门槛降低了。所以，中小企业如果能够将方维一元夺宝系统应用好，不必像电商巨头那样斥巨资做广告、做推广，就能轻松积累起潜在消费者。

但是，对于这么有诱惑力的一元夺宝系统，是否需要企业花费大量精力才能运营得起来呢？不需要！方维科技的产品研发人员早就为您想好了尽量节省人力、物力的办法：消费者从开始参与"一元夺宝"到最后夺宝成功，商家不需要懂技术，懂维护，而只需要会上传商品，发货，即可轻松将自己的一元夺宝平台运营起来！

（资料来源：http：//www.chinaz.com/news/2016/0420/524020.shtml？i0g2d）

5.1 创业调研的内涵

创业一直都是勇敢者的游戏。细数成功者的脚印，便不难发现，其实创业更是有准备者的战场。不打无准备之战，知己知彼，方能百战不殆。当一次机会（项目、产品）出现在创业者面前的时候，创业者往往会举棋不定：这仗打还是不打，值不值得打？古代兵法有云：兵马未动，粮草先行。做任何一件事情，前期的准备工作都是必不可少的。凡事预则立，不预则废。创业更是如此……

 ### 5.1.1 创业调研的定义

创业调研是创业者在创业初期进行的营销调研。创业营销调研是一种社会实践活动，通常被称为市场调研、市场调查、销售研究等。创业营销调研有广义与狭义之分。广义的营销调研并不局限于对消费者和市场的调研，还包含了从认识市场到制定营销决策的一切有关市场营销活动的分析和研究。狭义的营销调研更加偏重于信息的收集和分析，主要是针对消费者进行的，即以购买商品，接受服务的个人或家庭、组织为对象，搜集其消费的动机、事实、意见等有关资料，同时进行分析研究，最后得出结论。营销调研的定义不止一个。美国营销协会（AMA）的一个委员会给出了另外一个创业营销调研的定义：创业营销调研是通过信息的运用，把消费者、公众和营销者联系在一起的一种职能，是为了识别和确定营销机会和问题，通过对营销活动进行策划、研究和评价，控制营销活动，增强人们对营销活动理解的一个过程。

简单地说，创业调研是营销调研的一部分，是将营销调研的理论运用到创业方面，为创业者初期提供市场信息，方便创业者了解市场状况，认识市场现状。

5.1.2　创业调研的特征

①创业营销调研是一项有目的的活动。创业营销调研是为解决市场营销问题、为创业者做决策提供信息而展开的活动。营销调研本身不是目的。它是服从于企业的市场营销活动，是营销活动中不可或缺的重要组成部分。

②创业营销调研是一个系统的活动过程。创业营销调研不是单一的收集、整理、分析资料的过程，而是一个经过周密思考、精心组织、科学实施的，由一系列工作环节、步骤、活动和成果组成的过程。

③创业营销调研是一项市场信息收集和处理的工作。

创业营销调研需要遵循一定的程序，依靠一定的技术、方法和手段收集、加工市场信息，为创业者决策提供依据。它应该包含信息工作中确定信息需求、信息处理、信息管理和信息提供的全部职能。

5.1.3　创业调研的作用

西方企业家总结了多年的经营管理经验，认为："企业经营管理的重点是经营。经营的核心是决策。决策的前提是预测。预测的依据是信息。信息的来源是探索—调研。"这确切地说出了调研在企业经营管理中应有的地位。因此，创业调研对创业者来说至关重要。总的来说，创业调研的作用有以下几个方面：

（1）识别市场机会

识别市场机会无疑是创业调研的作用之一，通过创业营销调研可以帮助创业者更加清楚地明白今天的市场状况，并着眼未来，为创业铺好一条通向成功的路。创业者只有提供能满足消费者的产品或者服务，才能使产品价值得以实现，从而使企业获得生存和发展。通过调研可以了解市场的过去，观察市场的现在，预测市场的未来，掌握市场发展规律，从而为创业者制定正确的市场决策提供依据。

（2）有利于促进商品销售

企业的存在是以盈利为目的，为消费者提供商品或者服务。在不同的时间、地点，消费者购买商品会形成一定的规律性。创业者开展营销调研，了解消费者的活动特点，掌握消费者的购买规律，就会促进商品销售，提高企业的经济效益。

（3）有利于提高企业的竞争能力

随着社会经济的发展，市场竞争越来越激烈。企业要想在这个大环境下生存，就必须全面地掌握经济信息和基础数据，及时了解市场动态和发展方向，认识变动规律。只有这样，才能做出正确决策。通过调研，企业便于寻找差距，改进差距，根据市场动态做出正确决策，通过正当的竞争手段，提高企业的竞争能力。

（4）降低创业风险

风险贯穿于整个创业过程。各个阶段的创业风险既有共同的特征，也有自身独有的特征。创业风险在各个阶段的表现形式各不相同，应对和化解风险的方法和手段也不尽相同。

通过调研，可以使创业者更清楚地认识到市场变化，也能更好地做出抉择，从而降低创业风险。

 5.1.4　创业调研的分类

根据研究的问题、目的、性质和形式的不同，一般把创业营销调研分为如下 4 种类型：

（1）探测性调研

探测性调研被用于探询创业者所要研究的问题的一般性质。创业调研者在研究之初对所欲研究的问题或范围还不很清楚，不能确定到底要研究些什么问题。这时就需要应用探测性研究方法发现问题，形成假设。

（2）描述性调研

描述性调研是通过详细的调查和分析，对市场营销活动的某个方面进行客观的描述。大多数的市场营销调研都属于描述性调研，例如创业者进行的市场潜力和市场占有率调研，产品的消费群结构调研，竞争企业的状况的调研描述等。在描述性调研中，可以发现其中的关联因素，但是此时我们并不能说明两个变量哪个是因，哪个是果。与探测性调研相比，描述性调研的目的更加明确，研究的问题更加具体。

（3）因果关系调研

因果关系调研的目的是找出关联现象或变量之间的因果关系。描述性调研可以说明某些现象或变量之间相互关联，但要说明某个变量是否引起或决定其他变量的变化，就用到因果关系调研。因果关系调研的目的就是寻找足够的证据，以验证这一假设。

（4）预测性调研

市场营销所面临的最大的问题就是市场需求的预测问题。这是企业制定市场营销方案和市场营销决策的基础和前提。预测性调研就是企业为了推断、测量市场的未来变化而进行的研究。它对企业的生存与发展具有重要的意义。

5.2　创业调研的程序

在本节中，你会看到创业营销调研是由一系列的步骤组成的过程。依据这些环环相扣的步骤你可以充分地理解所调研的项目。

 5.2.1　创业调研程序的概念

创业营销调研程序是一个由不同阶段、不同步骤、不同活动构成的有目的的连续过程。各阶段、各步骤在功能上相互联系、相互衔接，共同构成了一个整体。它是运用科学的方法，通过各种途径、手段，有目的、有计划，系统而客观地收集、记录、整理并分析有关市场营销现状和历史资料，为企业的营销决策和管理提出方案或者建议，为创业的决策者进行科学决策提供依据的活动过程。创业市场营销调研的程序就是这个系统过程的主要阶段。因此，创业市场营销调研是一项系统的工作。其中每一个步骤都必须进行系统的规划，按照一定的程序进行。有一套系统的、科学的程序，有助于规范企业的市场营销工作，提高调研工作的效率和质量。

 ## 5.2.2 创业调研的具体步骤

创业营销调研工作涉及面广，是一项较为复杂、细致的工作。对于所有的创业决策者来说都存在不确定性和风险，而如何降低风险是创业决策者的难点所在。创业前进行必要的市场调研，可以获得更多的市场信息，这样可以降低一定的创业风险。不同类型的市场调研，由于调研的目的、范围、内容和要求不同，所以调研的程序也不尽相同，但一般来讲可以将其分为如下几个步骤，即确定调研目标、制订调研计划、实施调研计划、进行信息整理与分析、编写调研报告、实施反馈追踪，如图5－1所示。

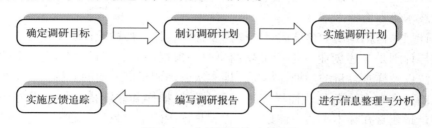

图5－1 营销调研的6个阶段

（1）确定调研目标

创业营销调研的第一步是确定调研目标。创业者在进行营销调研的初期，需要拥有敏锐的洞察力，根据市场信息的变化发现对自身企业有利的市场机会。营销调研目标的选择需要良好的洞察力和创造力。它是寻求解决方案的第一步，是进行营销调研的前提。良好的开端是成功的一半。只有正确确定营销调研的目标，整个调研工作才能做到有的放矢。所以，为了正确地识别、界定问题和机会，应注意以下几个方面：

①调研的范围。根据调研人员的经验，每一个问题上都存在许多值得调研的内容。只有对该调研问题做出明确的界定，信息收集的成本才能满足营销调研工作的目的。当调研问题的界定太宽时，得到的不需要的信息往往会比实际需要的信息多；而当调研问题界定得太窄时，调研者的思路会受到束缚，不利于调研工作的进行。

②调研的主题。在界定了调研问题的范围之后，调研者需要搜集和分析企业内、外部关于问题的各种记录和相关资料，同时向对有关问题具有丰富知识和经验的专家咨询，对问题进行定位，从而明确调研主题。

③调研的目标。调研目标往往是以调研问题的形式出现的，表明了营销调研主要是为了解决实际问题或预测未来发展。调研目标的不明确会导致调研问题的模糊。

（2）制订调研计划

营销调研是一项有计划的工作，因此营销调研的第二阶段是要制订收集所需信息的最有效的计划。在设计调研计划时，有以下几个方面需要考虑：

①资料来源。营销调研的资料来源主要有两个：原始资料和二手资料。原始资料指的是调研人员搜集到的第一手资料。搜集的方法有发放问卷、面谈等。二手资料是经别人收集整理过的资料，通常是已经发表过的。二手资料通常可以帮助调研人员判断他们的问题是否已

部分或全部得到解决，以免重复收集昂贵的一手资料。二手资料成本较低而且收集迅速，但二手资料是过时的，而且不是针对特定目的收集整理的，一般难以满足创业者调研的需要。所以，直接收集、掌握第一手资料是十分必要的。

②调研方法。取得资料的方法叫调研方法。确定用什么方法进行调研，出发点应该是具体的调研条件以及利于搜集符合需要的第一手资料。主要的调研方法有访问法、观察法、实验法和问卷法。每类方法的适应面不同。依据调研的目的、性质以及经费多寡，选择最合适的调研方法。

③调研工具。在确定了调研方法之后，就可以进行调研工具的设计了。如采用观察法或实验法进行调研时，不仅要考虑观察、实验时使用何种设备仪器，还需要设计记录观察结果用的记录表和登记表等。如采用访问法，就需要提前设计好调查问卷。设计的关键是提问的方式以及提什么问题。在设计这些调研工具的时候，还应该考虑到参加观察、实验者的文化水平和专业技术等方面的因素。

④抽样计划。营销调研的整体质量，受制于抽样设计。抽样设计是一个独立且十分关键的步骤。抽样计划是描述创业者进行市场调研时，根据调研的目的确定抽样单位、样本数量、抽样方法以及样本容量的。抽样单位，即本次营销调研应面向的人群。样本数量，即本次调研抽取的样本有多少单位。抽样方法，即在随机抽样和非随机抽样技术方法中选择一种。样本容量指包含在样本中的个体数量，也就是样本的单位数目。通常来说，一次调研的样本数量越大，就越具有可信度和代表性，但是这样的调研成本会很高。因此，在实践中设计抽样计划时，应综合研究经费、允许误差等因素综合考虑抽样样本容量的大小。

⑤接触方式。接触被调查者的常用调查方式有邮寄调查表、电话访问、人员面谈、在线访问等。确定了抽样计划以后，营销调研者应综合考虑各种因素决定采用何种接触被调查对象的方式。邮寄调查表的优点是能避开被访问者不愿面谈或其反应可能受访问者偏见的影响或曲解的情况，但回收率一般较低或较迟；电话访问能在被调查人不明确问题时予以澄清，而缺点是只有电话拥有者才能被访问且访问时间短促，同时也不能涉及过多的个人问题，以免引起被访问者疑心；人员面谈能提出较多的问题，可通过个人观察补充访问的不足之处，但是成本较高且易受访问人员偏见或曲解的影响；在线访问方便，但局限性较大。究竟采取何种方式或以何种方式为主，应根据调研的实际情况和客观要求来决定。

⑥人员费用。确定调研人员主要是确定参加营销调研人员的条件和人数，并且包括对调研人员的必要培训。不是每个人都可以成为调研人员的。营销调研人员必须具有一定的思想水平、工作能力和业务技术水平，能正确理解调查提纲、问卷内容等，能比较准确地记录被调查对象反映出来的实际情况和内容，能做一些简单的数学运算和初步的统计分析。在制订调研计划的时候，需要尽可能从各方面考虑人员费用，做出尽可能详尽、可靠的费用预算，以便按部就班地进行调研。

（3）实施调研计划

实施调研计划是营销调研的主体，是调研能否达到预期目标的关键。需要注意的有两个方面：一是进行访问。进行访问的一般顺序是：调研人员首先说明来意，作为开场白。接着调研人员应试图与应答者之间建立起某种初步的个人联系，而后开始提问。提问是访问的主体部分。在提问和回答过程完成后，调研人员不应匆匆结束对话，而是要与应答者就某些问题展开简短的非正式讨论，以期引导对方回答先前他们不愿接受的问题的答案，然后才结束对话。这一阶段既是花费最多，也是极容易出错的阶段。在实施调研计划时有可能发生以下问题：被调查对象拒绝合作，回答有可能有偏见或不诚实，访问人自身的偏见及不诚实等。

需要注意的第二方面是考核工作。对调研人员的管理，要贯穿整个调研工作的始终。保证整个调研活动顺利进行的重要条件，是对调查人员工作表现的考核。考核时提出的具体标准应注意结合工作成果的大小。对调研人员的考核不要等到工作结束之后才开始，而应结合工作进度在工作过程中进行，以利于及时推动工作。

（4）进行信息整理与分析

通过调查所收集的原始信息，一般是分散的、凌乱的，且有的还可能是片面的、不准确的。因此，必须对这些信息按照科学的方法整理、加工，以取得真实的、系统的、能反映问题本质的信息。

①信息分类。信息分类既是信息整理分析的基础，更是资料科学性的重要保证条件。信息分类主要是根据事物的内在特点、调查目的和要求，按照某种标志所研究的现象被总体划分为若干组成部分或组别，使组与组之间具有差别性，而同一组内的各个主体单位具有同质性的一种分析整理方法。信息分类的方法一般有事先分组和事后分组两类。前者表示在问卷设计时便已将调查问题预先做了分类编号，收集资料后只需照其整理即可；而后者则是在调研中对有些问题无法进行分类时使用，如消费动机的询问等。

②信息编校。信息编校就是对收集到的资料进行检查，消除其中错误和含糊不清的地方，对不符合实际的资料予以剔除，达到资料准确性的目的和要求。具体做法包括检查调查资料的真实性和准确程度；检查收集到的资料是否齐全，有无重复或遗漏；检查记录的一致性、口径的统一性等。

③信息整理。数据资料的整理一般采用手工方法和电子计算机方法。采用手工方法对大量复杂的数据进行整理所需要的时间过长，不过成本低，且发现差错后能随时纠正；用电子计算机处理数据的效率明显比手工高，而且能保证资料的准确性，对大量复杂的数据处理工作特别有效。

④制表作图。将编校过的资料根据调研的目的和重要程度进行统计分类，制成表格和图形，可以使资料简洁明了，方便对资料的分析与对比。一般而言，制表作图多借助计算机软件（如 SPSS，EVIEWS 等），统计方便且正确性较高。

⑤鉴定误差。从抽取样本的调查结果推算总体的状况必定会有误差，因此鉴定误差是信息整理分析必不可少的一个步骤。采取一些方法进行鉴定，正是为了检验所抽取的样本，以证实其是否代表总体。鉴定误差多采用公式计算标准误差与置信度。若计算结果处于误差范围之内，则认为数据是可靠的；有时某些有标准数据的调研也通过将所得样本数据与标准数据进行比较的方法鉴定误差。

（5）编写调研报告

在调研计划得到完整执行的基础上，营销调研还必须对调研结果写出分析报告，需要通过调研报告对整个项目的完成状况进行评价，因为在创业者写计划书的时候，要向别人传达自身创业项目的前景，而大多数客户对调研实施过程中的细节是不清楚的。他们所能见的、关心的，也就是调研报告。市场营销调研报告除了要应用大量统计数据对市场现象加以描述，应用统计模型对市场现象的规律进行分析之外，还要做出判断性的结论，提出建设性的意见。直接为创业者进行营销决策服务，是调研报告对市场现象做出各种分析的主要任务。

（6）实施反馈追踪

借助市场营销调查提供的信息情报做出营销决策后，在实施的过程中还应对市场情况的变化继续关注，以检验所提供的资料是否准确和有效；同时还应收集新的信息，以保证营销决策的正确性。通过这种不断的信息反馈发现市场新的趋势，对经验进行总结，可提高市场营销调查水平。

5.3 创业调研方案的设计

创业调研方案设计是创业营销调研的基础性工作。调研方案是指导整个调研工作方案的蓝图。调研方案设计的完备程度可以保证调查结果的质量和时间进度。

 ### 5.3.1 创业调研方案设计的概念

创业调研方案的设计，就是根据创业者调查的目的和调查对象的性质，在进行实际调研之前，对调研工作总任务的各个方面和各个阶段进行通盘考虑和安排，以提出相应的调研实施方案，制定合理的工作程序。调研工作需要经历很多个阶段和环节，即调查资料的收集、整理和分析等。只有在调研工作开始前进行统一的安排和考虑，才能避免调研内容上出现重复和遗漏，以保证调研工作有秩序、有步骤地顺利进行，减少调查误差，提高调查质量。

 ### 5.3.2 创业调研方案设计的重要性

在创业前进行市场调研是非常有必要的。调研是一项复杂的、严肃的、技术性强的工作。在进行创业调研时，参与者会有很多。为了在调研过程中统一认识、统一内容、统一方法、统一步调，圆满地完成创业调研的任务，就必须制订出科学、严密、可行的工作计划和组织措施，以使所有参与调研工作的人员都依此执行。具体来讲，调研方案设计的重要性有以下3点：

①从认识上讲，调研方案设计是从定性认识过渡到定量认识的开始阶段。虽然市场调研所收集的许多资料都是定量资料，但应该看到，任何调查工作都是先从对调研对象的定性认识开始的。若没有定性认识，就不知道应该调研什么、怎么调研，也不知道要解决创业过程中的什么问题，以及如何解决这些问题。

②从工作上讲，调研方案设计起着统筹兼顾、统一协调的作用。在创业调研过程中会遇到很多复杂的矛盾和问题。其中有的问题是属于调查本身的问题，也有很多是与调查相关的问题。因此，只有通过调研设计，设置调研流程，才能分清主次，根据需要和可能采用的相关调研方法，使调研工作有序进行。

③从实践上讲，调研方案设计能够适应现代市场调研发展的需要。市场调研过程也被视为调研设计、资料收集、资料整理和资料分析的一个完整工作过程，而调研设计正是全过程的第一步。

5.3.3 创业调研方案设计的主要内容

创业调研方案的设计是对调研工作的各个方面和全部过程的通盘考虑，包括整个调研工作的全部内容。调研总体方案是否科学、可行，是整个调研工作成败的关键。

（1）确定调研项目

明确了调研目标之后，只有调研哪些方面的内容，才能达到调研目标，即确定调研项目？调研项目是调研目标的具体化，应该围绕调研目标来设置。

确定调研项目对于调研方案的设计者来说是相当重要的一个环节。首先，调研项目的确定规定了问卷设计或访问提纲的范围；其次，调研项目的确定也决定了调研的对象和调研方法；再次，调研目标是否能达到，在策划阶段只有通过调研人员所规定的调研项目来判断。调研项目是否全面、适当，在很大程度上将影响调研方案能否被企业接受、认可。

（2）选择调研的类型

根据营销问题的实质可以将营销调研分为探索性调研、描述性调研和因果性调研。探索性调研通常是为了获取有关调研问题的一般性背景资料而进行的一种非结构化和非正式的调研；描述性调研是对有关谁、什么、哪里、何时和怎么样等问题答案的描述；因果性调研可以被认为是按照"如果 X ……那么 Y"这样的条件语句来理解的一种现象。

在选择调研类型的时候可以根据调研问题的不确定程度来确定。如图 5-2 所示，探索性调研主要用于决策制定的前期，在调研人员对问题的属性还不确定的情况下进行。描述性调研是在调研人员发现了某个问题，需要对这个问题进一步了解时进行。因果性调研用于帮助调研人员更精确地确认问题。

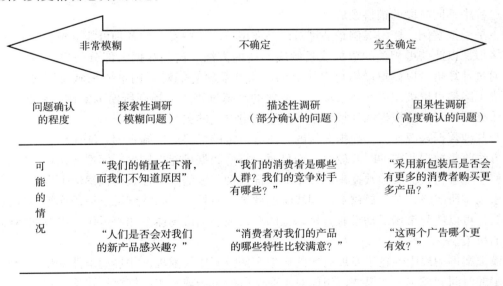

图 5-2 创业调研的类型

（资料来源：陈凯，薛永基等．营销调研［M］．北京：中国人民大学出版社，2011）

（3）选择基础调研方法

根据调研的目标、数据的来源，以及获取数据的成本等问题，调研人员需要确定基础的调研方法。基础的调研方法包括调查、案例研究、实验、二手数据和观察。

①调查。调查主要通过使用问卷的形式从抽样人群中收集信息，是获取原始数据最常用的方法。调研人员需要根据调研目标精心准备调查问卷的格式和问题。调研人员需要选择与被调查者的交流方式。根据不同的调查问题和调查内容确定交流方式，包括电话、邮件、面对面、因特网，以及其他媒介。

可以根据不同的调研目标选择被调查者。被调查者既可以是一般的消费者、批发商、零售商，也可以是在产品相关领域具有丰富经验的专家。不同的调研类型也可能会影响被调查者的选择。探索性调研通常通过个别询问知识丰富的被调查者或小型群体来进行。与此相反，描述性调研是在短的时间段里（10～20分钟）向大量的被调查者询问一些简单的问题。不同的调研类型需要选择不同的访问方法。例如，探索性调研可以选择焦点群体的采访，以及深入采访等方法。

为了与被调查者进行有效的交流，所有的直接调查人员都需要经过培训，需要了解提问的技巧，以及辨别被调查者态度的简单方法。如果被调查者的态度不配合，则可能会导致调研数据出现偏差。有关各种不同的调查方法会在后面的章节详细介绍。

②案例研究。调研人员可以通过类似或相似的调研案例帮助解决调研问题，包括调研历史案例和模拟案例。

一是历史案例。调研历史案例的方法可以通过密集分析几个目标案例得到有助于解决调研问题的相关资料，例如了解市场中可能影响新产品销量的各种因素，了解这些因素之间是否存在某些联系，以及这些因素对销量可能产生影响的程度等。历史案例方法通过分析所选目标案例，可以反映出：第一，对比的业绩水平，例如良好的和糟糕的市场；第二，业绩的快速变化，例如进入市场的竞争者；第三，事件发生的顺序，例如从间接努力到直接努力的转变过程中不同阶段的销售领域。

二是模拟案例。模拟案例是通过对产品在市场环境中发生的各种可能的情况有针对性地进行模拟，以此获得相关的数据或是解决问题的方法。这些数据大部分是以计算机为基础的。通过计算机可以模拟操纵可以操纵的因素并观察它们对于销量或是满意度等方面的影响。模拟案例可以被用来获得市场体系变化的动态过程。市场调研模拟案例需要数据输入。这些数据输入与想要模拟的环境以及各环境变量之间的关系有关。

与其他数据来源比较，模拟案例的方法有一定的优势。与调查的方法比较，采用模拟案例的方法收集数据所需的时间较少，而且要分析的数据可能也较少。模拟案例可以在组织内完全秘密地进行，而其他数据来源并不能保证这种程度的安全性。模拟案例可以用于评估不同的市场调研战略，并且提供对不同战略的评价。另外，模拟案例可以被用作组织成员的培训工具，可以使与市场活动没有直接牵扯的个人领会到市场体系如何运作，以及如何影响其领域的决策。

模拟案例的局限性在于发展有效的模拟案例模型比较困难，并且随条件变化更新模型需要一定的时间和成本。如果调研组织对于要调研的市场现象或市场背景知识了解比较少，例如新市场，模拟案例的方法就不太可行了。

③实验。实验法是调研人员通过控制一个或多个实验变量（比如产品特征、价格水平、广告水平或广告吸引力等）得到实验数据，然后通过衡量这些控制对一个或多个有关的因变量（如销售和产品偏好情况）产生的效果得到相应的调研结果。

实验的目标是消除影响市场变量的不确定性因素，以研究一个变量变化时会引起的因变量变化效果，也因此实验仅在其他变量被控制或去除的情况下有用。然而，在真正的市场中各种因素都具有很大的不确定性，同时实际市场很难被控制，因此实验法得出的数据在现实市场中应用具有一定的局限性。

④二手数据。二手数据是该调研项目之前，由其他人为了其他目的而收集并记录下来的有关数据。二手数据一般是历史性的，而且是已经被整理完毕的，不需要任何应答者或调研对象。二手数据的优点在于，和原始数据相比更容易获得；但是缺点是这些数据比较过时，而且不是为了满足调研人员的需求而专门设计的。这样，调研人员就需要知道数据与特定项目的相关程度。为了评估二手数据，调研人员需要了解这些数据的主题、调研对象、调研时间等问题是否与目前的调研项目相符合。

按照来源的不同可以把二手数据分为内部数据和外部数据。

内部二手数据是那些源自企业内部的数据，或者是由公司最先记录的数据。多数公司的会计系统一般可以提供很多的信息资料。最常见的就是销售与成本的记录。调研人员可以利用这些决策支持系统执行更细节的分析。内部数据的其他来源还包括销售人员的电话报告、顾客意见、服务记录、保修单返回或其他记录等。调研人员可以根据不同的调研目标对这些信息进行整合。内部数据的最大优势就是获取成本低，并且可提供性很大。

外部二手数据是由机构实体而不是调研人员所在企业创造或记录的数据。例如政府、报纸、期刊、商业协会及其他组织都可以产生或提供这类信息。这些信息在以前一般是出版物的形式，可以在公共图书馆、商业协会或政府相关部门查阅。在当今时代，随着计算机化数据存档技术的迅速发展，获取外部数据在一定程度上变得容易了。同时，随着网络的飞速发展，因特网也逐渐成为获取数据的一个主要渠道。

⑤观察。观察是指调研人员可以通过观察被调查者或竞争对手现在的行为或过去行为的结果，获得对于企业做出决策有帮助的相关信息。观察法的主要优势是，它不依赖于访问者的报告，而是直接记录有关行为，同时也减少了由于行为者回忆而产生的误差。例如，某公司在电视机上安装了一种测量仪器，记录每个家庭成员收看的节目类型。这样，就没有被调查者带有任何偏见地回答调查问题。例如，有的家庭明明是看其他频道的娱乐节目，却回答说在看新闻联播后的焦点访谈。调研人员可以通过观察准确地记录人们的行为内容以及过程，但是它不能用来确定行为所隐含的动机、态度以及其他思想状况。

（4）确定调研对象和调研单位

调研对象是根据调研目的确定的调查研究总体或调研的范围。调研单位是构成调研对象的每一个单位。它是调研项目和指标的承担者或载体。调研对象和调研单位的确定实际上就是确定调研人员需要向谁提出问题、从哪里获取数据的问题。比如对某市烟民的消费情况进行调查时，其对象就是该市所有吸烟的人。在确定调研对象时，应该注意以下几个问题：

①明确界定调研对象。由于市场多变，因此调研对象也是比较复杂的，必须以科学的理论为指导，严格规定调研对象的内涵，并指出它与其他有关现象的界限，以免调研实施时由于对象的界限不明确而发生差错。

②确定调研单位。调研单位的确定取决于调研目的和对象。如果调研目的和对象发生了变化，则调研单位也应该随之而变化。

③调研方式和调研单位的关系。不同的调研方式会产生不同的调研单位。如果采取普查

方式，则调查总体内所包含的全部样本都是调研单位；如果采取重点调研方式，则只有被选定的少数重点样本是调研单位；如果采取抽样调研方式，则用各种抽样方法抽出的样本为调研单位。

（5）确定调研的时间规划

调研时间是指展开调研的具体时间和需要多少时间完成。根据不同的调研课题、调研方法，有不同的最佳调研时间。例如，对于入户调查，最好的调查时间是在晚上和周末休息日。这时候家中有人的概率比较大，成功率较高。如果采用观察法掌握超市的人流情况，为了使样本具有更好的代表性，就应选择不同的时间段。因为一天当中不同的时间范围内人群流量存在很大差异，而在一周当中工作日和休息日人群流量也有很大不同。只有对观察的时间段进行精心选择设计，才能有科学、合理的推断结果。另外，若调研的方法和规模不同，则调研工作的周期也不同。例如，邮寄调研的周期较长，而电话调研的周期较短。大规模入户调查的周期通常也比较长。

在设计调研方案时，一般用调研进度表表示调研时间。确定调研进度表，一方面可以指导并把握计划的完成进度，另一方面也可以控制调研成本，以达到用有限的经费获得最佳效果的目的。

（6）进行经费预算

营销调研的经费预算是调研设计中的重要内容。调研的费用通常与调研范围、调研规模、调研方法等相关。通常，一项营销调研项目的预算包括以下内容：①调研方案设计费；②抽样设计费；③问卷设计费、印刷费；④调研实施费用（包括调查费、差旅费、邮寄费、调查人员劳务费、礼品费以及其他相关费用）；⑤数据录入、审核费；⑥数据统计费；⑦报告撰写费；⑧办公费用（如会议费、专家咨询费等）；⑨其他相关费用（见表5-1）。

表5-1 营销调研估价单

费用支出项目	数量	单价/元	金额/元	备注
调研方案设计、策划费用				
抽样设计、实施费用				
问卷设计费				
问卷印刷装订费				
测试调查费				
调查员劳务费				
受访者礼品费				
交通费				
数据录入、审核费				
数据统计费				
报告制作费				
办公费用				
总计				

（资料来源：陈凯. 营销调研 [M]. 北京：中国人民大学出版社，2011）

（7）制订调研的组织计划

在调研策划阶段需要对调研整体的组织方案进行计划，例如进行各工作环节的人员配备，设定工作目标，对调研的质量进行控制和监督，对访问人员进行培训等。在制订调研组织计划的过程中需要注意以下几点：在调研中负责不同任务的人员之间的配合，如方案设计者、访问人员，汇总和处理资料的人员，以及对资料进行分析、统计的人员等；调研中人、物、财各方面因素的相互配合；调研过程中各个环节、部门之间的相互配合。注意到以上几点，会使整个组织结构的各个部分都可以更有效地发挥作用。调研作业进度见表 5－2。

表 5－2　调研作业进度表

日期	相关内容	负责人	备注
	总体方案及抽样方案的论证，设计问卷		
	问卷初稿设计		
	问卷测试		
	问卷修正、印刷		
	访问员的挑选和培训工作		
	调查实施		
	电脑录入和统计处理工作		
	撰写调查报告		
	打印报告，提交报告		

（资料来源：陈凯. 营销调研［M］. 北京：中国人民大学出版社，2011）

5.4　创业调研的方法——实地定性调研

实地定性调研就是运用各种系统、科学的方法，到现场收集、记录、整理相关的市场信息，了解商品或劳务在供需双方之间转移的状况和趋势，为市场预测和经常性决策提供正确、可靠的信息。定性市场调研指的是调研结果往往不通过量化或数量分析，一般多用于因果性调研和探索性调研。它与定量市场调研相互补充，相辅相成，是市场调研中不可或缺的方法。实地定性调研能更好地了解被调查者的动机、态度与感觉。其调研成本相对定量市场调研较低，同时也可获得丰富的资料。

5.4.1　观察法

观察法是市场调研活动中使用最为频繁的调研方法。它的结果直观、可靠，方法简单、易行，且成本较低。

（1）观察法的概念及其特点

所谓观察法是指调查人员直接或利用仪器对所要研究的个人行为、活动、反应、感受以及现场事物等进行亲自检查、观测与记录，从而获得第一手资料的调查方法。它是市场调查活动中使用最为频繁的，然而也是在实际操作中最容易被忽视的方法。无论是在企业营销调研中，还是在日常生活中，观察法都有着广泛的应用，如人们出门前需要观察天气；购买服装前需要观察街面目前流行的款式；企业试销产品时需要在柜台观察顾客购买时的面部表情变化等。

观察法具有以下特点：

观察法的主要特点首先在于使观察对象处于比较自然的状态。采用观察法时往往不会让被调查者知道自己正在被调查。观察者不与被观察者发生接触，而是通过由观察者直接或间接借助仪器的方式把被观察者的实际情况记录下来。因此，被观察者在相关的社会现象发生的状态下更能真实地做出反应。

其次，通过观察法观察者可以获得比较深入且相对客观的资料。由于观察者亲临现场观察，可以了解整个事件发生和发展的过程，还可以抓住被观察者的各种细节，从而能更深入地了解事物的本来面目，体现出较强的客观性。

再次，观察法有利于全面了解客观事物的真实面貌，因为通过观察法，新出现的市场现象被没有遗漏地记录下来，利于人们多侧面、多角度、全方位地观察市场。

（2）观察法的分类

①直接观察和间接观察。按观察方式的不同，可将观察法分为直接观察与间接观察。

所谓直接观察是指调研人员通过直接的观察研究行为或现象本身，而间接观察是通过观察行为或事件发生的结果研究这一行为或事件。在营销调研中，大多数观察都采用直接观察获得第一手信息资料。当采用间接观察方法时，就通过观察某些行为的残留痕迹来收集有关有用的资料。如观察垃圾桶里的啤酒瓶，可以估计该城市啤酒消耗量。

②控制观察和无控制观察。按照观察结果的标准化程度，可将其分为控制观察和无控制观察。

控制观察是指观察者在观察过程中对观察对象、观察范围在某种程度上进行人为控制。这种方式适用于因果性调查，根据观察目的预先规定观察范围，并在实施观察时使得观察技术、观察手段、观察程序和记录方式标准化。例如对购买行为进行观察时，如果将消费者请入一个实验室之内观察其购买行为，就属于控制观察。

无控制观察是指观察者对观察目的、程序等不做严格规定，记录也可采取随意的方式，使观察对象处在完全自然的环境当中。这种方式比较灵活，适用于机会调查或探索性调查，或有深度的专题调查。例如在一般购物场所中观察消费者购买行为就属于无控制观察。

③纵向观察、横向观察与纵横向结合观察

按获取资料的时间特征，可将其分为横向观察、纵向观察和纵横结合观察。

纵向观察又称时间序列观察，指在一定时间段内，连续观察同一现象或事物并进行一连串的记录，使之保持时序性。如对广告处理的调查即可用此方法。第一次刊播广告之后记录一次产品销售情况，第二次、第三次逐次刊播后，分别再观察记录产品销售情况。以此类推。这样，一方面测定出广告的总体效果，另一方面还可以寻找到最佳广告次数。

横向观察，又称静态观察，指在某一特定时间内观察同类现象或事物，取得横断面的记录。例如观察几个商店销售的同种商品，在同一时间段内几个调查员分别对不同商店的这种同类商品进行观察。

纵横结合观察，即为保证观察结果更准确，把纵、横观察两种形式结合使用的方法。这种观察方式操作比较麻烦，所以一般只有在有时间和精力的情况下才采用这种方式，但它更容易了解到调查对象的真实情况。关于品牌、商标对顾客影响力的调查即可使用此法。

（3）观察法的优缺点

①观察法的优点：

一是调查结果直观、可靠。观察法直接记录调查的事实和被调查者的现场行为，搜集的是完全基于事实的第一手资料，因此是直观、可靠的。

二是获取信息比较客观。观察法基本上是调查者的单方面活动，一般不正面接触被调查者，不依赖语言交流，不会受到被观察者意愿和回答能力等有关问题的困扰，在被调查者未意识到自己被观察的情况下得到的数据有利于排除语言交流或人际交往中可能发生的各种误差和干扰。

三是可以避免许多由于访问员和询问法中的问题结构所产生的误差因素。

四是观察法简便、易行，灵活性强，可随时随地进行观察。

②观察法的缺点：

一是观察法只能反映客观事实的发生经过，而不能说明发生的原因和动机。

二是只能观察到公开的行为，而一些私下的行为就超出了可以观察的范围。

三是被观察到的公开的行为并不能代表未来的行为。

四是观察法常需要大量的观察员到现场做长时间观察，调查时间较长，调查费用支出较大。因此，在实施观察时，常会受到时间、空间和经费的限制，比较适用于小范围的微观市场调查。

五是对调查人员的业务技术水平要求较高，如敏锐的观察力，良好的记忆力，必要的心理学、社会学知识及现代化设备的操作技能等。

（4）使用观察法时需注意的事项

首先，为了观察结果可以反映某类事物的一般情况，具有代表性，就应该设计好抽样方案；其次在进行实际观察时，最好不让观察者有所察觉，否则，就无法了解被观察者的自然反应、行为和感受；再次，观察者在实际观察时必须实事求是，公正客观，不得带有主观偏见，更不能歪曲事实真相；最后，调查人员的记录用纸和观察项目最好有一定的格式，便于尽可能详细地记录调查内容的有关事项。此外，为了观察客观事物的发展变化过程且能进行动态对比研究，需要做长期反复的观察。

5.4.2　深度访谈

有些调研人员希望能发现消费者行为的真正原因，而不仅仅局限于观察其表面的活动，于是就希望与被调查者进行充分接触，并在调研过程的开始阶段采用相对凌乱或范围很广的访问，以探察被调查者的内心活动。这就促使了深度访谈的运用。

（1）深度访谈法的概念及其特点

深度访谈法原意是相对的非结构化的一对一访谈。深度访谈法就是指受过严格训练的访谈人员在这种无结构的、无预定程序的、直接的、个人的访问中，对调查对象进行面对面的深入访谈，使受访者在轻松自然的气氛中围绕某一问题进行深入讨论，以揭示对这一问题的隐藏的动机。

深度访谈法的主要特点就在于它是无结构的、直接的、一对一的访问。因深层访谈是无结构的访问，随着会谈逐渐深入展开，其走向依据被调查者的回答而定，但调查者要善于掌控，使之不偏离主题。例如，一次深层访谈可能从探讨小食品开始，然后转向讨论对不同食品成分的看法，接下来又讨论小食品的社会性，等等。

（2）深度访谈法的优缺点

①优点：

一是可以获得比较全面的资料。访谈形式宽松自由，没有对答案加以限制，可以获得研究者预料未及的资料。

二是适合于了解一些复杂和抽象的问题。

三是有较多机会评价所得资料或答案的效度和信度。

访问员可以从被访者的行动、表情和语调上，观察他们的动机和态度，分辨他们的回答是真还是假。

四是访谈弹性大。可以重复询问，可以对问题作出解释，以保证被访者明白问题的含义，访问员明白被访者回答的真正意思。

②缺点：

一是调查的结果在很大程度上取决于调查员自身的素质和技巧。由于事先难以确定调查的程序结构，而调查员的素质参差不齐，难以保证每一个都具有高水平，所以所得调查结果的质量也有高有低。

二是对深度访谈后所得结果的数据往往难以分析、解释，因此需要专业的心理学家帮助解决这一问题。

三是样本量小，偏差或误差较大。

四是所花的时间和经费较多，因而在一个调研项目中采用深度访谈的数量十分有限。

 5.4.3　德尔菲法

（1）德尔菲法的概念

德尔菲法（Delphimethod）是在 20 世纪 60 年代由美国兰德（RAND）公司首创和使用的一种特殊的调查方法，在西方非常流行。德尔菲是古希腊的一个地名，因阿波罗神殿而闻名。由于传说中的阿波罗有着非凡的预测未来的能力，故德尔菲成了预言家的代名词。

德尔菲法是指按照规定的程序，采用函询的方式，依靠分布在各地的专家小组背对背地做出判断分析，通过反复征询使得不同意见趋于一致而得到调查结果的方法。

（2）德尔菲法的实施步骤

①拟订意见征询表。意见征询表既是专家回答问题的主要依据，也是进行德尔菲法调查的主要手段。调查机构根据委托方的要求，拟订需要调查了解的问题，制成调查意见征询表。拟订意见征询表时应注意以下几点：问题要简单、明确，数量不宜太多；问题的内容要尽量接近专家所熟悉的领域，以便充分利用专家的经验；意见征询表中还要提供一些供专家做出判断时参考的比较齐全的背景资料。

②选择征询专家。专家的选择是否合适，直接关系到德尔菲法的成败。在选择专家时，

要注意以下几个方面：按照调查客体需要的专业范围，选择业务精通、见多识广、熟悉市场情况、具有分析能力和预见能力的专家；专家人数的多少要视客体的大小和涉及面的宽窄而定，不宜过多或过少，一般在8～20人；专家之间彼此不联系。

③轮回反复征询专家意见。第一轮，将意见征询表和现有的背景材料寄给专家，要求专家明确回答征询中的问题，并在规定时间内将答案寄回。调查人员对各个问题的结论进行归纳和统计。

第二轮，将第一轮汇总过的专家意见及新的调查要求寄给专家，要求专家在了解全局情况后提出自己的见解。在这个阶段，他们可以保留或修改自己的意见。对于和总体结论差异较大的专家，应请他们充分陈述理由。这样，可再次将专家寄回的资料进行统计，并提出新的要求。

如此经过几轮的反复征询，使专家意见逐步趋于一致。对征询的轮次和征询的时间间隔不能一概而论，需视调查内容的复杂程度及专家意见的离散程度而定。通常征询轮次为3～5轮，而征询时间间隔为7～10天。

④做出调查结论。根据几次提供的全部资料和记录反复修改的各方面意见，调查人员做出最后的调查结论。

（3）德尔菲法的优、缺点

德尔菲法简便、灵活，对问题深入挖掘，但同时也存在一些不足之处。表5-3详细反映了德尔菲法的优、劣之处。

表5-3 德尔菲法的优、缺点

优点	缺点
调查的组织和实施简便、灵活。对组织工作要求不高，不需要太多的人力、物力和财力。也不需要组织大型的讨论会或人员众多的调查活动。对工作场所、工作时间也没有严格要求，比较灵活	缺乏客观标准，有一定的主观片面性。专家对调查问题的回答全凭自我判断，主观色彩较为浓厚，甚至有较强的主观片面性，因而这种方法主要适用于缺乏历史资料，或未来不确定因素较多的调查问题
便于征询对象独立思考，独立判断。利用调查表征询专家意见时采用专家匿名的方式，且专家之间没有联系，避免了专家意见之间互相干扰和影响，专家的回答是独立思考和独立判断的结果	调查时间较长，需经过多轮的反复征询。由于反馈次数较多，因而需要耗费较长时间。而且，调查过程中还可能发生有的专家因为个人原因而中途退出的情况，影响调查结果的科学性，甚至可能破坏整个调查方案
有利于专家探索式地解决问题。专家回答问题时采取的是背对背的方式。单个专家对调查问题的回答必须依赖自己对问题的独立研究，探索调查问题内在的联系与规律性，寻求解决问题的途径和方法	调查结论有可能近于中位数和算术平均数。有的专家在得到调查组织者汇总后的反馈资料后，由于水平不高或对调查问题的回答不够认真，或不了解其他专家对调查问题看法的依据，因而可能做出趋于中位数或者算术平均数的回答，影响调查结论的准确性和科学性

为了克服上述不足，可以采取以下措施：向专家说明德尔菲法的原理，让他们了解这种方法的特点；向专家提供尽可能详尽的与调查项目有关的背景材料；请专家对自己的判断结果给出最高值、一般值和最低值，并分别估计其概率，以保证整个判断的可靠性，减少轮回次数；在第二轮反馈后，只给出专家意见的极差值，而不反馈中位数或算术平均数，以免发

生简单求同现象。

 5.4.4 其他定性调研方法

到目前为止，还无法将各种定性调研的方法列出清单。对于营销调研人员来讲，除了上述的3种常用的定性调研方法，还有许多其他流行的方法，如焦点访谈法、过程分析、投射技术、人类学研究和生理测量。

焦点访谈法（Focus Groups）也是营销调研中比较常见的一种方法。它是把几个人召集在一起，在主持人的引导下进行自由讨论，以收集与研究问题有关的信息的方法。焦点访谈法的谈论方式比较开放，故主持人的任务就是确保讨论者的讨论集中在研究问题上，以免天马行空。

过程分析（Protocol Analysis）是指将人们置于需要做出某项决策的情境中，要求他们用语言讲述他们在做决策时思考的每一件事。这种方法主要用于了解消费者做出决策的过程。

投射技术（Projective Techniques）是指将参与者置入模拟活动的场景中，希望他们在这种场景中说出一些直接提问时不会说出的事情。调研人员通常使用5种投射技术：单词联想测试、句子完成测试、图片测试、卡通或气球测试，以及角色扮演。

人类学研究（Ethnographic Research）技术是从人类学中借鉴而来的，是一种详细、描述性地研究一个群体及其行为、特征、文化等的研究方法。

生理测量（Physiological Measurement）是指用电极和其他仪器监测被试者对营销刺激产生的无意识的反应。

5.5 创业调研方法——问卷定量调研

问卷定量调研被广泛应用于创业营销调研的诸多方面。所谓问卷，又称为调查表或者询问表，是一种数据收集工具。它是调查者根据调查目的与要求设计的，由一系列问题、备选答案、说明以及代码表格等组成的，以书画的形式了解被调查者的反映和看法，并以此获得资料和信息的载体。在收集数据的过程中，调查问卷起着核心的作用，也是影响数据质量的主要因素。无论采用面谈访问法、电话访问法、邮寄访问法，还是网络访问法，都必须设计问卷。采用问卷进行调查数据的收集是国际上通用的一种调查方式，也是我国近年来发展最快、应用最广的一种调研手段。

 5.5.1 问卷的基本结构

一般来说，问卷的内容及篇幅因调研的目的和调研项目的不同而不同，但问卷的结构是相对比较固定的，一般包括开头部分、甄别部分、调研的主题内容、被调查者的基本情况和结束语5部分。

（1）开头部分

开头部分相当于一份问卷的前言，主要说明调研的目的、意义以及相关事项，使被调查者能消除顾虑，引起兴趣，从而获得他们的支持与合作。开头部分一般包括标题、问候语、填写说明和问卷编号等。

①标题。问卷的标题概括说明调查研究的主题，使调查者对所需要回答的涉及面进行大致的了解。标题应该简明扼要，且易于引起被调查者的兴趣。例如"力士沐浴露使用情况调查"，不能只用"问卷调查"这样笼统的标题。

②问候语。这是为了引起被调查者的重视，打消他们一些不必要的顾虑，使他们积极主动地配合调查工作。问候语要礼貌、诚恳，措辞要准确得体。

③填写说明。用文字说明问卷的填写方法，规范并帮助被调查者对问卷进行回答。

④问卷编号。对问卷进行编号是为了处理后续的问题，如检查错误、归类整理、进行计算机统计处理和分析等。

（2）甄别部分

甄别即过滤。这部分对被调查者进行甄别，筛选掉不符合要求的被调查者或者不必要问的部分，然后再针对那些特定的被调查者进行调查。甄别条件包括常规甄别条件和特别甄别条件。常规甄别条件是指所有项目都必须有的甄别条件。一般来说，以下几类人是不能作为调查对象的：

①在有关媒介机构工作的人（广告公司、市场研究公司、电台等），避免行业内专业知识影响调查结果，避免保密信息的泄露。

②在与研究项目有关的专业机构中工作的人。

③在一定时期内接受过类似访问的人，避免上一次的访问影响到本次调查的结果。

④曾听说过同样访问的人。

⑤非本地居民/非家庭常住户。

⑥间接的被访者。非直接的被访者会由于信息传递而导致访问偏差。

⑦盲、聋、哑、痴呆、残疾者。

⑧特殊甄别条件是该项目特殊需要的甄别条件，比如年龄，以及是否购买过某种产品等。

（3）调研的主题内容

调研的主题内容是问卷的核心部分。其篇幅最大，主要由一系列问题和相应的选择答案组成。这些问题中蕴含着大量的信息，被用以解决市场营销中存在的问题。问题的内容涵盖了事实、知识、观点、态度、动机和未来的可能行为等。问卷设计是否合理，能否满足调研目的和要求，关键在于这部分内容的设计水平和质量。这部分设计得好坏，直接影响到整个调查项目任务的完成和资料目标的实现。

（4）被调查者的基本情况

被调查者的基本情况是指被调查者的一些主要特征。被调查者往往对这部分问题比较敏感。如调查者是个人，则主要特征包括性别、年龄、民族、家庭人口、职业、文化程度、收入等；如被调查者是企业，则包括企业名称、行业类别、职工人数、资产额、营业额等；所列出的项目是为了对调研资料进行分类和分析。在实际调研中，需要根据调研主题的不同而列出不同的特征。

（5）结束语

结束语位于问卷的最后，是对被调查者的合作表示感谢的简短的几句话，也可以稍微长一些，设置一些开放性问题，询问被调查者的意见或者感受，为以后的调查工作提供更好的建议。在结束语部分必须填好调查时间、调查地点，以及调查者的姓名等，以便于审核、修正，以及进一步追踪调查。

5.5.2　问卷的功能

调查问卷是调研过程中的一个非常重要的因素。它具有以下6个主要功能：

①把研究目标转化为具体的问题。

②使问题和回答问题标准化，让每个被调查者面对同样的调查环境。

③通过措辞、问题流程和卷面形象获得被调查者的合作，并在整个调查中激励被调查者。

④作为调查的永久记录。

⑤能加快数据分析的进程。

⑥问卷中所包含的信息都经过了信度的检验。它们可用于随后验证被调查者参与调查的有效性。

5.5.3　问卷拟订的原则

问卷设计是一项科学工作，具有很强的技术性、理论性、实践性和艺术性。要拟订有效、高质量的问卷，就要将所要调查的问题明确地向被调查者展示，以取得真实、准确的答案。因此，问卷设计通常要遵循以下几个原则：

①目的性原则。问卷设计中的每一个问题所收集的信息都是为了调研目的存在而存在的，因此在设计问卷时要体现这样的思路：询问的题目服务于调查项目，而调查项目又服务于调研目的。

②可接受性原则。问卷中所询问的问题，其知识性能够为被调查者所理解，其细节和问卷长度也要在被调查者所接受的范围内。尽量避免列入一些会令被调查者难堪或反感的问题。

③顺序性原则。问卷设计讲究顺序排列，条理清楚，顺理成章，利于被调查者做答，提高问卷调查的效率。一般地，先易后难，把敏感性的问题放在问卷的最后面，把关于个人的实际背景问题放在问卷的末尾。

④简明性原则。问卷中所用的词汇尽量简单，问题简明，措辞准确，避免重复询问。询问时间要适中，问题和整个问卷都不宜过长，否则会引起被调查者的反感。

⑤匹配性原则。匹配性原则是指问卷的整个形式与整体目的相一致。各个问题之间、各数据之间，都要相互匹配，不能出现与整体不相符的地方，更不能出现相互矛盾的情况。

5.5.4　问卷拟订的程序

问卷的设计过程是一个创造性过程。问卷设计人员除了要具备统计学、社会学、经济学、心理学和计算机软件等多方面的知识外，还需要一定的技巧和经验。在问卷拟订的过程中，每一个步骤都需要注意很多细节，否则会导致计量误差的产生。问卷拟订可分为以下 4 个阶段：准备阶段、初步设计阶段、测试和修改阶段、完成复印阶段。

（1）准备阶段

这一阶段需要根据调查问卷的需要，确定调查主题的范围和调查项目，列出调查所需要的所有资料，分析出主要资料、次要资料、必备资料。确定调查方式及方法，将可要可不要的资料排除，收集必备资料，初步分析被调查者的各种特征，并以此作为拟订问卷的基础。

（2）初步设计阶段

在准备阶段的基础上，根据收集来的初步资料，按照问卷拟订的原则设计初稿。在初步设计问卷过程中，选择合适的方式尽可能详细地列出各种问题，考虑这些问题是否有必要，能否得到答案，然后对问题进行检查、筛选、编排。此外，还需要考虑是否需要向被调查者说明调查目的、要求和注意事项。

（3）测试和修改阶段

一般来说，刚设计出来的问卷都存在一些问题。初步设计出来的问卷，有必要在小范围内进行试验。这样，可以检查出问卷在初稿中存在的问题，如语句不通畅、选项多余、问题顺序不合理等。发现问题后，应做必要的修改，以使问卷更加完善。对于测试性调查，可以在第一次试验结果被审定后再进行多次的试验。

（4）完成复印阶段

将前面 3 个阶段的工作完成之后，就可以将最后定稿的问卷，按照调查工作的需要打印复制，制成正式问卷。

5.5.5 问卷设计中应注意的问题

一份好的调研问卷能够保证营销调研活动顺利进行并收集到可靠资料。因此，在设计调研问卷的时候，需要注意以下问题：

①使用简单的、含义清楚的词汇。问卷中应尽可能地使用简单的、含义清楚的词汇，以避免使用专业术语、含义不确切的词汇。这样，既可以方便被调查者填写，还能减少因不明白词汇含义而不想回答或者回答错误的现象，从而减少误差，如避免使用"经常""偶尔""一些""恩格尔系数"等词汇。

②避免使用诱导性的问题。诱导性问题可能会左右被调查者的选择，如：很多男生都喜欢看 NBA，您也喜欢看吗？这样诱导的回答是"看"。但如果换成"您是否喜欢看 NBA"，被调查者就可以自由地根据实情回答"是"或"否"。

避免使用带有双重或多重含义的问题。双重或多重含义的问题含有两方面或多方面的内容。如：乘公交车上班和开车上班，哪一个更方便、经济？这个问题就包含了方便和经济两项内容。

③难度适当，方便回答。问题的难度要适当，要符合被调查者的知识水平。如问小学生：2003 年的非典是怎样产生的？这个问题对于小学生来说，已经超出了他们的智力范围。这样的调查结果几乎没法用。

④科学排列备选答案的顺序。一般来说，放在问卷开头和结尾的答案容易被注意到，而中间位置的答案较容易被忽视，所以需要科学安排备选答案的顺序。

如：您知道下列哪些品牌的手机？

A. 华为　　B. 苹果　　C. TCL　　D. 华硕　　E. 酷派　　F. 大神　　G. 小米　　H. 百事　　I. 波导
J. 阿尔卡特　　K. 北斗　　L. 其他

5.5.6　其他定量调研

（1）访问调查法

访问调查法的定义：

它是按所拟调查事项，有计划地通过面谈询问的方式向被调查者提出问题，并通过他们的回答获得相关信息和资料的一种调查形式。它也是市场调查中最常用的、最基本的调查方法，主要有入户访问、拦截式访问和神秘顾客法。

①入户调查。调查员按抽样方案的要求，到抽中的家庭或单位中，按照事先规定的方法，选取适当的被访者，依照问卷或调查提纲进行面对面的直接提问。被调查的家庭或单位是随机抽取的；入户访问对象的抽取也有一定的法则，入户调查采用的是概率抽样，样本对总体的代表性可以通过抽样误差来表示。

②拦截式调查。有两种形式：一是有访问员在事先选定的若干地点，按一定程序和要求（如每隔几分钟拦截一位，或每隔几个行人拦截一位）选取访问对象，征得对方同意后，在现场按问卷进行简短的调查；另一种是定点拦截，在商场或其他人流密集的地区，租借好访问专用的房间或厅堂，根据研究要求，可能还摆放若干供被访者观看或试用的产品，按照一定程序和要求，拦截访问对象，征得其同意后，将其带到专用的房间和厅堂内进行面访调查。

③神秘顾客法。由经过严格培训的调查员，在规定或指定的时间里扮演成顾客，对事先设计的一系列问题逐一进行评估或评定的一种调查方式。由于被检查或需要被评定的对象事先无法识别或确认"神秘顾客"的身份，故该调查方式能真实、准确地反映客观存在的实际问题，并将其消费经历、感受、评价等以《顾客经历报告》的形式反馈给被调查企业。

访问调查法的优点：

回答率高。

➢ 当被访者因各种原因不愿意回答或者回答有困难时，访问者可以启发、激励被调查者合作，以完成调查任务。

➢ 可以根据被调查者的性格特征，针对被调查者的态度、心理变化以及各种非语言信息，扩大或缩小提问范围，体现较强的灵活性。

➢ 可对调查环境和背景情况进行了解，有利于访问者判断所得资料的可靠性和真实性。

访问调查法的缺点：

调查的人力、物力、经费消耗较多。

➢ 对访问者素质要求较高，调查质量易受访问者工作态度、提问技巧和心理情绪等因素影响。

➢ 对访问者的管理比较困难。

访问调查的具体特点如表5-4所示。

表 5 - 4　访问调查的特点

调查范围	较窄
收集复杂信息能力	强
对调查员的素质要求	高
信息可信度	高
调查对象	可选择和控制
投入的人力、财力	较多
答卷质量	高
回收率	高
调查时间	长

（2）电话调查法

电话调查法的定义：

它是由调查人员通过电话向被调查者询问、了解有关问题的一种调查方法，主要有传统的电话调查和计算机辅助电话调查两种。

①传统的电话调查。传统的电话调查使用的工具是普通的电话、印刷问卷和书写用笔。经过培训的调查员按照调查设计规定的随机拨号方法拨通电话，遵照问卷和培训的要求筛选被访问对象，然后对合格的调查对象对照问卷逐题逐字提问并将答案记录下来。

②计算机辅助电话调查。计算机辅助电话调查使用一份按计算机设计方法设计的问卷，用电话向被调查者进行访问。整个访问过程按计算机设定的程序进行。经过培训的调查员头戴耳机式电话，坐在 CRT 终端前，按照 CRT 屏幕上指示的程序开展工作。CRT 代替了问卷、答案纸和铅笔。通过计算机拨打所要的号码，电话接通之后，调查员就读出 CRT 屏幕上显示出的问答题并直接将被调查者回答的信息录入计算机。

电话调查优点：

➢ 取得市场信息的速度比较快；

➢ 节省调查时间和费用；

➢ 不受地域限制，覆盖面广；

➢ 被调查者不受调查者在场的心理压力，因而可以畅所欲言；

➢ 易于对访问员进行管理。

电话调查缺点：

➢ 被调查者只限于有电话者和能通电话者；

➢ 电话提问受到时间限制；

➢ 无法出示调查说明、照片、图表等背景资料；

➢ 不知道对方回答是否正确；

➢ 无法针对被调查者的性格特点控制其情绪。

（3）邮寄调查

邮寄调查的定义：

邮寄调查是指将事先设计好的调查表（亦称问卷，Questionnaire）投寄给调查对象，要求其填好后寄回。有两种方式：留置问卷调查和固定样本邮寄调查。应用范围包括对时效性要求不高、样本框较齐全、调查内容较多、调查问题较敏感的项目。

①留置问卷调查。由调查员按面访方式找到被访者，说明调查目的和填写要求后，将问卷留置于被访者处，约定日期登门取回填好的问卷，或附上回邮信封，要求被访者直接寄回。留置调查的优点是：调查问卷回收率高；受访者可以当面了解填写问卷的要求，澄清疑问，避免由于误解提问内容而产生误差；填写问卷时间充裕，便于思考、回忆；受访者意见不受调查人员的影响。

②固定样本邮寄调查。事先抽取一个地区性或全国性的样本，征得样本中家庭或个人同意后，由调查机构向该固定样本中成员定期邮寄调查问卷。样本中的成员将问卷按要求填好后，及时将其寄回调查机构。为防止样本老化，应定期调整、更新样本。固定样本邮寄调查的优点在于：空间范围大，不受调查所在地区的限制；样本数目可以很多，而费用较留置问卷调查开支少。

邮寄调查的优点：

➤ 扩大调查范围。

➤ 增加样本量。

➤ 减少了访问员的劳务费，免除了对访问员的管理。

➤ 被访者能避免与陌生人接触而引起的情绪波动。

➤ 被访者有充足的时间填答问卷。

➤ 可以对较敏感或隐私问题进行调查。

邮寄调查的缺点：

➤ 问卷回收率较低。

➤ 信息反馈周期长，影响收集资料的时效。

➤ 要求被访者有较好的文字表达能力。

➤ 问卷的内容和题型不能太复杂。

➤ 难以甄别被访者是否符合条件。

➤ 要求调查内容易引起被访者的兴趣。

➤ 成本较高，难以控制。

本章要点回顾

本章是创业基础的市场调研部分，包括创业调研的内涵、创业调研的程序、创业调研方案的设计、创业调研的方法，以及创业调研报告的撰写。

根据 AMA 的定义，创业营销调研是通过信息的运用，把消费者、公众和营销者联系在一起的一种职能，是为了识别、确定营销机会和问题，通过对营销活动进行策划、研究和评价，控制营销活动，增强人们对营销活动理解的一个过程。

创业调研具体可分为以下 6 个步骤：确定调研目标、制订调研计划、实施调研计划、信息整理与分析、编写调研报告、实施反馈追踪。

创业调研方案的主体内容包括确定调研项目、选择调研类型、选择基础的调研方法、确定调研单位和调研对象、确定调研的时间规划、编制经费预算、制订调研的组织计划。

　　创业调研的方法包括实地定性调研和问卷定量调研。实地定性调研有观察法、深度访谈法、德尔菲法，以及其他定性调研方法。问卷定量调研被应用于方方面面。问卷包括开头部分、甄别部分、主体内容，以及被调查者的基本信息和结束语 5 个部分。问卷设计过程中需要遵循一定的程序并需要注意细节。

习题

1. 名词解释

创业调研、定性调研、深度访谈、德尔菲法、问卷定量调研

2. 简答题

（1）简述创业调研的程序。

（2）简述为何要进行创业调研方案的设计。

（3）简述什么是定性调研和定量调研，并指出这两种调研方法的区别。

（4）简述什么是问卷，以及问卷的功能是什么。

（5）简述探索性调研、描述性调研、因果关系调研之间的区别。

3. 综合应用题

结合导入案例，分析企业进行营销调研的必要性。

课后拓展

　　本章介绍了市场调研。限于篇幅，本章只对市场调研的基本内容进行了理论性的简单描述。其实，在创业中，市场调研是不可或缺的一部分。一次成功的市场调研，可以使创业者更好地了解市场信息，做出更明智的决策，从而让创业获得事半功倍的效果。那么，你能否结合身边创业者的故事，发挥创新性思维，提出一些怎样做好市场调研的方法呢？

第六章　产品设计与创新

【内容提要】

产品设计是一个创造性的综合信息处理过程，通过多种元素，如线条、符号、数字、色彩等方式的组合把产品的形状以平面或例题的形式展现出来；而产品创新则是充分发挥设计者的创造力，利用现有的成果进行创新构思，为现有的市场带入全新的观念，设计出具有科学性、创造性、新颖性及实用成果性的一种实践活动。本章主要介绍新产品的开发流程、设计创意、产品概念以及产品评估的相关知识。

学完本章后，希望同学们做到：

①熟悉新产品开发流程分析过程；

②理解设计创意产生的方法；

③了解构建产品的相关概念；

④掌握从技术、商业与客户需求进行产品评估的方法。

【引导案例】

吉利汽车的设计与创新

浙江吉利控股集团是中国汽车行业 10 强企业。自 1997 年进入轿车领域以来，凭借灵活的经营机制和持续的自主创新，取得了快速的发展，现资产总值超过 340 亿元，连续 8 年进入中国企业 500 强，连续 6 年进入中国汽车行业 10 强，被评为首批国家"创新型企业"和"国家汽车整车出口基地企业"。其中，浙江吉利汽车有限公司历经 9 年成长，现已发展成为中国自主品牌汽车制造基地的典型代表，也是吉利控股集团最核心的集整车、发动机、变速器研发、制造于一体的战略发展基地。

"吉利的成功，就在于创新。"总经理安聪慧介绍说。"吉利"始终有一个美丽的追求，就是打造全世界最好的汽车工厂，造最安全、最环保、最节能的好车，让吉利汽车走遍全世界；但公司起点低，又面对着跨国公司的技术封锁和市场垄断，这就决定了"吉利"必须通过创新，为自己开创出一片新天地。

但是，创新，又从何下手呢？"吉利"公司清晰地认识了我国的汽车产业的情况。我国汽车产业虽然发展迅速，但也面临着诸多问题。最突出的就是：投资过热，行业分散，配套设施落后，提高自主研发和创新能力的进展缓慢，甚至形成了严重的技术依赖，是在以市场换技术，但这些问题都可以通过企业间技术联盟得以解决或缓解。通过技术联盟推动企业重组，其效果要好于并购。纵向技术联盟能有效地加强配套设施建设，而横向技术联盟又可以加快提升企业的研发能力。因此，研究我国汽车产业的技术发展战略有着重要意义。凭借着对国内外汽车制造业的实际情况，"吉利"首先导入了卓越的绩效管理模式，制定了发展目标，即从最简单的技术着手，从人才培养着手，从零部件体系着手，从标准、规范着手，要造最安全、最环保、最节能的好车，还应加上最舒适、最经济。只有这样，才有更大的竞争力。先把低端市场做好，再进入中级轿车市场，不断形成核心竞争力，最终实现2/3的产品外销。

有了切合实际的定位和发展理念，"吉利"开始一步一个脚印地朝着这个方向迈进。第一是研发能力迅猛提升，不断形成独立的造型设计、工程设计、工程分析、研制试装和同步工程能力，逐渐具备汽车整车、发动机、变速器及新能源等关键技术的正向自主开发能力。第二是车型产品层出不穷，科学的产品平台规划与不断深化的通用化建设不仅理顺了吉利产品序列，更使吉利新品不断推出成为可能。目前吉利汽车研究院已形成了平均每个季度至少推出一款全新车型的开发能力。第三是核心技术不断突破，"安全第一"战略硕果累累。吉利独创的BMBS爆胎检测与控制技术的重大突破，带动了主动安全技术的全面提升。第四是科技成果节节攀升。近些年来吉利的专利、论文、科技成果三大科技指标两年呈几何级数增长，且质量不断提高，并获得了一系列科技奖励。吉利技术体系创新工程的建设，确保了企业战略转型的成功实施，提高了吉利产品的核心竞争力，支撑了企业的可持续发展。

汽车是人才密集型和技术密集型的产品。没有一流的人才和技术，造汽车就等于天方夜谭。为此，"吉利"在全世界范围内广泛招贤纳士，并注重培养一线员工素质，为他们提供创业创新的平台。"吉利"汽车开始实施了一个独创的具有"吉利"特色的管理方法——"源动力"工程。所谓"源动力"工程，就是赋予员工充分的话语权、考评权和监督权，通过领导干部为员工服务，职能部门为一线服务，达到解决实际问题、实施好的建议的目的，从而增强员工的主人翁意识，全面激发广大员工的智慧和力量，推动企业持续发展。这个"源动力"工程，为企业发展输送着源源不断的动力，企业内部的"点子大王"越来越多。

起初，吉利的核心竞争力定位为低价策略，使人们对自主品牌有了一种偏见。"低质低价"的印象严重困扰着吉利人向前发展的步伐。于是，吉利决定将核心竞争力从成本优势重新定位为技术优势、品质至上和服务优秀。企业理念也从"造老百姓买得起的好车"转变为"造最安全、最节能、最环保的好车"。作为吉利战略转型最为显著的表现，就是产品的更新换代。"新三样"自由舰、金刚、远景迅速开拓市场。吉利的产品档次已向功能齐全、经济耐用的中级轿车进发。其中的成功转换，不仅提升了吉利汽车的利润，进一步拓展了市场空间，也让吉利汽车摆脱了低端企业的形象。新建的帝豪汽车EC718凭借世界技术前沿的BMBS系统成了一款不怕爆胎的轿车。帝豪自上市以来产品供不应求，成功打响了吉利中级轿车的第一炮。如今的吉利控股集团已有帝豪、全球鹰、英伦等三大品牌30多款整车产品。

随着吉利的不断发展，浙江吉利控股集团在国内已经建立了完善的营销网络，拥有近千家品牌4S店和近千个服务网点；在海外兼有近200个销售服务网点；投资数千万元建立国内一流的呼叫中心，为用户提供 24 小时全天候快捷服务；率先实施了基于 SAP 的销售 ERP 管理系统和售后服务系统，实现了用户需求的快速反应和市场信息的快速处理；率先实现汽车 B2B，B2C 电子商务营销，开创汽车网络营销新渠道。据统计，吉利汽车累计社会保有量超过了 180 万辆，吉利商标已被认定为中国驰名商标。

由此可见，产品的开发与创新并不是一件容易的事情。今天的吉利已非昨日的吉利。它承载着中国汽车走向世界的梦想。吉利发展到今天，已不仅是吉利的吉利，也是中国的吉利、世界的吉利。吉利的成长过程，凝结着中华民族自强不息的精神力量；吉利的发展过程，反映了中国制造业从大变强的无比艰辛；吉利的壮大过程，必将为中国亿万百姓带来无尽的福音。一个拥有 13 亿人口的发展中大国，要想自立于世界民族之林，不能没有像吉利一样的灵魂，不能没有像吉利一样的脊梁！

（案例来源：根据相关资料整理）

6.1 新产品开发流程分析

6.1.1 新产品的概念

新产品是指在某个市场上首次出现的或者是企业首次向市场提供的能满足某种消费需求的整体产品。

新产品又可分为以下几类：

①全新产品：应用科技新成果，运用新原理、新技术、新工艺、新材料制成的市场上从未有过的产品，无可置疑为新产品。

②换代新产品：在原有产品的基础上，部分采用新技术、新材料、新结构制造出来的性能上有显著提高、改善的产品。换代产品在性能上有了重大突破。

③改进新产品：在原有产品的基础上，对成分、特点、功能、包装、款式、质量等加以适当改进和变化的产品。市场上的新产品大部分是这种产品。

④仿制新产品（新品牌产品）：企业模仿市场上已有的产品，只是在造型、式样、外观等方面稍做改变，使用新品牌后，提供给市场的产品。

6.1.2 新产品开发的背景

不断开发新产品是现代企业生存和发展的关键。随着科学技术的迅速发展，人民生活水平的提高，产品的市场生命周期越来越短。企业只有不断开发新产品，适应消费者不断变化的需要，才能在市场竞争中立于不败之地。

6.1.3 新产品开发的流程分析

新产品开发主要包括以下 8 个步骤，流程分析如图 6 - 1 所示。

图 6 - 1 新产品开发程序流程

①构思：对满足某种新需求的设想。其主要来源于消费者的意见，营销人员的观察，技术人员的研究，竞争者产品的分析，中间商、供应者的提供等。

②筛选：及早发现并去掉不可行或可行性不高、没有发展前途的设想，选出那些符合本企业发展目标和长远利益的并与企业资源相协调的设想。

③概念与测试：把构思发展成完整的产品概念，即用文字或图形、模型做出描绘，使之在顾客心目中形成一种潜在的产品形象。一个产品构思能转化为若干个产品概念，是已成型的产品构思。

④初拟营销计划：对已确认的新产品概念拟订粗略的市场营销策略，为日后投放产品做准备。

⑤经营分析：分析该产品的销售量、成本与利润的估计情况，以了解其是否符合企业的目标。

⑥新产品研制：进行试制，变成实体产品。

⑦市场试销：用一定的品牌、包装及初步的营销方案，投入小批量生产并上市试销。

⑧投放市场：正式向市场推出试销成功的新产品。

6.2 设计创意的产生

在设计创意阶段，设计师将会面临的潜在问题是受自己预想解决方案的影响，从而形成定式化的思路。预先的构型通常产生在设计创意过程的初期。设计师接到设计任务时会自然而然地产生解决问题的思路，即第一感觉；但是第一感觉只是设计师本人的想法，所以不一定是消费者真正想得到的结果。从产品开发的实际情况来看，成功设计的创意与概念绝大部分都不是源自最初的想法，而往往是第二十个、第三十个，甚至更多想法的体现。

另一个存在于设计创意阶段的问题是，设计人员可能局限于个人经验的思考范畴，从而导致在新产品设计中无法做出重大的突破。对于由数人或十多人组成的开发小组而言，在开发过程中依靠各自经验和相互启发，的确可以产生出大量的产品解决方案，但相比以人类科学知识为基础而客观存在的解决方案，这个数字就显得渺小了。因而，设计人员决不能满足于凭借有限的个人经验进行新产品的创意，更不能形成这样一种思维定式。只要依靠自己的知识和洞察力，就一定能发现藏在某个角落的绝佳创意。

本章介绍的设计创意方法可以帮助设计人员克服存在于创意过程中的上述问题。结构设计问题，即将其细致划分为较小的组成部分，就是一种有效的方法，也是设计创意的基本原则之一。当问题细致化、具象化以后，大量的设计想法就会自然产生。解构与重塑，对于复杂的产品体系结构，可以在很大程度上增加创意的数量。以逻辑思维与科学分析的眼光看待设计问题，是另一个有效的创意原则。它可以帮助设计师在众多解决途径之中找出最优方案。创意的产生具有一定的偶然性特征，正如人们常说的"眼前一亮"，但这一过程并不仅仅是凭借灵感就能完成的。敏锐的洞察力来自广博的学识和理性的分析。这是设计创意得以产生的不可或缺的条件。设计师只有经过艰苦、勤奋的学习、工作与经验积累，才可能具备这样的能力，才可能产生更多、更好的设计构想。

本章的目标是学习并应用这些原则与方法，提高设计创意的能力。作为以工程设计为主的设计人员，在数理、技术、科学分析等方面曾受过良好的训练，但在创造性方面可能有所欠缺。因而，我们不能仅仅依赖于自己天生的创造能力。创造的技巧是可以训练和培养出来的。这也是本章的重点所在。理解、掌握相关原则并反复在实践中加以应用和总结，是提高创造技巧的关键。

 ## 6.2.1 内容提要

产品设计构想是产品开发过程中的重要组成部分。这一过程通常从产品整体策略入手，通过系统的设计方法可以得到各种产品的创意。本章讨论的设计方法主要有两种类型。一类是建立在设计信息收集基础上的头脑风暴法。这类方法的重点在于对各种可行的技术信息进行分析、归纳，进而由设计师通过综合思考得出结论，产生设计创意。一般来说，由此得出的创意对设计项目整体性的思考较为全面，因而适用范围较为广泛。

第二类方法强调创意的针对性。设计师通过自己的经验和判断、预见能力，结合设计的基本原则，追求适合于设计项目某个具体方面的解决方案。针对具体项目，设计师就其最具有与众不同的特点与因素进行深入思考，产生大量的设计创意。在这类方法中，是否具有较强的创造性是判断创意优劣的首要考虑因素。设计师应尽量避免妥协、折中的结果。

 ## 6.2.2 创意产生过程

创意阶段的基本目标之一是产生尽可能多的设计想法。只得到一两个可选择的方案是不行的。通常而言，经过这一阶段，设计师应当提供数十个可供选择的设计方案。毋庸讳言，方案越多越好。图6-2所示是一个实现目标的过程。

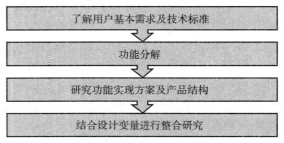

图6-2 创意流程

第一，从消费者需求入手，以最基本的需求为首要考虑因素，在最终产生的设计创意中必须满足这些需求。同时，在创意过程中应以此为贯穿设计的主线，在这个基础上综合考虑各种次要需求，并深入研究产品功能实现的方式。

第二，在确定了以消费者需求为核心的设计指导方针之后，设计项目被细致划分成一个个易于理解和解决的子系统。这些子系统可被归纳为3种类型：功能模型、产品结构和产品整体规划。无论在哪一种类型中，设计师都应重点考虑产品应该具备什么样的功能，而如何实现这些功能则是下一步要考虑的问题。

第三，以形式体现功能。对于产品结构的分析可以确定各种可供选择的产品结构布局方案以及人机界面形式，而产品整体及各组成部分间的协调问题则是产品整体规划部分所要考虑的内容。采取上述方式，设计师能够提出大量的产品功能构想，并逐一设想不同的解决方案。然后，设计师根据产品结构分析及产品整体规划对解决方案进行可行性分析。

第四，将可行的解决方案整合在一起，形成完整的产品设计构想。根据整合内容的不同，设计师可以得到不同的产品设计构想，我们称之为可选择构想。随着创造性与设计灵感的闪现，设计师在众多的功能解决方案之中进行选取、整合，同时不断添加新的构思。经过整合阶段，大量的可选择构想得以确定。同时，设计师应当为这些可选择构想准备详细的说明材料，说明材料不仅包括设计草图，还要有细化方案，以对其技术可行性进行论证。

有效的创意方法对帮助设计师产生并整合设计构想是十分必要的。本章接下来要讨论的是基本的创意方法，即关于产品功能解决方案的构想原则。

6.2.3　基本方法：资料收集与头脑风暴法

如本章前文所述，设计创意的产生是产品开发过程中的重要组成部分。在此阶段设计师可以获得许多可供选择的方案。这些不同的方案最终会导致大相径庭的设计结果，因而方案的创造性、产品结构规划与功能满足程度是设计师要着重考虑的内容。当设计师面对大量已经形成的产品构想时，可以采用一种归纳、汇聚的思考方法，以获得唯一的解决方案，从而最终决定推向市场的确定的产品形态。本章之后的内容就是探讨如何从产品整体构想与产品结构规划的角度实现这一目标。

从广义来看，可以把产品创意的方法分为两个类型，即直觉式与逻辑式两种。直觉式创意方法建立于个人或群体概念产生的基础之上，采用跳跃式的思考方法，目标在于从思维上突破常规限制条件，重新构建产品各要素之间的关系。正是由于突破了常规的限制和障碍，由此得到的产品构想都将具有强烈的创造性、新颖性特征。这类方法的典型代表是头脑风暴法和形态分析法。

逻辑式创意方法与直觉式创意方法有很大的不同，要求通过系统的、逻辑推理的过程逐步探索产品的解决方案。这类方法强调在总体指导思想的指引下将技术资料分析与专家意见相结合，解决产品技术方面的问题。逻辑式创意方法认为，虽然在设计的初始阶段技术解决方案并未明确显现，但通过一系列特定而又具有延续性的途径必然能够得到最优化的解决方案。在运用此类方法时，设计开发人员需要对技术与科技资料进行细致而周密的分析、选取与拓展工作。

本节主要讨论的是第一种类型的创意方法，以及直觉式创意方法。首先从资料收集开始。虽然资料收集本身并不属于直觉式创意方法，但对于产生创意的思维活动而言，这一步工作是至关重要的。它决定了整个创意过程的走向与成败，因而我们也将其归入了创意方法的范畴。在资料收集的讨论结束之后，将把前文提到过的直觉式创意方法——头脑风暴法介绍给读者，如图6-3所示。

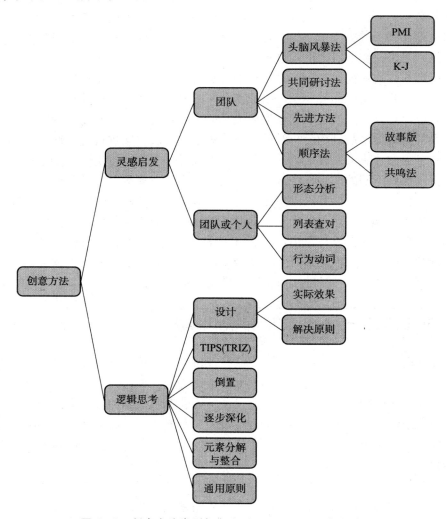

图6-3　创意方法类型与名称（Shah，1998，有改动）

（1）资料收集（创意的有效辅助手段）

在各种创意方法中，我们首先探讨资料收集问题。所谓资料收集，是指信息动态搜寻、探求过程。这项工作对所开发产品的技术、设计指导思想以及造型设计方面都有很大益处。各种相似开发案例中能够有效解决产品功能问题的设计构想，是设计人员主要收集的信息内容。同时，各种关于生产制造、分析评估的相关信息也是收集的对象。

关于资料收集在创意过程中的重要作用，前面已经有所叙述。对于出色的创意构想，创造者往往会引述一句大家十分熟悉的名言——"我站在巨人的肩膀之上"。这显然是谦逊之辞，但也说明创意不可能凭空而来。当然，在创意阶段，设计师应当凭借自己的直觉和创造力进行产品创意的设想，并尽力避免受所收集的已有构想的影响。设计师不能沉迷于一个具体的功能解决方案，否则必将导致构思无法继续深入发展下去；但从另外一个角度来说，设计师又必须善于学习、借鉴并利用前人的成果。正所谓有继承才能有所进步。实际上，创意的过程也可以说是一个综合的过程。设计师将各个孤立的因素整合在一起，从而提出全新的、独特的解决方案。因此，作为设计师，我们应当首先学会资料的收集。完全自发产生的创意毕竟是少之又少的。

在被称为"信息时代"的今天，设计师所面对的各种信息、资料的数量无疑是极为庞大的。要想从浩如烟海的信息之中找到对设计项目有帮助的资料，首先需要对各种信息进行有效的分类。在合理的分类方式中，有一种主要的信息类型被称为文献资料，即通过各种媒介公开发布的信息资料。这是设计师最主要、最直接的资料来源。文献资料包括专利文献、专业论文（或专业期刊）、产品手册、专著、消费者调查报告，以及各种类型的产品介绍等。其中，对专利方面资料的收集是工作的重点之一，主要用英语了解目前技术领域中的最新动态，并且对类似功能的实现也有较大的启发作用。

除了文献资料以外，设计师还可以通过类似产品分析、互联网、产品设计基准，以及人群调查等途径获得相关的资料。所谓类似产品，是指在功能或结构上具有一定相似特征的一系列产品，通常并不要求他们属于同一领域之内。例如，在设计磨咖啡豆的设备时，需要在碾磨过程中减小发出的噪声。因此，关于这一项功能的要求而言，就可以找到一系列的类似产品，如发动机、吸尘器、汽车与飞行器，以及食物搅拌器等。它们都具有减小噪声的设计要求。通过对这些类似产品功能实现方面的分析，设计师即可将相似的解决思路应用于咖啡豆碾磨机这一产品之中。类似产品分析的范围还可以延伸到自然界的领域当中。比如在寻找承重结构的解决办法时，蜂房的构造会给设计师很好的启发。这些资料的来源为设计师提供了广阔的思维空间，对于设计创意的产生起到了很大的帮助作用。

对一个设计开发组而言，设计创意的新颖程度和思维的跨度在很大程度上都取决于资料收集及分析应用的情况。我们常说"知识就是力量"，而资料的收集正是一种知识的积累。知识积累越丰富，产生好创意的概率就越大。因而，设计师必须充分认识到资料收集的重要性，并将很大一部分精力投入到这项工作当中。只有这样，好的创意与灵感才能不断在我们脑海中闪现，我们才能避免所谓的"创意枯竭综合征"，从而迈出走向成功设计的重要的第一步。

因此，编者特意提供了一种较为通用的分类方式，如图 6-4 所示。

（资料来源：［美］Kevin N. Otto, Kristin L. Wood. 产品设计［M］.
齐春萍，官晓东，张帆，等，译. 北京：电子工业出版社，2011）

（2）头脑风暴法

头脑风暴法是一种典型的直觉式创意方法，强调激发设计组全体人员的智慧。采用这种方法，通常是通过一种特殊的小型会议，使与会人员围绕产品功能与结构等问题展开讨论。与会人员相互启发、激励，取长补短，引起创造性设想的连锁反应，从而产生众多的创意方案。在此阶段的讨论过程中，无须过分强调技术标准等问题，而把着眼点主要集中于产品创意本身。

头脑风暴法的目的在于针对设计项目的各个方面展开设计原则和设计大方向的讨论，以求获得尽可能广泛的想法。理想的结果是罗列出所有可能的解决方案。当然，想进行非常全

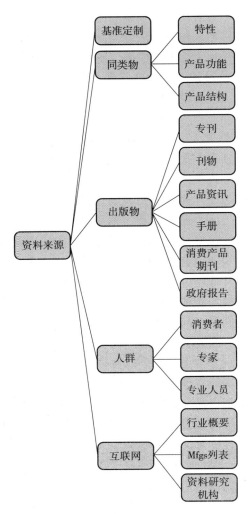

图6-4 激发创意的资料来源

面的考虑并不是一件容易的事，但是通过集体智慧得到的思维结果相比个人而言，在其广泛性、深刻性等方面自然具有较大的优势。

由此可见，头脑风暴法的最大优点就在于通过它可以将各人的智慧集中在一起，从而得到很难由个人单独思考而形成的创意。换句话说，集体智慧得到的创意总和要比个人想法的相加还要多。在采用头脑风暴法进行创意讨论时，常用的手段有两种：一是递进法，即首先提出一个大致的想法，然后大家在此基础上通过引申、次序调整、换元、反向、同类置换等思维方式逐步深入；二是跳跃法，由不受任何限制的构思引发出新的想法，思维方向多样，跨度较大。每一个设计组的成员在此过程中都要贡献出自己的专业知识、技能与个性化的思维能力。也正是如此，才可能在较短的时间内得到大量有创造性的、高水准的设计创意。

头脑风暴法也有某些不足之处。常见的问题包括好的创意未能及时出现，创意效果没有充分的保证，讨论时易偏离主要方向，设计重点可能产生偏差，某个或某几个成员主导了创意的方向等。又如，在特定的讨论时期里，未必每一个成员都能充分地发挥个人的能力。

尽管存在上述不足，头脑风暴法仍然不失为一种十分有效的创意方法。毕竟，集体的智慧能够产生出更多、更好的创意来。下面给出头脑风暴法的几项具体实施原则：

实施过程中应指定一个主持者。他的职责在于鼓励全体投入讨论，并防止过早地出现评价意见。虽然其作用不一定表现得那么直观和明显，但确实是一个十分重要的角色。

与会人数应控制在 5 ~ 15 人。不足这个数目将无法得到足够数量的创意，而人数过多则容易变成"分组讨论"，或是部分人员无法充分发表自己的意见。

讨论的时间一般以 30 ~ 45 分钟为宜。在最初的 10 分钟内，应对要讨论的问题做必要的阐述。随后的 20 ~ 25 分钟，创意数量曲线表现为快速上升—持平—快速下降的态势。在最后的 10 分钟里，还会有一些零星的创意产生，但很快就会趋于停止。

不要只让所谓的专家们参与讨论。想要获得全新的创意，就必须重视具有不同知识结构和专业背景的设计师的想法。

参与讨论的每位设计师都应提出一系列的构想。唯有如此，才能达到获得大量创意的目的。

参与讨论者地位一律平等。老板、领导、经理等人员一般不参与讨论。

通常，在实施头脑风暴法的过程中，主持者应确定一些特定的讨论议题，以此为中心展开讨论，并着重收集由此得出的讨论结果。在讨论时，主持者应将与会者的想法及时记录在案，并在讨论结束时将每个人的记录收集汇总在一起。

在讨论过程中，构想图是一种有效的辅助手段，可以帮助主持者及时捕捉到讨论时产生的种种想法。构想图的绘制可按下述方式进行：主持者首先用最简练的两个词将要讨论的议题写在纸张的中央，用粗线框将其圈起来。粗线框中的概念与圆圈中的构想并不相同，应用箭头的形式与原有议题表述相连。在讨论过程中，一个议题往往会衍生出一系列的分支问题。构想图可以帮助主持者直观地了解讨论进展情况，以便围绕初始议题顺利地开展工作。

构想图的方法不仅是头脑风暴法的有效辅助手段，同样也能应用于个人设计的构想过程。其最大的特点是具有很强的视觉直观性，因而使设计师能够方便地整理设计构想并规划设计进程。

在设计项目的意见、总体指导方针以及产品实例分析的基础上，具体应用头脑风暴法时应按照以下主要步骤进行：

首先应明确与会人员的发言次序，究竟是按顺序发言，还是自由发言，由主持者决定。

记录所有提出的构想，但在此期间不要加以评论或比较。

提倡细致深入的讨论，以求得到明确、可行的解决方案。

一般把讨论时间控制在 30 ~ 45 分钟。

头脑风暴法的讨论结束之后，由专家组成的评议小组应对产生的各种构想进行分析和判断。在每个判断轮次中，专家们投票选出自己认为合理的一个方案。投票共计 10 轮。

在讨论过程中，一些常用的思考模式可能会对主持者有所帮助。我们称之为"概念诱发因素"。通过它主持者能够有效地控制讨论的进程。这些"概念诱发因素"主要包括：核心问题的确定（在功能列表的基础上展开讨论："哪个是你最关心的问题"）；逆向研究（假定解决方案已经存在，由此倒推应解决的问题）；将类似的研究工作或产品进行列表，并加以分析；扩大或缩小所讨论问题的范围；整合部分构想；设想"假如有一种新的技术已经存在，那么会对问题有何种程度的帮助"；凭个人经验和感觉的自由构想；将产品一个或多个标准的限制放宽，等等。

（3）头脑传球法

在头脑风暴法的应用中，与会者采用口头表述的方式，是一种激发构想的行之有效的办法。对主持者而言，既要主持讨论的议题，引导讨论的进程，又要记录讨论的结果，因此对其要求无疑是很高的。因而，在头脑风暴法的基础上，有人提出了一些经过改进的讨论方法。其目的在于最大限度地发挥每位与会者的能力。这些方法能建立起可自我调节、自我评判、积极而活跃的讨论环境，所以在形式上颇具特色。由 Faste，Roth 和 Wilde 等人在 1998 年提出的"头脑传球法"就是其中一种较有代表性的讨论方法。

所谓"头脑传球法"，是指在讨论过程中，所有参与者围成一圈，相互可见，将一个假想的"球"（即设计构想）相互传递的讨论办法。每个人都可以任意地将球传递给另一个参与者，同时每个参与者都应至少完成一次传接的步骤。传接过程中要求参与者尽可能反应快速，以保证整个过程的流畅与高效。在采用这种讨论方法时，可以将第一轮当作适应练习，不允许参与者讲话，只是通过固定的手势表示"传"或"接"的步骤。其目的在于使每个参与者熟悉并适应这种独特的交流方式。

接下来的一轮仍然是适应训练。主持者将第一个"球"传递给参与者，并伴随着发出简单的声音。接收者需要重复原有声音，并在传递给另一个参与者时更换为一种新的声音。传接按照这种规则不间断地进行下去。传接过程中要求参与者不得提前设想自己将要采用的声音，以免精力分散影响了传接的流畅性。

当第一个"球"经过一段时间的传递后，主持者将第二个"球"传给一个暂时未进行传接步骤的参与者，于是两个"球"开始同时进行传递。参与者需要高度集中注意力，在接和传一个"球"的同时还要随时注意另一个"球"的动向。随后，主持者会加入第三个，甚至第四个"球"，直到参与者能够熟练地应对多个球同时传递的局面，这一轮才宣告结束。

接下来将开始真正的问题讨论过程。主持者用简洁的表述将需要讨论的问题提出。主持者将这第一个"球"传递给一个参与者，同时针对该问题提出一种解决方案。接到"球"的参与者重复该解决方案，并在传给下一人的时候提出另一个解决方案。按照这种方式，讨论将一直进行下去。

讨论中主持者根据情况可随时增加第二项或第三项讨论内容，而参与者凭借本能的反应快速地完成一个又一个传接步骤。当新的解决方案出现得较为困难时，主持者可以开辟新的话题，如将问题的某个方面、概念诱发因素，或是某个具体的解决方案作为讨论内容，也可以将参与者分成几个小组，各自有针对性地就某个问题展开讨论。

在讨论过程中存在的一些变数由主持者进行掌控，如既定的讨论议题、人员分组以及讨论中随时出现的值得研究的方案等。记录人员应将讨论的过程和产生的各种方案及时记录在案，并用构想图的形式加以表示。完成讨论过程后，还应就讨论结果召开专门的研究会议，对其进行分类和修订。

6.3 构建产品概念

4C 的时代是指以消费者（Customer）、成本（Cost）、便利（Convenience）、沟通（Communication）为核心影响因素的企业生存的时代。当前，顾客成为市场重心，而其个性化需求具有很强的动态性。企业既要争夺有限资源和顾客，也要应对竞争对手、形式与策略的变化，还要应对市场环境的动态性。这样的环境中，企业如何通过构建有效的产品概念、提高企业的产品创新能力、保证优异的新产品业绩，成为企业生存和发展的关键。

6.3.1　构建产品概念的背景

产品概念对产品的功能、性能、成本和顾客接受程度有着巨大的影响，因为它一端联系着顾客对未来新产品的潜在需求和需求偏好，另一端联系着概念定义，即将顾客的潜在需求和需求偏好转化成目标新产品的功能特性。产品概念的后续详细设计到生产、销售的全过程都是依托在构建产品概念的基础之上进行的。因此，构建产品概念是否准确地把握未来的市场和顾客需求就直接关系着后续产品详细设计和生产销售的成败。可以说构建产品概念是影响未来产品竞争力、企业竞争力的重要环节。然而，学者们针对我国企业目前构建产品概念的现状所做的调查显示：我国的构建产品概念开发的流程管理存在诸多问题，例如没有规范的流程、不健全的评估体系等。这已经成为我国企业进行创新管理的一个制约因素。因此，构建产品概念也是我国企业发展的现实需要。

6.3.2　产品概念

（1）产品概念的定义

产品概念外在表现为一份新产品项目计划书或一个产品展示模型，内在体现为企业与研究群体以及消费群体的互动关系，是沟通技术与市场的桥梁，但它绝不仅仅是技术和市场之间的简单联系，也不只是工程师和市场人员之间简单妥协的产物。它来源于从市场和技术两个角度观察产品变化的深邃洞察力，但同时又是市场和技术引导产品创新的原始驱动力。

（2）产品概念的来源

首先，产品概念是对市场和消费者需求的深刻理解的结果，体现于产品的表现和消费者期望的一致性。当顾客需求并不清晰时，即仅仅存在潜在的顾客需求时，普通的市场研究手段并不能够帮助产品开发人员得到关于潜在顾客情况的第一手资料。只有依靠对顾客需求的深刻理解进行大胆的假设，才可能创造出真正的顾客需求。

其次，产品概念是追随产业技术发展潮流的结果，体现于"产品的功能与产品技术及结构的一致性"。技术的不断进步激发了人们无限的想象力，支持了更多且更具有前瞻性产品概念的形成，使它们具有技术上的可行性，进而得到进一步的开发，而不至于被扼杀于摇篮之中。

因此，产品概念不仅是指产品内部所包含的技术组合，也不仅是产品的性能在多大程度上满足了消费者的期望，而应该是这两方面相互作用和融合的结果。在产品开发的初始阶段，它不单单受技术潮流或市场需求的驱动，还是技术和市场需求的有机融合，通常是综合了市场预期和技术预期的结果，然后被整合成一个综合的概念。同时，只有具备外部完整性和内部完整性的产品概念才能算是一个真正完整的产品概念。

（3）产品概念的作用

以产品概念为出发点和原动力驱动产品创新过程，将新产品概念开发成为企业产品创新的关键。在这概念驱动的产品开发过程中，开发团队采用从产品概念出发的产品创新策略，强调产品概念的开发和概念上的创新，以产品概念为整个产品开发的核心，使之成为新产品开发项目管理的基础。产品概念驱动着企业进行市场创新。面对日益激烈的市场竞争和不明确的顾客需求，企业发现已经不能再采取那种直接把顾客需求转化为新产品特性的传统产品开发方法了。企业要"创造"新的市场需求，使自己的创新型产品能够被市场接受。"创造"出来的产品概念集中体现了顾客的"潜在需求"信息，使企业得以对一个将要出现的市场制定新的营销策略，开发新的市场。产品概念驱动着企业进行技术创新。产品概念中暗含有对产品性能的期望，因此这些就必须转化为技术上的要求。如果产品概念中的某一方面难以用企业现有技术实现，那么技术上的突破就势在必行。同时，这种来源于顾客需求的技术创新也是企业进行市场竞争的内在需要。企业利用产品概念定位相对于竞争者的技术优势，给竞争对手的模仿制造壁垒，使之无法轻松地复制自己的创新成果。市场和技术两者的力量共同作用的结果就是：企业的产品创新必须从构建产品概念上的创新开始。构建产品概念是企业产品开发创新的关键。

如图 6-5 所示，产品在受到产业结构影响的同时也在影响、改变着它。产品概念正是这一"充满效率的循环过程"的驱使力量。

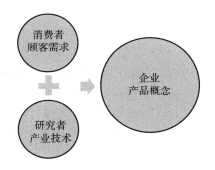

图 6-5 产品概念与产业结构间的互动关系

（资料来源：[美] Kevin N. Otto，Kristin L. Wood. 产品设计 [M].
齐春萍，宫晓东，张帆，等，译. 电子工业出版社，2011）

6.3.3 构建产品概念的流程

构建产品概念有 5 个基本环节，即顾客需要识别，建立产品规格，概念生成与概念选择，以及概念具体化。

（1）顾客需要识别

识别顾客需要的目标是"理解顾客的需求并有效地将它们传达给开发团队"（Urich and Eppinger，2000）。其结果是仔细构建起来的顾客需求陈述。开发团队将直接与潜在用户相互沟通，并经历产品的使用环境，从而增进开发团队对用户环境和用户观点的个人理解，有助于找到解决顾客需要的创新方法，做出正确的产品开发决策。

①信息源的选择。顾客信息源的选择被认为是顾客需要识别的一个关键性步骤。调查发现，顾客访谈、顾客调查和顾客投诉信息是企业常用的了解顾客需要的方式。研究表明，最重要的信息来自领先用户。

②市场研究技术。市场研究技术也是一个重要方面。集体讨论在企业中得到了广泛的应用，并普遍反映效果不错。通过一系列的试验研究表明，深度访谈通常比群体讨论的成本要低，需要量与集体讨论相等，并且深度访谈能使开发团队经历产品的使用环境，因此建议把深度访谈作为数据收集方法的首选。

（2）建立产品规格

产品规格是指产品功能的精确描述，综合反映了企业和用户的设计要求，规定了最终产品的技术特性。建立产品规格是将设计要求转化为技术特性的一系列工作，主要基于广泛使用的质量功能拓展（QFD）方法（Burchill，1993），或采用类似的技术（Cooperand Wootton，1998；Mello，2001）。事实上，正是 QFD 提供了有效可行的"质量屋"（HOQ）技术，使建立与顾客要求一致的产品规格成了可能。最终的产品规格不仅要反映顾客的需要，还必须反映企业自身的需要及资源约束。因此，产品规格往往需要在概念开发过程中反复修改，在顾客需要和企业需要之间做出艰难的权衡。

①从顾客需要到技术特性。传统的 QFD 方法关注顾客的需要，通过分析顾客要求的重要程度以及顾客要求与相应技术特性的关联程度，确定技术特性的具体数值和重要程度（Hauserand Clausing，1988）。通常这种分析依靠开发团队的主观判断。这常常会导致明显的分析误差，并忽视了顾客需要实际上的模糊性。考虑到产品规格建立是一个多标准决策问题，通常解决上述两个问题的方法是层次分析法（AHP）和模糊集法（Fuzz Set）。AHP 法通过成对比较的方法确定相对重要性，从而得到更精确的分析结果。最初，AHP 在 HOQ 中仅仅被用于确定顾客需要的相对重要性，通过两两比较技术特性与某一顾客需要的关联度，确定技术特性与相应顾客需要之间的相对关联度，从而计算出每个技术特性的重要程度。整合了 AHP 的 QFD 方法能提供对顾客需要更简捷、更精确的分析，但也需要更多的时间和资金支持。顾客需要通常是用户主观上的模糊表述，因此模糊集方法常被用来对 HOQ 进行分析。

②公司需要的考虑。传统的 QFD 仅仅关注最终用户的需要，而没有考虑到另外一个客户——公司内部顾客的需要，如制造、财务、供应等部门。事实上，公司需要，如上市时间、成本、技术开发难度、可制造性等，对新产品绩效来说，和顾客满意度同等重要（Pugh，1990）。在传统 QFD 方法的基础上，Prasad（1998，2000）提出了同时实施 6 种目标的并行展开过程的并行功能拓展（CFD）方法。其中，"质量（顾客需要）"只是最重要的 6 种目标（其他如成本、技术、可制造性、上市时间以及基础设施）中的一种。然而，Prasad 未能给出一个案例，以说明其他 5 种公司目标是如何向"质量"一样进行并行功能拓展。这才是公司需要未能在建立产品规格过程中得到充分重视的根本原因。Gershenson and Stauffer（1999）采用目录法开发了包括 9 类公司需要的详细列表，每类公司需要从功能层、任务层一直分解到特征层。Gershenson and Stauffer（1995，1996）用一个实例详细说明了可制造性要求的目录列表。遗憾的是，迄今未能在公开刊物上见到其他类公司需要的详细目录，如营销、战略管理、财务等。一种可能的原因是公司需要通常是宏观的，相对于顾客需要更为模糊，难以层层分解到产品的每个技术指标上。尽管缺少将公司需要转化为产品规格

的有效方法，但是研究者仍然在对新产品成功最重要的两类公司需要——产品成本和技术开发难度上——做出了努力。产品成本通常被视为简单线性约束，从而可以利用整数规划模型决定技术特性的最优选择（Bode and Fung，1998）。

（3）概念生成

概念生成，又称创意，是指在概念开发过程中产生新想法或新解决方案的活动。在概念生成活动中，人们最为关心的是这些新想法的创新性。在产品开发和管理文献（Pahl and Beitz，1996；Crawford and Benedetto，2000；Ulrich and Eppinger，2000）中经常提及的技术有形态分析法、头脑风暴法、检查表等。

许多概念生成方法都是在这些基本的创意方法基础上，添加、调整或组合对创新性起着关键作用的所谓"关键因素"。创意的关键因素是指那些"被认为能内在地推动创新性创意过程或帮助开发团队克服创意过程中的思维障碍"的基本元素（Shah 等，2000）。研究者从企业实际经验中总结出这些关键因素，通过案例研究、过程研究以及试验研究识别它们，进而了解它们在创意过程中的具体作用。这些关键因素可分为 3 类：创造性机制、创造性使用工具和思维技巧。

（4）概念选择

概念选择，又称概念评价，是指根据顾客、企业或价值链上其他相关方的标准评价、比较产品概念，然后选择一个或几个产品概念进一步开发的活动。概念选择通常被认为是一个模糊、耦合、不确定的多目标决策问题。

概念选择过程是基于组队的决策过程。一般来说，概念选择是产品开发过程中一个非常重要的阶段。不能提出没有明确方案的概念，组队的不同成员就可能对不同的方案有不同的见解，因不正确的决定将会浪费大量的时间和财力。

这里所讲述的概念选择过程是应对不确定性的一种办法。这个选择过程被设计为在室外的全天活动。设计组对各种可选的概念进行评估，并对采用哪个最有效的概念达成一致意见。此活动明确聚焦于对组员之间不同见解的综合、通用定义的形成，以及对由不同见解产生的考虑选项的扩展。如同前边所述，进行该活动之后，设计组会达成关于要采用哪个概念的一致意见。组内的每位工程师都会明白为什么要转换思想，认同集体决定的一致意见，并最终支持各自角色的转换。如果不能达成一致意见，组队将会深入理解在见解上还存在的分歧，并通过决议确定该做何种进一步的分析，以解决这个问题。这种情况下，概念选择将在此次分析的结果中完全被确定。

概念选择过程应该在一个房间中完成。此房间至少应有 3 面墙可供题写，再加上必要的纸张等，或者有投影仪可用。其中一面墙用来定义标准并显示那些可供选用的概念；另一面是工作墙，用于组员之间的交流；最后一面墙用来做笔记，包括被否决的信息。

概念选择是一个迭代式的 5 个步骤的过程：

①达成对所用标准的一致意见。

②达成对所用概念的一致意见。

③对可选概念进行排序。

④对可选概念进行评估。

⑤对否定意见进行讨论。

执行后面的步骤时，根据需要可能要回头重新执行前面的步骤。这样能做出更好的选择。这些步骤本身就需要在若干个序列中不断重复。

（5）概念具体化

把产品的概念和体系转换成现实的系统，而这些系统必须能满足顾客的需求，能够适应各种环境的要求，并把发生故障的可能性降到最小的过程就是概念具体化。概念具体化可能是产品开发过程中与工程人员关系最为密切的工作。在这个过程中，工程人员（产品功能团队）要进行许多活动。下面将介绍两种有关概念具体化的基本方法。其目的是把粗略的设计概念转化成细化的几何图形及材料的选择。这种方法着重于产品的功能特性，包括所有相关的设计规范。

具体化设计实际上就是产品的参数及布局的设计。在概念创建的最后阶段，我们所获得的设计概念是以非常逻辑的方式，从若干方案中被挑选出来的。

在具体化的过程中，首先要对产品设计规范进行确定。利用顾客的需求及这些设计规范对关键需求进行识别，以促进具体化设计。设计规范被确定之后，再基于概念性的设计结果绘制产品总的布局。在该过程中，布局的轮廓线不宜过于详细。另外，还必须注意，不要为布局添加过多的约束。通过对产品的大致布局，可以对相关内容进行确定。

一旦给出产品的大致比例轮廓，功能模型的主要功能载体及产品的概念就被确定下来。基于以上结果，其他主要功能载体的初步布局也可以被开发出来。利用功能模型及产品的体系结构布局，可以创建出其余功能载体的大致布局。

随着主要功能、子功能的粗略布局的建立，我们目前的任务是对这些布局进行细化，以确保所有子装配界面的兼容性。最后，在完成合理的测验和加工设计之后，具体化设计工程就结束了。

6.4　产品评估：技术、商业与客户需求

产品评估就是对新产品进行可靠性评估，以确保产品满足设计要求、环境与可靠性要求，以及客户使用要求。在产品评估中，如果更好地考虑客户愿望，则能够同样拉动产品向好的方向发展并达到事半功倍的效果。因此，我们要探求了解客户需求的方法，能够让设计人员更好地倾听客户的声音，做到让客户满意，从而使产品更好。

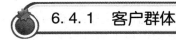 **6.4.1　客户群体**

客户在此是个统计学概念。一种新设计的产品具有大量的潜在购买者。客户群体是一组想要购买新产品的人的集合。通常，客户群体是不同的；不同的客户有差别地使用产品，有不同的使用目的，在不同的环境里使用产品，通常又有不同的期望。各公司的产品战略正是利用诸如这种差异性，提供给市场一种独特的产品，令客户满意。为实现战略决策，必须在评价产品供应的条件下理解客户群体的标准。

为了了解这种标准，我们必须从统计学的角度来考虑。一种很明显的方法是确定对任何一组标准的客户群体的平均反映，即平均客户的反映。同样，我们需要考虑一种很难达到的水平。这种很难达到的水平常出现在客户分布的末端。

我们能够想见这种标准偏差，并称之为3西格玛水平对应3西格玛客户。考虑这两种客户标准对一个设计团队是十分重要的。

另外一种客户群体分类考虑的是不同的客户群体表现出的使用模式。对于许多在全球化市场上运作的企业，设计必须考虑到客户来自不同的国家，而且气候、经济条件和地理的影响通常是巨大的。同样有影响的还有社会科学方面的分类，比如收入、修养、道德情况及年龄等的特性化。对于我们来说，关键是能够有各个细分市场区域中基于客户需求的详细描述，而细分市场要有新产品。

然而，设计人员还应考虑一种分类，即通过领先和滞后原则将客户群体特性化。其原理是，随着产品技术的快速发展，我们可以发现总是有一部分人处在产品使用的领先地带。这些人使用产品的方法直到几年后才会普及。这些领先的人群对于设计团队识别并进行交流是十分重要的。比如，大学生就是计算机网络系统技术的领头人。他们经常流连在网络上，因而开发出许多新的东西，诸如第一个天气预报网站、第一张在线照片、第一个能够报告苏打售货机货空的网站。现在天气信息和交通图在网络中是非常普遍的。对于这些人员而言，前瞻性和发展的技术仅仅使他们得到满足，然而能使那些处在平均水平的客户感到欣慰。

6.4.2　客户需求的类型

通用客户需求分类主要基于客户表达它们的难易程度和需求改变的快慢程度。这里罗列的概念性分类不是自然客观的样体。尽管如此，了解需求之间的差异是十分必要的。

①直接需求：这种需求是，当客户被问到，他们能毫不犹豫地阐述自己所关切的产品性能。

②潜在需求：这些需求通常不能通过客户在无实验情况下直接得到，并且不存在直接表达。潜在需求作为客户需求能被更好地特性化，不仅是针对产品，还针对产品运行的系统。其他的某些产品、服务或商业行为通常能够直接满足需求。然而，这些需求也可能是通过开发的产品和能够提供具有竞争力的优势实现的。

③常规需求：这些需求是产品本质具有的，是经常性的。当使用产品时，这些需求就已经存在了！对于这种需求的分析、检验是有效的，因为其产生的成本可以按时间分摊。例如考虑照相机，曝光数通常是客户的需求，是否能够完成和实现曝光数可以通过胶片记录检验，数字摄像通过数字存储的记录进行检验。

④可变需求：这些需求不必是常规的。如更进一步的技术发生变化，这些需求很可能就没有了。例如，数字图像取代了客户对胶片长存储期的需求。这些需求很难通过与客户的讨论来了解，因为客户可能并不明白这种需求。

⑤普遍需求：这些需求适用于客户中的每个人。举例来说，在美洲大陆上销售的汽车都有向乘客车厢供暖的需求。

⑥特定需求：在整个购买样体中，这部分需求只适用于一小部分市场区间。并不是每一辆汽车都需要在乘客车厢内提供冷气和空调装置。一些特定的客户还会提出对电力汽车的需求。

不同需求之间空间界限的改变程度完全取决于技术改变程度。第一种分类是考虑了可观察性。第二项考虑的主要是技术变化。最后一种分类来源于客户需求区间逼近满意差别的方法。这种逼近法与试图在良好的技术条件下满足整个市场的需求是不同的。

6.4.3　客户需求模型

通过分析，我们期望得到客户需求的统计性表征。结果可以简单地罗列为表格形式，通过同客户会面不断过滤筛选。这个列表可用于讨论重要性权衡，作为统计分布询问每个独立需求的重要性和平均加权。

在较为高级的水平上，将客户需求列为需求列表，且每项需求与可能目标价值结合。其任何价值都是设计团队实现的。我们用矢量空间表征。在这里，所有市场中群体成员的位置都可以作为一种可能性分布来表示。市场中的每个人对需求列表都有一组理想的目标价值，因而各不相同。从可能性空间里可以得到可能性较集中的区域。如果产品设计目标以此集聚区中心为目标，则产品设计也会得到较大的成功保障。同时也可考虑竞争对手的设计或产品在此区域的定位，按照相应规则跟进。许多新兴公司采用这种方法制定当前市场决策并建立产品开发模型。

出于开发的目的，客户需求列表中通常有几十项客户需求。这种指导性原则对于一些研究确实是正确的，比如了解市场定位、销售或初期的概念。另一方面，对于包含细节的问题，设计团队常常愿意了解客户对不同选择的偏好是什么。对于这些富含细节、衍生概念的问题，产生 200～300 项客户需求通常是必要的。

6.4.4　技术与客户需求

对于一支研发队伍来说决定是否引进一项新技术的过程涉及许多重要的商业问题。例如：当开发公司对决定采用的新技术毫无经验或该项技术不存在时，如何运作？高级管理阶层必须决定是交由公司内部研发部门，还是通过购并已经开始这项工作的公司与其合作来进行，抑或通过与其他公司达成秘密协议合作开发，或者是否要开发具备预先竞争力的"开发式系统"？无论如何决策，随后应采用什么技术？预计这项产业新技术的发展前途是怎样的，对市场意味着什么？对于新技术开发区趋势的决策和洞察力既可以成就，也可以毁掉一家公司。这个决策不容易被做出。

企业可以根据产业处于 S 曲线的哪个阶段制定技术开发战略，即决定从何种层次的设计着手：开发新技术，还是改进现有技术？

当企业已经处于技术成为驱动力的时期，即"S"形的顶部时，一家公司应首先认识到是恰当的时机投资于探索新技术，从而以代表更新、更好性能的新技术的 S 曲线脱颖而出，将投资中的一个合理的比例直接投到具有较高风险的更先进技术的研发中。但是在改进过程中，公司应实施两步：第一步，切实了解顾客怎样使用产品，并将开发活动的重点放在如何使用上。每一步开发活动都应以大量的商业案例分析为前提。第二步，公司应降低成本，以保持竞争力。如果说产品的定位是否很好地满足了消费者需求这一点很关键，则成为低成本的竞争者同样重要。

另一方面，如果产品正处于 S 曲线的迅速变化时期，就说明市场正处于典型的通过迅速创新进行淘汰的时期。在这个阶段，竞争者们开发并推出大量新版本的产品，已提供更多选择。有些可能会成功，而有些则会失败。这时公司应特别注意消费者潜在的需求，并确保缩短开发周期，以满足这些需求，应保证市场上始终至少有一款属于公司的成功产品。控制成本尽管一直很重要，但这个阶段不应过分强调。

然而，高风险也可能带来高回报。引进新的 S 形早期形成阶段产品的公司也有机会取代向市场提供较旧技术产品的公司，成为新兴市场上占据支配地位的供应商。在这个阶段，公司不应完全听从消费者的意见。这听起来似乎有悖常理，却是真的。因为消费者通常习惯于旧的技术产品，所以事实上他们所能提供的信息也与旧的技术产品相关。调查消费者对软盘的需求信息与 DVD 技术是否会适合消费者的需求关系不大。有些需求可能有用，如便于携带，而其他标准则基本没有意义，例如金属挡板是否有足够的弹力，以保持媒体相互绝缘。此外，更重要的是，在使用旧的技术产品时，消费者无须考虑因使用新产品而引发的一些新标准，如热交换能力。这种情况表明，一项具有破坏力的技术改变的不仅仅是光盘驱动技术，而且事实上还改变了计算机硬件技术。在这个案例中公司需要具有对于未来消费的敏锐洞察力。

 6.4.5　商业与客户需求

在决定设计开发中的研发主题时，要了解市场，使项目研发更加理性和审慎，有助于完善、提高产品。在任何产品的设计过程中，都应通过商业案例分析来细化市场，从而更进一步地了解客户需求，把产品系列或者某一类产品过去的财务信息通过成本数据预估产品可能的投资回报率。这些数据必须建立在了解市场的基础上，包括对其消费者系统的依赖。

对客户需求信息进行收集时，可以使用不同的技术和方法创建客户需求列表，包括直接使用产品、轮询、中心小组讨论和会面交流。

其中，最简单的方法是当客户使用产品时进行交谈，从而了解产品是否好用。在交谈过程中，设计人员在现场询问是否喜欢产品的某些特性。在交谈中，可以询问许多细节问题，以揭示产品的不同侧面，同时，编写合理的客户需求列表。重要的是，交谈时要参与产品使用的全过程。

接下来是数据收集，可以采用表格的形式。基础的首要信息同项目和访谈的主题有关。最后是对其进行整理，从而形成商业计划书的一部分，以供借鉴。

本章要点回顾

本章主要讲述了产品设计与创新的相关内容，包括新产品开发流程分析、设计创意的产生、构建产品概念，以及产品评估：技术、商业与客户需求。

新产品开发流程包括构思筛选、产品概念的发展和测试、初拟营销计划、经营分析、投放市场，以及市场试销 6 个步骤。

设计创意的产生包括了解用户基本需求及技术标准、功能分解、研究功能实现方案及产品结构，以及结合设计变量进行整合研究 4 个步骤。其中，可以采用资料收集、头脑风暴和头脑传球的方法获得好的创意。

构建产品概念有 5 个基本环节，即顾客需要识别、建立产品规格、概念生成、概念选择，以及概念具体化。

产品评估是对产品的客户需求从技术与商业两方面进行评估，从而生产出最为成功的产品。

总之，产品的设计与创新是一个企业能否成功的核心竞争力。如果把产品设计与创新当作一个关键的战场，则产品设计师就是实施作战的前线部队。产品设计是一个完整的活动体系，其中更充满了风险和机遇。这就要求设计人员在技术、市场、实际等多个方面做出有效的判断。由此可看出这一章对于设计人员的重要性。

习题

1. 名词解释

新产品、产品概念、产品评估、客户需求

2. 简答题

（1）简述新产品开发的流程。

（2）简述设计创意的产生方法。

（3）简述如何构建产品概念。

3. 论述题

（1）论述客户需求的类型及特点。

（2）论述构建产品概念的作用。

4. 综合应用题

结合导入案例，论述吉利的产品设计与创新。

（1）简述吉利汽车产品研发的流程。

（2）吉利是如何进行产品创新的？

（3）结合本章内容，分析吉利还可以如何加强产品的创新，提高产品的设计能力。

课后拓展

本章介绍了产品设计与创新的相关方法。由于篇幅有限，本文只介绍了部分方法。其实，还有很多产品设计与创意的点子。那么，你能否分享一下你对产品设计与创新的看法呢？

第七章　商业模式设计

【内容提要】

　　商业模式是创业研究的一个重要领域。新创企业即使具备市场机会、新奇的商业创意、充足的资源，以及有才能的创业者等条件，仍然有可能遭受失败。其中一种可能的原因是企业商业模式造成了这种结果。因此，我们需要系统了解商业模式的理论及分析设计体系。本章主要介绍了商业模式的概念内涵、构成要素及商业模式分析设计工具——商业模式画布，以及如何对商业模式进行分析、应用和设计。

　　学习完本章后，希望同学们做到：

　　①掌握商业模式的定义及内涵；

　　②分清商业模式与其他战略、管理等模式的区别；

　　③了解并熟悉商业模式画布工具；

　　④掌握商业模式的分析、应用和设计方法。

【引导案例】

市场商业模式成熟打车APP转战"约租车"

　　赚钱无门的打车APP眼前终于有了事关生死的"救命稻草"。日前，快的打车拆分出"一号专车"品牌，定位于中高端用户商务租车，在北京、上海、杭州等城市上线，并计划短期内覆盖全国。

　　滴滴打车官方虽未明确表示进入该市场，业内消息却显示，腾讯拿车动作不断，产品已近成形，"随时可能推出"。对于经历了补贴大战洗礼、烧掉数亿元的两家公司，其战略意义非同小可——"约租车"，已具备成熟的商业模式和巨大的市场，目前看起来，是最有可能的盈利方向。

　　打车APP即将很快告别风平浪静，燃起一把新的战火，烧向"约租车"市场。

　　抓住盈利"稻草"，利用"约租车"，打车APP巨大的流量终于找到了一个变现出口。

　　最近，在快的打车APP"预约"的按钮下，悄然增加了"一号专车"的选项。乘客可以随意在出租车、商务租车之间切换。这项功能目前仅针对一小部分用户测试，尚未向公众开放。"一号专车"就是快的收购的"大黄蜂"品牌。

　　去年11月，快的和做过打车、拼车的大黄蜂宣布合并。年底，大黄蜂推出商务车进入汽车租赁市场。本月，快的内部讨论决定，将略显"low"的大黄蜂更名，要变得高端大气，指向性更加清晰。

"约租车"，又叫智能用车，概念是舶来品。简单来讲，"约租车"是将来自中小型租车公司的车辆，以及劳务公司的司机，利用智能用车平台，完成资源整合。平台按一定的比例向每笔交易收取佣金，盈利模式十分清晰。因此，大黄蜂原本就是快的公司实现盈利的业务，却一时难以补足打车APP疯狂烧钱制造的"大窟窿"。滴滴打车曾宣布3个月烧掉14亿元，而快的消耗的金额也在相同量级。

下一步，"约租车"将被作为双方的主要发力点。

在断掉补贴后，打车APP订单量大跌。虽在智能硬件、电子商务等领域摸索推陈出新，却一直没有交出令人满意的答卷，一度被质疑黔驴技穷，前景渺茫。利用"约租车"，打车软件巨大的流量终于找到了一个变现出口。

"商务租车是主要盈利方向，打车作为流量入口。"快的打车COO赵冬对《新京报》记者表示，快的APP上的"一号专车"入口还未完全开放，现在还没有大规模推广。"未来更多也是内部转换，因为流量已经非常大了，不会再做外部营销。"由于"约租车"的相关产品尚未正式亮相，滴滴打车表示不方便就此评论。滴滴打车副总裁王欣告诉《新京报》记者，滴滴在未来的新方向一是拼车，二是"约租车"。"关于如何基于出租车解决高峰运力，上海、广州的方案都在谈"，但他没有明确是否有推出商务租车平台的计划。

APP火拼"约租车"？

赵冬认为，商务租车至少目前没有特别明显的市场管制，相对来说增长性更强。

市场信息显示，滴滴打车宣布进军"约租车"市场只是时间问题。腾讯旗下的商务租车U优打车已经进入内测阶段，正在招募司机和车辆。"腾讯已经拿了好多辆车，产品也做得差不多了，最快8月份上线。"知情人士称。

据媒体报道，U优打车已组织一批私家车主接受培训。该平台是腾讯旗下即将上线的租车业务。待该平台正式上线后，这些通过培训的司机便可以正式接单运营。上述信息与知情人士关于滴滴打车"拿车""培训司机"的消息相互印证。腾讯租车业务上线后或将接入滴滴作为流量入口。

为了维持用户活跃，滴滴、快的两大打车软件的补贴还在通过各种形式时不时进行发放。这让外界对其"烧钱"换用户模式的盈利前景画个问号。

赵冬称，商务租车支撑调度服务费收取的依据是它有足够高的客单量，每趟车的客单价都在比较高的水平，客单价在100元左右，可以支撑15%～20%的佣金收入。另外广告也有收入，但不是将来主流的收益。

"其实我们的投资人不仅有阿里，还有很多都是财务投资人。财务投资人不会因为阿里的战略目标而投资的，是因为只有能赚钱才投资的。"赵冬表示。

"中国的打车软件肯定比美国的UBER做得更好。UBER的市值是180亿美元。能提供一个很好的产品，能够满足用户的需求，赚钱比较容易。"王欣笼统地表态称。据悉，UBER是靠收取每单15%～20%的调度服务费盈利的。

偃旗息鼓一阵子后，老对手又要在同一领域展开正面对垒。若不再选择延续砸钱的推广模式，自然转化将代替补贴成为用户获取的主要途径。两大打车APP目前虽然不及补贴高峰期接近千万单，但是每天仍有几百万订单量。此一役的惨烈度应该不比上一次补贴大战，但对于处在盈利强烈渴望阶段的打车APP，意义非同小可。"这就是目前最合理、最正确的盈利方向。因为短期来看，在白热化竞争条件下靠出租车是没有办法盈利的。"赵冬认为，商务租车至少目前没有特别明显的市场管制，是能够产生运量的，而且客单价高，用户更有购买力，相对来说增长性更强。赵冬说，3个月内，战火将蔓延开来。

不过，商务租车市场还会是滴滴、快的两家的吗？先于它们，探路者已经有易到用车、AA租车、uber等，积累了一定用户。3年前，易到用车最先试水"约租车"市场，全国有200万用户，计划今年开通20个海外城市。AA租车今年势头凶猛，引入特斯拉租车作为噱头，还从易到用车挖走了不少司机。

而且，几家切入点迥异，而谁更为明智，尚待检验。

例如定价策略，一号专车平均租用价格是出租车的两倍多，意图避开原有打车市场，创造新的市场机会；易到用车的价格只在出租车基础上加价20%～30%，与出租车直接竞争，想要分食原有打车市场。

此外，由于是新兴的概念，"约租车"市场既没有法律规范，也没有明文说它是合法的。"不要说互联技术进入城市交通，现在就连城市交通自身的法律都没有。"交通部管理干部学院教授张柱庭表示，现在全国人大关于城市交通公交、出租、轨道一类的问题，立法是空白的。在国务院层面上也是空白的。像当年开拓打车APP市场一样，"约租车"APP又要开始新一轮颠覆。

智能用车市场待"点燃"

神州租车曾凭"两证一卡"颠覆了传统汽车租赁行业。现在新人们拿出了更新的模式。上周末在财新传媒举行的"城市交通行业发展论坛"上，快的、滴滴、易到用车、AA租车等约用车市场的主要竞争对手一齐亮相。这些同业者的发言并没有太多"火药味"。大家讨论的重点还是如何把盘子做大。按照快的打车估算的模型，"约租车"市场规模有望达到每年4 000亿元。

易到用车早早进入该领域深耕，但有碍于智能手机普及率及使用频率，迟迟没有建立起口碑。易到用车用户的用车体验在朋友圈、微博里面传播也是今年以来的现象。

从易到用车的角度，或许在暗暗期待曾经创造了"奇迹"的快的、滴滴介入后，能彻底引爆"约租车"市场。他们可以共同提供标准化的价格、服务，击败中小租赁公司。另一方面，打车软件的加入一定也令"易到"们颇感紧张。身经百战的快的、滴滴已经掌握了流量入口。对于普通用户来说，如果单一APP就能解决出行问题，既能叫出租车，也能叫商务车，那么为什么还要再装一个呢？

"打车之战"似乎成了移动互联网影响城市交通的分水岭。除了打车、商务租车，还涌现了爱拼车、PP秤车、e代价等。用车APP如雨后春笋，茁壮成长。

神州租车曾凭借"两证一卡"颠覆过低效的传统汽车租赁行业，而现在新人们拿出了更新的模式。值得注意的是，这些目光远大的 APP 产品本身还有一些不可忽视的问题。比如，一号用车刚起步，城市拓展仍在进行当中，响应速度并不尽如人意。易到用车签约的汽车租赁公司有的"征用"了私家车，对此，乘客体验不一致；而 AA 租车的定位不准确，则让司机师傅大吐苦水。定位关系到里程数确定并直接影响司机收入。跑了 14 千米最终只能拿到 8 千米的钱，肯定会极大地挫伤司机的积极性。

（资料来源：根据 2014 - 07 - 31《新京报》/记者刘夏）

7.1　商业模式的概念

7.1.1　商业模式的定义

　　任何一次关于商业模式创新的讨论、会议或者专题研讨会，要取得良好的效果，都应该在一开始就对"究竟什么是商业模式"达成共识。我们需要每个人都能理解商业模式的定义，以便于大家从同一起点开始描述和讨论。

　　对于商业模式的本质和定义并没有形成共识，是一个最常被提及却莫衷一是的术语。商业模式是创业者创意开发的最终成果，体现出创业的战略价值和意义。从创业研究的视角来看，有关初始商业模式的看法基于一系列假设。与其说它是企业的商业模式，还不如说是创业者的一种创意，是一些没有实现的商业模式构想。商业创意来自机会的丰富和逻辑化，并最终演变为商业模式。随着市场需求日益清晰以及资源日益得到准确界定，机会将超脱其基本形式，逐渐演变成商业概念（Business Concept），包括如何满足市场需求，或如何配置资源等核心计划。随着商业概念自身的提升，它变得更加复杂，包括产品/服务概念（即提供什么），市场概念（即向谁提供），供应链/营销/运作概念（如何将产品/服务推向市场）（Cardozo，1986）。这个准确且差异化的商业概念逐渐成熟，最终演变为完善的商业模式（business model），将市场需求与资源结合起来。

　　界定商业模式是一件很难的事，关键在于人们对其本质认识上的分歧。

　　一种好的商业模式可以回答长期以来萦绕彼得·德鲁克脑际的疑问：谁是顾客？顾客珍视什么？它也能回答每个管理者必定要回答的基本问题，即我们如何通过商业活动来赚钱，还能够解释我们如何以合适的成本向顾客提供价值的潜在经济逻辑。

　　Michael Morris 等（2003）通过对 30 多个商业模式定义的关键词进行内容分析，指出商业模式定义可分为 3 类，即经济类、运营类和战略类。

　　国内外的学者将商业模式的定义归纳为经济类、经营类、战略类，以及整合类（原磊，2007）4 种类型，并认为这 4 类定义是从经济类定义向整合类定义逐渐演化的过程。经济类的定义将商业模式界定为企业获得经济利益的内在逻辑——是企业能够获得并且保持其收益流的逻辑陈述（Stewart，2000），或是企业赚取利润的经营方法（Rappa，2000），或是关于成本/收入的方式（Hwakins，2001）。在经济类的定义中，也有学者将商业模式定义为通过竞争获取利润的方法（Afoah，2001）。经营类的定义把商业模式定义为企业的"资金流""价值流""物流"的某种组合（Mahadevan，2000），并可简化复杂的商业现实。经营类的定义本质是说明企业如何设计"内部流程"和"基本结构"，以实现价值创造的过程。这一过程也包含对交易的内容、结构和治理框架，描述公司、供应商、互补者、客户及四者构建的网络（Amit，2001；Applegate，2001；原磊，2007）。战略类的定义集中在企业在市场中如何通过企业资源组合实现价值创造的逻辑（Under，2001；原磊，2007）。也有学者对商业模式和战略做了区分。商业模式说明的是企业业务的各个部分怎样组合在一起构成一个系统。战略说明如何比竞争对手做得更好（Magerrta，2002）。整合类的定义主要讲经济获取、企业运营、战略选择三者通过协同关系进行整合提升，是"建立在许多构成要素及其关系之上，被用来说明特定企业商业逻辑的概念性工具"（Osterwalder 等，2005）。

经济类定义将商业模式看作企业的经济模式，是指如何赚钱的利润产生逻辑。其相关变量包括收益来源、定价方法、成本结构和利润等。运营类定义关注企业内部流程及构造问题。其相关变量包括产品或服务交付方式、管理流程、资源流、知识管理等。战略类定义涉及企业的市场定位、组织边界、竞争优势及其可持续性。其相关变量包括价值创造、差异化、愿景和网络等。商业模式的内涵正由经济、运营层次向战略层次延伸。商业模式起初强调收益模式，对收益来源的追溯使商业模式指向了创业者创业的实质，即抓住市场机会，为顾客创造更多的价值。只有满足消费者尚未得到满足的需求，或解决了市场上有待解决的问题以后，才能创造真正的价值。

商业模式包含价值创造与价值获取两种机制。价值创造与价值获取在企业中同时发生和并存。商业模式是一个综合性概念。它并非指单纯的营利模式，但也没有抛弃价值获取的内容，而是将价值创造与价值获取有机地结合起来，使价值发生和获取两种机制在企业内部达到平衡。因此，商业模式描述了企业如何创造价值、传递价值和获取价值的基本原理。

7.1.2　商业模式与企业战略、管理模式的关系

新创企业即使具备市场机会，新奇的商业创意、充足的资源，以及有才能的创业者等条件，仍然有可能遭受失败。一种可能的原因是驱动企业运作的潜在模式造成了这种结果。目前的情况是，实业界频繁而混乱地使用着商业模式这个概念，甚至将商业模式与其他相关概念等混为一谈。

（1）商业模式与企业战略

企业战略是企业如何运营的指导思想。它是对企业长期基本目标的决定，以及为贯彻这些目标所必须采纳的行动方针和资源分配。战略是指导企业和环境进行重复博弈并意在管理环境不确定性的基本方针。它确定了企业在相应时期的一定范围内的目标和用来实现该目标的基本政策与程序。

按照 Hill（2007）等人的观点，企业战略是经理所采取的旨在达成一项或多项组织目标的行动。其目标就是实现优于竞争对手的绩效和竞争优势，包括战略制定和战略实施两大阶段。可见，企业战略的本质特性是时序化纵向的行动和过程；而商业模式作为企业价值创造方式，具有一定的结构。其组成要素有机联系在一起，共同作用，形成一个良性循环。其本

质特性是空间化、横向的方式和状态。企业战略是面向未来的、动态的，连续完成从决策到实现的过程。商业模式是面向现实的相对静态的和离散的价值创造方式。企业战略关注外部环境和竞争优势，而商业模式则关注内部结构和价值实现。二者都具有全局性，都面向整个企业，都具有系统性。前者包含目标体系和行动体系，而后者包括结构体系和价值体系。

企业战略是企业应对环境、发展自己的策略。它处理的是企业行动方向和行动策略的问题。其目的是实现外部环境、内部情况、财务目标三者间良好的匹配。战略是企业商业模式和管理活动间的桥梁。企业战略的主要目的是发掘、培育竞争优势来源，因此对企业战略的整合实际上主要是对竞争优势来源的整合。

熊彼特早在1934年就提出了产品技术市场供应源、组织模式等5种形式的创新。由此可知，商业模式的主要理论基础就是价值链、资源战略、合作战略、交易成本等企业战略以及创新理论。所以，它们的共同点是通过提高客户感知价值，或提高产品市场价格，或降低产品成本等途径帮助企业创造价值，进而形成竞争优势。

战略与商业模式之间应该是相互配合的。一般来说，在某个时段，企业只有一个商业模式，但可能同时存在多个战略。在现代商业竞争中，初创企业未必有战略，却一定有商业模式；而企业遇到重大情况需要采取行动时，则必定需要战略。当商业模式趋同时，企业战略将决定企业成败；在环境相同、资源相近时，竞争胜负取决于商业模式。实际上，商业模式一直蕴涵于企业战略之中。从战略制定到战略实施必然经历商业模式这个环节。商业模式既是战略制定的结果，又是战略实施的依据。企业在制定战略的时候必须考虑商业模式的配套，在战略实施的时候需要依据商业模式作为蓝图，在设计商业模式的时候必须考虑企业战略的目标和意图。

（2）商业模式与管理模式

管理模式是在管理人性假设的基础上设计出的一整套具体的管理理念、管理内容、管理工具、管理程序、管理制度和管理方法论体系，并将其反复运用于企业，使企业在运行过程中自觉遵守的管理规则。管理模式的形成过程，是以一定的管理理论或者管理思想为指导思想，结合管理环境的具体情况，采用一定的基本思想和方式，形成一套成型的、能供人们直接参考运用的完整的管理体系。通过这套体系能发现、解决管理过程中的问题，规范管理手段，完善管理机制，实现既定目标。因此，可以将管理模式理解为在管理过程中固化下来的一套制度系统。

现代管理思想和模式得到了迅速发展。到了20世纪70年代现代管理思想体系已基本形成，表现出的思想特征可归为以下5个方面：一是人本观念突出，注重对人的积极性、创造性激励的管理思想。二是系统观念突出，即注意组织内管理层次、环节、部门、人员之间的相互联系和制约，旨在优化整体功能的管理思想。三是择优决策观念突出，即决策必须是多角度、多因素分析之后的多方案比较。四是战略观念突出。它强调管理行为要高瞻远瞩，并强调管理者要具有超前思维。五是权变观念突出，即管理行为没有放之四海而皆准的模式，必须是随机应变，灵活调整。

20世纪90年代以来，企业管理模式的变迁突出表现为3种具体理念的兴起：

①企业再造。一是从传统的从上至下的管理模式变成信息过程的增值管理模式；二是企业再造不是在传统的管理模式基础上的渐进式改造，而强调从根本上着手。

②建立学习型组织。学习型组织是未来企业的模式。

③组织结构的倒置，即未来企业组织中将产生权力的大规模转移。传统的组织结构是金字塔式的。最上面的是企业的总裁——中间层——基层。经济的快速发展，顾客的个性化日益突出，就要求将上述金字塔式结构倒置，即应为：顾客——一线工作人员——管理人员。现场决策由一线工作人员决定，而上层领导的重要职能变为支持服务。以上3个方面都充分体现了企业"人本思想"导向的管理模式的特征。

一定的商业模式决定了相应的战略取向与实施路径。如果企业的管理模式与该战略不相匹配，那么经过长时期以后，客观形势必将逼迫企业管理模式做出相应的调整与改进。企业的商业模式与管理模式之间是辩证统一的关系。二者相互影响，互为支持。其中，商业模式决定了企业的发展方向，是企业发展的灵魂；而管理模式则构成企业运营的基础框架，是企业的"骨骼"，对商业模式的贯彻实施起着基础性的支撑作用。也就是说，如果没有商业模式的创新及有效发展，管理模式不可能长期持久成功；反之，如果缺乏管理模式的支持，商业模式的实施效率将会大打折扣，以至于失败。

7.2　企业常见的商业模式

商业模式涉及众多不同类型、行业的企业，因此对商业模式很难进行统一分类。目前大多数文献主要是对电子商务的商业模式进行了分类，或者对某个具体行业进行分类，如：Rappa 将基于 Web 的商业模式分成经纪人（Brokerage Model）、广告商（Advertising）、信息中介（Infomediary）、销售商（Merchant）、制造商（Manufacturer）、附属模型（Affiliate）、社区（Community）、订阅（Subscription）、效用服务（Utility）等 9 种；Weill 和 Vitale 将电子商务的商业模式分成 8 类，即内容提供商、直销、全面服务提供商、中介网站、共享基础设施、增值网络集成商、虚拟社区、企业/政府整体。关于所有类型、行业商业模式的分类，比较全面的是 Weill 等提出的"麻省理工学院（MIT）商业模式原型"。它将所有企业按照其从事的活动性质分成制造者（制造并提供产品所有权）、销售者（提供产品所有权，但是不改变产品的形态）、出租者（提供产品使用权）和经纪人（提供供求双方之间的媒介）4 类，并把提供的产品或服务分为财务产品（货币、资本等）、实物产品、无形产品（知识产权、品牌等）、人力资源产品 4 类。每类活动和每类产品进行结合就是一种商业模式，从而把市场上所有的商业活动从理论上分成 16 种类型。因此，本节没有对商业模式进行分类介绍，而是选择了几种比较热点的企业商业模式予以介绍和简单分析，旨在拓宽读者的思路，把握市场变化的趋势。

（1）互联网商业模式

随着电子商务的快速发展，互联网创新商业模式，如 B2B 模式、B2C 模式、C2C 模式、O2O 模式、社区模式、广告收益模式、电子市场模式等被陆续提出并付诸实践。互联网改变了传统经济的许多天然壁垒和约束，消除了时间和空间的限制，打破了原有的价值链、价值网络，构建出新的价值网络体系，对传统企业和产业产生了巨大冲击，并产生了一批像腾讯、阿里巴巴、亚马逊这样的新兴互联网企业。这是商业模式创新的重要结果。互联网商业模式意味着企业需要不断发现市场新需求，应用创新互联网技术，整合内外部资源，满足利益相关主体价值，为客户提供更多的价值，吸引更多客户参与。

互联网商业模式具有以下特征：

①客观性和主观性。互联网商业模式是基于互联网的商业活动及其运行规律的主要特征、属性、结构、规则等方面的凸显，具有客观性；同时，它又是一种理论解释或诠释结构，是人们的一种主观构建，并不反映互联网的商业活动或特定问题的全部，因而具有主观性。

②能动性和被动性。能动性是指商业模式的提出、发展和运用必须依赖人的能动性的发挥，而被动性则是指任何商业模式都必须受到一定客观条件的约束。

③多样性和系统性。互联网技术发展应用的普及深入导致许多基于互联网的商业模式的出现，从早期的 B2B 模式、B2C 模式、C2C 模式到网络门户、垂直网站等，模式样式非常丰富且变化迅速，具有多样性。然而，每种商业模式内部要素之间、商业模式之间、商业模式与环境之间又存在内在的联系，形成有机的相互关联的系统。

互联网商业模式价值分析：

①经济价值。20 世纪后半期，信息技术的飞速发展使得互联网为商业活动提供了新的空间，也改变了固有的劳动形式。管理和知识成为新的劳动形式，并提供了新的价值创造机会。生产力要素内涵得到扩展。在互联网商业环境下，生产力的构成要素表现为知识工作者、资本、知识、信息等。互联网商业模式通过一定的规则将这些要素联结在一起。知识工作者的劳动成果，包括专利权、著作权、数据库等可以通过风险投资及融资活动以契约形式转换为资本形式，如此资本市场便可以评价互联网商业模式的经济价值。

②组织价值。互联网和电子商务改变了企业组织的内、外部环境，降低了企业内部的管理成本，以及企业组织间的交易成本，并改变了企业与消费者之间的联系模式。在互联网商务环境下，多个独立的个人、部门和企业为了共同的任务组成联合体。它的运行不靠传统的层级控制，而是在定义成员角色和各自任务的基础上，通过密集的多边联系，以及互利和交互式的合作完成共同追求的目标。在这个网络中，基本构成要素是众多由个人、企业内的部门、企业，或是它们的混合组成的节点和节点之间的相互关系。每个节点之间都以平等身份保持着互动式联系，因而企业也就转化成了高效的扁平化和网络化组织。互联网商业模式为提高组织在网络环境下的适应性提供了多种可行的途径。

③客户渗透价值。互联网商业模式的客户渗透价值体现在对企业的创新激励和由互联网对用户所创造的心理/路径依赖两个方面。在市场竞争的过程中，有许多互联网商业模式被提出。一些不被市场接受，很快就被否定；而成功的商业模式则得到了丰厚的回报。这样，就形成了一种对创新进行奖励的市场机制，建立了良好的预期效果，也进一步强化了激励模式。用户在长期使用的过程中会固化浏览行为，形成对特定网站的偏好。这些都会对人的行为和价值判断产生或多或少的影响。

成功的企业必须时刻关注市场的变化，根据市场环境不断创新商务模式。互联网消除了时间限制和空间距离，为商业模式创新开辟了广阔空间和自由度，促进了商业交易的新方式，为商业模式提供了更多的表现形态。此外，企业所处的商业生态网络越来越复杂，利益相关者和价值网络形态逐渐多样化，而互联网商业模式则需要不断创新。

【案例】

阿里巴巴——网上交易，网下配送

阿里集团由5个核心业务子公司组成，分别是阿里巴巴B2B公司、淘宝网（淘宝网＋阿里妈妈）、支付宝、阿里云（原先的阿里软件＋阿里巴巴集团研发院＋B2B与淘宝的底层技术团队）、中国雅虎（中国雅虎＋口碑网）。阿里巴巴B2B、淘宝网分别占据了B2B与C2C国内的龙头，解决了信息流的问题。支付宝是目前国内排名第一的第三方支付，解决了资金流的问题。阿里云（阿里软件）在阿里巴巴庞大的用户群的基础上，做增值服务，开拓新的业务，同时从技术上保障了信用评价机制。中国雅虎凭借其搜索技术，为淘宝的垂直搜索、商业搜索奠定了良好的基础。2011年年初，阿里巴巴高调宣布进军物流行业，首期联合金融合作伙伴将200亿～300亿元人民币投入在物流的重要环节仓储上。

阿里巴巴既是国内，也是全球最大的B2B电子商务网站，同时还是中小企业首选的B2B平台，主要提供"诚信通"服务。由于所有用户基本上都是"诚信通"客户，所以没有专业的电子商务运营能力，做阿里巴巴的其他推广业务也很难取得显著效果。

阿里巴巴并没有盲目地把利润来源定位于广大的网络受众，而是着眼于国内数量众多的中小企业。阿里巴巴将盈利的对象定位于国内众多的中小企业和欲打入中国市场的跨国公司。将自己的道路规划为从信息流入手积累客户资源，绕开物流，前瞻性地观望资金流。在适当时机介入支付环节。在实施过程中敏锐捕捉新的收入机会，不断扩展业务范围。正是基于这样准确的市场定位及务实的运作，阿里巴巴迅速扩展了自己的客户群，为日后的盈利业务奠定了良好的基础。

阿里巴巴被誉为全球最大的网上贸易市场。因此，可以把阿里巴巴作为电子商务的代表。商务活动包括四流，即信息流、商流、资金流和物流。通过互联网进行的信息传递，不受时间和空间的限制，可以在瞬间将某种商品的图案、动画、规格、价格、交易方式等信息传到万里之外的世界各地。产品优劣、价格贵贱，瞬息之间地球人都知道。商家可以与世界各地的用户达成交易。正因为如此，阿里巴巴在短短几年内就拥有全球的210万商人。

①专做信息流，汇聚大量的市场供求信息。

②阿里巴巴采用本土化的网站建设方式，针对不同国家采用当地的语言，简易可读。这种便利性和亲和力将各国市场有机地融为一体。

③在起步阶段，网站放低会员准入门槛，以免费会员制吸引企业登录平台注册用户，从而汇聚商流，活跃市场。会员在浏览信息的同时，也带来了源源不断的信息流，创造了无限商机。

④阿里巴巴通过增值服务为会员提供了优越的市场服务。增值服务一方面加强了这个网上交易市场的服务项目功能，另一方面又使网站能有多种方式实现直接盈利。

⑤适度但比较成功的市场运作提升了阿里巴巴的品牌价值和融资能力。

阿里巴巴的盈利：

①阿里巴巴企业会员700万家，海外会员200多万家；

②阿里巴巴掌握5 000家的外商采购企业的名单，可以帮助中国企业出口；

③阿里巴巴在在线支付方面领先。

综观阿里巴巴的发展历程，在"跳跃式"的发展过程中进行了商业模式的创新。科学定位是商业模式创新的基石，是创造顾客需求的源头。阿里巴巴主打中小企业这张牌，以满足中小企业需求为出发点，帮助中国企业实现全球采购，为全世界中小企业搭建全球贸易的网商平台。这个科学而准确的定位是阿里巴巴商业模式创新的基石，进而推进创造顾客的需求。阿里巴巴正是在不断创造顾客的过程中，使企业获得了规模的扩大、效率的改善、资源整合能力的提升，以及越来越重要的社会影响。阿里巴巴商业模式具有核心竞争力。它通过科学定位，扩大业务系统的规模，掌控各种关键资源和能力，驱动企业发现衍生和延伸的各种增值服务，由该增值服务形成可持续发展的现金流，创造企业价值。同时，这个商业模式难以被竞争对手模仿和复制。

（2）云计算商业模式

云计算商业模式能相对集中和统一地存储并管理用户的数据，并且为之提供相当统一的服务。这十分类似于水电的集中生产。由电厂发电，水厂送水，按需消费。云计算商业模式是一种对于信息资源的集中式管理，并且提供给大家一种统一的使用方法（云计算服务）。这些服务，用户可以按需使用，且使用多少，付多少钱，不使用不付钱。

集中的数据存储和统一的云计算服务部署及运营使得用户能接触到的云服务具有更新快、种类多、使用方便，以及便宜、便捷等特点。

除此之外，云计算商业模式中心主管着用户的基础数据以及所能使用的服务，因而对用户数据的安全性以及所提供服务的质量起决定性的作用。这种网络服务方式将提供给大家开拓更大市场的机会。

从商业模式的角度来看，云计算商业模式可被具体区分为以下类别（见图7-1）：

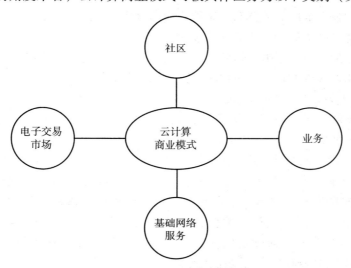

图7-1 云计算商业模式的分类

①以社区为特点的云，主要提供社区云服务，如博客群等。未来的云计算，将提供给用户更多、更广泛的社区类云服务。

②以业务为区分的云。不同的应用领域，将诞生不同类型的云，如在线 ERP 服务等。未来将有更多的类似于 SAAS 的行业软件服务出现。

③基础性网络服务，如文档的存储管理等，还有搜索引擎提供的服务。这些服务加入了云计算的特点之后，将充分挖掘用户的信息，并据此提供更为优质的云计算商业模式。

④电子交易市场，如苹果的软件商店。这类平台提供了基础的交易模式，并为用户的资金、商品提供一定的管理手段、营销手段，为未来最为重要的云计算商业模式之一。

（3）物联网商业模式

物联网指的是将各种信息传感设备与互联网结合起来而形成的一个巨大网络，达到物品自动识别和信息的互联、共享、处理、聚合的目的。物联网是战略性新兴技术，是引导经济社会发展的重要力量。物联网作为新一代信息技术，其技术特征、用户行为和产业结构等方面大大不同于以往信息技术，必将要求构建新的商业模式与之适应。物联网包括感知层、网络层和应用层 3 部分。

物联网召唤着新的商业模式。电信运营商或将在其中起推动龙头的作用。纵观国外电信运营商与中国三大电信运营商在物联网领域的商业模式，发现由中国电信运营商主导的物联网产业可能存在 4 种商业模式。

①间接提供网络连接。由系统集成商租用电信运营商网络，通过整体方案连带通道一起向用户提供业务。这是目前使用较多的商业模式。这种情况基于的是物联网应用，都是在个体内部实现，且实现物联网应用企业相对比较专业，需要由行业内专业的系统集成商提供服务。特别是行业壁垒高、对应用要求复杂的行业更需要系统集成商的存在。

②直接提供网络连接。由电信运营商向使用业务的企业客户直接提供通道服务。目前中国移动、中国电信在电力、金融等行业的业务开展基本以提供数据通道包月或按流量计费方式进行。

③合作开发，独立推广。运营商与系统集成商合作。系统集成商开发业务，电信运营商负责业务平台建设、网络运行、业务推广及收费。

④独立开发，独立推广。电信运营商自行搭建平台开发业务，直接提供给客户。这种模式对运营企业初期投入要求较高，所以采用这种方式的企业还较少。

（4）制造商商业模式

制造商、品牌商、经销商、终端商，都有自己比较独特的商业模式。目前，制造商商业模式主要有如下 6 种形式：

①直供商业模式。该模式主要被应用在一些市场半径比较小、产品价格比较低或者是流程比较清晰、资本实力雄厚的国际性大公司。直供商业模式需要制造商具有强大的执行力、现金流状况良好、市场基础平台稳固、具备市场产品流动速度很快的特点。但是，随着苏浙市场竞争的加剧以及新技术新理念的迭代，即使可口可乐、康师傅等强大的跨国企业也开始放弃直供这样的商业模式。只有利润比较丰厚一些的行业与产业，如白酒行业，才会选择直供商业模式。很多酒业公司在当地市场上均具备一定的实力与良好的基础。

②总代理制商业模式。这种商业模式为中国广大的中小企业所广泛使用。由于中国广大

的中小企业在发展过程中面临着两大最为核心的难点，即一是团队执行力比较差，二是资金实力不强，所以它们可以通过这种方式完成最初原始资金的积累，实现企业快速发展。

③联销体商业模式。很多比较有实力的经销商为了降低商业风险选择了与企业进行捆绑式合作，即制造商与经销商分别出资，成立联销体机构。这种联销体既可以控制经销商的市场风险，也可以保证制造商始终有一个很好的销售平台。食品行业的龙头企业娃哈哈就采取了这种联销体的商业模式；空调行业巨头格力空调也选择了与区域性代理商合资成立公司，共同运营市场的模式，取得了不错的市场业绩。

④仓储式商业模式。很多强势品牌基于渠道分级成本低、制造商竞争能力大幅下降的现实，选择了仓储式商业模式，通过价格策略打造企业核心竞争力。仓储式商业模式下，企业拥有自己的销售平台，通过自己的销售平台完成市场配货功能。

⑤专卖式商业模式。随着中国市场渠道终端资源越来越稀缺，越来越多的中国消费品企业选择专卖形式的商业模式，如五粮液提出的全国两千家专卖店计划，蒙牛乳业提出的蒙牛专卖店加盟计划等。专卖店商业模式受到一些现实条件的制约。其一是品牌。选择专卖商业模式的企业基本上具备很好的品牌基础，市场认知比较成熟。其二是产品线比较全。专卖店产品结构需合理，而企业必须具备比较丰富的产品线。其三是消费者行为习惯。专卖商业模式需要成熟的市场环境。

⑥复合式商业模式。复合式商业模式是一直基于企业发展阶段而做出的策略性选择。一般情况下，无论多么复杂的企业或市场，都应该有主流的商业模式，而且企业的组织建构、人力资源配备、物流系统、营销策略等都应与之相匹配。只有这样，才能建立成熟的商业模式。

（5）农林产品商业模式

农林产品的商业竞争越来越激烈，且产品和服务在市场中的同质化现象较为严重。许多农林产品及相关企业处于不利地位。

①和供应商的议价能力低。农业企业的上游供应商多为高度分散的农民，但他们诚信意识、履约能力不佳，对价格敏感度高，因此企业无法建立稳定的供应商体系。

②和购买者的议价能力低。农业企业的下游客户多为消费者。他们的品牌忠诚度低，对价格的敏感度高。企业的品牌建设投入大，进入销售渠道，特别是商超的成本高，资金占压严重。

③新进入者的威胁。从市场进入壁垒看，中国农业资源高度分散，农地资源流转政策法规不健全，导致同行业的竞争对手众多。

④替代品的威胁。农产品的种类众多，消费者的热点不断转换，农产品的价格波动大。

⑤行业内现在竞争者的竞争。农业企业面对不利的竞争环境，既要准备大量的农产品收购资金，又要将巨资投入养殖、屠宰、加工、仓储、物流等设施，建立稳定的原料基地和生产加工基地。从经营风险角度，农业企业要面对气候、疫情及上游农产品原料价格的波动，无论是企业自身，还是投资者，都是压力大、回报低。

随着农林产业企业经营环境的日趋复杂，农林企业的核心竞争力成为企业经营成功的关键因素，而农林企业的核心竞争力就是其独特且难以被复制的商业模式。但是，农林企业在商业模式上不能简单模仿成熟的商业模式。

【案例】

（1）六和集团的商业模式

企业作为担保人，风险仍然不小。中国饲料行业的"六和集团"，设计了一种"担保公司模式"。六和集团于2007年成立了"滨州和兴牧担保公司"，注册资金为2 000万元。该担保公司可担保的资金额度，是其注册资金的5倍，即一亿元。这笔钱，可建设约400栋标准化鸡舍。将鸡舍建设完毕后，农户还可以继续从担保公司获得担保，从银行处获得流动资金。根据鸡鸭的养殖周期，一年可周转6次，即形成6亿元的流动资金。

在解决了基地建设的资金后，六和集团再通过旗下的饲料厂、冷藏厂、种禽场、兽药厂为养殖户提供整体解决方案，其中包括场房基建，保姆式技术服务，以及质优价廉的种畜禽和兽药等。获益于此，六和集团的销售收入快速增加。2006年的收入约为98亿元，2010年则上升到507亿元。从传统的企业直接投资或与农户共同投资建设基地，到成立担保公司，放大杠杆为农户担保，六和集团的商业模式进行了创新升级。

（2）"好想你"枣业

深加工的产品，不仅附加值高，往往也具有更强的抗风险能力。"好想你"红枣就是通过这一方式应对价格波动的。"好想你"的原材料成本最大，占销售总成本的77%～87%。因此，它通过以下3种方式降低原材料的成本，以应对价格波动。

①产品深加工。"好想你"开发了深加工产品枣干和枣片，原材料成本占比分别降低到65%和27%。

②产品高端化。新疆是我国的高端红枣产区，虽然采购价格高，但毛利率更高。比如，公司以每千克25元所收购的红枣，毛利率通常为25%；而以每千克35～40元收购的红枣，毛利率则超过了30%。

③自建基地，平滑价格波动。公司在2011年自建的生产基地已经超过5 000亩[①]，2012年将再增加1 000亩。

"好想你"通过对产品进行深加工，提高了产品的附加值。

7.3　商业模式的构成

商业模式像一幅战略蓝图，可以通过企业组织结构、流程和系统实现它。通过9个基本构造块就可以很好地描述并定义商业模式。它们可以展示出企业创造收入的逻辑。这9个构造块覆盖了商业的4个主要方面：客户、提供物（产品/服务）、基础设施和财务生存能力。因此，这9个要素构成了一个商业模式的框架。它使你能够描述、思考你所在的组织、你的竞争对手，以及任何其他企业的商业模式。这些要素所构建的框架可以作为一种共同语言。

---

① 1亩＝666.67平方米。

它让你方便地描述、使用商业模式，以构建新的战略性替代方案。如果没有这样一种共同语言，就很难系统性地挑战某个组织商业模式的设想并创新成功。

 7.3.1　客户细分

客户是所有商业模式的核心。没有客户，企业也就无法存活。为了更好地满足客户，企业可能把客户分成不同的细分区隔。每个细分区隔中的客户都具有共同的需求、共同的行为，以及其他共同的属性。在对客户群体做出细分后，企业应决定自己应该服务于哪些客户细分群体。然后，企业可以根据目标细分客户群体的特定需求设计相应的商业模式。

当客户群呈现以下区别的时候，可以体现为独立的客户细分群体：

①需要并提供明显不同的提供物（产品/服务），以满足客户群体的需求；

②客户群体需要通过不同的分销渠道接触；

③客户群体需要不同类型的关系；

④客户群体的盈利能力（收益性）有本质区别；

⑤客户群体愿意为提供物（产品/服务）的不同方面付费。

 7.3.2　价值主张

价值主张构造块被用来描绘为特定客户细分创造价值的系列产品和服务。

价值主张是客户转向一个公司而非另一个公司的原因。它解决了客户困扰（Customer Problem）或者满足了客户需求。每个价值主张都包含可选系列产品或服务，以迎合特定客户细分群体的需求。在这个意义上，价值主张是公司提供给客户的受益集合或受益系列。有些价值主张可能是创新的，并表现为一个全新的或破坏性的提供物（产品或服务）；而另一些可能与现存市场提供物（产品或服务）类似，只是增加了功能和特性。

价值主张通过迎合细分群体需求的独特组合创造价值。价值可以是定量的（如价格、服务速度）或定性的（如设计、客户体验）。它具体包含了许多要素（见表 7-1）。它主要应该聚焦于解决以下问题：

表 7-1　价值主张简要要素列表

编号	要素	描述
1	新颖	满足客户从未感受和体验过的全新需求
2	性能	改善产品和服务的性能
3	定制化	定制产品和服务，以满足个别客户或群体的特定需求
4	完善	帮客户做好事情，简单创造价值
5	设计	设计优秀的产品，脱颖而出
6	品牌	客户通过使用、显示某一特定品牌而发现价值
7	价格	更低的价格提供同质化价值
8	成本	帮助客户消减成本

①我们该向客户传递什么样的价值？

②我们正在帮助我们的客户解决哪一类难题？

③我们正在满足哪些客户需求？

④我们正在把细分群体的哪些系列的产品和服务提供给客户？

 7.3.3 渠道通路

渠道通路构造块被用来描绘公司是如何与其细分客户沟通、接触而传递其价值主张的。

沟通、分销和销售这些渠道构成了公司相对客户的接口界面。渠道通路是客户接触点。它在客户体验中扮演着重要角色。渠道通路包含以下功能：

①提升公司产品和服务在客户中的认知度；

②帮助客户评估公司价值主张；

③协助客户购买特定产品和服务；

④向客户传递价值主张；

⑤向客户提供售后支持。

渠道具有认知、评估、购买、传递和售后 5 个不同的阶段，每个渠道都能经历部分或全部阶段。我们既可以区分直销渠道与非直销渠道，也可以区分自有渠道和合作伙伴渠道。在把价值主张推向市场期间，发现如何接触客户的正确渠道组合至关重要。这一要素要求我们关注：

①通过哪些渠道可以接触我们的客户细分群体？

②我们现在如何接触他们？如何整合我们的渠道？

③哪些渠道最有效？哪些渠道成本效益最好？

④如何对我们的渠道与客户的例行程序进行整合？

渠道管理的诀窍是在不同类型渠道之间找到适当的平衡，并整合它们，以创造令人满意的客户体验，同时使收入最大化。

 7.3.4 客户关系

客户关系构造块被用来描绘公司与特定客户细分群体建立的关系类型。企业应该弄清楚希望和每个客户细分群体建立的关系类型。客户关系范围可以从个人到自动化。客户关系可以被客户获取、客户维系，以及提升销售额（追加销售）等几个动机驱动。商业模式所要求的客户关系深刻地影响着全面的客户体验。客户关系可以分成几种类型。它们可能共存于企业与特定客户细分群体之间（见表 7-2）。

客户关系要素要求我们关注：我们每个客户细分群体都希望我们与之建立并保持何种关系、我们已经建立了哪些关系、这些关系成本如何、如何把它们与商业模式的其余部分进行整合等问题。

表 7 - 2 客户关系类型分类表

编号	客户关系	描述
1	个人助理	人与人之间的互动
2	专用个人助理	为单一客户安排专门的客户代表
3	自助服务	为客户提供自助服务所需条件
4	自动化服务	客户自助处理
5	社区	通过在线社区建立关系
6	共同创作	企业和客户共同创造价值

 ## 7.3.5 收入来源

收入来源构造块被用来描绘公司从每个客户群体中获取的现金收入（需要从创收中扣除成本）。如果客户是商业模式的心脏，收入来源就是动脉。企业必须问自己什么样的价值能够让各客户细分群体真正愿意付款。只有回答了这个问题，企业才能在各客户细分群体上发掘一个或多个收入来源。每个收入来源的定价机制可能不同，例如固定标价、谈判议价、拍卖定价、市场定价、数量定价或收益管理定价等。

一个商业模式可以包含两种不同类型的收入来源：

①通过客户一次性支付获得的交易收入。

②经常性收入来自客户为获得价值主张与售后服务而持续支付的费用。

在不同的商业模式中，可以获取收入的方式有很多：

①资产销售。最为人所熟知的收入来源是销售实体产品的所有权，如家具、食品以及汽车的销售等。客户购买之后可以任意使用、转售，甚至破坏。

②使用收费。这种收入来源于特定的服务收费。客户使用的服务越多，付费越多。如旅馆按照客户入住天数计费。快递公司按照运送地点的距离计费。

③订阅收费。这种收入来自销售重复使用的服务，如网络游戏、收费新闻和视频网站注册用户等。

④租赁收费。这种收入来源于针对某个特定资产在固定时间内的暂时性排他使用权的授权。一方面，对于出借方而言，租赁收费可以带来经常性收入的优势。另一方面，租用方或承租方可以仅支付限时租期内的费用，而无须承担购买所有权的全部费用。

⑤授权收费。这种收入来自将受保护的知识产权授权给客户使用，并换取授权费用。授权方式可以让版权持有者不必将产品制造出来或者将服务商业化，而仅靠知识产权本身即可产生收入。授权方式在媒体行业和技术行业非常普遍。

⑥经纪收费。这种收入来自为了双方或多方之间的利益所提供的中介服务而收取的佣金。例如，信用卡提供商作为信用卡商户和顾客的中间人，从每笔销售交易中抽取一定比例的金额作为佣金。还有股票经纪人和房地产经纪人等。

⑦广告收费。这种收入来源于为特定的产品、服务或品牌提供广告宣传服务。

7.3.6 核心资源

核心资源被用来描绘让商业模式有效运转所必需的最重要因素。每个商业模式都需要核心资源。这些资源使企业组织能够创造并提供价值主张，接触市场，与客户细分群体建立关系并赚取收入。不同的商业模式所需要的核心资源也有所不同。核心资源可以是实体资产、金融资产、知识资产或人力资源。核心资源既可以是自有的，也可以是公司租借的或从重要伙伴那里获得的。具体来说，核心资源可分为：实体资产，如生产设施、不动产等；知识资产，如品牌、专利和版权等；人力资源，以及金融资产等。

7.3.7 关键业务

关键业务构造块被用来描绘为了确保其商业模式可行，企业必须做的最重要的事情。任何商业模式都需要多种关键业务活动。这些业务是企业得以成功运营所必须实施的最重要的动作。正如核心资源一样，关键业务也是创造并提供价值主张、接触市场、维系客户关系并获取收入的基础，而关键业务也会因商业模式的不同而有所区别。例如：对于微软等软件制造商而言，其关键业务包括软件开发；而对于麦肯锡等咨询企业而言，其关键业务包含问题解决。

企业的关键业务可分为制造产品、解决问题，以及平台/网络等类别。事实上，前面叙述过的要素，诸如价值主张、渠道通路、客户关系以及收入来源等都需要思考其需要哪些关键业务。

7.3.8 重要合作

关键合作构造块被用来描述让商业模式有效运作所需的供应商与合作伙伴的网络。企业会基于多种原因打造合作关系。合作关系正日益成为许多商业模式的基石。很多公司创建联盟，以优化其商业模式，降低风险，或获取资源。合作关系可分为以下4种类型：

①在非竞争者之间的战略联盟关系。

②竞合：在竞争者之间的战略合作关系。

③为开发新业务而构建的合资关系。

④为确保可靠供应的购买方—供应商关系。

以下3种动机有助于创建合作关系：

①商业模式的优化和规模经济的运用。

②风险和不确定性的降低。

③特定资源和业务的获取。

7.3.9 成本结构

成本结构构造块被用来描绘运营一个商业模式所引发的所有成本。这个构造块被用来描绘在特定的商业模式运作下所引发的最重要的成本。创建价值、提供价值、维系客户关系，以及产生收入都会引发成本。这些成本在确定关键资源、关键业务与重要合作后可以相对容易地被计算出来。然而，有些商业模式，相比其他商业模式更多的是由成本驱动的。

成本结构包括固定成本、可变成本、规模经济以及范围经济。在每个商业模式中成本都应该被最小化，但是低成本结构对于某些商业模式来说比另外一些更重要。

7.4 商业模式分析工具——画布

7.4.1 什么是商业模式画布

商业模式的 9 个要素构造块组成了构建商业模式便捷工具的基础，即商业模式画布。这 9 个构造块具体包括客户细分、价值主张、渠道通路、客户关系、收入来源、核心资源、关键业务、重要伙伴和成本结构（如图 7 - 2 所示）。

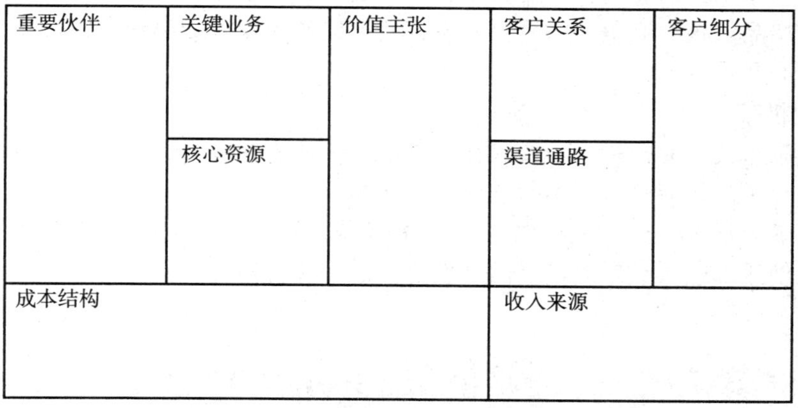

重要伙伴	关键业务	价值主张	客户关系	客户细分
	核心资源		渠道通路	
成本结构			收入来源	

图 7 - 2 商业模式画布

商业模式画布是一种被用来描述商业模式、可视化商业模式、评估商业模式以及改变商业模式的通用语言。商业模式画布所提供的框架可以作为一种共同语言，让使用者更方便地描述、使用商业模式，也可以被用来构建新的战略性替代方案。如今商业模式创新不断涌现，新的商业模式正在成为传统商业模式的挑战者。同时，传统商业模式也在挣扎着重塑自己。商业模式画布就是通过设计一种简洁、易懂的可视化版式，展示商业模式创新的核心内容。

7.4.2 商业模式画布的 4 个视角

商业模式画布，主要覆盖了 4 个方面的内容，即产品服务、客户、基础设施基本设备以及财务生存能力。这些对于整个商业模式的设计都有着关键性的价值和意义。

①提供什么产品/服务？

②为谁提供？

③如何提供？

④成本/收益是多少？

另外，在设计的过程当中可以将其分为9个具体的模块进行构造，加强和客户之间的联系，保证设计的基本原则。商业模式画布将商业模式分割成9个相互独立而又互相影响的模块。创业者可以根据实际需要按照风险从高到低依次对它们进行系统测试。

 ### 7.4.3　商业模式画布的实际应用价值

（1）制作迅速

与写商业计划书需要几周，甚至几个月的时间相比，只需要一个下午就能利用商业模式画布工具大致描述出多种不同的商业模式。而且，制作这些单页商业模式图表只需要很少的时间。这使新的商业模式创意的形成更为迅速。

（2）内容紧凑

商业模式画布工具的使用将提醒使用者谨慎措辞，尽量做到简明扼要。借此还可以练习如何提炼自家产品的核心竞争力。简单来说，就是促使商业模式设计者在最短的时间内抓住商业模式的核心和重点。

（3）方便携带

商业模式画布使商业模式只需要放在一页纸上，便于和他人进行分享与讨论。这意味着它的曝光率将会更高，能够得到不断的修改，从而日趋完善。

当商业模式被视为一个产品的时候，更能够提高效率。这不但可以让商业模式变得完整，而且可以使用那些久经考验产品的开发方法进一步打造公司。

7.5　商业模式分析应用设计

 ### 7.5.1　创意想法的描述

（1）创意的内涵

商业创意，是商业活动中关于投入、产出方式的新颖意图，产生于不确定问题的直观判断，由创业者的愿景和意志推动，围绕企业的建立和运作而展开。

创意的本质是捕捉满意和快乐。星巴克创始人舒尔茨曾说：我们所创造的公司是一家既具有和谐环境，又能够让我的顾客享受咖啡和体验的同时又能够为家人、朋友提供交流的平台。我们将其称为在家和公司之外的第三空间。由于这个是全世界所有顾客都需要的，因此我们所开的店将是不断地重复这一价值理念。所以，星巴克不仅售卖产品和服务，同时也在售卖思想和文化。这正是星巴克的独特之处。

创意是对商业活动中不确定性问题的一种独特处理方式。它引导着商业模式的变化和商业利润的产生。同时，创意对于一整套的商业行为来说只能算是一个开始。创业者通过把握市场机会，开发资源价值，构建产权契约等环节将创意一步步落实体现出来。只有这样，创意才能利用市场机会使企业创造价值，实现经营利润。

（2）创意描述对创业的重要性

创业意味着创新和变革。创新性的创意商业实践可以在转变经济增长方式的同时增强竞争力。当一种创意性的想法被发现后，它可以被转换开发成为创新产品。以拖把这种日常清洁用品为例：过去人们习惯于用拖把和清水拖地，但为宝洁公司设计家居清洁产品的公司研究发现，拖把上的水实际更容易使脏污四处散落，而干抹布却能把尘土都吸附起来，这是静电吸引的原理。这一发现帮助宝洁开发了拳头产品——速易洁静电除尘拖把。从创新经济的设计角度来说，这就是一个典范转换。现在这种拖把已成为宝洁价值超过 10 亿美元的品牌。"创意"越来越被作为创新的主流含义突出出来：从创新的内容来看，创意更强调创新的人文内涵。创新不光是针对中间生产手段和工具的技术创意，而且是对人的意义和价值的创造性响应。从创新的方式来看，一方面，更加强调创意是原生态的创新；另一方面，更加强调创意是"活"的创新。

（3）商业创意的分类

具体来说，商业创意可分为以下几类：

①创意与市场机会相关。市场机会是指具有购买力而又未满足的需求。创业中的机会问题包括三重含义：机会的产生、发现和利用。机会的产生，来自市场参与者之间的知识分散性；机会的识别，与人们的经验能力和社会角色相关；机会的利用，需要处理一系列生产经营活动问题。创业者的作用在于，以其特殊的知识结构、机会认知和行为风格推动资源整合和产权重组，从而实现商业效益。当面对消费需求提出某种满足方式并加以实施时，必须处理一系列不确定性的问题，因此要求创业者进行商业创意。

②创意与资源开发相关。所谓资源，指有价值的存在物。资源价值来自其属性，具有很大的主观性。创业中的资源问题，主要是资源属性的效用开发和利用方式问题。如果能够发现资源的新属性，或者发现资源属性的新组合方式，从而带来经济效益，就有可能吸引他人投资。在此过程中，资源使用方式的创意、资源使用权的获取、资源配置方式的实现等，存在大量的不确定性问题。这需要创业者进行商业创意。

③创意与产权契约相关。产权是指对财产关系的界定。创业者进行机会利用和资源开发都涉及人们之间的产权关系调整，包括吸引投资、进行分工、协调分配等。由于机会利用和资源开发的创意前景往往模糊和难以预期，既不能通过市场转让，也不能加以理性测量，只能以创立生产经营组织的方式加以实现，因此构建企业契约是创业活动的一项基本任务。如何在投入产出不确定的情况下，合理地调整产权关系，防范机会主义，构建企业契约，需要创业者进行商业创意。

所以，商业活动存在大量的不确定性问题，这些都需要创业者发挥主观能动性来解决，因而存在商业创意的现实要求和广阔空间。

（4）商业创意的描述

好的商业创意只不过是创业者手中的一个工具。将商业创意转变为创业企业的历程往往充满风险和不确定性。从经济社会政策技术等变化的环境趋势，需要解决的问题以及在市场缝隙中发掘创意并不难，难的是如何筛选出最具商业价值的创意。创业者将商业创意转变为创业企业之前必须对商业创意进行可行性分析。其目的是评估商业创意的优、缺点，以帮助创业者判断某一创意是否切实可行。商业创意可以从产品、产业与市场、创业团队，以及财务 4 个方面予以考量，以确定商业创意是否真的值得被发展为一个企业。

商业创意的描述可以从以下 5 个方面加以展开：

①以投入、产出意图为基础。这是商业活动的特点，能够把商业创意与其他领域的创新区别开来。

②以不确定性问题处理为内容。这是商业创意活动的特殊情景，能够把它与一般商业决策区别开来。

③以直观经验判断为形式。这是商业创意的主观行为特征，能够把它和商业活动中的理性分析和选择区分开来。

④以愿景和意志为动因。界定商业创意行为的动力，把它与仅以认识为依据的行动区分开来。

⑤以企业的建立和运行为目标。界定商业创意的效果，把成功与不成功的商业创意区分开来。

7.5.2 商业模式的描述

商业模式也并不是一成不变的，应随着市场需要、产业环境、竞争形势的变化而不断调整。因此，建立成功的商业模式是创业过程中最具价值潜力的环节。创业者在设计商业模式时需要对自己所设计的商业模式各项要素进行描述。这样，既方便自己分析，也便于其他人理解该商业模式，更有助于设计者把控整个商业模式的走向。好的商业模式的构成应该满足以下两方面的要求：一是简洁、高效，力争把构成要素减少到最低限度，避免重复；二是全面，避免以偏概全。描述商业模式的要素时要注意既突出重点，又关注商业模式各个部分的配套与完善。

首先是洞察客户。在市场研究方面下足功夫，加大投入的力度，并且投入大量的精力和人力，重点改进服务和设计产品的质量，保证商业模式可以符合客户的要求和设计的观点。从客户的角度出发对待商业模式，寻找到全新的设计机会，但是这并不意味着需要按照客户的思维进行商业模式的设计，而是在评估的阶段将客户的思维融入进来，进行必要的改进和调整，运用一种创新性的思维，深入理解客户的意图，包含日常事务以及环境等。

其次是创意构思。一种全新的商业模式，需要进行大量的创新和构思，并且从众多的商业模式设计理论当中精心挑选出最为恰当和最为适宜的设计方案。这个过程可以说是一个极富有创造性的过程，可以不断地收集新奇的意图和设计的理念，可以将创意构思的过程采取多种多样的形式，扩展搜索的关键词，筛选关键性的问题，运用团队对创意进行挑选，并且最终完成原型的制作。

再次是可视性思考。这一点对于商业模式设计而言不可或缺。在相关工作当中，运用草图、图片、幻灯片或者便利帖和图表等形式，可以将创意思维表现出来，并且将各种复杂的概念重新组合在一起，创造出一个更加具有创造性的商业模式。在设计的过程之中，可以运用便利帖和商业模式相互结合的画布进行描绘。便利帖可以增加创意的内容，并且可以在不同的创意模块之间进行自由的移动，而绘图往往比便利帖来得更加有效。图画以及草图在多个方面都可以发挥出巨大的作用和效应，而最为简单的方式则是商业模式的设计以及简单图画的描绘。

最后，是制作商业模式原型。原型制作主要来源于工业设计领域。在设计之中，并不是将商业模式的原型当成一种商业模式设计的草图来进行描绘，而应该将其作为一种思维的基本模式，帮助人们更加深入地展开探索，摸索出商业模式设计的最佳方向，保证方案设计的合理性与科学性。原型的制作，应该是一种可以进行辅助式思考的工具，可以帮助人们对商业制作的本质有更加深刻的了解，并且通过商业模式的原型制作可以保证创意更加具有灵活性的特征。此外，还需要根据客户的需求进行情景的推测，在原有的设计基础之上，可以将一种抽象性的概念变得更加细化，对设计的情景和设计的流程进行重现，进而在商业模式设计中做出最为恰当的抉择。

7.5.3　商业模式的要素

如果运用得当，商业模式会迫使管理者缜密思考自己的各项业务。商业模式作为规划工具的最大优点就是：它将注意力集中于将系统内所有元素都协调成为一个契合、有效的整体。因此，创业者在完成一个商业模式的设计后，应当能准确、精练地描述模式，传递它所蕴含的商业价值（图7-3）。

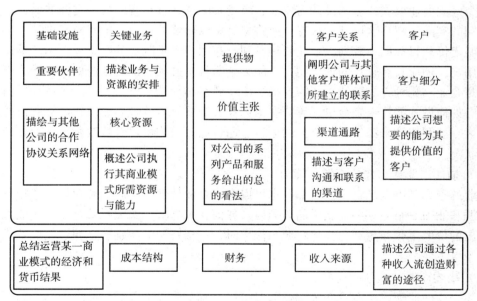

图7-3　描述企业的商业模式全貌

（1）描述企业提供物（产品/服务）

描述企业的提供物其实就是描述企业的价值主张。在商业模式的定义中我们已经表明商业模式的本质是描述企业如何创造、传递并获取价值的基本原理。所以，企业的价值主张无疑位于一个商业模式最核心的地位。商业模式的价值主张是指企业要解决什么问题（即客户需求），以及需求的强烈程度。即便目标客户有需求，需要凸显企业的独特价值，模式需要考量企业能否提供被客户接受的独特、清晰、简明的价值主张，以及这样的客户价值是否能够超越客户期望的性价比。如果模式体现的价值主张不符合市场需求，那么再好的资源及渠道也不可能为企业带来持续的盈利。这样的商业模式也只能是无源之水，不能持久。价值主张直接体现在企业所提供的产品和服务上。描述企业价值主张就是对公司的系列产品和服务给出总的看法。

（2）描述企业为谁提供价值

企业的价值主张是为目标客户所提供的，即企业需要在商业模式中明确细分出自己的目标客户：目标客户是谁？客户群体有多大？客户群体的增长空间有多大？客户对企业所提供的价值主张有多大的需求，依赖性又有多大？

（3）描述企业如何接触其客户

描述企业如何接触客户，即描述与客户沟通、联系的渠道。渠道通路是企业的价值主张和目标客户之间的桥梁。它说明了企业如何将自己的商品或服务传递给目标客户，并且如何促使客户接受企业的价值主张。

（4）描述企业建立的各种关系

在描述企业建立的关系时，有一些需要注意的事项。一是企业目标客户群体与企业之间的关系；二是理清企业已经建立并运行良好的商业关系网络；三是企业在运营维护这些关系时所花费的成本；四是企业将这些关系与之所涉及的商业模式的融合。

（5）描述企业如何赚钱

一个好的商业模式的盈利设计需要切合市场实际，并且富有弹性。这样的话，企业就存在可预期的实际盈利。这也就意味着企业将来是可以赚钱的。模式中的盈利设计包括价值获取、战略定价和目标成本规划。企业要想营利，在用户需求既定的状态下，用户不仅是企业的目标用户，还应具有较强的消费能力，能为企业带来盈利。描述企业如何赚钱，不仅需要描述清楚企业靠哪种方式赚钱，还需要描述清楚哪种盈利方式对企业当下的情况是有利的，企业只有如何做才能让未来会更好等。一个创业者需要思考该种商业模式能够获得的商业价值是多大。盈利应该来源于客户价值的创造。通过商业模式可以有效改善企业的显性及隐性资产的状况。

（6）描述需要什么样的资源与能力

企业的资源既可以来自企业内部，也可以来自企业外部。不同的商业模式意味着需要不同的资源和能力。企业需要什么样的资源以及如何获取这些资源关系着企业组织能否实现自己所提出的价值主张并盈利。描述资源与能力时，包括资源的类别、来源、获取及成本等方面都应予以关注。

（7）描述需要什么样的业务

描述企业商业模式所涉及的关键业务时可以将其分为以下几类：制造产品、问题解决和平台/网络。制造产品涉及生产一定数量或满足一定质量的产品，与设计、制造及发送产品有关；问题解决业务指的是为个别客户的问题提供新的解决方案，比如咨询公司；而平台/网络则是以平台为核心资源的商业模式。其关键业务都是与平台或网络相关的。此类商业模式的关键业务与平台管理、服务提供和平台推广相关。

（8）描述商业模式所涉及的合作伙伴

好的商业模式需要关注其利益相关者之间的关系。如果让利益各方都能获得利益，而且分配合理，那么这个商业模式在较长一段时间内是可持续的。不过商业模式不可能总是固化的。随着发展的深入，用户的很多需求会逐渐衍生出来。这时企业需要考虑商业模式的创新。没有一个商业模式是完美的，因为消费者的需求、渠道（代理或经销）的需求，以及供应商的需求等都是在不断变化的，很难保证一个商业模式能一直让利益各方都满意。

（9）描述商业模式的成本

成本结构事关企业能否存活，无疑是一个重点。无论什么商业模式都渴望能将自己的成本最小化，利益最大化，但是不同的成本结构对不同的商业模式有着不同的意义。比如廉价航空的代表西南航空公司，其商业模式就致力于在每个地方都尽可能多地降低成本。因此，在描述商业模式的成本时，应该注意到这一点。

7.5.4 商业模式的检验

商业模式的检验是商业模式设计的重要环节。具体来说，一个商业模式是否可行可以通过两种方式予以检验：一是实验室检验；二是实践检验。前者始于描述，而后者终于数据。一个商业模式不能通过检验，要么是因为没有通过叙述检验，比如价值主张没有意义，模式不符合经济逻辑，或者业务本身不能为客户创造价值等，要么是因为没有通过数据检验，比如损益与预期不符，持续亏损等。

（1）实验室检验

实验室检验商业模式的方法主要是通过团队描述，相关人员予以分析和评价来实施。团队在描述模式时可以从7.5.3章节中所提到的几个方面展开，但应注意有所侧重。在表述清楚模式之后，相关人员在予以评价的时候可以从以下几个部分进行衡量（见表7-3）。通过这种团队描述、专家（相关人员）评分的方式，可以达到"旁观者清"的效果，这不仅对商业模式起到了检验的效果，也有利于商业模式的修正和完善。

表7-3 商业模式的评价——对其组成部分的衡量

组成部分	问题内容	评价得分（或以高/低判断）
定位	公司的竞争力：竞争、顾客、原料补给、供应商、潜在进入者、替代产品等	
客户价值	公司提供的客户价值：与竞争者相比	
客户范围	市场的成长速度：市场份额、产品替代威胁等	
定价	产品或服务的定价是否合适	
收入来源	利润率和市场份额所占比例及增幅	
关联活动	活动是否相互支持、适应企业发展	
实现	公司团队水平高低	
能力	公司的能力是否独特，是否难以模仿，是否向其他产品市场扩展	
持久性	公司能否保持并扩大它在行业中的领先优势	
成本结构	公司的成本结构	

（2）实践检验

利润的重要性不仅在于其本身，还在于能证明商业模式是否行得通。实践是检验真理的唯一标准。那么，商业模式也不会例外。对于一个企业来说，如果没能达到预期的目标，商业模式的设计者就应该重新检查商业模式。因此，商业模式的设计过程就是科学方法在管理上的应用，从一个假设开始，在实施过程中检验，并在必要时加以修订。商业模式的实践检验包括市场占有率、市场增长率、企业盈利、品牌影响力以及客户口碑等各个方面。实践检验意味着商业模式必须能承受住激烈的市场竞争的试炼。如果企业最终在市场竞争中失败，那么即使是理论上再完美的商业模式，也是不能通过检验的。

本章要点回顾

本章所涉及的主要内容是商业模式设计，包括商业模式的概念、构成要素以及分析设计等内容，并且介绍了商业模式画布这一商业模式设计分析的工具。

（1）商业模式的概念

①商业模式定义：商业模式描述了企业如何创造、传递并获取价值的基本原理。

②商业模式与其他模式的区别：

商业模式与商业战略的区别。

商业模式与管理模式的区别。

（2）商业模式画布

商业模式画布的9大要素：

①客户细分：企业或机构所服务的一个或多个客户分类群体。

②价值主张：通过价值主张解决客户难题，满足客户需求。

③渠道通路：通过沟通、分销和销售渠道向客户传递价值主张。

④客户关系：在每一个客户细分市场都建立并维系客户关系。

⑤收入来源：收入来源产生于成功提供给客户的价值主张。

⑥核心资源：核心资源是提供并交付先前描述要素所必备的重要资产。

⑦关键业务：通过执行一些关键业务活动，运转商业模式。

⑧重要合作：好的商业模式需要关注其利益相关者之间的关系。

⑨成本结构：商业模式的上述要素所引发的成本构成。

商业模式画布工具见图7-4。

（3）商业模式分析与设计

①描述创意想法。

②描述商业模式要素。

③描述商业模式。

④检验商业模式。

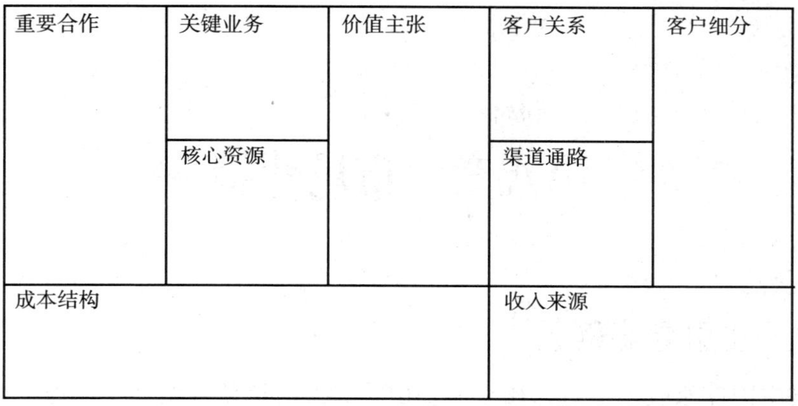

重要合作	关键业务	价值主张	客户关系	客户细分
	核心资源		渠道通路	
成本结构			收入来源	

图 7 - 4　商业模式画布工具

习题

请结合章前引导案例，分析打车 APP 的商业模式。

①如何运用商业模式画布工具分析打车 APP 的商业模式？

②结合本章内容，除了打车 APP 对商业模式的积极创新，试举例其他在商业模式创新方面表现比较突出的企业或行业，并尝试采用画布工具分析它们的商业模式。

课后拓展

［瑞士］亚历山大·奥斯特瓦德，［比利时］伊夫·皮尼厄. 商业模式新生代 ［M］. 王帅，毛心宇，严威，译. 北京：机械工业出版社，2014.

第八章 市场营销

【引导案例】

常年位居中国作家收入排行榜榜首的郭敬明大学时期便开始创业。他在商业上的成功甚至让他的作家身份也黯然失色。郭敬明有着惊人的商业嗅觉。郭敬明在大学时便成立"岛"工作室，出版一系列针对自己小说受众的期刊，而后成立柯艾文化传播有限公司，逐渐建立起自己的商业版图。而且，以今天各个期刊纷纷转型产业链服务来看，郭敬明早在2005年就察觉到这一点，从那时起他就为刊物读者提供"立体服务"，例如推出音乐小说《迷藏》，推出小说主题的写真集，拍摄《梦里花落知多少》偶像剧，在青春读物的基础上打造了一条属于自己受众的文化消费产业链，开始深耕产业布局。而今，郭敬明已经用自己的小说《小时代》拍出了电影，第一部便直奔5亿元的票房，收获了巨大成功。

知乎网站上有人这么描述郭敬明：其实中国的年轻人并没有什么本质的变化。对于大学和社会的幻想，对于爱情和成功的畅想，对于华服美食的渴望，是每一代中学生的必由之路。真正重要的其实仍是郭敬明本人。他或许是中国这20年来唯一一个认真满足上述需求的作者。——真正伟大的创业者是干什么的？精通市场营销，满足大众的需求。

(案例来源：根据有关资料整理)

8.1 营销环境分析

8.1.1 营销环境概述

营销环境是指影响营销管理效率和效果的所有因素。一般而言，营销环境可分成组织内部营销环境、外部宏观营销环境和外部微观营销环境。其中：外部微观营销环境包括供应商、市场营销中介、顾客、客户、竞争者、替代者和公众等与企业营销密切相关的组织和个人；外部宏观环境包括人口、经济、自然、技术、政治和文化等影响微观销售和组织内部销售环境的社会力量。一般而言，组织内部营销环境和外部微观营销环境受到外部宏观环境的制约，而前者也会在一定程度上对外部宏观营销环境产生影响。对于创业企业而言，正确分析营销环境，对企业的发展具有重大的意义及作用。

营销环境中的每种因素都会对组织的营销活动产生不同程度的影响，但是由于因素是经常性变动的，在给企业带来机会的同时，也可能带来威胁。因此，在进行营销活动之前，必须分析营销环境的条件，正确识别机会与威胁，扬长避短，趋利避害。以下是具体的营销环境的经典分析方法。

SWOT 是由英文 Strengths（优势）、Weaknesses（劣势）、Opportunities（机会）、Threats（威胁）4 个单词的首字母组合而成的。SWOT 分析是企业对环境进行分析的常用方法，即基于内、外部竞争环境和竞争条件下的态势分析，就是将与研究对象密切相关的各种主要内部优势、劣势和外部的机会和威胁等，通过调查列举出来，并依照矩阵形式排列，然后用系统分析的思想，把各种因素相互匹配起来加以分析，从中得出一系列相应的结论，为企业发展制定相应的发展战略、计划以及对策等。

（1）机会与威胁分析

一般而言，营销环境基本包括两大类：环境威胁和环境机会。其中，环境威胁是指环境中由一种不利的发展趋势形成的挑战。如果不采取果断的营销行为，那么这种不利趋势将削减企业的竞争地位，损伤企业的竞争优势。一般来说，这种环境威胁可能来自两方面：一方面是环境因素直接影响企业的营销活动，而另一方面则是企业的目标、任务及资源与环境机会不匹配。环境机会是指环境变化在时空领域中某个或某些方面形成对企业的吸引力，使该企业在这一领域中可能拥有相应的竞争优势。就其性质而言，任何环境机会都可被归结为市场上尚未满足或未完全满足消费者的新需求。它可能源自宏观和微观的变化。不过，环境机会对所有企业来说并不都是相同的。同一个机会对某些企业来说是有利的，而对另外一些企业来说则可能就是威胁。

（2）优势与劣势

企业内部的资源条件形成了企业的优势与劣势。一般而言，一个企业的优势不仅是它能做什么，更重要的是它可以在哪些方面比竞争对手做得更好。因此，企业必须采取适当措施，以认识自身的资源与能力，并借此维持自己的竞争优势。同时，由于已建立的竞争优势可能会被竞争对手模仿，所以管理者维持竞争优势的过程也是竞争对手有所反应乃至反击的过程。劣势是指一个企业较其竞争对手在某些方面存在的缺点与不足。这些缺点可能来自产品种类、产品质量、企业规模或市场占有率等方面。企业应该定期积极检查自己的劣势，在弥补劣势的同时提高企业的综合竞争力。

 ## 8.1.2　外部宏观营销环境分析

外部宏观营销环境是指对企业营销活动造成市场机会和环境威胁的外部因素，主要包括政治环境、法律环境、经济环境、社会文化环境、自然环境和人口统计特征信息等因素。它们基本上是企业不可控的因素。

（1）概述

对外部宏观营销环境的分析通常会运用 PEST – LED 分析。该模型是对综合分析环境中的政治（Political）、经济（Economic）、社会（Social）、科技（Technological）、法律（Legal）、自然环境（Natural Environment）和人口统计（Demographic）7 种因素进行分析。在进行市场研究时，这类工具可以十分有条理地把一个组织外部宏观营销环境的不同因素展示出来。

（2）政治环境

政治环境是指企业市场营销的外部政治形势。国内政治局面稳定，人民安居乐业，会给营销活动创造良好的外部环境；但如果政局不稳，社会矛盾尖锐，社会秩序混乱，就会影响经济发展和公众的心理状况，从而导致市场需求发生变化。概括而言，政治环境对营销活动的影响主要体现在政府所指定的方针政策上，如人口政策、能源政策、物价政策、财政政策、货币政策等；同时还包括不同国家制定的干预国外企业在本国开展营销活动的政策，如限制进口、税收政策、价格管制、外汇管制等。

（3）经济政策

经济环境一般是指影响市场营销活动的经济因素，如消费者收入支出状况和经济发展状况等。

①收入：

一是人均国内生产总值。一国的 GDP 反映了全国市场的总容量和总规模。人均 GDP 是将一个国家核算期内实现的国内生产总值与这个国家的常住人口相比得到的。人均 GDP 从总体上影响并决定了消费结构与消费水平。

二是个人收入。个人收入指城乡居民从各种来源所得到的收入。在实践中，可用各地区收入总额衡量各地消费市场的容量，用人均收入反映购买力水平的高低。

三是个人可支配收入。个人可支配收入是指在从个人收入中扣除了"缴纳税收和其他经常性转移支出"以后所剩余的实际收入，即能够被用以作为个人消费或储蓄的数额。

四是可任意支配收入。在可支配收入中减去维持生活所必需的支出，就是个人可任意支配收入。这是影响消费者需求变化的最活跃因素。

②支出。支出主要体现在消费者支出模式和消费结构上。它在很大程度上会受到收入的影响。恩格尔系数是指食物费用占总支出的比例。一般认为：恩格尔系数越大，生活水平越低；恩格尔系数越小，生活水平越高。

同时，消费者支出模式与消费结构，不仅与消费者收入的影响，还与家庭生命周期所处的阶段和家庭所在地等情况有关。

③消费储蓄信贷。储蓄的最终目的是消费。其主要形式包括银行存款、债券、现金等。一般而言，较高的储蓄率会出现推迟的消费支出，加大潜在的购买力。而且，储蓄的增减变化会引起市场需求规模和需求结构的变化，从而对营销活动产生影响。因此，只有把握消费者的储蓄动机，才能为消费者提供恰当的产品和服务，并成功诱发消费者的购买动机。

（4）社会文化环境

社会文化环境是指社会的特征以及影响价值和利益的社会文化等因素。无论是在国内市场上，还是在国际市场上，营销人员都必须了解当地居民的风俗习惯、信仰和价值观等。这些因素不仅影响人们的需求，而且影响人们对营销活动的反应。社会文化环境包括价值观和社会规范的一系列因素。不同的社会有着不同的价值观。价值观会在社会成员中广为流传，并且影响生活的方方面面。想成功开展营销活动，就必须迎合当地价值观。有大量实践例子证明，不符合价值观念的营销往往会受到严重的打击。规范是由价值观衍生出来的。它支配着有关什么是正确的、什么是错误的、什么是可以接受的、什么是不可以接受的判断，规范包括风俗、道德观和习俗等方面的内容，对消费者的消费行为也产生重大的影响。

（5）技术环境

技术环境涉及国家、地区、行业的科学技术发展水平，科技政策、基础研究、应用研究、技术开发投入、科技人才、科技发展趋势、技术创新能力、技术贸易，以及社会的科技意识等要素。技术不仅会直接影响生产和经营，而且会通过与其他环境因素的相互制约对营销活动产生有利或不利的影响。在市场营销领域，技术最重要的作用是提升企业产品的市场竞争力。

（6）法律环境

法律环境是指政府的法规条例及其他有关规定，特别是涉及企业市场营销活动的相关立法。以中国为例，近年来陆续颁发的法规有《中华人民共和国广告法》《中华人民共和国合同法》《中华人民共和国商标法》和《中华人民共和国反不正当竞争法》等。在营销过程中，研究并熟悉当地法律环境，既有利于保证公司自身行为的合法性，也有助于运用法律手段保证自身权益。

（7）自然环境

企业市场营销活动离不开物质资源与自然条件的支撑。营销环境中的自然环境包括自然资源、气候条件、生态环境、能源供应等诸多方面的因素。当前人类社会发展面临一系列自然环境因素的挑战，市场营销活动也不例外。主要挑战有：资源短缺，资源短缺对生产会产生直接影响，会一定程度地影响企业的生产力或产品，从而影响销售活动；环境日益恶化，是人们在生产过程中不遵循科学发展的结果，反过来又对企业营销活动产生不利影响。

（8）人口统计特征信息

人口统计特征信息是一些从人口数量、年龄、性别、种群、收入、教育程度、职业和家庭结构等方面测量人口特征的数据。它是一个了解社会特征的关键环节。人口特征的变化对人们购买选择和购买数量都有着重大影响。各地不同市场的人口数量大小、具体构成和分布情况，也会对营销产生影响。因此，创业前进行人口统计特征调查，准确分析市场状况，是企业必不可少的环节。

 8.1.3　微观营销环境分析

微观营销环境是由参与和影响企业营销活动并且具有不同性质的利益相关者组成的。企业可以在一定程度上对其进行控制或施加影响。微观环境除企业自身之外还包括供应商、营销中介、竞争者、顾客及公众。他们共同构成企业市场微观环境。

（1）企业内部环境

企业是由多个职能部门或多个管理层次组成的。营销部门是其中核心的构成部分，是承担企业营销职能的专门机构。企业的营销部门不是一个独立的部门，因此营销部门完成职能水平的高低不仅取决于该部门的自身建设，还受高层管理者的领导和其他部门配合的影响。这就要求企业的内部环境分析要从整合营销管理观念出发，分析营销部门是否贯彻了管理层的理念，各部门的分工是否合理，以及合作是否和谐。营销部门要以企业总体战略目标为指导制定本部门的目标和战略，努力争取决策层的认同以及其他职能部门的理解。

（2）供应商

供应商是为企业提供生产经营所需资源的企业或者个人，为企业提供原材料、零配件、能源、劳务及其他用品。供应商所提供的原材料的数量与质量将直接影响产品的质量和数量，而所提供的资源价格则会影响产品的成本、价格和利润。

企业对供应商的影响力要有足够的认识，尽可能与其保持良好的关系，开拓更多的供应渠道。在企业创立之初，考虑到成本等原因，可以进行生产外包等活动。在企业发展到一定阶段，具有充足的资本和影响力时，可以通过兼并或收购供应商以保证所需资源的稳定供给。与供应商良好的合作关系是企业重要的无形资产。企业保持对供应商的动态了解，可保证自身业务活动的稳定性。

（3）营销中介

因为大多数产品集中生产和分散消费的现实矛盾，企业的市场经营活动常需要一些营销中介的协助。营销中介是指直接或间接地协助企业产品促销、销售的组织和个人，其中包括：中间商是把产品从生产商流向消费者的中间环节或渠道。它能帮助企业寻找目标顾客，为产品打开销路，主要包括批发商和零售商两大类。物资分销机构是帮助企业进行保管、储存、运输的物流机构，具有协助企业将产品实体运往销售目的地，以及协助保管和储存等作用。

营销服务机构是企业营销中提供专业服务的机构，可以协助企业确立市场定位，进行市场推广，提供活动方便，包括广告公司、广告媒介经营公司、市场调研公司、财务公司等。金融机构可以为企业营销活动提供融资及保险服务，包括银行、信托公司、保险公司等。

（4）顾客

顾客是指使用进入消费领域的最终产品或劳务的消费者和生产者，也是企业营销活动的最终目标市场。顾客是市场的主体。任何企业的产品和服务，只有得到了顾客的认可，才能赢得这个市场。企业要注重对顾客进行研究，分析顾客的需求规模、需求结构、需求心理以及购买特点。这是企业营销活动的起点和前提。

（5）竞争者

在商品经济条件下竞争是不可避免的。任何企业在目标市场进行营销活动时，都会遇到竞争对手的挑战。企业竞争对手的状况将直接影响企业营销活动。如竞争对手的营销策略及营销活动的变化就会直接影响企业营销。最为明显的是竞争对手的产品价格、广告宣传、促销手段的变化，以及产品的开发与销售服务的加强，都将直接对企业造成威胁。为此，企业在制定营销策略前必须先弄清竞争对手，特别是同行业竞争对手的生产经营状况，做到知己知彼，以有效地开展营销活动。

（6）公众

公众是指对企业市场营销活动产生影响的社会团体。这些团体包括：媒体公众、政府公众、市民行动公众和地方公众。媒体公众包括各种传播媒体，对企业和企业产品信息的传播产生消极或积极的影响。政府公众涉及管理和规范企业经营的有关政府机构，如工商、税务机构。市民行动公众包括各种保护消费者权益组织、环境保护组织等。地方公众有企业社区居民群众和地方行政官员等。这些微观环境要素对营销活动的顺利进行有不同程度的影响。企业在设计营销方案时应将这些影响考虑在内。

8.2　STP市场营销战略

市场是潜在购买者对产品或劳务的整体需求，而购买者是个庞大而复杂的体系。由于消费心理、购买习惯、收入水平、资源条件和地理位置等差别，不同消费者对同类产品的消费需求和消费行为就有很大的差异性。企业不可能对其全部进行满足，而只能通过市场调研，将购买者细分为需求不同的若干群体，结合特定的市场营销环境和自身资源条件选择合适的群体作为目标市场，并制订周密的计划。市场定位战略是正确制定市场营销战略的前提和基础。

8.2.1　市场细分战略

（1）市场细分的内涵

市场细分就是以消费需求的某些特征或变量为依据，区分具有不同需求的顾客群体的过程。经过市场细分所形成的具有相同消费需求的客户群体称为细分市场、分市场、子市场。在将某一产品的整体市场划分为不同的细分市场的过程中，市场细分是营销人员认识市场不同需求的重要手段。面对消费者的异质需求，营销人员只有将整体市场划分为若干不同群体，并对每个群体的需求进行详细分析，挖掘各个子市场的个性特征，才能真正了解不同消费群体想从产品中获得什么。

（2）市场细分的理论依据

市场细分的内在依据是顾客需求的异质性。顾客的需求不同，使顾客需求的满足呈现差异性。根据顾客对某一产品属性的重视程度不同，可以将其分为3种不同的偏好模式：同质偏好是指市场上所有的顾客对某种产品的属性要求一致，不存在明显差异性；分散偏好是指顾客对两种属性的偏好分散在整个空间，偏好相差很大；集群偏好是指顾客对某种产品的属性要求呈现出成群、成组分布的特点。

（3）市场细分依据的变量

一般而言，消费者市场细分依据的变量可分为4大类：地理环境因素、人口统计因素、消费心理因素和消费行为因素。

①地理环境因素。按照消费者所处地理位置、自然环境细分市场。具体变量有国家、地区、地理方位、城市规模，以及不同地区的气候与人口密度等。处于不同地区的消费者往往对同一类产品呈现出较大差别的需求特征。地理因素是一种相对静态的变数，但由于其划分范围太广，故还需要其他变量进行市场细分。

②人口统计因素。人口统计因素包括各种人口统计变量，如性别、年龄、国籍、民族、婚姻、职业、收入、教育程度、宗教、家庭规模和家庭结构等。不同的年龄和受教育程度等会使消费者在消费观念、消费习惯和审美观念等方面有很大差异。

③消费心理因素。消费心理因素是按照消费者的心理特征进行市场细分的，包括个性、购买动机、价值观念、生活方式、生活格调和社会阶层等变量。消费心理因素也是区别细分市场的重要因素之一。

④消费行为因素。按照消费者的行为细分市场，包括消费者进入市场的程度、追求的利益、对产品的态度，以及品牌忠诚度、购买动机、购买准备阶段、使用率、支付方式等变量。按照消费者进入市场的程度，可以将其分为常规消费者、初次消费者和潜在消费者。一般而言，实力雄厚、市场占有率高的企业，通常注重对潜在消费者的挖掘；而一些中小企业或者初期创业的企业则主要是吸引常规消费者。消费者品牌忠诚度是指消费者对某品牌的喜爱程度。可以将消费者划分为4个群体：绝对品牌忠诚者、做种品牌忠诚者、变换型忠诚者和非忠诚者。并且，企业也可以根据忠诚度采取不同的营销策略。

（4）市场细分的原则

从企业营销的角度来看，不论是消费者市场，还是产业市场，并不是所有的细分市场都有存在的意义，因此要遵循相应的原则。

①可衡量性。可衡量性是指反映每一细分市场特征的有关数据资料都必须能够加以衡量和推算。

②可实现性。可实现性是指企业所选择的目标市场是可进入的，根据企业目前的人、财、物等条件是能够通过适当的市场营销组合策略占领的。

③可盈利性。可盈利性是指企业所选择的目标市场有足够的市场需求量，并且还需要具有一定的发展潜力，能够使企业获得长期盈利。

④可区分性。可区分性是指不同的细分市场的特征可以清楚地加以区分。

（5）市场细分的作用

市场细分被西方企业誉为创造性的新概念，对企业具有重要的作用：第一，有利于企业发现市场机会。通过市场细分，企业可以全面了解某一产品消费者需求的满足程度，从而开发那些没有被发掘或没有被完全满足的市场。第二，有利于掌握目标市场的特点。通过市场细分，企业可以准确知晓每个细分市场的特征，并有针对性地制定营销策略。第三，有利于制定市场营销组合策略，可以针对目标市场的需求特点，确定设计何种产品，制定合理的价格，选择恰当的销售渠道和促销手段，使整个营销组合策略具有针对性。第四，有利于提高企业的竞争力，在建立自身竞争优势的过程中，辨别竞争对手，帮助其避开强大的对手，找到适合自己发展的道路并取得成功。

8.2.2 目标市场的选择战略

市场细分揭示了企业找到子市场的机会。借助市场细分，可以掌握子市场的特征，展示企业所面临的各种环境机会。在进行细分之后，企业还要对子市场进行分析和评估，看它是否适合自己的发展，是否能成为企业的机会。只有能够发挥企业的相对优势，容易进入并且可以实现获利的市场，才是适合企业的市场。选择目标市场的步骤有3点：评估细分市场、选择目标市场，以及制定目标市场营销战略。

（1）评估细分市场

评估细分市场主要有两个方面。外在条件是细分市场的吸引力，内在条件是企业的目标和资源。

①细分市场的吸引力。评价细分市场吸引力通常包括市场规模、市场增长率、市场稳定性和可测性、市场竞争状况、消费者购买力，以及消费者对产品的满意度等指标。企业评估

细分市场吸引力的方法有多种，如通用电气公司模型、波特五力模型等都可被用作评估工具。

②企业的目标和资源。在评估企业内部条件时，首先要考虑企业的业务范围、使命是否与当前的市场机会相一致。如果机会和企业的业务范围不一致，该机会就不能为企业所利用；同时，企业还应衡量是否具备在机会市场上获取必要的人力、物力、技术、资金等资源的能力。如果企业不具备利用某资源的条件，就必须考虑获取相关资源所需的成本。如果成本过高，则需要放弃该细分市场。

（2）选择目标市场

在进行细分市场评估后，需要根据自身条件选择一个或若干个细分市场作为企业的目标市场。企业在选择目标市场时有 5 种可以参考的市场覆盖模式，如图 8-1 所示。

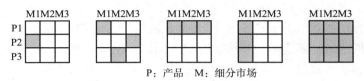

P：产品　M：细分市场

图 8-1　目标市场选择的 5 种模式

①市场集中化。这是一种最简单的目标市场模式，即企业只选择一个细分市场，只生产一类产品，供应某单一客户群，进行集中营销。选择集中化模式需要考虑的因素包括：企业具备在该细分市场从事专业化经营获胜的优势条件；限于资金能力，只能考虑一个细分市场；该细分市场中没有竞争对手；准备以此为出发点，取得成功后向更过细分市场扩展。

②选择专业化。选择专业化是指企业选取若干个具有良好的盈利潜力和结构吸引力，且符合企业目标和资源的细分市场作为目标市场。其中每个细分市场与其他市场之间联系都较少。其优点是可以分散经营风险。即使某个细分市场盈利不佳，仍可在其他细分市场上取得盈利。局限性是由于进入的细分市场较多，对企业的整体实力有较高要求。

③产品专业化。产品专业化是指企业集中生产一种产品，并向各类顾客销售这种产品。这种模式的优点是企业专注于一种或者一类产品的生产，有利于形成生产及技术上的优势，在该领域树立企业形象；同时该模式也具有局限性。当该领域产品被一种全新产品替代时，企业将面对销售额下滑、市场份额减少的风险。

④市场专业化。市场专业化是指企业专门经营满足某一顾客群体需要的各种产品。例如，娃哈哈集团专门生产面向儿童的各种产品。市场专业化模式经营的产品种类多，能够有效地分散经营风险；但其局限性是由于集中于某一类顾客群体，当这类顾客群体的需求下降时，企业也会面临收益下降的风险。

⑤市场全面化。市场全面化是指企业生产多种产品满足各类顾客的需求。只有实力非常强的企业才可以运用此种模式。其优点是可以占领全部市场，最大限度实现规模效益和品牌效益。局限性是对企业实力的要求非常高，并且可能会出现定位模糊、品牌概念不清等问题。

（3）制定目标市场营销战略

在决定为多少个子市场服务时，企业有 3 种目标市场战略可以选择。

①无差异营销战略。无差异营销战略是指面对细分市场，注重各子市场之间在需求方面

的共性，将子市场看作一个整体作为自己的目标市场。企业向整体市场提供标准化的产品，采取单一的营销组合，并通过强有力的促销吸引尽可能多的购买者。

无差异化营销的优点就在于它的低成本。单一产品线可以产生相对的规模经营效益，存储和运输也都相对方便、快捷，广告宣传、物流配送等资源配置都集中在一种产品上，有利于强化品牌形象；但是其局限性表现为：可能引起激烈的竞争。实行无差异营销的直销商一般针对的是整体市场。当竞争者对其进行模仿时，可能发生大市场内竞争过度，而小市场却乏人问津的情况。

②差异化营销战略。差异化营销战略是指面对已经细分的市场，企业选择两个或者两个以上的子市场作为市场目标，分别对每个子市场提供针对性的产品和服务，制定相应产品策略、价格策略、渠道策略以及促销策略并予以实施。

这种战略的优点在于，可以使顾客的不同需求得到更好的满足，也使每个子市场的销售潜力得到最大限度的挖掘，从而有利于扩大企业的市场占有率；同时也大大降低了经营风险。一个子市场的失败，不会导致整个企业陷入困境。但是，差异化也有自身的局限性。最大的缺点就是营销成本过高。生产一般为小批量，使单位产品的成本相对上升，获利较少。

③集中化营销战略。集中化营销战略是选择一个或少数几个细分市场或一个细分市场的一部分作为目标市场，集中企业全部资源为其服务，实行专门化生产和营销。这种战略一般适用于资源有限的中小型企业，或初次进入新市场的大企业。

其优点在于：营销目标集中，便于企业深入了解市场需求变化，能充分发挥企业优势；营销组合策略的针对性强，可以节约生产成本和营销费用；生产的专业化程度高；能满足个别细分市场的特殊需求，有利于企业产品在该细分市场取得优势地位，提高企业的市场占有率和知名度。

缺点在于：目标市场过于狭小，市场发展潜力不大，企业的长远发展可能会受到限制；产品过于专业化，那么一旦市场发生变化，就会给企业带来极大的威胁。

8.2.3　市场定位战略

（1）市场定位的含义

市场定位是市场营销工作者用以在目标市场的心目中塑造产品、品牌或组织形象或个性的营销技术。企业根据竞争者现有产品在市场上所处的位置，针对消费者或用户对该产品某种特征或属性的重视程度，强有力地塑造出本企业产品与众不同的、给人印象鲜明的个性或形象，并把这种形象生动地传递给顾客，从而使该产品在市场上确定适当的位置。

（2）市场定位的方式

市场定位作为一种竞争战略，显示了一种产品或一家企业同类似的产品或企业之间的竞争关系。市场定位有 3 种主要形式：

①避强定位。这种策略是企业避免与强有力的竞争对手发生直接竞争，而将自己的产品定位于另一市场的区域内，使自己的产品在某些特征或属性方面与强势对手有明显的区别。该策略有利于迅速在市场上站稳脚跟，并在消费者心中树立起一定形象。由于其风险较小，成功率较高，企业创业初期可以采取此种方式，以避免与强大的对手竞争。

②迎头定位。这种策略是企业根据自身的实力，为占据较佳的市场位置，与市场上较强

的竞争对手发生正面竞争，从而使自己的产品进入与对手相同的市场位置。由于竞争对手强大，这一竞争过程往往相当引人注目。企业及其产品能较快地为消费者所了解，达到树立市场形象的目的。这种策略可能引发激烈的市场竞争，具有较大的风险。

③重新定位。这种策略是企业对销路少、市场反应差的产品进行二次定位。初次定位后，如果由于顾客的需求偏好发生转移，市场对本企业产品的需求减少，或者由于新的竞争者进入市场，选择与本企业相近的市场位置，这时企业就需要对其产品进行重新定位。一般来说，重新定位是企业摆脱经营困境，寻求新的活力的有效途径。此外，企业如果发现新的产品市场范围，也可以进行重新定位。

（3）市场定位的战略

由于市场定位的目标是树立企业与众不同的形象，因此差异化就成为市场定位的基本手段。具体的差异化战略有：

①产品差异化，即从产品质量、款式、形态、特征、性能等方面打造差异化，以此赢得顾客喜爱，建立竞争优势。

②服务差异化，即从顾客服务内容、服务技能、服务态度等方面打造差异化，建立竞争优势。

③人员差异化。企业的产品差异和服务差异最终是由员工提供的。顾客在消费过程中与企业员工有不同程度的接触，而不同的人员会提供不同的价值。高素质员工是建立企业优势的重要基础。因此，企业通过甄选、招聘、培训、激励等人力资源管理工作，提高企业员工素质，为顾客提供差异化的员工价值。

④形象差异化。企业通过媒体沟通、环境营造、企业形象策划、事件营销等活动，向目标市场传递企业优势，塑造企业与众不同的形象，提高形象价值。

8.3　产品与品牌策略

产品是营销组合中最重要的，也是最基本的要素。制定营销组合策略时，需要考虑发展什么产品，以满足目标市场；同时，重视产品生命周期趋势的变化，认识现有产品，不断开发新产品，改进和完善产品性能，是占领市场的基础。产品策略还直接或间接影响到其他营销组合要素的管理。从这个意义上说，产品与品牌策略是整个营销组合的基石。

8.3.1　产品组合

产品组合是指一个企业提供给市场的全部产品线和产品项目的组合或结构，即企业的业务经营范围。企业为了实现营销目标，充分有效地满足目标市场的需求，必须设计一个优化的产品组合。

企业在调整产品组合时，可以针对具体情况选用以下产品组合策略：

（1）扩大产品组合

扩大产品组合策略是开拓产品组合的广度，加强产品组合的深度。开拓产品组合广度是指增添一条或几条产品线，扩展产品经营范围；加强产品组合深度是指在原有的产品线内增加新的产品项目。具体方式有：

在维持原产品品质和价格的前提下，增加同一产品的规格、型号和款式；

增加不同品质和不同价格的同一种产品；

增加与原产品相类似的产品；

增加与原产品毫不相关的产品。

扩大产品组合策略满足不同偏好的消费者多方面需求，提高产品的市场占有率；充分利用企业信誉和商标知名度，完善产品系列，扩大经营规模；充分利用企业资源和剩余生产能力，提高经济效益；减小市场需求变动性的影响，分散市场风险，降低损失程度。

（2）缩减产品组合

缩减产品组合策略是削减产品线或产品项目，特别是要取消那些获利少的产品，以便集中力量经营获利多的产品线和产品项目。缩减产品组合的方式有：

减少产品线数量，实现专业化生产经营；

保留原产品线，削减产品项目，停止生产某类产品，外购同类产品并继续销售。

缩减产品组合可以集中资源和技术力量改进所保留产品的品质，提高产品商标的知名度；生产经营专业化，提高生产效率，降低生产成本；有利于企业向市场的纵深发展，寻求合适的目标市场；减少资金占用，加速资金周转。

（3）高档产品

高档产品策略，就是在原有的产品线内增加高档次、高价格的产品项目。

高档产品的生产经营容易为企业带来丰厚的利润，可以提高企业现有产品声望，提高企业产品的市场地位，有利于带动企业生产技术水平和管理水平的提高。

采用这一策略的企业也要承担一定风险。这是因为，企业惯以生产廉价产品的形象在消费者心目中不可能立即转变，从而使高档产品不容易很快打开销路，影响新产品项目研制费用的迅速收回。

（4）低档产品策略

低档产品策略，就是在原有的产品线中增加低档次、低价格的产品项目。实行低档产品策略可以借高档名牌产品的声誉，吸引消费水平较低的顾客慕名购买该产品线中的低档廉价产品；充分利用企业现有生产能力，补充产品项目空白，形成产品系列；增加销售总额，扩大市场占有率。

与高档产品策略一样，低档产品策略的实行能够迅速为企业寻求新的市场机会，同时也会带来一定的风险。如果处理不当，就可能会影响企业原有产品的市场声誉和名牌产品的市场形象。此外，这一策略的实施需要有一套相应的营销系统和促销手段与之配合。这些必然会加大企业营销费用的支出。

 8.3.2　产品生命周期

企业不能期望其产品永远畅销，因为一种产品在市场上的销售情况和获利能力并不是一成不变的，而是随着时间的推移发生变化的。这种变化经历了产品的诞生、成长、成熟和衰退的过程，就像生物的生命历程一样，所以称之为产品生命周期。生命周期是一个很重要的概念，直接影响着企业制定产品策略以及营销策略。

（1）引入期的营销策略

引入期是产品成功的开始，但是，往往很多新产品在向市场投放以后，还没有进入成长期就被淘汰了。因此，企业要针对成长期的特点，制定并选择不同的营销策略。可供企业选择的营销策略主要有以下几种类型：

①迅速夺取策略，指以高价格和高促销水平推出新产品的策略。采用此策略必须具备如下条件：产品鲜为人知；了解产品的人急于购买，并愿意以卖主的定价支付；企业面临潜在的竞争，必须尽快培养对本产品"品牌偏好"的忠实顾客。

②缓慢夺取策略，指以高价格和低促销水平推出新产品的策略。它适用于这样一些情况：市场规模有限，顾客已经了解该产品，顾客愿意支付高价，以及没有剧烈的潜在竞争。

③迅速渗透策略，指用低价格和高水平促销费用推出新产品的策略。所必须具备的条件如下：市场规模大，顾客并不了解该新产品，市场对价格比较敏感，以及有强大的潜在竞争对手存在。

④缓慢渗透策略，指以低价和低促销水平推出新产品的策略。所必须具备的条件如下：市场规模大，产品有较高的知名度，市场对价格敏感，以及存在潜在的竞争对手。

（2）成长期的营销策略

企业在成长期的主要目的是尽可能维持高速的市场增长率。为此，可以采取以下市场推广策略：

改进产品质量，增加花色品种，改进款式、包装，以适应市场的需要；进行新的市场细分，从而更好地适应增长趋势；开辟新的销售渠道，扩大商业网点；改变广告宣传目标，由以建立和提高知名度为中心转变为以说服消费者接受和购买产品为中心；适当地降低价格，以提高竞争能力，吸引新的顾客。

（3）成熟期的营销策略

成熟产品是企业理想的产品，是企业利润的主要来源。因此，延长产品的成熟期是该阶段的主要任务。延长产品成熟期的策略可以从以下3个方面考虑：

①发展产品的新用途，使产品转入新的成长期。

②开辟新的市场，提高产品的销售量和利润率。

③改良产品的特性、质量和形态，以满足日新月异的消费需求。

（4）衰退期的营销策略

衰退期的营销策略主要包括以下几个方面：

①集中策略。把资源集中使用在最有利的细分市场、最有效的销售渠道，以及最好销售的品种、款式上。简而言之，缩短战线，以最有利的市场赢得尽可能多的利润。

②维持策略。保持原有的细分市场和营销组合策略，把销售维持在低水平上。待到适当时机，便停止该产品的经营，退出市场。

③榨取策略。大幅度降低销售费用，虽然有可能使销售量迅速下降，但是可以增加眼前利润。

 8.3.3　包装策略

商品需要包装后进入流通领域，实现其价值和使用价值。设计良好的包装，不仅可以保护产品，方便消费者使用，还可以为生产者创造促销价值，增加利润。包装策略主要有以下几种：

①类似包装，即企业所有产品的包装，在图案、色彩等方面，均采用同一形式。这种方法，可以降低包装的成本，扩大企业的影响，特别是在推出新产品时，可以利用企业的声誉，使顾客首先从包装上辨认出产品，迅速打开市场。

②组合包装，即把若干有关联的产品，包装在同一容器中。如化妆品的组合包装、节日礼品盒包装等，都属于这种包装方法。组合包装不仅能促进消费者的购买，也有利于企业推销产品。特别是推销新产品时，可将其与老产品组合出售，创造使消费者接受、试用的条件。

③附赠品包装。这种包装的主要方法是在包装物中附赠一些物品，从而引起消费者的购买兴趣，有时还能造成顾客重复购买的意愿。例如在珍珠霜盒里放一颗珍珠，若顾客买了一定数量之后，就能将其串成一根项链。

④再使用包装。这种包装物，在把产品使用完后，还可做别的用处。这样，购买者可以得到一种额外的满足，从而激发其购买产品的欲望。如设计精巧的果酱瓶，在把果酱吃完后可以将其做茶杯之用。在继续使用过程中，包装物实际还起了经常性的广告作用，增加了顾客重复购买的可能。

⑤分组包装，即对同一种产品，可以根据顾客的不同需要，采用不同级别的包装。如：若被用作礼品，则可以使包装精致；若自己使用，则只需简单包装。此外，对不同等级的产品，也可采用不同包装。高档产品，包装精致些，表示产品的身份；中低档产品，包装简略些，以减少产品成本。

⑥改变包装。当由于某种原因使产品销量下降，市场声誉跌落时，企业可以在改进产品质量的同时，改变包装的形式，从而以新的产品形象出现在市场，改变产品在消费者心目中的不良地位。这种做法，有利于迅速恢复企业声誉，重新扩大市场份额。

8.3.4　品牌策略

品牌是产品整体概念下"形式产品"的重要组成部分。品牌，就其实质来说，代表着销售者对交付给买者的产品特征、利益和服务的一贯性承诺。久负盛名的品牌就是优良质量的保证。品牌策略也是营销企业产品策略的重要内容。

品牌战略决策有产品线扩展策略、多品牌策略、新品牌策略和合作品牌策略等。

（1）产品线扩展策略

产品线扩展指企业现有的产品线使用同一品牌，即便增加该产品线的产品时，仍沿用原有的品牌。这种新产品往往都是现有产品的局部改进，如增加新的功能、包装、式样和风格等。通常厂家会在这些商品的包装上标明不同的规格、不同的功能特色，或不同的使用者。产品线扩展的原因是多方面的，如：可以充分利用过剩的生产能力；满足新的消费者的需要；率先成为产品线全满的公司，以填补市场的空隙，与竞争者推出的新产品竞争，或为了得到更多的货架位置。产品线扩展的利益有：扩展产品的存活率高于新产品，而通常新产品的失败率在80%～90%；满足不同细分市场的需求；完整的产品线可以防御竞争者的袭击。产品线扩展的不利有：它可能使品牌名称丧失它特定的意义。随着产品线的不断加长，会淡化品牌原有的个性和形象，增加消费者认识和选择的难度；有时因为原来的品牌过于强大，致使产品线扩展造成混乱，加上销售数量不足，难以冲抵它们的开发和促销成本；如果消费者未能在心目中区别出各种产品，则会造成同一种产品线中新、老产品自相残杀的局面。

（2）多品牌策略

在相同产品类别中引进多个品牌的策略被称为多品牌策略。证券投资者往往同时投资多种股票。一个投资者所持有的所有股票集合就是所谓证券组合（Portfolio）。为了减少风险，增加赢利机会，投资者必须不断优化股票组合。同样，一个企业建立品牌组合，实施多品牌战略，往往也是基于同样的考虑，并且这种品牌组合的各个品牌形象相互之间既有差别，又有联系，不是大杂烩。组合的概念蕴含着整体大于个别的意义。

①培植市场的需要。没有哪一个品牌单独可以培植一个市场。尽管某一品牌起初一枝独秀，但一旦等它辛辛苦苦开垦出一片肥沃的市场，其他品牌就会蜂拥而至。众多市场竞争者共同开垦一个市场，有助于该市场的快速发育与成熟。当市场分化开始出现时，众多市场贡献者的广告战往往不可避免，其效果却进一步强化了该产品门类的共同优势。有的市场开始时生气勃勃，最后却没有形成气候。其原因之一在于参与者寥寥。一个批发市场如果只有两三间小店，冷冷清清，该市场就不是什么市场了。多个品牌一同出现是支持一个整体性市场绝对必需的。以个人计算机市场为例，如果只有苹果一家企业唱独角戏，没有其他电脑厂家跟进，就绝对不可能形成今天这样火爆的 PC 市场。

②多个品牌使企业有机会最大限度地覆盖市场。没有哪一个品牌能单枪匹马地占领一个市场。随着市场的成熟，消费者的需要逐渐分化。一个品牌不可能保持其基本意义不变而同时满足几个目标。这就是为什么有的企业要创造数个品牌，以对应不同的市场细分的初衷。另一方面，近年来西方零售商自我品牌的崛起向制造商发出了有力的挑战，动摇着制造商在树立和保持品牌优势上的主动和统治地位。多品牌战略有助于制造商遏制中间商和零售商控制某个品牌，进而左右自己的能力。

多品牌提供了一种灵活性，有助于限制竞争者的扩展机会，使竞争者感到在每一个细分市场的现有品牌都是进入的障碍。在价格大战中捍卫主要品牌时，多品牌是不可或缺的。把那些次要品牌作为小股部队，给发动价格战的竞争者以迅速的侧翼打击，有助于使挑衅者首尾难顾。与此同时，核心品牌的领导地位可毫发无损。领先品牌肩负着保证整个产品门类的营利能力的重任。其地位必须得到捍卫；否则，一旦它的魅力下降，产品的单位利润就难以复升。最后，该品牌将遭到零售商的拒绝。

③突出并保护核心品牌。当需要保护核心品牌的形象时，多品牌的存在更显得意义重大。核心品牌在没有把握的革新中不能盲目冒风险。例如，为了捍卫品牌资产，迪士尼企业在其电影制作中使用多个品牌，使迪士尼企业可以产生各种类型的电影，从而避免了损伤声望卓著的迪士尼的形象。在西方，零售系统对品牌多样化的兴趣浓厚。制造商运用多品牌策略提高整体市场份额，以此增加自己与零售商较量的砝码。

所以，多品牌策略有助于企业培植、覆盖市场，降低营销成本，限制竞争对手并有力地回应零售商的挑战。

多品牌策略虽然有着很多优越性，但同时也存在诸多局限性。

一是随着新品牌的引入，其净市场贡献率将呈一种边际递减的趋势。经济学中的边际效用理论告诉我们，随着消费者对一种商品消费的增加，该商品的边际效用呈递减的趋势。同样，对于一个企业来说，随着品牌的增加，新品牌对企业的边际市场贡献率也将呈递减的趋势。这一方面是由于企业的内部资源有限，支持一个新的品牌有时需要缩减原有品牌的预算费用；另一方面，企业在市场上创立新品牌会由于竞争者的反抗而达不到理想的效果。他们会针对企业的新品牌推出类似的竞争品牌，或加大对现有品牌的营销力度。此外，另一个重要的原因是，随着企业在同一产品线上品牌的增多，各品牌之间不可避免地会侵蚀对方的市场。在总市场难以骤然扩张时，很难想象新品牌所吸引的消费者全部都是竞争对手的顾客，或是从未使用过该产品的人。特别是当产品差异化较小，或是同一产品线上不同品牌定位差别不甚显著时，这种品牌间相互蚕食的现象尤为显著。

二是品牌推广成本较大。企业实施多品牌策略，就意味着不能将有限的资源分配给获利能力强的少数品牌。各个品牌都需要一个长期、巨额的宣传预算。对有些企业来说，这是可望而不可即的。

（3）新品牌策略

为新产品设计新品牌的策略称为新品牌策略。当企业在新产品类别中推出一个产品时，它可能发现原有的品牌名不适合于它，或是对新产品来说有更好、更合适的品牌名称，需要企业设计新品牌。例如，春兰集团以生产空调著名。当它决定开发摩托车时，采用春兰这个女性化的名称就不太合适，于是采用了新的品牌"春兰豹"。又如，原来生产保健品的养生堂开发饮用水时，使用了更好的品牌名称"农夫山泉"。

（4）合作品牌策略

合作品牌（也被称为双重品牌）是两个或更多的品牌在一个产品上联合起来。每个品牌都期望另一个品牌能强化整体的形象或购买意愿。

合作品牌的形式有多种。一种是中间产品合作品牌，如富豪汽车公司的广告说，它使用米其林轮胎。另一种形式是同一企业合作品牌，如摩托罗拉公司的一款手机使用的是"摩托罗拉掌中宝"，掌中宝也是公司注册的一个商标。还有一种形式是合资合作品牌，如日立的一种灯泡使用"日立"和"GE"联合品牌。

8.4 定价策略

为了有效地开展市场营销，增加销售收入，提高利润，企业不仅要给产品制定基本价格，而且要对制定的基本价格适时地进行调整。价格是市场营销组合中十分敏感而又难以控制的因素，直接关系到市场对产品的接受程度，影响着市场需求和企业的利润，涉及生产者、经营者和消费者等多方的利益。定价策略是市场营销组合中极其重要的部分。

8.4.1 影响定价的主要因素

影响产品定价的因素是多方面的，包括定价目标、成本、市场需求，以及竞争者的产品和价格等。这些因素往往相互作用，共同影响着企业的定价决策。对任何因素的忽略或者考虑欠妥都可能导致营销活动产生大相径庭的结果。所以，仔细研究影响定价的因素有助于管理者做出科学有效的决策。

（1）企业目标

①维持生存。如果企业产能产量过剩，或者面临激烈竞争，则会把维持生存作为主要目标。为了确保继续开工并将存货出手，企业必须制定较低的价格，并希望市场是价格敏感型的。

②当期利润最大化。有些企业希望制定能使当期利润最大化的价格，它们估计需求和成本，据此选择一种价格，使之当期利润最大化。

③市场占有率最大化。有些企业通过定价取得控制市场的地位。具备下述条件之一时，企业可考虑通过低价实现高市场占有率：市场对价格高度敏感，低价能刺激需求迅速增长；生产与分销的单位成本会随生产经验的积累而下降；低价能吓阻现有的和潜在的竞争者。

④产品质量最优化。企业可以考虑质量领先的目标。这就要求用高价弥补高质量和研发的高成本。产品优质优价的同时，还应辅以相应的优质服务。

（2）产品成本

从长远看，任何产品的销售价格都必须高于成本费用，只有这样，才能以销售收入抵偿生产成本和经营费用。对于已有的产品，企业要考虑同生产、销售有关的直接成本和分配的间接成本；而对于新产品，企业则要考虑在未来的整个生命周期内的直接成本和分配的间接成本。

（3）市场需求

市场需求受价格和收入变动的影响。因此，价格或收入等因素引起的需求变动率叫需求弹性。需求的价格弹性反映需求量对价格的敏感程度，以需求变动的百分比与价格变动的百分比的比值计算。

（4）竞争因素

竞争环境决定行业竞争的强度，也决定定价的权利归属。必须采取适当方式了解竞争者的产品质量和价格，比质比价。如果质量大体一致，则价格应大体相同或略低一些，否则可能卖不出去；如果本企业产品质量较高，则价格也可以定高一些，反之亦然。

（5）政策法规

企业制定价格还须考虑政府有关的政策、法令的规定。我国规范企业定价行为的法律和相关法规（这里用简称）有《价格法》《反不正当竞争法》《明码标价法》《制止牟取暴利的暂行规定》《价格违反行为行政处罚规定》《关于制止低价倾销行为的规定》等。

 8.4.2　定价方法

企业产品价格的高低受市场需求、成本费用和竞争等因素的影响。制定价格时应全面考虑这些因素。实际运行中，企业定价有以下3种导向：

（1）成本导向定价法

成本导向定价法是一种主要以成本为依据的定价方法，包括成本加成定价法、增量分析定价法和目标定价法这3种具体的方法。限于篇幅，此处详细解释目标定价法。

目标定价法是指根据估计的总销售收入（销售额）和估计的产量（销售量），以倒推的方式制定价格的定价方法。这种方法利用盈亏平衡点计算保本销售量，在市场环境发生变化的时候极为有用；但其主要缺陷是企业以估计的销售量求出价格，而价格恰恰是影响销售量的重要因素。

（2）需求导向定价法

需求导向定价法是一种以市场需求强度及消费者感受为主要依据的定价方法，包括感知价值定价法、反向定价法和需求差异定价法。此处详细解释感知价值定价法。

感知价值定价法是根据购买者对产品的感知价值制定价格的定价方法。感知价值定价与现代市场定位观念相一致。企业为目标市场开发新产品时，在质量、价格、服务等各方面都需要体现特定的市场定位。因此，首先要决定所提供的价值及价格；其次，要估计以此价格所能销售的数量，再根据销售量决定所需产能、投资及单位成本；再次，还要计算此价格和成本能否获得满意的利润。若能获得满意的利润，则能继续开发这一产品；反之，放弃。

（3）竞争导向定价法

竞争导向定价法是在由市场需求和企业成本决定的价格范围内，考虑竞争者的成本、价格和可能的价格反应制定价格。竞争导向定价法通常有两种方法，即随行就市定价法和投标定价法。这里主要解释投标定价法。

投标定价法是采购机构刊登广告或发函，说明拟购品种、规格、数量等具体要求，邀请供应商在规定的期限内投标。采购机构在规定的日期开标，一般选择报价最低、最有利的供应商成交，签订采购合同。供货企业如果想做这笔业务，就要在规定期限内填写标单，填写可供商品名称、品种、规格、数量等，密封送达招标人。投标价格根据估计的竞争者的报价制定，而不是按供货企业自己的成本费用制定。其目的在于赢得合同，所以一般应低于对手报价。

 ## 8.4.3 定价策略

为产品定价是一个极其复杂的过程。企业采取不同的定价方法，只是得到产品的基本价格。进一步来说，企业还需根据具体的市场环境、产品条件、市场供求、企业目标等灵活地运用适当的定价策略和技巧来制定最终的销售价格，以期能达到扩大销售、增加企业利润的目的。

（1）新产品定价策略

与其他产品相比，新产品可能具有竞争程度低、技术领先的优点，但同时也会有不被消费者认同和产品成本高的缺点。因此，在为新产品定价时，既要考虑能尽快收回投资，获得利润，又要有利于消费者接受新产品。实际中，常见的定价策略有以下3种：

①撇脂定价。这种策略也称高价策略，指企业以大大高于成本的价格将新产品投入市场，以便在短期内获取高额利润，尽快收回投资，然后再逐渐降低价格的策略。索尼公司的电器产品在投入市场之初，大都采用该策略。我们生活中的许多电子产品、高科技产品也都采取过此做法。一般地，撇脂定价策略适合于市场需求量大且需求价格弹性小、顾客愿意为获得产品而支付高价的细分市场；或企业是某一新产品的唯一供应者时，采用撇脂定价可使企业利润最大化。但高价会吸引竞争者纷纷加入，而一旦有竞争者加入，企业就应迅速降价。

②渗透定价。与撇脂定价恰好相反，渗透定价是在新产品投放市场时，将价格定得较低，以吸引大量消费者，提高市场占有率。采取渗透定价策略不仅有利于迅速打开产品销

路，抢先占领市场，提高企业和品牌的声誉，而且由于价低利薄，从而有利于阻止竞争对手的加入，保持企业一定的市场优势。通常，渗透定价适合于产品需求价格弹性较大的市场，低价可以使销售量迅速增加；此外，要求企业生产经营规模大，经济效益明显，成本能随着产量和销量的扩大而明显降低，从而通过薄利多销获取利润。

（2）产品组合定价策略

产品组合定价指企业为了实现整个产品组合（或整体）利润最大化，在充分考虑不同产品之间的关系，以及个别产品定价高低对企业总利润的影响等因素基础上，系统地调整产品组合中相关产品的价格。主要的策略有：

①产品线定价策略，指企业为追求整体收益的最大化，为同一产品线中不同的产品确立不同的角色，制定高低不等的价格。有的产品充当招徕品，定价很低，以吸引顾客购买产品线中的其他产品；而定价高的，则为企业的获利产品。

②互补品定价策略。有些产品只有互相配合在一起使用，才能发挥出某种使用价值，如相机与胶卷，隐形眼镜与消毒液，饮水机与桶装水等。企业经常为主要产品（价值量高的产品）制定较低的价格，而为附属产品（价值量较低的）制定较高的加成，这样有利于整体销量的增加，增加企业利润。

③成套优惠定价策略。对于成套设备、服务性产品等，为鼓励顾客成套购买，以扩大企业销售，加快资金周转，可以使成套购买的价格低于单独购买其中每一产品的费用总和。

（3）心理定价策略

心理定价是根据消费者不同的消费心理而灵活定价，以引导并刺激购买的价格策略，主要有：

①声望定价。声望定价指对一些名牌产品，企业往往可以利用消费者仰慕名牌的心理而制定大大高于其他同类产品的价格。如国际著名的欧米茄手表，在我国市场上的销价从一万元到几十万元不等。消费者在购买这些名牌产品时，特别关注其品牌，标价所体现出的炫耀价值，目的是通过消费获得极大的心理满足。

②尾数定价。对于日常用品，一般来说，消费者乐于接受带有零头的价格。这种尾数价格往往能使消费者产生一种似乎便宜，且定价精确的感觉。

③招徕定价。零售商常利用消费者贪图便宜的心理，特意将某几种产品的价格定得较低，以招徕顾客，或者利用节假日和换季时机举行大甩卖，以及限时抢购等活动，把部分商品打折出售，目的是吸引顾客，促进全部产品的销售。

（4）折扣定价策略

企业为了鼓励顾客及早付清货款，或鼓励大量购买，或为了增加淡季销售量，常常酌情给顾客一定的优惠。这种价格的调整叫作价格折扣和折让。

①现金折扣，是企业对现金交易的顾客或对及早付清货款的顾客给予一定的价格折扣。许多情况下采用此定价法可以加速资金周转，减少收账费用和坏账。

②数量折扣，是企业给那些大量购买某种产品的顾客的一种折扣，以鼓励顾客购买更多的货物。大量购买能使企业降低生产、销售等环节的成本费用。

③功能折扣，也叫贸易折扣。是制造商给予中间商的一种额外折扣，使中间商可以获得低于目录价格的价格。

④季节折扣，是企业鼓励顾客淡季购买的一种减让，以使企业的生产和销售一年四季都

能保持相对稳定。

⑤推广津贴。为扩大产品销路，生产企业向中间商提供促销津贴。如零售商为企业产品刊登广告或设立橱窗，生产企业除负担部分广告费外，还在产品价格上给予一定优惠。

（5）地区定价策略

通常一个企业的产品不仅在本地销售，同时还要销往其他地区，而产品从产地运到销地要花费一定的运输、仓储等费用。那么，应如何合理分摊这些费用、如何制定不同地区的价格就是地区定价策略所要解决的问题。具体有 5 种方法：

①产地定价。以产地价格或出厂价格为交货价格。运杂费和运输风险全部由买方承担。这种做法适用于销路好、市场紧俏的商品，但不利于吸引路途较远的顾客。

②统一交货价，也称邮票定价法。企业对不同地区的顾客实行统一的价格，即按出厂价加平均运费制定统一交货价。这种方法简便易行，但实际上是由近处的顾客承担了部分远方顾客的运费，对近处的顾客不利，但比较受远方顾客的欢迎。

③分区定价。企业把销售市场划分为远近不同的区域。各区域因运距差异而实行不同的价格。同区域内实行统一价格。分区定价类似于邮政包裹、长途电话的收费。对企业来讲，可以较为简便地协调不同地理位置用户的运费负担问题，但对处于分界线两侧的顾客而言，还会存在一定的矛盾。

④基点定价。企业在产品销售的地理范围内选择某些城市作为定价基点，然后按照出厂价加上基点城市到顾客所在地的运费来定价。这种情况下，运杂费用等是以各基点城市为界，由买卖双方分担。该策略适用于体积大、运费占成本比重较高、销售范围广、需求弹性小的产品。

⑤运费免收定价，指由企业承担部分或全部运输费用的定价策略。当市场竞争激烈，或企业急于打开新的市场时常采取这种做法。

8.4.4 价格调整与变动

产品在初次定价后，由于市场环境、销售情况和竞争对手等情况发生变化，经常需要对价格进行调整。调整价格的主要原因有两个：一是市场供求环境发生了变化，故企业认为有必要对自己产品的价格进行调整；二是竞争者的价格发生了变动，故企业不得不做出相应的变化，以适应市场竞争的需要。因此，前一种调整又被称为主动价格调整，而后一种调整又被称为被动价格调整。

价格是企业与顾客沟通的媒介。价格的变化会引起顾客持有的货币量的变化，影响到产品价值链上每一个环节的利益。

（1）顾客对价格调整的反应

由于存在信息不对称，如果顾客在发现价格变动后无法真正了解并准确判断企业价格调整的真实动机，则通常会根据常识对企业的降价行为形成以下理解：

①企业要推出新款产品或新的投资项目，所以要对老产品进行降价清货；

②降价的产品存在某种缺陷，所以企业对产品进行降价销售；

③企业经营状况不好，财务方面可能出现了麻烦，急需资金回笼；

④市场不乐观或该行业整体不景气，可能爆发价格战，产品价格有进一步下跌的可能，

持币观望的态度是可取的。

（2）竞争者对价格调整的反应

①相向式反应。这是一种紧盯竞争对手价格变化的策略，即企业对主要竞争对手的价格浮动保持一致的比例。

②逆向式反应。这是一种跟竞争对手对抗的策略，即当竞争对手提价的时候，自己降价或维持原价；当竞争对手降价时，自己提价或维持原价不变。这种策略十分危险，应用的时候必须进行充分的营销调研，以便了解市场的竞争格局，反其道而行之，出奇制胜。

③交叉式反应。这是指众多竞争对手对企业调价的反应不一，既有相向的，也有逆向的，还有保持不变的。此时，企业如果不得不进行价格调整，则需要把注意力放在产品质量、品牌与客户服务上。

8.5　分销策略

在市场经济条件下，生产者与消费者之间存在时间、地点、数量、品种、信息、产品估价和所有权等多方面的差异和矛盾。企业生产的产品只有通过一定的分销渠道才能在适当的时间、地点，以适当的价格和方式供应给消费者或用户。

8.5.1　分销渠道的职能和类型

分销渠道通畅指促使某种产品和服务能顺利地经由市场交换过程，转移给消费者（用户）消费使用的一整套相互依存的组织。分销渠道对产品从生产者转移到消费者所必须完成的工作加以组织。其目的在于消除产品（或服务）与使用者之间的差距。分销渠道的主要职能有如下几种：

①研究，即收集制订计划并进行交换时所必需的信息。

②促销，即进行关于所供应的货物的说服性沟通。

③接洽，即寻找可能的购买者并与其进行沟通。

④配合，即使所供应的货物符合购买者需要，包括制造、评分、装配、包装等活动。

⑤谈判，即为了转移所供货物的所有权，而就其价格及有关条件达成最后协议。

⑥实体分销，即从事商品的运输、储存。

⑦融资，即为补偿渠道工作的成本费用而对资金的取得与支用。

⑧风险承担，即承担与从事渠道工作有关的全部风险。

关于分销渠道层次的数目分类，我们通常以中间机构层次的数目表述渠道的长度，如图8－2所示。

分销渠道的宽度是指渠道中每个层次使用的同种类型中间商的数目。它与分销策略密切相关。企业的分销策略通常可分为3种：密集分销、选择分销和独家分销。密集分销是指制造商尽可能通过许多负责任的、适当的批发商和零售商推销产品。消费品中的便利品和产业用品中的供货品通常采取密集分销，使广大消费者和用户能随时随地买到产品；选择分销是

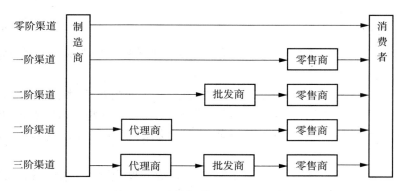

图8-2　分销渠道层次的数目分类

指制造商在某一地区仅仅通过少数精心挑选的、最合适的中间商推销产品，适用于所有产品；独家分销是指制造商在某一地区仅选择一家中间商推销商品。通常双方协商签订独家经销合同，规定经销商不得经营竞争者的产品，以便控制经销商的业务经营，调动其营业积极性。

 8.5.2　分销渠道的设计

一般来讲，要设计一个有效的渠道系统，就必须经过以下步骤：

①分析顾客需要的服务产出水平。设计渠道的第一步，是了解在目标市场消费者购买什么商品、在什么地方购买、为何购买、何时购买，以及如何购买。营销人员必须了解目标顾客需要的服务产出水平，即人们购买一个产品时所期望的服务类型和水平。

②确定渠道目标与限制。每一个生产者都必须在顾客、产品、中间商、竞争者、企业政策和环境等形成的限制条件下，确定渠道目标。所谓渠道目标，是企业预期达到的顾客服务水平（如何、何时、何处对目标顾客提供产品服务）以及中间商应执行的职能等。

③明确各种渠道备选方案。确定渠道的目标与限制之后，下一步工作是明确各主要渠道的备选方案。渠道的备选方案涉及两个基本问题：一是中间商的类型与数目；二是渠道成员的特定任务。

④评估各种可能的渠道备选方案。每一渠道备选方案，都是产品送达最终顾客的可能路线。生产者所要解决的问题，就是从那些似乎很合理但又相互排斥的备选方案中选择最能满足企业长期目标的一种。因此，生产者必须对各种可能的渠道备选方案进行评估。评估标准有3个，即经济性、控制性和适应性。

这3项标准中，经济性标准最为重要。判别一个方案好坏的标准，不应只是其能否导致较高销售额和较低成本费用，而是能否取得最大利润。

 8.5.3　分销渠道的管理

在完成渠道设计之后，还要重视对渠道成员的管理，主要是针对中间商进行选择、激励与定期评估。

（1）选择渠道成员

生产者在招募中间商时，要明确中间商的优劣特性。一般来讲，生产者要评估中间商经营时间的长短及成长记录、清债能力、合作态度、声望等。当中间商是销售代理商时，还须评估其经销的其他产品大类的数量与性质，以及推销人员的素质与数量。实际上，选择过程通常是一个"双向过程"，不仅制造商在选择中间商，同时中间商也在选择制造商。因此，为了获得高质量的渠道成员，制造商必须让渠道成员认可经销其产品是有利的。

（2）激励渠道成员

当生产者给予中间商的优惠条件超过它取得合作所需提供的条件时，就会出现激励过分的情况。其结果是销售量提高而利润下降。当生产者给予中间商的条件过于苛刻，以致不能激励中间商努力时，会出现激励不足。其结果是销售降低，利润减少。所以，生产者必须确定应花费多少力量及花费何种力量鼓励中间商。一般来讲，如果对中间商的激励仍不足，则生产者还可采取提高中间商可得毛利率，放宽信用条件的方法，以进一步激励中间商。生产者都注重运用感召力、专长力、法定力和奖赏力，尽量避免使用强制力。这样，往往能收到理想的效果。

（3）评估渠道成员

生产者还需定期评估中间商的绩效，可以通过以下两种方法：

①契约约束与销售配额。契约中对经销商的责任明确，以及有关绩效标准与奖惩条件可以避免合作中的种种不快。此外，生产者还可在一定时期列出各中间商销售额，并依据销售额大小排出先后名次。这样可以使后进的中间商为了荣誉奋力上进，也可以促使先进的中间商更进一步。

②测量中间商绩效。可以将每一个中间商的销售绩效与上期绩效比较，并以整个群体的升降百分比作为标准。还可以将各中间商的绩效与该地区基于销售潜量分析所设立的配额进行比较。这样，企业的调整和激励措施可以集中于那些未达到既定比率的中间商。

（4）渠道改进安排

要定期改进渠道系统，以适应市场动态。当消费者购买方式变化，市场扩大，新竞争者兴起，创新的分销战略出现，以及产品进入生命周期下一阶段时，便有必要对渠道进行改进。

8.6　促销策略

成功的市场营销活动，不仅需要制定适当的价格，选择合适的分销渠道，向市场提供令消费者满意的产品，而且需要采取适当的方式进行促销。促销策略是四大营销策略之一。正确制定并合理运用促销策略是创业者在市场竞争中赢得竞争优势的必要保证。

8.6.1　促销与促销组合

促销是促进产品销售的简称。从市场营销的角度来看，促销时企业通过人员和非人员的方式沟通企业与消费者之间的信息，提升品牌形象，引发、刺激消费者的购买欲望，使其产生购买行为的活动。

各种促销方式都有其优点和缺点。在促销过程中，企业常常将多种促销方式同时并用。促销组合就是企业根据产品的特点和营销目标，综合各种营销因素，对各种促销方式的选择和应用。促销组合是促销策略的基础，而促销策略则是促销组合的结果。

影响促销组合与促销策略制定的因素主要有以下几个：

（1）促销目标

企业在不同时期或不同区域，不同的经营目标也会带来不同的促销目标。促销组合和促销策略的制定要符合企业的促销目标，并根据不同的促销目标，采用不同的促销组合和促销策略。

（2）产品因素

①产品的性质。对于不同性质的产品，购买者和购买的目的就不相同。一般来说，在对消费品促销时，因市场范围广而更多地采用拉式策略，尤以销售促进和广告形式促销为多；在对工业品或生产资料促销时，因购买者购买批量较大，市场相对集中，故以人员推销为主。

②产品的市场生命周期。促销目标在产品市场生命周期的不同阶段是不同的。这决定了在市场生命周期各阶段要相应选配不同的促销组合，采用不同的促销策略。以消费品为例，在投入期，促销目标主要是宣传、介绍商品，使顾客认识、了解商品。在这一阶段以广告为主要促销形式。在成长期，由于产品具有一定销路，同时也出现竞争者，仍需广告宣传，辅以公共关系、销售促进等形式，尽可能扩大销售渠道。在成熟期，竞争者增多，促销活动以增进购买兴趣为主。各种促销工具的重要程度依次是销售促进、广告、公共关系。在衰退期，由于更新换代产品和新发明产品的出现，使原有产品的销量大幅下降。销售促进应继续成为主要的促销手段，同时为了减少损失，促销费用不宜过大。

（3）市场条件

市场条件不同，促销组合与促销策略也有所不同。从市场类型看，消费者市场因消费者多而分散，多数靠广告、销售促进等非人员推销形式；而对用户较少、批量购买、成交额较大的生产者市场，则主要采用人员推销形式。

（4）促销预算

企业开展促销活动所支付的费用是有限的，因此在满足促销目标的前提下，要做到效果好而费用省。为了避免盲目性，在确定促销预算额时，除了考虑营业额的多少外，还应考虑到促销目标的要求及产品市场寿命等其他影响促销的因素。

 8.6.2 人员推销策略

人员推销是企业运用推销人员直接向推销对象推销商品或服务的一种促销活动。人员推销的基本形式主要有以下3种：

①上门推销。上门推销是最常见的人员推销形式。它是由推销人员携带产品的样品、说明书和订单等走访顾客，介绍产品，可以针对顾客需求提供有效的服务。

②柜台推销。柜台推销又称门市推销，是指企业在合适地点设置固定的门市，由营业员接待进入门市的顾客，推销产品。柜台推销适用于零星小商品、贵重商品和容易损坏的商品

推销。

③会议推销。会议推销指的是利用各种会议，如展览会、交易会向与会人员宣传、介绍产品，开展推销活动。

人员推销的基本策略主要有以下3种：

①试探性策略。试探性策略也称为"刺激—反应"策略。这种策略是在不了解顾客的情况下，推销人员运用刺激性手段引发顾客产生购买行为的策略。推销人员事先设计好能引起顾客兴趣，能刺激顾客购买欲望的推销语言，通过渗透性交谈进行刺激并观察其反应，采取相应对策进行刺激，进一步观察顾客反应，了解其真实需求，诱发其购买动机。

②针对性策略。针对性策略是指推销人员在基本了解顾客某些情况的前提下，有针对性地对顾客进行宣传、介绍，以引起顾客的兴趣和好感，从而达到成交的目的。因推销人员常常在事前已根据顾客的有关情况设计好推销语言，与医生为患者诊断后开处方类似，故又称针对性策略为"配方—成交"策略。

③诱导性策略。诱导性策略是指推销人员运用能激发顾客某种需求的说服方法，诱发、引导顾客产生购买行为。这种策略是一种创造性推销策略，对推销人员要求较高，要求其能因势利导，诱发、唤起顾客的需求，并能不失时机地宣传、介绍并推荐所推销的产品，以满足顾客对产品的需求。

 8.6.3　广告策略

广告作为促销方式，是一门带有浓郁商业性和艺术性的综合体。它是以促销为目的，付出一定的费用，通过特定的媒体传播商品或劳务等有关经济信息的大众传播活动。按照广告媒体的不同，可将其分为报纸广告、杂志广告、广播广告、电视广告、互联网广告、邮寄广告，以及基于地点的广告、附着在产品上的广告等。不同的广告媒体有不同的特性。这决定了企业从事广告活动必须对广告媒体进行正确的选择，否则将会影响广告效果。企业选择广告媒体，一般考虑以下影响因素：

（1）产品的性质

广告媒体只有适应产品的性质，才能取得较好的广告效果。通常，对高科技产品进行广告宣传，应面向专业人员，多选用专业性杂志；而面对一般生活用品，则适合选用能直接传播到大众的媒体广告，如广播、电视等。

（2）消费者接触媒体的习惯

选择广告媒体，还要考虑目标市场上消费者接触广告媒体的习惯。一般认为，能使广告信息传播到目标市场的媒体是最有效的媒体。例如，对妇女儿童用品的广告宣传，宜选电视做其媒体。当然对妇女用品广告，可以选用妇女喜欢阅读的妇女杂志或在妇女商店布置橱窗。

（3）媒体的传播范围

适合全国各地使用的产品，应以全国性发行的报纸、杂志，以及覆盖全国的广播、电视等作为广告媒体；属地方性销售的产品，可通过地方性报刊、电台、电视台、霓虹灯等传播消息。

（4）媒体的影响力

在各种媒体上做广告有各自的优、缺点。企业要在众多媒体种类中选择适当的媒体进行品牌传播。媒体影响力的强弱决定了媒体传播价值的大小，从而决定了企业品牌传播效果的好坏。

 8.6.4　公共关系策略

公共关系是指企业在从事市场营销活动中正确处理企业与社会公众的关系，以便树立品牌及企业的良好形象，从而促进产品销售的一种活动。它是一门"内求团结，外求发展"的经营管理艺术，是一项与企业生存发展休戚相关的事业。按照公共关系的功能作用不同，公共关系的活动方式主要有以下 5 种：

（1）宣传性公关

宣传性公关是运用报纸、杂志、广播、电视等各种传播媒介，采用撰写新闻稿、演讲稿、报告等形式，向社会各界传播企业有关信息，以形成有利于企业形象的社会舆论，创造良好气氛的活动。这种方式传播面广，对推广企业形象效果较好。

（2）征询性公关

征询性公关主要开办各种咨询业务，建立来信来访制度和合理化建议制度，制作调查问卷，设立热线电话，分析新闻舆论，广泛开展社会调查，进行有奖测验活动，聘请兼职信息人员，举办信息交流会等。

（3）交际性公关

交际性公关主要运用各种交际方法和沟通艺术，广交朋友，协调关系，缓和矛盾，化解冲突，主要包括社团交际和个人交际，如工作餐会、宴会、座谈会、招待会、谈判、游说、专访、慰问、接待参观、电话沟通、电子邮件、亲笔信函等。

（4）服务性公关

服务性公关主要以实际的服务行为作为特殊媒介，吸引公众，感化人心，获取好评，如各种消费教育、消费培训、消费指导、售后服务、社区服务、家庭式服务等。

（5）赞助性公关

赞助性公关是通过赞助文化、教育、体育、卫生等事业，支持社区福利事业，参与国家、社区重大社会活动等形式塑造品牌及企业良好形象，提高品牌及企业的社会知名度和美誉度的活动。这种公关方式公益性强，影响力大，但成本较高。

 8.6.5　销售促进策略

销售促进又称营业推广，是指企业运用各种短期诱因鼓励消费者和中间商购买、经销（或代理）企业产品或服务的促销活动。

销售促进的方式多种多样。为了鼓励老顾客继续购买、使用本企业产品，激发新顾客试用本企业产品，向消费者推广的方式主要有赠送样品、赠送代金券、包装兑现、廉价包装、赠品印花等；为了促使中间商积极经销本企业产品，同时有效地协助中间商，增进与中间商的关系，通常采取购买折扣、津贴补助、经销奖励等方式向中间商推广。

销售促进是一种促销效果比较显著的促销方式，但倘若使用不当，会影响产品销售以及企业形象。企业在运用销售促进方式促销时，必须予以控制。

①选择适当的方式。一个特定的销售目标可以采用多种促销工具来实现，所以对多种销售促进工具应该进行比较选择和优化组合，以实现最优的促销效果。

②确定合理的期限。推广的期限，既不能过长，也不宜过短。时间过长会使消费者习以为常，失去刺激需求的作用，甚至会产生疑问或不信任感；时间过短会使顾客来不及接受销售促进的好处，收不到最佳的促销效果。

③切忌弄虚作假。销售促进的主要对象是企业的潜在顾客。因此，企业在销售促进全过程中，一定要坚决杜绝徇私舞弊的短视行为发生。

④注重推广中后期宣传。在销售促进活动的中后期，十分重要的活动内容是企业的兑现行为。这一方面有利于唤起消费者的购买欲望，另一方面可以换来社会公众对企业的良好口碑，提高企业的良好形象。

8.7　营销管理与创新

 ### 8.7.1　营销管理

（1）营销管理的内涵及意义

营销管理是指为了实现企业目标，建立并保持与目标市场之间的紧密且互利的关系而对设计项目进行的分析、规划、实施和控制。营销管理的实质，是需求管理，即对需求的水平、时机和性质进行有效的调解，从而使企业更好地掌握目标市场的状况，提高营销能力和水平。

在企业中，完善的机制、合理的管理，以及有效的营销渠道，构成一个完整的企业。发挥企业的管理职能，在企业的市场营销中举足轻重。有了管理，营销会变得井然有序，各个部门之间的配合也会非常默契，从而提升企业的效益。营销管理的意义在于：

①促进人员的合理配置。企业营销中，管理者应该根据个人的能力，在营销组织内部进行调整。

②实现企业的可持续发展。在企业营销的过程中，只有经过不断总结和调整，企业才能适应瞬息万变的市场，从而实现企业的可持续发展。

③开拓更广泛的市场。知识经济时代的最大特点就是高科技成为市场的主宰力量。市场需求不仅潜力无限，而且逐步涉及各行各业，具有极大的市场拓展空间。

（2）营销管理体系

企业要想搞好营销管理工作，就必须建立一套完善的营销管理体系，从而实现管理的科学化、体系化。营销管理体系主要涉及3方面：

①结果管理。在企业管理当中结果管理包括两个方面：一方面是业绩评价，包括销售量和回款情况、销售报告系统执行情况、销售费用控制情况、服从管理情况、市场策划情况，以及进步情况；另一方面是市场信息研究，包括本公司表现、竞争对手信息，如质量信息、价格信息、品种信息、市场趋势、客户信息等。

②销售计划管理。其核心内容是销售目标在各个具有重要意义方面的合理分解。这些方

面包括品种、区域、客户、业务员、结算方式、销售方式和时间进度。分解过程既是落实过程，也是说服过程，同时通过分解也可以检验目标的合理性与挑战性，发现问题后可以及时调整。合理的、实事求是的销售计划，在实施过程中既能够反映市场危机，也能够反映市场机会，同时也是严格管理，确保销售工作效率、工作力度的关键。

③客户管理。在企业管理当中客户销售管理的核心任务是热情管理和市场风险管理。调动客户热情和积极性的关键在于利润和前景，而市场风险管理的关键是客户的信用、能力和市场价格控制。

 ## 8.7.2　营销创新

（1）营销创新的内涵

营销创新是指根据营销环境的变化情况，并结合企业自身的资源条件和经营实力，寻求营销要素在某一方面或某一系列的突破或变革的过程。在这个过程中，并非要求一定要有创造发明，只要能够适应环境，赢得消费者的心理且不触犯法律、法规和通行惯例，同时能被企业接受，那么这种营销创新就是成功的；但是，能否最终实现营销目标，不是衡量营销创新成功与否的唯一标准。新型的营销方式有多种，如网络营销、关系营销、绿色营销等。本书将对关系营销和绿色营销进行简单介绍。企业创业初期，要选择合适的营销方式，对新型营销方式加以合理运用，以适应市场环境的变化，从而使企业快速进入市场，实现企业价值。

（2）关系营销

关系营销是20世纪90年代在西方兴起的一种全新的营销战略思想。传统的营销是以内部控制因素的调整，实现产品销售的一种活动。然而，随着营销环境的变化，营销专家开始寻求并建立适应当代企业竞争要求的新的营销理论和方法，关系营销应运而生。关系营销的基本特点包括两方面：一方面，在宏观上认识到市场营销在更广泛的范围内产生影响，包括顾客市场、劳动力市场、供应市场、内部市场、相关市场，以及政府和金融市场；另一方面，在微观上认识到企业与顾客相互关系的性质在不断变化，即市场营销的核心从"交易"转变为"关系"。所谓关系营销是识别、建立并巩固企业与顾客及其他利益相关人员之间的关系的活动。通过努力，企业以成熟的交易及履行承诺的方式，使活动涉及各个方面的目标在关系营销中实现。

（3）绿色营销

绿色营销是指企业为了实现自身利益、消费者需求和环境的统一，关于产品和服务的观念、定价、促销和分销的策划和实施过程。绿色营销观念认为，企业在营销活动中，要顺应时代可持续发展战略的要求，注重地球生态环境保护，促进经济与生态环境协调发展，以实现企业利益、消费者利益、社会利益及生态环境利益的协调统一，正确处理消费者需求、企业利润和环境保护之间的矛盾，做到统筹兼顾，相互协调。

本章要点回顾

随着现代市场经济条件的逐渐成熟和完善，对于创业者来说，企业的生存和发展时刻面对着激烈的市场竞争。因此，企业要想发展，就离不开市场营销。其生产的产品要想在市场上成功销售，就要对目前的市场进行战略性思考。对于企业，尤其是对于在创业初期的企业，市场营销策略是企业自身谋求发展的最宝贵的资源，是其产品生产和销售的物质根基。准确的市场营销策略会促使企业提高营销效率，保证其经营畅通，实现其快速发展和高效良性运作。

　　本章从营销环境、营销战略、营销组合和营销的管理与创新 4 个主要方面对市场营销进行了详细阐述。创业者在创业时应充分分析企业的市场环境，制定适合企业发展的营销战略和营销组合，并且加强对营销过程的管理与创新，用创新的思维应对瞬息万变的市场，为企业创业和发展奠定良好基础。

习题

1. 试述市场营销的内涵。
2. 试述市场营销在创业中的作用。
3. 阐述市场营销的相关概念。
4. 简述如何对创业企业的营销环境进行分析。
5. 试述如何制定适合企业的市场营销规划。

课后拓展

王世龙. 论〈中国好声音〉的节目定位和模式创新 [J]. 文化学刊，2013（2）：122 - 126.

第九章　创业融资

============== 【内容提要】 ↗

　　资金是企业经济活动的第一推动力，也是持续推动力。企业能否获得稳定的资金来源，及时足额筹集到生产要素组合所需要的资金，对经营和发展都起着至关重要的作用。所以，对于创业者来说，如何筹措足够的资金，以维持企业生存，推动企业发展，是一个必须妥善解决的问题。

　　学完本章后，希望同学们做到：
　　①了解融资含义及创业融资现状；
　　②掌握创业融资渠道和风险；
　　③根据创业企业自身情况制定相应的创业融资方案。

【引导案例】

　　大家投网站的创始人李群林起初并不是受互联网投资人喜欢的明星创业者。曾经有很多知名的天使投资人都拒绝了他的请求，但李群林并没有轻易放弃。他不断在微博上发表并宣传资金的理念，结识真正对他认可的粉丝和朋友。经过两个月的艰苦努力，他引起了深圳创新谷孵化器的注意，它愿意做他项目的领投人。不久他又吸引了11个个人的投资。总共12个投资人，每人出资最高15万元，最低3万元。除创新谷孵化器是机构外，更多的投资人是没有专业投资经验的个人。大家投网站最后出让20%的股份。

　　大家投网站模式是当创业项目在平台上发布项目后，吸引到足够数量的小额投资人（天使投资人），在凑满融资额度后，投资人就按照各自出资比例成立有限合伙企业（领投人任普通合伙人，跟投人任有限合伙人），再以该有限合伙企业法人身份入股被投项目公司，持有项目公司出让的股份。融资成功后，作为中间平台的大家投从中抽取2%的融资顾问费。

　　如同支付宝解决电子商务消费者和商家之间的信任问题一样，大家投将推出一个中间产品，叫"投付宝"。简单而言，它就是投资款托管。对项目感兴趣的投资人把投资款先打到由兴业银行托管的第三方账户，在公司正式注册验资的时候再拨款进公司。投付宝的好处是可以分批拨款，比如投资100万元，先拨付25万元，根据企业的产品或运营进度决定是否持续拨款。

　　对于创业者来讲，有了投资款托管后，投资人在认投项目时就需要将投资款转入托管账户，认投方可有效。这样就有效避免了以前投资人轻易反悔的情况，会大大提升创业者的融资效率。由于投资人存放在托管账户中的资金是分批次转入被投企业的，所以大大降低了投资人的投资风险，投资人参与投资的积极性会大幅度提高。这样也会大幅度提高创业者的融资效率。

（资料来源：丁辰灵授权虎嗅网发表）

9.1 大学生创业融资的现状

据调查显示，"资金不足，没有好的融资方案"是大学生创业者面对的最大困难。再小的公司也需要有人员开支、办公物品开支等日常运营经费。刚毕业的大学生缺乏社会经验和社会人脉，再加上自身积蓄有限，往往会因为无法获得创业资金而在创业之路上裹足不前，创业的热情也会因此而冷却。为此，国家和地方有关部门出台了很多政策，为大学生创业者解决融资难的问题，为大学生搭建更好的创业平台，帮助大学生实现创业梦想。

党的十八大报告指出："实施扩大就业的发展战略，促进以创业带动就业。"我国大学生创业比例持续增长。《中国大学生就业创业发展报告》显示，应届全国高校毕业生创业率从2007年的1.2%爬升到2015年的2.86%。大学生创业者对当前的创业政策和环境做出较高评价。

大学生进行融资的渠道更加多样，除自筹资金外，小额担保贷款和创业基金的利用也逐步引入正轨，加之民间资本、天使投资、风险投资的大量涌入，创业融资这一创业"瓶颈"被不断攻破。大学生在自主创业的同时，也面临更为复杂的社会环境，对于融资问题难以从根本上把握；同时，大学生易将融资渠道局限在亲友借款等微薄融资上，融资渠道的选择上存在盲目性，很少关注融资企业、银行或者担保公司等社会机构，缺少对创业思路的全方位思考；还有可能出现对融资所获资产责任心不足，准备不足，缺乏财务管理的状况等。

9.2 创业融资机理及模式

9.2.1 创业融资机理

创业金融体系涵盖创业主体、创业融资出资方、政府及创业中介组织三方，是一个相互影响、配合的综合性金融体系。创业主体是创业企业和创业者。他们往往需要一笔足够维持企业初期发展的资金。

（1）创业融资出资方

创业融资出资方包括银行、天使投资人、风险投资人、融资租赁企业等。由于创业企业的成长和发展伴随着很大的风险和不确定性，大部分银行为规避风险，一般不会向刚刚起步的创业企业提供经营性贷款，但部分银行会为创业者提供政策性创业型贷款服务。风险投资人提供的创业管理附加服务可以促使创业企业有效成长，但风险投资初期创业企业的比例很低。与风险投资人不同，天使投资人是创业者的"天使"。天使投资常常是创业的启动资金。

（2）政府及创业中介组织

政府是促进创业融资政策的制定者。政府的政策既是风向标，又是润滑剂，维系着整个创业金融体系常规运转的同时，还推动其不断发展。

除此之外，政府也建立了完善创业信用保障机制。由于创业企业在运营初期还没有树立起良好的企业形象，没有品牌知名度，所以其与创业融资出资人之间存在严重的信息不对称。这种信息的不对称使得在创业初期的企业不易获得风险投资和天使投资的支持。政府对创业企业进行信用的调查存档，对创业项目进行客观准确的评估，让投资方短时间了解创业企业的详细状况和信用水平，一种信用体系也因此建成。

政府的责任还有设立金融市场。设立金融市场包括股市中设立创业板，政府出资为创业者提供贷款担保等。一个有效的创业金融市场框架的设立是创业金融体系有效运营的必要条件。

中介组织除了是促进创业融资政策的实施者，还可以对创业者进行评估，为创业者联系到合适的投资者，从而促成融资。还可以为企业的创业融资提供法律咨询，为创业融资企业进行会计核算，保证企业资金链的稳定发展。中介组织亦可以是媒体。例如 CCTV – 2《创业英雄汇》为创业者提供了寻找创业融资的平台，且媒体具有较大影响力，是可靠的创业融资中介组织。

创业金融体系包含对创业者和投资者负责，解决信息不对称"瓶颈"的信用体系；促进民间资本流入的动力机制：推动创业金融产品创新、创业行为创新的创新体制。只有这3个体制良好运转并协同配合，创业金融体系才能充分地服务创业者，推动创业产业的发展。

9.2.2 创业融资模式

大学生创业融资模式是大学生在特定区域、特定环境中形成的，在创业动机、创业方式、产业进入、资金筹集、组织形式、创新力度和政府支持等方面具有相似性。典型性的创业行为，是对各种创业因素的配置方式。创业融资模式可以按照创业时机选择、创业发展方式、创业核心元素和创业目的进行分类。

（1）按照创业融资时机选择划分创业融资模式

①休学创业。尚未毕业的大学生发现了极具发展前景的创业商机且掌握了足够的创业资本后，选择终止学业，从事创业。

②在校兼职创业。利用大学课余时间从事兼职，积累资本。此后的创业方向往往和兼职相关，合作对象也往往是业内有经验的人士，以小商贸培训和信息技术交易为主。

③毕业专职创业，指大学生毕业后直接从事创业。毕业后职业自由，创业时间充足，有充分的时间进行创业融资。创业者往往会选择与自己专业相关的创业方向，且在校期间就已经开始对创业项目进行调研、前期分析，甚至是开始运作。

④工作兼职创业。在职工作期间利用空余时间进行创业。此类创业往往利用工作职位所提供的行业内前沿信息、先进技术、业内人力资源等便利条件，在本行业或者相关行业进行

创业融资后创业，即先就业，再创业。

⑤海归创业。国外留学人员归国后借鉴国外先进的创业融资理念、管理理念进行创业。

【案例1】休学创业模式

创始人戴文博是研二休学学生，是校园O2O宅米的联合创始人。2015年9月宅米刚刚完成了来自美团的3 500万美金B轮融资，企业的未来一片光明。在这之前，国家推出了驾照自学直考政策。他敏锐地看到了这次机会，希望帮助在校大学生顺利学习驾驶技能。经过深思熟虑，他联系了自己在阿里、腾讯、万得资讯的朋友，并组起团队，9月份选择离开宅米重新创业。经过2个月的筹备，新项目"快来学车"日前上线。这是一款对接学员和教练的学车平台。学员通过APP查看附近教练的资费、资历和历史评价等信息，选取合适的教练，然后支付到平台。短短几个月，"快来学车"已经收获了种子轮融资。目前团队有8人，项目刚刚开始上线。他们打算一个月内拿下上海市场，然后在全国范围内复制。

（2）按照创业发展方式划分创业融资模式

①积累演进模式。这种创业模式初始资金需求小，创业风险低，管理方式灵活，主要集中于商品零售业、餐饮业、化妆品、服装销售、教育培训等行业。在经营取得成功时，再将所得资本投入到发展潜力更高、利润风险更高的行业，或是成立小型公司。

②连锁复制模式。即以加盟直营、区域代理或购买特许经营权的方式销售某种商品或服务的创业活动。这种创业模式主要出现在有商业零售、饮食、服务的行业。前期需要一定资金，以获取连锁加盟资格，融资量小。组织管理按总店或中心统一培训管理与创业者自我雇用、自我管理相结合的方式。总店和中心负责技术培训、经验分享和资源支持。这种创业模式充分利用特许企业的品牌效应以及配到服务和跟踪指导，减少经营风险。风险低，利益也低。创业者无法获得全部销售利润。

③分化拓展模式。指大学生先就业再创业，在企业中不断熟悉行业的业务情况，在积累了一定的资金、经验、技术和人脉资源后，利用企业或者行业内部出现的机会和资金进行创业。此时的创业融资，还可以借鉴原公司的经验，吸取教训。创业公司发展往往速度较快。

④技术风险模式。大学生可以利用自己专业的优势，将先进的技术或产品通过"资本雇用资本"的方式发展成企业。将技术转化成产品需要投入大量的资金。这时的创业融资往往是通过主动吸引天使投资人或是通过中介机构对技术、专利、智力成果进行资产评估，联系融资出资方促成融资。这种创业模式主要集中于技术含量高、知识密集型行业。

⑤模拟孵化模式。模拟孵化模式，即大学生参加各高校举行的创业比赛或者受到高校创业园区的熏陶、资助、催化而进行的创业活动。在模拟创业的环境下，大学生可以了解创业程序，学习创业基本知识，积累创业融资经验。在创业园区中，创业者可以得到创业融资的培训、指导、项目评估等帮助。该模式多见于高科技行业和科研中。

⑥概念创新模式。指大学生根据自己的新颖构思、新奇创意进行的创业活动。概念创新主要集中于新兴行业。创业者的优秀创意和构想可以通过创业实践转化为实际利润；同时，创意和构想能够为企业迅速抢占商机，占领市场。该种创业方式所需融资量不大。创新性是企业赖以生存的核心内容。

【案例2】连锁复制创业的成功

> 杨先生是职场新人。他想创业，可是自己没有任何经验，也不知道自己该做什么。偶然一天，杨先生看到路边新开的一家现磨豆浆店生意很好，忍不住进去了解情况。经过深思熟虑，他决定加盟万卓现磨豆浆店。成为加盟客户后，万卓免费为杨先生提供现磨豆浆核心技术、全套开店加盟指导等服务。到现在，杨先生原本的豆浆早餐车已经发展成了一个小吃店，生意越做越大。随着万卓总部不断地壮大，杨先生也不断地收到总部新技术的升级服务。从刚开始只做豆浆加盟到现在有了奶茶甜品、红豆饼、手打豆花、章鱼小丸子、酱香饼等全面早餐及小吃技术服务。

（3）按照创业核心元素划分创业融资模式

①技术型创业。大学生创业的核心要素是自己拥有的技术。这包括现今科学技术知识、具有发展潜力的创业项目，以及新颖创意。具体的创业方式有多种选择，不仅可以独立创业，也可以将自身掌握的技术入股，或是利用技术吸引资金进行合作创业。

②管理型创业。即利用管理模式和管理技巧进行创业，包括承包经营、连锁加盟、租赁服务、项目管理和咨询服务等多种模式。管理型创业依靠自己的管理机制、出色的管理能力，以及管理智慧吸引创业融资出资方。

③服务型创业。服务业作为第三产业，具有广阔的发展空间。在服务型创业中，独特的创业是十分重要的。及时发现客户的需求，发现市场空白，并提升服务质量，是服务型创业者努力的方向。创业融资所需资金较少，且风险较小。

④资金型创业。资金创业是指创业者利用自己雄厚的资金谋求利益，以资金为创业支撑点开展创业活动。资金是核心要素。此时如果可以获取创业融资，则可谓锦上添花。资金型创业所选择的行业以投资和金融业为主。

【案例3】技术型创业

> 随着中国经济发展方式的转变和创业环境的不断优化，一批怀揣创业梦的教授更加注重产学研相结合的实践。有着"四川最年轻教授"之称的周涛就是创业教授中的一位。周涛27岁时被电子科技大学聘任，成为当时中国最年轻的教授。他拥有学生般的外貌，却走在"复杂网络"与大数据的前沿。他是中国国内知名大数据专家。BBD（数联铭品）是中国国内商业大数据行业标准COSR的发布者，致力于通过规范数据服务，提升服务能力，以优化决策的效力和效率。除了拥有周涛教授领衔的大数据科学家团队外，公司还拥有全球顶级金融工程专家袁先智博士领军的金融专家团队。
>
> 2015年年初，BBD获得了A轮融资。在短短半年时间内，因为其良好的成长性，再次赢得了投资机构的青睐。此次B轮融资市场估值10亿元人民币，获得融资金额为1亿元人民币。此轮资金将被用于产品研发更新和团队建设。

（4）按照创业目的划分创业融资模式

①生存型创业。生存型创业以解决资金和就业问题为目的，启动资金小、规模小，但运营灵活。没有创新性使企业发展后期潜力不足。

②科技型创业。依赖创新技术和创意的支撑，以技术和创意转化为生产力为目的的创业成为科技型创业。科技型创业前期资金投入要求高，风险大，但发展后期前景更好，收益也会丰厚。

9.3　创业融资渠道及探索

创业融资方式有两类：债务性融资和权益性融资。债务性融资是指企业通过向个人或机构投资者出售债券、票据筹集营运资金或资本开支。个人或机构投资者借出资金，成为公司的债权人。债务性融资具有利率高、额度小、时间短的特点，具体包括银行贷款、民间贷款、租赁融资、企业债券等。与债务性融资不同，权益性融资是指企业为获取其他企业的权益或净资产所进行的投资，即创业企业获利时，其融资企业会从创业企业中获益。权益性融资具有风险高、利润大、还款期限不固定的特点，具体包括风险投资、天使投资等。

 9.3.1　政府基金

近年来，政府充分意识到创业对促进经济增长、扩大就业容量、推动技术创新有着非常重要的作用。基于我国人口众多、就业形势严峻的国情，不断采取各种方式鼓励大学生创业。为此，各级政府设立了一些政府基金给予支持。一般创业基金分为创业贷款、财政贴息和财政低息。创业基金既是吸收政府投资的最理想方式，也是大学生创业最值得采取的融资方式。大学生毕业以后可以持完善的创业计划书到大学生就业指导委员会办公室申请创业扶持，在他们的帮助下申请大学生自主创业基金，也可以通过当地团委青年自主创业基金会的支持获得创业基金。

政府基金的优势是投资方的信用可靠、利息低、融资成本低；缺陷是年资助项目有限、竞争激烈。

 9.3.2　自筹资金

自筹资金包括两种，即自身存款和亲情融资。自身存款无债务负担，但资金有限。亲情融资，即通过亲友筹集创业资金，是个人创业启动资金最常见的渠道，属于负债融资的一种，一般不需要承担利息。亲情融资的优势包括融资速度快，成本低；缺陷是若创业失败会存在资金损失的风险。此时就需要亲友在投资前知晓创业项目的风险和可行性。创业者需主动写下书面借据或书面借款协议，及时沟通。一般来说，向亲友借款不能作为长期融资方式，长期融资则应另选其他渠道。

【案例4】自筹资金——创业的起点

张建功是个苦孩子。他出生在山西大同的一个矿区。他一边读书，一边利用课余时间做小生意。他卖过服装，做过冷饮，批发零售过水果，给工地当过小工……20岁的张建功走出了大学校门。他没有选择留在城市，而是回到老家山西繁峙县的一个乡镇当了团委书记。他说：当时选择基层只为了锻炼自己，为了有一天能干一番大事。

有经商经历的张建功对基层团委的工作有自己的理解：农村青年看重的是共青团组织能否带领他们脱贫致富。所以，他组织当地青年及下岗青工创立了繁峙县的第一个团办实体——珍珠领带厂。因为张建功丰富的营销经验，该厂很快取得了好的效益。升任共青团繁峙县委副书记后，张建功又自筹资金创办了五台山青年旅行社等团办实体。张建功在基层团的工作上开辟了一个成功的模式，因此被选为共青团十四届中央委员。在即将被提拔为处级干部时，张建功却做出了一个让人意外的决定，放弃仕途，进京创业，后担任凡元科技集团总经理。

 ### 9.3.3 天使投资

随着我国政府对民间投资的鼓励与引导，以及国民经济市场化程度的提高，民间资本获得了更大的发展空间。天使投资是自由投资者或者非正式风险投资机构，对处于构思状态的原创项目或小型初创企业进行一次性的前期投资。天使投资出现在各个行业中，是一种非组织化的创业投资形式。其资金来源大多是民间资本。投资者一方面看重创业企业和创业项目的发展潜力，另一方面看企业对社会的贡献。天使资金通常是创业者的亲戚的商业伙伴。他们对创业者的能力和创意深信不疑，所以天使投资门槛往往较低。有时一个创业构思，只要有发展潜力，就能获得资金。

天使资金的优势是民间资本的投资程序简单，而缺点是民间投资者与创业者的关系具有不确定性。创业者应提前对民间资本进行调研，把以后合作可能遇到的问题与民间资本家开诚布公地谈一谈，必要的时候通过书面形式表述出来。

退出是天使投资资金流通的关键所在。只有完成了有效的退出，才能将初创企业成长所带来的账面增值转换为天使投资人的实际收益。天使投资主要的退出方式包括向后轮投资方进行股权转让、并购退出、管理层回购、IPO、破产清算等。

【案例5】天使投资助力蒙牛起步

牛根生在伊利公司期间，因为订制包装制品时与谢秋旭成为好友。牛根生退出伊利自立门户时，谢秋旭作为一名印刷商人，慷慨地掏出现金注入初创期的蒙牛，并将其中的大部分股权以"谢氏信托"的方式"无偿"赠与蒙牛的管理层、雇员及其他受益人，而不参与蒙牛的任何管理和发展安排。最终谢秋旭收获不菲，380万元的投入如今已变成10亿元。

【案例6】天使投资成就企业辉煌

2014年，徐小平投资的国内首家B2C化妆品垂直电商平台聚美优品（JMEI. NYSE）、戈壁创投蒋涛投资的在线旅游企业途牛（TOUR. NASDAQ），以及联想之星王明耀投资的乐逗游戏（DSKY. NASDAQ）纷纷登陆美国资本市场，为其天使投资人带来超高回报的背后，也为天使投资行业带来了极大的正能量。（来自《2014中国天使投资年度报告》）

 ### 9.3.4 合作融资

合作融资是合伙人按照"共同投资，共同经营，共担风险，共享利润"的原则，直接吸收单位或者个人投资合作创业的一种融资途径和方法。合伙融资的优势包括充分发挥人才作用，对各种资源进行整合、利用，尽快形成生产能力，降低创业风险；不足是可能因为权利与义务的不对等，合伙人之间容易产生矛盾。应首先明细投资份额，确立章程，加强信息沟通，减少误解和分歧。

 ## 9.3.5　银行贷款

由于银行财力雄厚，银行贷款往往是创业者想到的第一种融资方式。银行贷款的好处在于对方的信用可靠，但缺点在于手续复杂，往往需要经过工商管理部门、税务部门、中介机构等道道门槛。银行贷款一般分为4种：一是抵押贷款，指借款人向银行提供一定的财产作为信贷抵押的贷款方式。二是信用贷款，指银行仅凭对借款人的信任而发放的贷款。借款人无须向银行提供抵押物。三是担保贷款，指以担保人的信用为担保而发放的贷款。四是贴现贷款，指借款人在急需资金时，以未到期的票据向银行申请贴现而融通资金的贷款方式。在这4种贷款方式中，担保贷款是一匹"黑马"。随着国家政策的大力扶持及担保贷款数量的增加，面向中小企业的担保贷款必将成为创业者另一条有效的融资之路。

【案例7】担保贷款助力超市开张

周光超大学毕业回到老家上海后，一直没找到称心的工作。看到自己居住的小区内有一家小型超市生意非常红火，他想不如开个超市自己给自己干，但是一打听，办个小超市起码得投资六七万元，只好作罢。后来，上海浦东发展银行与联华便利签约，推出了面向创业者的"投资7万元，做个小老板"的特许免担保贷款业务。由于联华便利作为合作方为创业者提供了集体担保，创业者自己不必再提供担保，浦发银行可向每位通过资格审查的申请者提供7万元的创业贷款。周光超获悉后立即递交了申请。两个月后，他顺利地从浦发银行领到了贷款，在控江路上如愿开起了自己的小超市。

 ## 9.3.6　风险融资

通过获取风险投资而进行的融资叫作风险融资。风险投资家会仔细挑选具有巨大潜力的中小企业，并随着企业的成长分批分期地将资金注入企业，增加创业企业价值，并从中盈利。风险投资是一种持续的，流动性差的权益资本，而非借贷资本。风险投资家投入权益资本并非控制企业，而是盈利。风险资本偏聚于创新创业活动最活跃的地区，偏向于高增长性、高附加值和高回报预期的新兴领域和行业的中小企业的创业活动，偏爱综合素质好且有企业家潜质的创新者和团队。

风险资本投资规模大，一次风险投资的金额少则50万~150万美金，最高投资金额甚至达到1亿美元。因为风险投资规模大，所以其筛选审查过程也极其严格。在所有申请项目中，有90%因不符合风险投资公司的标准、喜好而不被考虑。符合标准的10%中又只有0.5%的项目可以通过审查和全面复审，获得风险投资。

为获得风险融资，创业者必须放弃一部分企业的所有权。这是因为大多数风险资本家通过购买小企业的普通股或可转换优先股获得所有权。购买份额可大可小。创业者会在获取资金的优点与丧失企业控制权的缺点间做出选择。除此之外，风险投资家会加入投资企业董事会，甚至任命新的经理或团队，以保护自己的投资。所以，在达成融资协定前，创业者应与投资者在控制权多少和承担日常管理经营多少上达成协定。

风险投资者的兴趣多在一些处于上升期的、发展稳定的大企业。能够吸引到风险投资的初期企业只占9%，且多是高科技公司，但也会考虑其他领域。大多数风险投资公司并非一次性融资，而是选择风险相对小的多次持续融资。

风险投资可以增加创业企业价值。其方式主要包括提供相互接触、获得信息、接近机构和人员的机会，吸引专业人士和管理者，吸引其他融资出资者战略开发，以及激活董事会成员。获得丰厚利润后风险投资将会从风险企业中退出。退出机制一般有销售、IPO、联盟、兼并和清算。风险投资撤出后企业就不再是风险企业了。比起前面所提及的种种投资渠道，选择风险融资的创业者更需要看到风险投资中的高回报、高风险，要努力管理、驾驭、规避风险，不断提高团队的管理水平。

我国风险投资机构有4种类型：政府建立的风险投资公司、有限责任公司、中外合资的风险投资公司，以及政府设立的科技创新基金。我国风险投资处在初级阶段，大部分风险投资由政府组建或政府控股，投资十分谨慎。风险投资投入的领域较窄，服务对象也是已经具有一定规模、产生一定效益的企业。

【案例8】 从政府创业基金到风险投资

2006年1月，位于上海大学国家大学科技园内的上海申传电器有限公司在上海市大学生科技创业基金支持下成立，并在2006年6月获得上海亿创投资有限公司300万元风险投资，打破了国内大学生创业难获风险投资的尴尬局面，开创了上海大学生创业的崭新局面。

上海申传电器有限公司创始人郑昌陆这样回忆说：获得政府创业基金的喜悦和新鲜感并没有维持多久。不足一月后，他就发现原来申报的项目虽然应用前景很好，但研发周期很长，同时需要大笔资金投入，政府创业基金不足以满足公司发展的需求。

于是，创业团队做出了一个果断的决策：除了原先申报项目外，同时专攻既有一定技术基础又有市场前景的电子电力产品。经过几番公关，创业团队陆续开发出高性能逆变电源、智能化蓄电池充电装置、工业变频器等产品。渐渐地，公司开始获得订单，并与国内几家大型企业达成了长期合作协议。

转机终于来了。通过上大科技园的牵线搭桥，上海亿创投资有限公司对申传的项目表示很有兴趣。2006年6月2日，这家风险投资商决定到郑昌陆所在的公司进行实地考察。双方又经过交流，最终达成了协议：上海亿创投资有限公司将分段注资300万元。郑昌陆所带领的团队，成为上海市大学生创业风险基金的第一例。

【案例9】 连环创业者轻松收获风险投资

天才少年王兴，头顶名校光环学成回国创业。在前一两次不算成功的创业尝试后，王兴创立校内网，并很快风靡于大学校园圈之中。校内网于2006年10月被千橡以200万美元收购。2007年5月12日，王兴创办饭否。这也是中国第一个类似twitter项目的饭否网，但就在饭否发展势头一片良好之际被关闭，让王兴事业受到挫折。之后连环创业客王兴于2010年3月上线新项目美团网，并在千团大战之中脱颖而出，稳居行业前三，并先后获得红杉和阿里的两轮数千万美金的风险融资。这个连环创业客的事业正逐渐走上正轨。

9.3.7 网络借贷平台

网络借贷指的是借贷过程中,资料与资金、合同、手续等全部通过网络实现。它是随着互联网的发展和民间借贷的兴起而发展起来的一种新的金融模式。

9.3.8 典当融资

典当是以实物为抵押,以实物所有权转移的形式取得临时性贷款的一种融资方式。只要顾客在约定时间内还本并支付一定的综合服务费用,就可赎回典当物。创业者无须提供财务报表和贷款用途等说明,不审核借款人的信用度,不问借款用途。典当行或银行评估抵押物现值,乘以折当率为典当金额。与作为主流融资渠道的银行贷款相比,典当融资起着拾遗补阙、调余济需的作用,在短时间内为融资者争取到更多资金。

9.3.9 租赁融资

租赁融资是一种以融资为直接目的的信用方式,先借物,再以租金的方式分期偿还。该融资方式具有以下优势:不占创业企业的银行信用额度,不需用大量资金购买设备。但租赁融资的出资方一定要选择实力强、资信度高的盈利公司。

9.3.10 众筹融资

众筹融资是由创业者或者创意人把自己的产品原型或创意提交到平台,发起募集资金的活动。感兴趣的人可以捐献指定数目的资金,然后在项目完成后,得到一定的回馈,如这个项目制造出来的产品。有了这种平台的帮助,有任何想法的人都可以启动一个新产品的设计生产。

【案例10】 会籍式众筹3W咖啡

互联网分析师许单单从分析师转型成为知名创投平台3W咖啡的创始人。3W咖啡采用的就是众筹模式,向社会公众进行资金募集,每个人10股,每股6 000元,相当于一个人6万元。3W的众筹在微博上引起广泛关注,很快3W咖啡汇集了一大都知名投资人、创业者、企业高级管理人员,包括沈南鹏、徐小平、曾李青等数百位知名人士,股东阵容堪称华丽。3W咖啡使中国众筹式创业咖啡在2012年流行。几乎每个城市都出现了众筹式的3W咖啡。3W很快以创业咖啡为契机,将品牌衍生到了创业孵化器等领域。其实,没有人是为了6万元可以带来的分红来投资的,更多的是3W给股东带来的人脉价值。

9.4 创业融资风险及管理

9.4.1 创业融资风险

创业融资风险指企业因创业融资而带来的种种不可预测性。大学生在创业初期一腔热血，热情满满，但是他们往往对融资风险的认识和评估不够。创业融资风险主要类型见表 9-1。

表 9-1　创业融资风险类型

创业融资风险	含义
创业项目信用风险	参与融资的融资方未能履行相关的责任和协定而产生的风险
创业完工风险	创业项目未能及时完工，完工时间延期，完工之后未达到预期的标准等风险
创业市场风险	市场价格波动，在一定的成本水平上能否维持原计划中产量、质量、市场需求量所带来的风险，主要是价格风险、竞争风险和需求风险
创业生产风险	创业项目在试生产阶段、生产经营阶段，由资源的储量、原材料供应、生产经营状况、劳动力状况、技术等因素所引起的一系列风险
创业环境保护风险	为了满足环保相关法律法规的要求而增加新资产的投入，甚至是迫使项目停产等风险
创业金融风险	项目融资中的汇率风险和利率风险等

下面让我们具体看看以下几类创业融资风险：

（1）负债融资和股权融资可能引起的创业融资风险

这种风险主要包括两个层次的内容：一是负债融资引起的风险，如创业企业可能丧失偿债付息能力的财务风险。二是股权融资导致的风险。创业企业由于融入权益资本而造成股东失去控制权、利益受到损失的风险。一般债权性融资的风险比股权性融资的风险大。

在融资过程中的企业会受到融资结构、利率等方面政策变动的影响。一般来说，企业的负债规模越大，利息支出就越多，从而使收益降低，最终导致企业失去偿付能力，甚至出现破产的可能。我们可以发现：企业的财务风险越大，负债的规模也越大，是正相关；在相同的负债规模下，如果负债率越高，创始企业的利息费用支出也就越多，企业面临破产危机；负债的期限结构，即创业企业长、短期借款的相对比例，也会对创业融资构成风险。如果需要进行长期的资金筹集却采用短期的借款，就会增加筹资风险。

经营策略或融资环境的变化会使股东的收益发生变化，从而对股权融资产生风险。经营风险主要是企业税前利润的不确定性。它存在于企业生产经营的过程中。虽然经营风险与筹资风险不同，但是它会影响筹资风险。企业预期的现金流入量和资金的流动性，决定了企业是否能够按期偿还本息。如果做出投资决策而未及时实现预期的现金流入量，企业就会出现财务危机。企业负债经营会受到金融市场的影响，而金融市场的波动会直接导致筹资的风险。

【案例11】艾克特—莫奇公司的融资风险

1946年，宾夕法尼亚大学的普雷斯波·艾克特和约翰·莫奇带领一个小组开发出了第一台具有工作用途的计算机。他们欲把计算机商业化，推向市场，于是很快就成立了艾克特—莫奇公司。这比IBM的第一台商用计算机整整早了6年，但由于艾克特—莫奇公司融资链断裂，缺乏财务支持，几年后，再也无法承担庞大的研究开发费用，最终被其他公司兼并。

（2）创业团队人员自身可能引起的创业融资风险

大学生自身缺乏创业融资技能。大学生自身创业能力的匮乏是限制大学生创业融资的主要原因。创业者急于得到资金用于企业自动或周转，往往通过低价进行股权售卖和技术创意的兜售而导致毁约，对企业信誉产生负面影响，难以树立品牌，创业融资风险加大。大学生在选择融资对象上缺乏风险意识和理智判断。

同时，种子期的创业企业团队里全部是技术人员，缺乏专业的财务管理人员。企业的财务工作集中在日常的记账、算账等，而没有人手研究资源配置，缓解债务负担，加速资金周转，优化资本结构，提高资金使用效益等问题，财务工作形同虚设，可能会导致企业的资金分配不合理，资本结构混乱，资金周转停滞。

（3）创业企业内部治理不当所引起的创业融资风险

创业企业内部治理不当所引起的融资风险在企业创始期十分突显。

企业创业之初，往往会忽视财务内控制度的建设。比如，创业企业缺少资金流动手续的章程使得企业中资金进出业务无章可循，办事效率低下，分工不明确；预计资金的收支程序不能按照一定的章法找寻，预计资金回收情况与业务的进展情况无法同步；资金不依照项目进程拨付，造成资金超支、损失浪费；资金回收意识淡薄，账目上存在多笔滞账，不良资产成为公司发展的后患。

【案例12】博客网的融资风险

2002年，方兴东创立博客中国（博客网的前身）。之后3年内网站一直坚持每月逾越30%的增加，全球排名一度飙升到60多位。其间获得了50万美元天使投资和1 000万美元的风险投资，并引发了中国Web2.0的投资高潮。随后，"博客中国"更名为"博客网"，并声称要做博客式门户，号称"全球最大中文博客网站"。在短短半年的工夫内，博客网的员工就从40多人扩张至400多人。

然而不管是方兴东自己，还是熟习他的人，都认为他是个学者或文人，而不是熟谙管理和战略的贸易首领，缺少掌控几百人的团队和千万美元级别资金的才干。据称融资的60%～70%都被用在职员的工资上，同时还在视频、游戏、购物、社交等众多项目上大把烧钱，千万美元很快就被挥霍殆尽。博客网至此拉开了持续3年的人事猛烈动乱，高层全体丧失，而方兴东自己的CEO职务也被一个决策小组取代。博客网不只面临资金链断裂、运营难以为继，同时业务上也不时萎缩，用户丧失。博客网挣扎过几次，但最终于10月宣布解散。

博客作为Web2.0时期的一个产品，无疑是互联网开展进程中的一大逾越，引领互联网进入了自媒体时期，博客自身是胜利的。但关于博客网，它让投资人的大把美元子虚乌有，从引领Web2.0的先驱成为置之不理的弃儿，无疑是失利中的失利。

（4）创业企业信用建设缺失所引起的创业融资风险

企业创始初期的融资风险大的另一个原因就是企业不注重信用建设，对企业的信誉产生负面影响，如会计信息不透明，做假账、空账，偷税漏税，甚至逃避债权人债务，侵害投资者权益。企业在政府所构建的创业信用保障机制中评级评分低，导致银行等金融机构一般会提高对创业企业贷款的条件，使得融资难度变大，导致种子期、创立期的企业获得权益性投资的难度增大，发生权益融资风险；在成长期会失信债权人，难以融入债务性资金，使得企业从一开始就不易平稳运行。

【案例 13】ITAT 的融资风险

2004 年 9 月，ITAT 的第一家会员店在深圳开业，之后以"零货款、零租金、零库存"的形式，组成协作"铁三角"——手握一系列服装商标品牌的 ITAT，消费过剩又付不起商场"进场费"的中小型服装代工厂，以及具有少量闲置物业的地产商。4 年后，ITAT"爆炸式"地扩长到 780 多家门店，号称开店速度世界第一、中国服装百货最大连锁机构。与其开店速度相对应的，是投资人的猖獗追捧。2006 年 11 月，由前艺龙网开创人——唐越——建立的蓝山中国资本向 ITAT 投资 5 000 万美金，首期 2 500 万美金。随后，更多的投资方抛来绣球。第二轮融资后，摩根士丹利、Citadel Investment Group Ltd. 也纷纷加入，总出资 7 000 万美金。ITAT 成立仅 4 年，其估值就达千亿美元以上，令人咋舌。

与投资人追捧不同，顾客并不买 ITAT 的账。ITAT 的众多由拼音构成的所谓"国外品牌"很难让顾客认同，比方英国品牌 Telundun，以及意大利品牌 Piliya 等。服装供货商积存服装的质量令顾客看不上眼，偏僻地段的闲置物业更鲜有人光临。但是，为了对付投资人和投行的考察，ITAT 让员工扮成顾客，制造"虚伪昌盛"的现象，同时经过外部财务管理软件，大幅虚增出售额。2007 年 ITAT 估计出售额可达 42 亿元，但其真实出售额不到 10 亿元。

另外一个不买 ITAT 账的是香港联交所。2008 年 3 月，ITAT 在香港联交所的上市聆讯并未通过。联交所关于 ITAT 的担心在于其业务形式的可持续性。随后，香港联交所收到一封关于 ITAT 的匿名信，告发其具有虚增出售数据等不当会计行为。高盛、美林随后公布终止与 ITAT 的协作。由此引发了 ITAT 大范畴的地震：裁员、关店、拖欠工资、拖欠贷款等一系列题目被挖出。此时，上市对于 ITAT 及其投资人来说，基本是期望。随着 2009 年 8 月山东如意团体解除与 ITAT 的并购洽商，ITAT 最后一根拯救稻草也落空了。

（5）创业环境引起的创业融资风险

创业企业环境的改变也会影响创业融资，成为企业创业融资的潜在风险。当政府运用宏观手段，例如财政政策、货币政策、产业政策等进行宏观调控时，一些政策会对部分企业经营活动形成限制，对自身实力薄弱、销售产品单一的种子期企业影响巨大，甚至是毁灭性的，可能会导致融资链条中断。不稳定的宏观政策无疑会加大创业企业融资的系统风险。

9.4.2　创业融资风险管理与规避

比起外因，内因是事物发展的决定性因素。大学生在创业时应提前根据资金的需求进行合理的测算，规划并把握好融资的节奏，节约使用资金，在提高企业市场竞争力的同时，提高融资能力，降低融资成本和风险。

创业者团队的素质和领导力是创业企业融资成功的关键。创业初期，管理人员相对少，创业者需要有较全面的经营管理知识，担当多面手。创业者自身能力十分重要，但创业更需要的是整个团队的努力。种子期企业的创业者要用人格魅力凝聚团队的力量，齐力同心，抵御创业融资风险。从另一方面来说，中小股东、债权人等资金提供者十分看重创业者的道德心和责任心。负责任、守信用的创业者会吸引更多的创业融资。

我们可以看到很多创业企业内部的风险都来自其财务管理制度的不健全或缺失。创业者因此应积极完善企业内部治理结构，健全企业管理制度。这包括：完善股权治理结构，保证企业第一、第二大股东的绝对控股地位和较小控股比例，通过长期投资形成大量的专用资产，以维护企业信用；健全企业资金流动管理办法，确保资金流动透明，手续简便，分工明确；健全企业管理制度，保证内控机制的科学性和有效性，确保融资策略的合理和高效。

在企业不同成长阶段，依照实际情况选择适合自身的融资方法也可有效规避融资风险。初期的企业，资金来源有限，风险承担能力很弱，应考虑亲情融资或合伙融资或创业政策融资的方法降低风险；成长阶段的企业，需要扩大生产规模不断增收，需要大量的外部资金注入，不妨选择银行贷款或天使基金；企业壮大后，收益渐入稳步发展的阶段，企业有一定的能力承担风险，可以选择风险融资等进一步扩大企业的市场。

创业企业应该把创业融资风险防范意识牢记于心。创业团队应提前招聘有经验的财务人员，以强化融资决策的科学性。创业团队也应该主动接受相应服务机构的财务培训，提高创业融资风险防范、规避、处理能力。

创业企业也应充分认识、利用地区政策的融资支持降低风险。熟悉创业地区的融资政策及相应的法律法规，充分利用政策支持，扩大融资渠道，关注新出台的相关政策。遇相关新政策出台，创业团队应对创业融资进行全面分析，及时果断地调整融资策略，以保证企业稳健成长。

拥有了好的创业团队、完善的内部结构，以及健全的规章管理制度，一部分是为了可以创造良好的信用记录。良好的信用记录可以使金融机构对创业企业未来的成长有更大的信心，二次融资难度下降。创业企业应强化信用意识，不恶意拖欠债务，积极履行各项合同协议，树立企业良好的形象。

9.5　创业融资"瓶颈"及原因

很多大学生认为创业融资是创业最大的障碍。的确，创业融资不成功，初期的企业步履维艰，寸步难行。这是因为创业融资的过程包括了若干小"瓶颈"，需要创业者与团队逐一击破。创业者要做足充分的心理准备，不能奢望一蹴而就的成功。

9.5.1　不知创业成本规模

认识创业成本，评估融资规模，是创业融资道路上的第一个"瓶颈"。大学生创业者往往会抱怨无法准确评估融资的规模，抱着"走一步，看一步"的心态对待创业融资。这是因为建立具有高准确度的预测会耗费他们大量的时间，而这些时间原可以被用来销售。但是，不知创业成本规模会让企业的创业变得十分被动，加大创始企业运行的风险，而且很少会有投资者投钱给你。其实，评估创业成本并不难，评估创业成本所付出的时间和精力也是物超所值的。创业团队应心中有数，掌控自如。更重要的是，合理的财务预测会帮助你制订并实施各种计划，有助于公司的成功。

创业成本包括硬成本和软成本。硬成本包括土地要素成本（租用、购买、建筑办公室或厂房）、财产购置成本（机器、工具、工作设施、车辆、办公家具等）、产品成本（原材料、运输、包装、保管）、劳动力要素成本、交通通信成本、宣传费用（广告、门牌、传单）等。软成本，是生产经营中为所需要的公共环境而支付的交易费用，也称间接成本，包括交易成本与运输成本。

注册一家公司，需进行核名，办理三证（工商营业执照、组织机构代码证和税务登记证），在银行开户等，一般需要 1 000 ~ 5 000 元。创始人还需要把办公场所经费考虑在内，不论是自租、合租、直租，还是联合办公，除场地租金外，都需要缴纳水电费、物业费等。还需考虑购买电脑、办公桌椅、打印机等办公基本用品的经费。如果是服务型的办公场所，需要进行装修的，专业设计师的设计费用、施工队的装修费用也不能被忽略。企业还需提前预备好亏损或应急资金，即当营业支出的收入为负数时，启动这笔资金，不要因现金很快出现断档而影响正常的营业。企业不能很快盈利的状况十分普遍。让收入尽快进入良性循环是每一个创业团队需要考虑的问题。

人力成本，即劳动力要素成本无疑是"最硬"的成本之一。《2015 年中国企业家发展信心指数》指出，人力成本已经取代融资成本成为企业最大的压力来源。一般来说，人力成本除了员工到手的工资，还包括企业为员工缴纳的五险一金和工资税。这使得人力成本大约为员工到手工资的两倍。以北京为例，"五险"养老保险总费率为 28%（单位缴费 20%，个人缴费 8%），医疗保险费率为 12%（单位缴费 10%，个人缴费 2%），失业保险费率为 1.2%（单位缴费 1%，个人缴费 0.2%），工伤保险和生育保险由单位缴费（个人不缴），工伤保险平均费率为 0.2% ~ 2%，生育保险的平均费率为不超过 0.8%；"一金"，即住房公积金的缴费率为 24%（单位缴费 12%，个人缴费 12%）。这就意味着，在北京，税前工资 10 000 元，员工每月到手工资 7 454 元，而公司需要为员工另缴纳五险一金 4 410 元，企业实际付出 14 410 元。在近年，"五险一金"比例将会下调，养老保险或成着力点。创业者需要多多关注五险一金政策的变化。除此之外，也要考虑年终奖、加班费等其他方面。

每家公司的情况不同，成本构成也没有统一的模板。为了最好地估算自己的创业成本，需要集思广益，列出详细的清单，从有形的商品到无形的服务，根据各类项目支出项目的必要性排序，看看哪些费用是必需的，哪些暂时不列入预算。创业初期应尽量压缩不必要的成本，在预算过程中，仍应在主要开支的基础上，考虑部分预备费用，以弥补项目进展中不可预见、漏项等增加的费用。

9.5.2　找不到融资出资方

前文已经叙述了获得融资的种种渠道。想获得较大规模的融资，创业者不得不主动吸引天使投资人或者风险投资人进行融资。大学生毕业时积累人脉不足，吸引难度大；涉世不深，存在被骗风险。这时，创业者可以通过第三方创业中介平台找寻合适的融资出资方，以打破这种信息的不对称性。通过第三方中介平台无疑会更加容易，但这和通过自己的努力找寻投资者有一定的相通性。

吸引天使投资人：

我们先来看一看天使投资者。有人说"天使投资人，基本都是富有的个人和成功创业者，是一个广为分散的群体，喜欢匿名"。想找到他们，最好通过其他融资成功的创始企业负责人、股票经纪人、律师、会计师、商业伙伴、大学教师等进行打探。天使投资人往往不希望控股，喜欢联合投资。例如每个天使投资人投 20% 左右。所以，联系到的天使投资人对投资者的企业不感兴趣也没有关系。一个天使投资人会给创业者介绍相关方面的投资人。通过一个天使投资人可以逐渐接触到更多的天使投资人。这一个过程需要耐心和毅力，因此需要创业者提前开始，早做准备，准备好创业融资计划书，摸清行业，保持创业企业项目资料的完整。尽量在当地寻找，因为大多数天使投资者乐意将钱投资到本地。

天使投资人选择企业的标准：融资在 5 万 ~ 20 万美元的企业；5 ~ 10 年后，销售潜力达到 200 万 ~ 2 000 万美元的企业；已建成的私人所有小企业且销售额增长率在 10% ~ 20%；具有雏形的高科技产品公司。

本章要点回顾

资金作为企业正常生产经营运转所必需的"血液"或"润滑剂"，能否获得稳定的资金来源，及时足额筹集到生产要素组合所需要的资金，对经营和发展都起着至关重要的作用。在金融市场日益发达的今日，融资已经成为每个企业发展必须经历的过程。

本章的主要内容是创业企业融资，分别介绍了大学生创业融资的现状、创业融资机理及模式、渠道、风险和管理、"瓶颈"及原因。

即使在金融市场发达的今日，大学生创业仍然会面临资金不足、没有好的融资方案等问题。因此，处理好创业主体、创业融资出资方、政府及创业中介组织三方的关系，是融资者要考虑的问题；同时，大学生也应考虑好自身的条件及创新创业方式，多方面开拓融资渠道，提高融资量，并且可以有效地规避风险。

习题

1. 试述创业融资的内涵。
2. 简单分析大学生创业融资的现状。
3. 阐述创业融资的机理及模式。
4. 简述创业融资渠道有哪些。
5. 简述如何规避融资风险，克服融资"瓶颈"。

课后拓展

如家已经完成总额 1.17 亿美元的融资。2015 年 9 月到期的美元定期贷款的再融资，借贷方为工商银行，贷款年利率为 3 个月 LIBOR＋295 基点。如家方面表示，该笔融资主要被用于公司体系建设和扩张门店等发展用途。目前如家麾下有定位标准经济型的"如家"、个性化"莫泰"和中高端"和颐"三大品牌，今后将在全国以此三大品牌实施多品牌扩张战略。如家财报显示，公司在 2013 年第一季度新开设了 91 家酒店，其中包括 16 家直营酒店，以及 75 家特许经营酒店。试分析如家在融资方面的策略及其合理性。

第十章　创业计划与商业计划书撰写

▨▨▨▨▨▨▨▨▨▨▨▨ 【内容提要】↗

　　通过本章的学习，使学生认识创业计划的含义、特点、作用等，了解创业计划和商业计划书的关系，掌握商业计划书的写作原则、主要内容等，并通过经典案例为商业计划书的撰写提供借鉴。

【引导案例】

"久创科技"的故事

　　黄同学等7人，均为某大学自动化专业本科生，合伙经营一家名为"久创科技"的电脑服务企业。其主要业务包括组装电脑的导购，电脑及配件的代售，以及电脑故障维修等。黄同学等人的创业想法，来源于他们参加过的创业计划大赛。虽然在那次比赛中，他们的成绩并不突出，却激发了他们的创业热情。于是，比赛结束后，在黄同学的倡议下，他们决定开始真正的创业。

　　通过商议，黄同学出资2 000元，其他8名同学每人出资1 000元，共计10 000元启动资金。接着，他们开始修改创业计划。完成之后，大家就创业计划提出自己的意见和建议。在讨论中，他们在公司的组织结构设计方面产生了分歧。一些人认为只有建立鲜明的组织结构，才能管理好企业；另一些人认为，大家都在同一个起跑线上，确立等级制度会导致关系的分裂。最终，他们达成一致意见，认为他们创立的只是一个小企业，尚不需要建立组织结构。于是，创业开始了。

　　同年7月，正式成立"久创科技"企业。在后来的经营当中，有两名同学因为自身经济困难而撤资，其他7人继续维持经营。经营企业的7名同学根据自身特点和专业特点，分工负责企业的各项业务，而店面的营业人员则由7人轮流充当。由于关系良好，平常的工作量和业绩并不直接与利益挂钩，而采取平均分配利润的方式。企业经营一年多来，业绩尚可，已收回投资，并于一年后开始盈利。当然，这没有计算7名同学的人力投资。

（资料来源：卢福财. 创业通论［M］. 北京：高等教育出版社，2012）

10.1 创业计划

10.1.1 创业计划的概念与特点

创业计划是创业者计划创立业务的书面摘要。它被用来描述与拟创办企业相关的内、外部环境条件和要素特点，为业务的发展提供指示图和衡量业务进展情况的标准。通常创业计划是市场营销、财务、生产、人力资源等职能计划的综合。

创业计划具有以下特点：

（1）时效性

由于企业外部的经济社会环境并非一成不变，创业企业也在不断发展，因而创业条件会随着内、外部条件的变化而改变。因此，在制订创业计划时，应根据不同的发展阶段的实际情况进行调整，使创业计划总能够保持领先于创业现状。

（2）可行性

创业计划的内容有两个方面：一是企业追求的目标；二是为了实现这个目标的行动规划。行动和目标越一致，创业计划的可行性越高，创业成功的概率越大，得到投资者认可的概率也就越高。

（3）概括性

从创业项目的选择、确立到创业企业的真正成立并持续发展是一个漫长的过程，是无法在纸上呈现并向投资者展示的。此时，就需要一份具有可操作性的行动指南。创业计划，对创业者整个经营设想的总结和概括发挥着举足轻重的作用。

10.1.2 创业计划的作用

（1）指导行动，明确方向

数据显示切实可行、目标明晰的创业计划有助于创业者冷静地识别、分析创业机会，明确自己的创业理想，进而为创业行动指明方向。

（2）凝聚人心，有效管理

创业计划通过描绘创业企业的发展前景和成长潜力，使团队成员对未来充满信心；创业计划要明确从事什么项目或活动，从而使大家了解自己将要充当什么角色，达到什么目标。这对于凝聚人心、协同发展，具有重要意义。

（3）决策参考，投资依据

从融资角度来看，创业计划通常被誉为"敲门砖"。撰写创业计划为创业者提供了自我推销的重要工具，为新企业提供了一种向潜在投资者、供应商、商业伙伴和关键职位应聘者展示自身的机制。

10.2　商业计划书的内容

10.2.1　商业计划书的概念

商业计划书是创业者为了达到发展经营目标及面向社会筹措资源的目的而撰写的，旨在展现项目和企业现状及发展前景的书面文件。与上一节中讲述的创业计划不同，商业计划书更多是适应外部资源提供者，特别是投资者的需要，写作时很大程度上要遵循特定格式或规范；而创业计划则被用于指导创业者的创业行为，是基于创业团队的构想所编写的，因而拥有较多的主观性。

10.2.2　商业计划书内容的选择原则

商业计划书有固定的写作模式，但可以根据不同的技术项目、创业计划、创业团队等加以改进，使计划书更具特色。在内容和格式的选择上，可以参考以下原则：

（1）换位思考，投其所好

商业计划书写作的最终目的就是吸引社会资源拥有者的投资，以将项目落到实处，因而在内容选择上就要遵循为投资者着想的原则。商业计划书是风险投资者评估企业的重要依据。如果创业者可以根据投资方的评估或关注的侧重点，如股份分配、年收益率等，在计划书中给出有倾向性的具体解答，或者进行探讨性的自我评估，就会一定程度上增加成功的概率。

（2）重点突出，详略得当

商业计划书的篇幅不宜过长，应以 20～40 页为宜。想要在这短短几十页纸中把一个企业及其发展路线展示得淋漓尽致，同时还要博取投资者的青睐，就要做到详略得当。由于投资人每天要看很多商业计划书，不可能每一份都去仔仔细细审查，不可能对其中的每个条目都去认真研究，所以，尽量避免在项目简介、公司战略这些虚无的地方着墨过多，而应重点关注数据、风险分析这些比较实在的方面。

（3）定位精准，独特取胜

创业企业大多是为了填补市场空白而萌生的，因而应在商业计划书中展现出明确的市场定位及独特性，使投资者体会到效益最大化和机会成本最小化。企业的独特性不仅可以体现在产品和服务上，还可以体现在营销模式、团队管理等各个方面。

10.2.3　商业计划书的主要内容

（1）执行概要

执行概要或执行总结，是对商业计划书核心关键内容的提炼，是整个商业计划书中最重要的内容。由于商业计划书的篇幅普遍较长，投资者很难做到通篇阅读。在这种情况下一篇精练的执行概要可以使忙碌的投资者对项目有一个简短却全面的了解，在最短时间内最大限度地激发投资者的兴趣。

为了准确概括商业计划书的核心内容，应在完成整本计划书的编制之后撰写执行概要。其主要内容依序与正文对应，大致包括创业团队、产品与服务、目标客户群体、市场现状与前景、竞争优势、盈利模式、融资额度等。每部分内容，都用一句话或简短的一段话阐明，总篇幅以 2 页为宜。需要注意的是，执行概要内容不必与正文结构完全一致，而是根据商业计划书的写作目的加以调整与强调。如以获得股权投资为目的的商业计划书，可以明确投资者在不同投资额度下所能获得的股权比例，以达到投其所好的效果。

另外，其语言应做到逻辑清晰，严谨工整，同时对发展前景有积极的预期，以达到引起投资者的共鸣与认可的目的。

（2）企业介绍

这一部分是对创业企业的介绍，是将抽象的创业计划具体化。其主要内容应包括企业简介、企业文化、主要业务、市场定位、经营目标、管理机制等。必要时还可加入启动资金、公司选址等细节性内容，尽量做到真实可信。

①企业简介。此部分要求以精练的语言对企业名称、组织形式、主要业务、经营目标、核心竞争力等内容加以阐述。已注册的企业还可增加企业历史、地址、年利润、投资回报率等信息。

②企业文化。企业文化是企业全体成员共同认可和接受的、可以传承的价值观、道德规范、行为规范和企业形象标准的总称，是物质文化和精神文化的总和。写作时这部分内容主要涵盖企业理念、宗旨、商标（logo）、口号等。

【案例1】

　　宝洁公司创建于1837年，在世界500强中称得上是名副其实的"长寿企业"。究竟是什么力量使宝洁公司赢得100多年的长盛不衰，并始终保持着独特性呢？Purpose（宗旨）、Value（核心价值观）和Principles（原则），就是宝洁的秘密。宝洁公司的宗旨是提供优质超值的品牌和服务，美化世界各地消费者生活，获得领先的市场销售地位，以及不断增长的利润和价值，实现共同繁荣。宝洁公司的价值观是吸引、招聘世界上最优秀的人才，实行从内部发展的组织制度，选拔、提升并奖励表现突出的员工；核心价值观就是宝洁人、领导才能、主人翁精神、诚实正直、积极求胜、信任。坚信宝洁的所有员工始终是公司最为宝贵的财富。宝洁公司的原则是：尊重每一位员工，公司与个人的利益休戚相关；有策略地着眼于他们的工作，创新是成功的基石；重视公司外部环境的变化发展，珍惜个人的专长，力求互相依靠、互相支持的生活方式。

　　（摘自王斋．宝洁公司怎样打造企业文化［J］．石油政工研究，（2012）（1）：78－78）

③产品和服务。对创业企业的产品和服务的独特之处、目标客户群体、市场定位、经营目标等进行简要描述。

（3）市场与竞争分析

市场是创业的大背景。一个企业只有对市场及其需求有敏锐、准确的了解，才能在市场竞争中占据有利地位。商业计划书的相关部分大体上可分为市场分析和竞争分析两个方面。具体内容可包括目标消费者群体、市场容量、竞争对手分析、市场份额和销售额预估、市场发展走势等。

①市场分析。市场分析可以从 3 个层次展开：

一是宏观层次。

➤ 政治分析：政府的方针、政策、法律法规等。

➤ 经济分析：社会总体经济水平、经济周期、收入等。

➤ 技术分析：技术变革及可能衍生的新产业、新产品等。

➤ 社会分析：人口结构、受教育水平、价值观念、宗教信仰、文化习俗等。

宏观环境分析（PEST 模型）：

PEST 分析是指宏观环境的分析。宏观环境又称一般环境，是指影响一切行业和企业的各种宏观因素。对宏观环境因素做分析，不同行业和企业根据自身特点和经营需要，分析的具体内容会有差异，但一般都应对政治（Political）、经济（Economic）、社会（Social）和技术（Technological）这 4 大类影响企业的主要外部环境因素进行分析。简单而言，称之为PEST 分析法。

◆ 政治法律环境（Political Factors）：

中国政治大环境稳定。近年来随着信息时代的来临和光纤网络的日益普及，光纤相关产业成了国家大力扶持的行业之一。电信行业首当其冲地越来越需要光纤相关的多样化支持，特别是中国电信、中国联通、中国移动 3 家巨头，在国家大规模光纤普及的政策支持下，已经在大力开发并寻找大规模光纤网络的监测和故障修复解决方案了。另外，企业内部建立了私有云，或者是使用现有的光纤网络加强内部的信息化管理，扩展渠道建设，增加营销机会等。随着相关技术的越发成熟和普遍，对于提供这些服务的基础光纤网络，其稳定性要求和短时间内的故障恢复要求也越来越受到国家与地方政府的重视。

国家鼓励信息产业的发展。国家第十二个五年期规划的重点任务之一就是全面提高信息化水平。"十二五"规划中明确提出"加快建设宽带、融合、安全、泛在的下一代国家信息基础设施，推动信息化和工业化深度融合，推进经济社会各领域信息化"。工信部在《"十二五"中小企业成长规划》中，明确提出建立健全中小企业信息化服务平台，完善中国中小企业信息网等举措。工信部在"十二五"期间，将加大对中小企业信息化扶持力度，把"强化服务"和"促进应用"放在突出位置，通过加强对中小企业的分类指导，加强信息化服务产品的开发和推广应用，构建信息化服务网络和平台，探索运用云技术、移动商务等新一代信息技术等方式为中小企业降低信息化应用门槛和服务成本。

由此可见，国家和各个地方政府对于信息化建设的支持力度是前所未有的。因此，与信息化网络（光纤网络）的配套监测，故障排除等光纤检测设备产业也必将获得极大的支持。当然，在法律相关的体制建立方面，我们还与国外有比较大的差距，因此我们还要特别注意相关的技术专利申请和保护等方面的政策，做好充分的准备，为进一步的发展打下基础。

◆ 经济环境（Economic Factors）：

中国改革开放以来的成就举世瞩目，GDP 增速长期保持在两位数。即使在 GDP 增速放缓的 2015 年，增速也达到了 6.9%。近年来，世界经济放缓、国际贸易增速回落、国际金融市场剧烈动荡、贸易保护主义抬头、欧洲债务危机不断加剧、美国经济复苏乏力、新兴经济体增长态势良好但通胀形势严峻，但我国依然保证了较高的 GDP 增速。可见，整个国内的经济环境形势依然是非常乐观的。全球虽然有着剧烈的金融市场震荡，但 2012 年以来，许多国家和地区也开始呈现走出金融危机的态势。总的来说，全球经济环境整体情况较好。

2010 年以来，GDP 增速进入下行时期，整体 GDP 增速稳中有降，但没有出现大起大落。拉动 GDP 增长的三驾马车的趋势将是：国内市场的开拓与资金注入依然是拉动 GDP 增长的主要动力；消费内需也会继续保持增长势头，但是应该幅度有限，不会成为拉动 GDP 的主力；最后随着全球经济增长的明显放缓，中国进出口增幅将明显回落，但相比之前的大幅回落应该还是能保持一定的增长。可见，中国经济在持续回落中逐步趋稳。我们在这种经济大环境下，如果可以打开市场需求，则一定可以为国内经济奉献出自己的力量。

◆ 社会文化环境（Social Cultural Factors）：

中国人的传统观念比较含蓄，但是交流还是比较欣赏同步的方式。也就是相对于邮件而言，中国人更愿意选择面对面的交流或者电话视频等更直观的方式。因此，对于光纤网络与通信网络的要求也一直在提高。另一方面，独生子女政策的原因，使得现今社会环境人与人之间的距离变得越来越远。无数的"宅男宅女"由于孤独开始依赖于网络上的虚拟社会与即时通信交流。这更是加速了光纤网络的发展。企业级别的通信需求也在逐年增大。过去企业基本每个分支机构都是自行解决相关的信息化需求，充其量也就是构建一个机房，装几台服务器，拉一根上网线路完事。现在由于企业内部管理机制的加强，呈现出追求中心化策略的趋势，数据的安全性也越来越被重视。与之一起而来的 MPLS 网络构建，以及数据中心支持等过去的金融行业特殊需求，都逐渐成了大众需求。

人们对于交流的效率和方式要求越来越高，因此导致了国家大力开发、支持三网融合以及推进光纤宽带网络的建设，而以上的社会环境对于我们而言，正是全力发展光纤检测设备的绝好时机。在不久的将来，这些人们赖以生存的网络都需要悉心的监测与呵护，我们也一定能够在今后一段时期内顺势而为，顺利发展。

◆ 技术环境（Technological Factors）：

在国内，真正的自主研发公司还是很少。由于山寨风的盛行，大多数的公司都很难下血本研发技术，可以说"拿来主义"依然是国内高科技企业的惯用手法。同时，由于自身没有研发阶段，因此最终的产品技术指标始终与原厂正品会有一些差距，加上没有技术核心竞争力，升级产品的开发自然也无法完成。在国外，技术与知识产权的重视程度还是非常高的。许多高科技公司之所以可以和国家合作项目，就是因为其极高的科技专利实力。同时，对于一些技术的保密与对外禁售策略更加使得其技术优势得以保持。中国如果想要真正成为世界强国，自身的科技力量与研发实力必须得到加强。

（摘自周沏.上海冠方信息技术有限公司创业计划书 [D].上海外国语大学，2013）

二是中观层次，主要包括行业结构变化、行业技术发展、行业周期演进等。

【案例 2】行业环境分析

节能门窗发展状况

门窗的历史源远流长，从人类有住所开始就有了窗户的概念。起初的门窗形式是草盖窗，后来逐步发展到木门。这 3 000 多年的历史，是我国建筑文明史上重要的组成部分。

受工业革命的影响，木窗、金属窗、塑钢窗等门窗形式也曾先后主导了门窗市场。随着门窗技术的不断革新以及人们对节能意识的增强，节能门窗的市场形势又在悄悄发生变化。

变革就是推陈出新，门窗技术的变革也影响了人们的生活质量。门窗的更新换代就是行业的升级。随着社会的发展，人们生活的不断提高，门窗已经超出了功能本身，而更像一种艺术而存在。

据报道，我国目前节能指标不合格的建筑占建筑总量的80%以上。因此，能源危机是我们目前面临的最大问题。门窗耗能大约占建筑总能耗的1/2。因此，采用技术领先的高精尖门窗幕墙迫在眉睫，同时也是行业发展的必然。

为推动建筑节能的发展，控制能源危机，2008年，国家发改委发布了《节能中长期专项规划》。这是到目前为止，我国出台的第一个中长期节能标准。

为了响应国家号召，节能门窗和幕墙如雨后春笋般出现。各种形式的门窗结构，例如实木节能门窗、铝合金节能门窗、木包铝节能门窗、钢塑节能门窗、铝包木节能门窗等节能产品不断涌向市场。

据广东铝合金协会数据统计，目前节能门窗占到整个门窗市场50%以上的份额，而且还有上升的趋势，为社会节约了大量能源。因此，要大力推广这种节能产品。

中国暖边技术的需求

1865年美国人发明了中空玻璃生产技术。其结构与现在的中空玻璃还有些差异，但已十分接近。在第一块中空玻璃问世之前，人们使用双层玻璃窗。由于该种窗户的水密、气密性较差，人们要花一定时间清洁玻璃中间的污渍。发明中空玻璃起初是为了方便清洁。最开始中空玻璃空腔层用绳子或木条间隔，用焦泥密封。这种玻璃最大的缺点就是水密、气密性不好，空腔层容易结露，影响中空玻璃使用寿命。在今后的100年里，这种技术只在部分结构上得到了改善，发展十分缓慢。直到20世纪60年代，包括铝合金间隔条、有机密封胶和3A分子筛干燥剂等新型中空玻璃配件得到应用之后，才使得中空玻璃的各种性能得到较大改善，也就是目前中空玻璃的结构。

一方面，铝合金间隔条的广泛应用使中空玻璃的加工效率提高了，实现了批量生产；另一方面，这牺牲了节能性。这是由于铝合金的导热系数大，能量容易流失。为了解决中空玻璃边缘部节能的问题，暖边间隔条在发达国家已是节能门窗标准配置。据统计，1990年铝合金间隔条中空玻璃市场份额为85%；但是到2009年年末，暖边间隔条就占到市场80%的份额。这说明暖边间隔条越来越被行业认可，并得到广泛使用。

（摘自宋毅刚.T公司中空玻璃暖边间隔条商业计划书［D］.华南理工大学，2015）

三是微观层次，主要是对与创业企业的产品和服务直接相关的因素进行分析，以期获得最为直接的消费者需求与市场机会信息。如：部分在位企业的市场份额萎缩，部分企业技术更新难以为继，部分企业存在人才流失现象等。

②竞争分析。在市场经济高度发达和经济全球化的大背景下，只要创业企业的价值还依赖市场认同，特别是顾客认同实现，就必然面临市场竞争。竞争分析一般可分为竞争环境分析、主要竞争对手分析、核心竞争优势分析。

一是竞争环境分析，一般包括集中度分析、产品与服务的差别度分析、行业壁垒分析，以及行业信息化程度分析等。

二是主要竞争对手分析。竞争对手主要是与创业企业的客户群体或提供的产品服务有较大交集的，且在同类型企业中所占市场份额较大的企业。一般来说，至少要对行业内位居前

3位的在位竞争企业进行详细对比分析。分析内容包括产品或服务特征、质量、技术、成本、市场占有率、财务状况、经营规模、利润水平等，必要时也要考虑到在位企业的顾客忠诚度、消费惯性等。

【案例3】

宁夏A企业所处行业竞争环境因素分析

近年来，为了积极应对发达国家对我国农产品设立的贸易壁垒，宁夏不断加强对国际农业标准的研究，逐步形成了与国际标准接轨的枸杞种植和加工体系，实现了枸杞品种优良化、种植规模化、管理规范化、生产标准化和经营产业化的目标，枸杞产品的出口竞争力大大增强。内销市场方面各个企业充分发挥各自优势，占有一席之地，加剧了竞争强度，对A企业的发展造成一定程度上的威胁。针对A企业的竞争威胁企业具体态势分析如下：

◇ 高端品牌代表企业：宁夏百瑞源枸杞产业发展有限公司。

优势：准确的市场定位，独创"枸杞养生专家"的产品概念迎合消费需求，通过"枸杞养生馆"的渠道经营模式引领整个枸杞行业走向高端市场，获利极大 [2008年销售1 500万元，2009年销售3 500万元，2010年销售7 400万元，2011年销售1.7亿元，2012年销售1.9亿元，创造了枸杞市场连续3年销售额年均增长100%以上的发展速度。目前已构建起了宁夏市场绝对优势的品牌领导地位，政府支持力度非常大。本土市场方面枸杞类（除枸杞酒类产品）特产礼品市场占有率达到85%以上]。

不足：企业缺乏高水平的科学管理能力，无有效激励机制；由于是家族企业，任人唯亲的现象普遍存在，外聘高水平各级管理人员难以发挥作用；企业负责人驾驭高速成长的市场经验不足；经营决策过于谨慎，导致全国市场扩张速度缓慢；区外商业合作伙伴由于合作政策不够合理，高端的产品价格使得外地客户一时难以接受，专卖店式的渠道建设对合作商要求较高等原因使得其全国市场开拓方面发展缓慢，品牌影响力有限。

◇ 中端品牌代表企业：宁夏沃夫百瑞生物食品工程有限公司、宁夏红（以枸杞酒为主）。

优势：企业负责人曾为大学教授，掌握枸杞行业多项专利。其工艺技术、产品设备，加工及生产能力，以及出口产品质量标准的管控等方面均为行业领先。目前该企业为宁夏最大的枸杞干果及原汁出口商（拥有1 000吨浓缩枸杞汁，3 000吨枸杞原汁，以及15 000吨枸杞果汁饮料生产线。截至2011年12月出口额近4 500余万元，占宁夏出口市场的1/4）。

不足：成品市场定位模糊，无清晰的品牌个性，市场份额逐年被其他企业蚕食；企业领导人诚信不足，销售管理极度混乱，缺乏优秀的销售和经营管理团队，近几年发展缓慢。

◇ 低端品牌代表企业：银川雅丽、宁安堡、杞里香、杞创、恒发。

优势：定位于日常消费人群，以土特产经营为主，销售渠道遍布各个土特产品经销店，价格便宜，质量低劣，产品包装方面一味模仿百瑞源，迎合了一部分消费人群，宁夏本土占有一定的市场份额，利润率普遍较低；渠道开发方面，由于"百瑞源"品牌构筑期间自身诸多原因，电商销售一直为该企业非主流渠道，未能及早建设。上述企业积极发展电子商务，目前占据行业领先地位。以"杞里香"为例，其中一款500克产品最高月销售达35 000多件，仅仅依靠网络每月销售就达100余万元。

不足：缺乏相应技术和生产设备，产品质量低劣；企业以盈利为目的，无品牌化经营意识；利用消费者对产品信息掌握不足迅速掠夺市场资源；管理团队缺乏枸杞行业事业心，以赚钱为目的；产品采用多样化的经营模式，枸杞只是其中一个产品系列，如市场发生变化则会立即转行或放弃。当企业发展到一定程度时，由于缺乏优秀的职业经理人管理团队，驾驭成长期企业经验和能力不足，因此难以发展壮大。

（根据"王磊. 宁夏A企业竞争环境分析及营销体系构建研究［D］.
宁夏大学，2013"等材料整理）

三是核心竞争优势分析。面对市场上与在位企业、潜在进入者形成的激烈竞争，创业企业要想获得成功，就必须有独特的核心优势。一般来说，能够形成核心竞争优势的条件主要包括以下几点：

第一，技术创新；

第二，率先达到生产及市场经济规模；

第三，绝佳的用户体验，培养良好的美誉度与顾客忠诚度。

（4）产品与服务

产品和服务是创业企业价值主张的载体，是企业得以建立的基础。商业计划书的这一部分内容应包括对产品或服务的介绍，以及市场定位、可行性分析等内容。

①产品或服务介绍。主要内容应根据创业企业的类型进行选择。

一是提供服务类的企业。此类企业没有成熟、独立的产品用来做销售，而是在其他社会资源的基础上衍生服务并提供给消费者。这一类创业企业在写作此部分时应涵盖服务的基本功能、运营模式、核心特点、目标客户群体、可行性分析等内容。

【案例4】

（1）平台介绍

宠物短期寄养在线服务平台作为连接宠物主人和寄养家庭的纽带，推出了个性化家庭寄养服务。宠物主人在付出比宠物医院更低的寄养成本的同时，宠物们也会生活得更加快乐，主人离开家外出的时候也会更加安心。

平台运营初期将"厦门、福州、泉州、广州、深圳、上海、武汉、重庆、北京"等地作为第一批服务城市。寄养家庭的收费标准根据养宠物的经验，医护知识的多少，以及活动空间的大小而各不相同。基础服务价格一般低于50元人民币。

宠物短期寄养在线服务平台将利用完善、严格的审核机制考察申请成为寄养家庭的爱宠人士，以确保寄养家庭符合资质。作为交易担保的第三方，平台将提供医疗咨询、上门急救、保险、用户评价、社交论坛、看护知识培训等功能。在平台运营的初期，实施全免费的服务方式。当平台的注册会员数突破50万个时，我们将实施收费模式，平台抽取5%～10%的佣金。我们将为每只宠物提供涵盖各种紧急情况的保险（高达5 000元人民币），并将选择符合我们要求的宠物医院合作，为我们的会员提供医疗咨询和急救服务。此外，平台还将提供7×24小时的服务咨询，提供在线客服支持功能。

寄养平台为双方提供信任保证，对于寄养过程中可能发生的纠纷和问题进行预防和解决。通过寄养平台选择的寄养家庭，不仅可以让宠物得到在家一样的待遇，还可以提供散步、洗澡、游戏以及全身按摩等服务。寄养家庭每天定时上传宠物的照片。主人随时可以在平台的专属"博客"上查看自己宠物的最新状况，安心地享受自己假期的同时，还让自己的宠物也度过一个愉快的假期。

（2）平台主要页面搭建

➤平台首页：

首页的主要功能是让宠物主人方便、快速地搜索合适的寄养家庭。这是网站的核心服务。除此之外，我们还将在首页设置宣传视频位置，初期用于广告宣传，后期开放给寄养家庭制作微电影。为了加强和客户的黏性，我们将每季度评选出明星寄养家庭，每月评选明星宠物，并给予奖励。

➤寄养家庭注册页面：

寄养家庭可以登录我们的注册页面，填写基本信息，进行实名认证。通过认证后完善寄养资料。资料越完善，星级评定越高。初始评级均为星，后续将根据宠物主人的评价进行星级调整。

（3）平台运作

➤寄养家庭申请：

为了保证宠物在寄养家庭的安全，我们对申请成为寄养家庭的负责人实行实名认证。申请人在注册时需提交基本的真实信息，以便我们人工进行审核。通过审核后，寄养家庭将拥有一个账户和页面，可以完善自己的养宠经验、护理知识，以及对犬种的喜好等基本信息。将寄养资料更新完毕后，寄养家庭将接受平台的在线视频面试和指导。只有通过考核，成为合格寄养家庭，才可以开始为宠物提供服务。

➤宠物主人搜索：

在首页选择城市、宠物种类，以及寄养的起止日期即可搜索条件匹配的宠物寄养家庭。如希望注册成会员的宠物主人，直接点击注册，按要求填写信息即可。成为会员的宠物主人，可以享受到更多的会员增值服务。

➤交易：

宠物主人和寄养家庭在见面沟通环节若取消交易，则寄养费用会被全额退还给宠物主人。当宠物主人评价结束后，寄养家庭可以实时收到看护佣金。

（摘自王丹雪．宠物短期寄养在线服务平台创业计划书［D］．厦门大学，2014）

二是提供产品类的企业。此类创业企业有自己独立的成熟产品，或者已得到专利或产品授权用于商业化运营，以产品或技术为主体，附加相关业务。这类创业企业在写作商业计划书时应该包括产品的概念、性质及特征，品牌和专利，目标客户群体，以及市场前景预测等。写作语言既要准确、精练，也要通俗、易懂；可通过大量的图片展示产品结构、功能、用户体验等内容，使之更直观、明了。需要注意的是，对于依托创新技术研发的产品，要对技术来源和专利所有权进行细致、诚实的说明，必要时在附录中附上专利证书等。

②可行性分析。这部分内容主要包括市场分析、资金使用、产品成本、盈利分析、销售前景、项目目标等。

（5）营销模式

营销策略是创业企业以顾客需求为出发点，以为顾客提供满意产品和服务为目标，在市场调查等途径的基础上开展的销售推广活动。撰写这一部分的最好方法就是清楚地说明其总体的营销策略，包括定位策略、差异化点等信息，然后通过定价策略、销售过程促销组合和渠道策略说明如何支持总体营销战略的开展。

①主要内容：

一是总体营销战略。每一个企业在制订营销计划，开展销售活动时都会受到资源的限制，所以总体的营销指导思想和操作方法，使得企业在使用资源上更有目的性和连贯性。该地区要对企业的定位策略和差异点予以说明，针对企业与对手竞争的处境，突出企业提供的产品或服务的特性。

二是定价策略。这部分是对企业产品或服务的定价方法及其原因进行解释。企业可以采用的定价方法有竞争定价法、心理定价法、差别定价法、成本加成定价法等不同的方法，分别适用于不同的产品或服务及市场竞争状况。

三是销售过程与促销组合。销售过程是企业识别潜在顾客，完成销售所经历的过程。促销组合是企业所采用的被用来支持销售和提升总体品牌形象的具体策略。

企业的销售过程不尽相同，但一般来说会包含以下步骤：搜集销售机会，接触消费者，实现销售机会，进行销售演示，和顾客沟通，完成销售，以及客户关系管理。

企业可以采用的促销方式有广告、公共关系和其他促销关系等。公共关系不需要资金投入，还可以增加企业的信誉度。新闻发布、媒体报道、博客、微信等是常用的建立公共关系的方式。企业还可以通过提供免费样品、试用体验等促销方式开展销售活动。

四是渠道策略。渠道包含企业的产品或服务从产出地到达消费者手中所经历的过程。企业必须清楚地展示谁来负责销售，以及采用的具体渠道，如采用直接销售方式，还是使用分销商、批发商，是通过同行联合，还是使用其他渠道等。

②营销模式撰写原则：

一是注重创新。把创新理论运用到市场营销中，包括营销观念的创新、营销产品的创新、营销组织的创新，以及营销技术的创新，随时保持思维模式的弹性，让自己成为"新思维的开创者"。

二是重视用户体验。营销手段中好的用户体验可以给顾客带来信心和信任，从而得到顾客的认可，进而留住客户。客户认可后又有可能通过各种途径在群体中相互传播，最终帮助企业达到宣传推广的目的，增加企业的盈利。一般情况下，拥有较好用户体验的营销模式通常能够超过用户预期，让用户有所感知，重视细节及客户的沟通和维护工作。

三是切实可行。营销策略是企业经营管理策略的一部分，应遵循可行性这一根本原则。在撰写营销策略时，应充分考虑到企业发展所处的阶段、目标市场、客户群体、竞争状况等关键因素，确保营销策略能够顺利开展，并取得预期效果。

四是方法灵活。营销模式不应拘泥于某种单一形式，而应采取如线上线下相结合等多种方法，对症下药，灵活应对各种销售环境。

五是手段新颖。互联网时代下，重视利用现有的社交软件或者创建自己的宣传软件等公共平台，如微博、微信、博客、企业官网、新闻媒体等，经常更新企业的新闻和动态，重视与客户的互动和交流。

（6）组织与管理

风险投资家在选择项目时，往往会在查看了执行概要部分后直接阅读创业团队部分，通过评估创业者实力预测企业发展前景。因而，创业团队及其组织管理在商业计划书中也是重要的组成部分。具体内容可包括以下 3 部分：

①创业团队成员介绍。新企业的管理团队一般由创业者和几个关键的管理人员等组成。这一小节概括介绍团队成员的简历，包括年龄、性别、背景、教育和职业经历、专长、主要业绩等；同时根据专业背景、特长等对团队核心成员在企业中负责的工作，以及拥有的股份等进行划分。

②组织架构及职责分工。企业的组织架构是对企业基本业务部门、职能机构、运作流程等做出的界定和规划，反映组织构成要素之间的关系，多用图例的形式展现，如图 10－1 和图 10－2 所示。

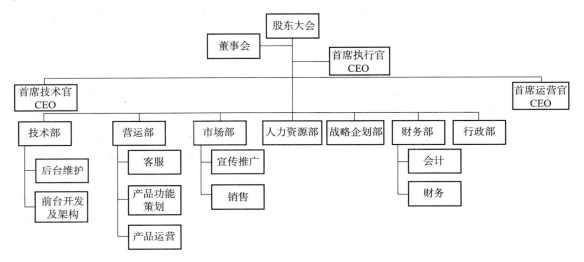

图 10－1　某网络技术公司的组织结构

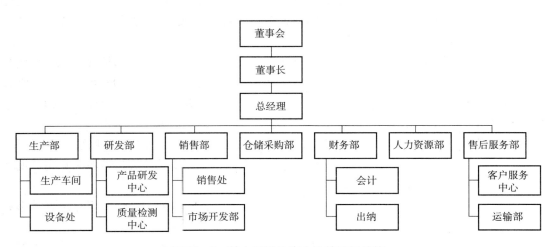

图 10－2　某木制品生产企业的组织结构

在创业计划书中画出组织结构图，对其中各个业务部门、职能机构的职权做出解释和说明，介绍各部门的主要负责人。需要注意的是，不同性质的创业企业，其内部职能部门的设置不尽相同，例如：以提供网络技术服务为主的企业需要设置网络技术部等相关部门，如图 10-1 所示；而以提供木制品等实物产品为主的企业，则需有生产、仓储等相关部门，如图 10-2 所示。

③人力资源规划。一个企业要想长久发展，就要基于以人为本的理念，反映在商业计划书中即制定人力资源管理规划。这部分主要包括各部门人才需求计划、招聘培训计划、奖惩机制等。

（7）财务分析

财务分析是对商业计划书中的所有定性描述进行量化的一个过程，直接关系到对项目价值的评估和取得资金的可能性。在商业计划书中，一般需要创业企业制定 3~5 年的财务规划。其具体内容可仿照如下模式：

①经营条件假设。创办企业需要人、财、物等各方面资源的支持。关于人力资源的条件假设在前述的"组织与管理"中已做阐述，而对于财力资源也将在下面的"融资计划"中说明。此处主要讲述企业所需物质资源的条件假设。创业需要的物质资源一般表现为有形资产。按照流动性可以将其分为流动资产和非流动资产。流动资产是在一年或一年以上的一个营业周期中可以变现的资产，如原材料、库存商品等；流动资产外的有形资产或无形资产均属于非流动资产，如机器设备、办公桌椅、商标权、专利权等。购置资产需要支付现金，从而影响企业的融资计划。对资产进行预估，再结合对流动资产资金需求的判断，可以计算出物质资源所需的资金数量。

②未来的财务预算。在对企业未来发展做出合理预测的前提下进行财务预算，确定资金需求、融资额度、预期收支等。这部分主要通过编制预计的资产负债表、损益表、现金流量表等来展现。

一是预计资产负债表反映在未来某一时刻的企业经营状况，可根据表中数据来获得可能的投资回报率，由固定资产、现金、贷款、净资产、股本、利润准备金、股东资金等组成。资产负债表举例如表 10-1 所示。

表 10-1　资产负债表范例

资产负债表（第一年至第六年）						单位：万元
项目	2013 年 12 月	2014 年 12 月	2015 年 12 月	2016 年 12 月	2017 年 12 月	2018 年 12 月
资产：						
流动资产						
银行现金	113.79	81.07	394.65	776.48	1 555.87	2 583.85
应收账款	0.00	0.00	0.00	0.00	0.00	0.00
库存商品	15.00	300.00	300.00	400.00	400.00	400.00
待摊费用	13.23	6.61	0.00	0.00	0.00	0.00
流动资产合计	142.02	387.68	694.85	1 176.48	1 955.87	2 983.85
固定资产	5.00	5.00	0.00	0.00	0.00	0.00

续表

资产负债表（第一年至第六年）						单位：万元
减：固定资产折旧	1.70	3.40	5.00	0.00	0.00	0.00
固定资产净值	3.30	1.60	0.00	0.00	0.00	0.00
资产合计：	145.32	389.28	694.65	1 176.48	1 955.87	2 983.85
负债及所有者权益：						
流动负债						
短期借款	0.00	100.00	0.00	0.00		
应付账款	0.00	100.00	200.00	200.00	200.00	0.00
流动负债合计	0.00	200.00	200.00	200.00	200.00	0.00
所有者权益						
实收资本	200.00	200.00	200.00	200.00	200.00	200.00
资本公积	0.00					
本年利润	−54.68	43.97	305.37	481.83	779.39	1 227.98
未分配利润	−54.68	−10.72	294.65	776.48	1 555.87	2 783.85
所有者权益合计	145.32	189.28	494.65	976.48	1 755.87	2 983.85
负债及权益合计	145.32	389.28	694.65	1 176.48	1 955.87	2 983.85

（资料来源：杜志明. 佳普乐有限公司创业计划书 ［D］. 厦门大学，2013）

二是损益表反映企业未来的盈利状况，是对创业企业经过一段时间运作后的运营结果的预期，包括销售收入、毛利、管理费用、营业利润、财务费用和净利润等内容。损益表举例如表 10 −2 所示。

表 10 −2　损益表范例

损益表（第一年至第六年）						单位：万元
项目	2013 年	2014 年	2015 年	2016 年	2017 年	2018 年
一、销售收入	50.00	1 000.00	3 000.00	4 500.00	6 750.00	10 125.00
产品成本	35.00	700.00	2 100.00	3 150.00	4 725.00	7 087.50
占销售%	0.70	0.70	0.70	0.70	0.70	0.70
二、毛利	15.00	300.00	900.00	1 350.00	2 025.00	3 037.50
占销售%	0.30	0.30	0.30	0.30	0.30	0.30
减：营业费用	65.43	188.68	338.24	478.06	641.56	883.81
占销售%	1.31	0.19	0.11	0.11	0.10	0.09
工资	23.80	71.40	74.97	114.00	120.00	126.00
社保费	4.30	4.30	4.30	6.70	6.70	6.70

续表

资产负债表（第一年至第六年）						单位：万元
办公费	2.40	2.40	2.40	2.40	2.40	2.40
水电费	1.80	1.80	1.80	1.80	1.80	1.80
租赁费	4.05	13.20	19.20	19.20	19.20	19.20
电话费	2.16	2.16	2.16	2.16	2.16	2.16
应酬费	4.80	4.80	4.80	4.80	4.80	4.80
差旅费	12.00	12.00	12.00	12.00	12.00	12.00
运输费	1.00	20.00	60.00	90.00	135.00	202.50
开办费	6.62	6.62	6.61	0.00	0.00	0.00
提成金	2.50	50.00	150.00	225.00	337.50	506.25
减：固定资产折旧	1.70	1.70	1.60	0.00	0.00	0.00
减：产品销售税金	2.55	51.00	153.00	229.50	344.25	516.38
三、税前利润	−54.68	58.62	407.16	642.44	1 039.19	1 637.32
占销售%		0.06	0.14	0.14	0.15	0.16
四、所得税	0.00	14.66	101.79	160.61	259.80	409.33
五、净利润	−54.68	48.97	305.37	481.83	779.39	1 227.99

（资料来源：杜志明. 佳普乐有限公司创业计划书［D］. 厦门大学，2013）

三是现金流量表反映企业的未来现金流动，如表 10 − 3 所示。

表 10 − 3 现金流量表范例

现金流量表（第一年至第六年）							单位：万元
项目	行次	2014 年	2015 年	2016 年	2017 年	2018 年	2019 年
一、经营活动产生的现金流量							
销售商品及提供劳务收到的现金	1	400	1 600	3 200	4 800	7 200	10 800
收到的税费返还	2						
收到的其他与经营活动有关的现金	3						
现金流入小计	4	400.00	1 600.00	3 200.00	4 800.00	7 200.00	10 800.00
购买商品及接受劳务支付的现金	5	310.00	1 120.00	2 240.00	3 360.00	5 040.00	7 560.00
支付给职工以及为职工支付的现金	6	45.00	105.00	115.50	127.05	139.76	153.73
支付的各项税费	7	18.60	67.20	134.40	201.60	302.40	453.60
支付的其他与经营活动有关的现金	8	110.00	224.00	416.00	576.00	864.00	1 296.00
现金流出小计	9	483.60	1 516.20	2 905.90	4 264.65	6 346.16	9 463.33
经营活动产生的现金流量净额	10	−83.60	83.80	294.10	535.35	835.85	1 336.67

续表

现金流量表（第一年至第六年）							单位：万元
项目	行次	2014 年	2015 年	2016 年	2017 年	2018 年	2019 年
二、投资活动产生的现金流量							
收回投资所收到的现金	11						
取得投资收益所收到的现金	12						
处置固定资产、无形资产和其他长期资产所收回的现金净额	13						
收到的其他与投资活动有关的现金	14						
现金流入小计	15	0.00	0.00	0.00			
购建固定资产、无形资产和其他长期资产所支付的现金	16	20.00			20.00		
投资所支付的现金	17						
支付的其他与投资活动有关的现金	18						
现金流出小计	19	20.00	0.00	0.00	0.00	0.00	0.00
投资活动产生的现金流量净额	20	−20.00	0.00	0.00	0.00	0.00	0.00
三、筹资活动产生的现金流量							
吸收投资所收到的现金	21	200.00					
借款所收到的现金	22						
收到的其他与筹资活动有关的现金	23						
现金流入小计	24	200.00	0.00	0.00	0.00	0.00	0.00
偿还债务所支付的现金	25						
分配股利、利润或偿付利息所支付的现金	26						
支付的其他与筹资活动有关的现金	27						
现金流出小计	28	0.00	0.00	0.00	0.00	0.00	0.00
筹资活动产生的现金流量净额	29	200.00	0.00	0.00	0.00	0.00	0.00
四、汇率变动对现金的影响额	30						
五、现金及现金等价物净增加额	31	96.40	83.80	294.10	515.30	853.85	1 336.67
货币资金期末数	32	96.40	180.20	474.30	989.65	1 843.50	3 180.16
货币资金期初数	33	0	96.40	180.20	474.30	989.65	1 843.50
货币资金净增加额	34	96.40	83.80	294.10	515.35	853.85	1 336.6

（摘自洪爱华. LOVSPORTS 公司创业计划书 ［D］. 厦门大学，2014）

做财务预算时，要注意遵循以下几点原则：

一是财务预算要立足于真实市场调研。只有市场调研可靠，顾客需求得到验证，其经营活动才有可能创造实际价值，依此进行的财务预算才真实可信。

二是财务预算奉行"长粗短细"原则，即长期财务预算可以简略一些，但短期预算要尽量做到精确、翔实。

三是财务预算是建立在对商业计划书中的营销、生产运营等进行分析的基础之上的，因此必须明确下列问题：第一，产品在每一个会计期间的产量、销量有多大？第二，企业何时需要扩大生产？第三，单位产品的生产费用是多少？第四，单位产品的定价是多少？第五，使用什么分销渠道，所预期的成本和利润是多少？第六，雇用人员的成本是多少？回答这些问题离不开生产运营等商业计划书的其他部分。

③融资计划。融资方案是根据创业计划、创业项目、产品的特点，结合创业团队的优势，结合财务风险分析和财务风险控制的计划所编写的。一般来说，融资方案包括融资额、融资时间、融资对象、融资方式、融资用途等。

（8）风险分析

分析企业可能面临的诸如技术、市场、管理、政策、经济等方面的风险和问题，提出相应合理、有效的规避方案等。

【案例5】

海品乐淘网项目的风险分析

（1）系统技术风险

电子商务对于稳定性、可靠性和安全性都有较高的要求，故对整体技术系统要求也较高。在系统设计不优良，硬件与软件不匹配的情况下，将会产生巨大的技术风险。

（2）运营风险

跨境电商是多模式交易平台，满足各种交易条件下交易业务的需要。项目收入包括保证金、交易手续费、信息服务、会展、物流金融等收费服务项目，但各项收入取决于会员的数量和交易量。如果没有足够的会员和交易量，那么公司将面临一定的运营和财务风险。

（3）政策风险

本项目涉足跨境电子商务，故而存在一定的通关问题。海品乐淘海外产品主要为品牌辨识度较高，品质（正品）有保障，稀缺、实惠的优质产品。其中，热门品类（如进口奶粉、保健品、化妆品以及其他母婴用品）做自营，而其他品类是开放的。换言之，自营类的产品多为常规性产品，但是仍然存在海关检验检疫问题，并受国家进出口政策的影响比较严重。故而可能给海品乐淘带来较大风险。

另外，从海品乐淘自营类产品情况来看，多数产品来源于欧洲，以及美国、日本、韩国、澳大利亚、新西兰等区域和国家。所以，上述国家和区域的出口政策也对本项目存在一定的影响。从海品乐淘所涉及的商品类型来看，基本以食品、保健品以及其他母婴产品为主，所以上述产品都会涉及出口国食品检验问题。

（摘自郑畅.GQ海品乐淘网商业计划书［D］.华南理工大学，2015）

本章要点回顾

本章是对创业计划和商业计划书的讲解，包括创业计划的概念、作用、特点，商业计划书的概念、内容选择原则、主要内容等，并配合经典案例丰富章节内容。

创业计划是创业者计划创立业务的书面摘要，被用以描述与拟创办企业相关的内、外部环境条件和要素特点，具有时效性、可行性、概括性等特点。

创业计划的作用大致被分为三点，分别是：指导行动，明确方向；凝聚人心，有效管理；决策参考，投资依据。

商业计划书是创业者为了达到发展经营目标及面向社会筹措资源的目的而撰写的，旨在展现项目和企业现状及发展前景的书面文件。

在选择商业计划书的内容时，可遵循以下原则：换位思考，投其所好；重点突出，详略得当；定位精准，独特取胜。

商业计划书有固定的写作模式，主要内容包括执行概要、企业介绍、市场与竞争分析、产品与服务、营销模式、组织与管理、财务分析，以及风险分析。

习题

1. 阅读本书附录中的商业计划书，剖析其写作结构。

2. 查阅"滴滴打车""王老吉"等经典营销案例，尝试为一个大学生线上互动学习平台撰写营销计划。

3. 假设你是一个创业者，现在需要你组建一支创业团队，试确定创业项目并列出团队成员所需的与项目相匹配的素质。

4. 对于第 3 题中所确立的创业项目，试试你可以从多少渠道获得市场分析所需的数据。

5. 尝试为你的项目编写资产负债表、损益表和现金流量表。

课后拓展

本章介绍了创业计划及商业计划书的写作知识。限于篇幅，本章只介绍了商业计划书结构中的几部分基本内容。那么，你能否根据不同类别的创业项目，再提出一些商业计划书写作时应包括的结构及内容？

第十一章　新创企业管理

████████ 【内容提要】↑

　　新创企业的管理几乎是每个创业者都要面临的问题。为此，我们要系统掌握新创企业管理的理论体系及现实操作。本章详细描述了新创企业法律形式的选择及工商税务登记的流程步骤，介绍了企业内部管理的策略，分析了可能遇到的风险及应对措施，最后提出了创新性的管理方式。

　　学完本章后，希望同学们做到：
　　①掌握新成立企业法律形式的选择；
　　②明确新成立企业注册的程序、步骤；
　　③了解企业在组织结构、薪酬体系、文化构建等方面的管理方式；
　　④熟知企业可能面临的风险及规避措施；
　　⑤了解企业管理的创新点。

【导入案例】

阿姨帮：一个男人带领一帮阿姨"自我颠覆"（家政O2O）

　　"这是最好的时代，是最坏的时代；这是智慧的时代，是愚蠢的时代；这是信仰的时期，是怀疑的时期。"英国著名作家狄更斯《双城记》里的这段话能贴切反映当下国内家政O2O的发展气息。

　　阿姨帮创始人万勇2007年毕业于华中科技大学计算机学院，原任360浏览器产品总监。任职期间360浏览器达到市场第一的位置。2013年7月，阿姨帮成立，获数百万元人民币天使投资。

　　阿姨帮是一款基于LBS的家政O2O应用，是类似Uber，Homejoy的垂直平台，力图作为制定服务标准的渠道，连接起海量的阿姨和消费者，做成全品类家政服务。用户可通过APP、官方网站、电话直接预约家庭保洁、衣物干洗、鞋具护理的服务。一年的发展之后，阿姨帮成为家政O2O代表企业，率先提出建设标准化服务，对阿姨进行员工化管理及年轻化建设，在用户和业界获得良好口碑。阿姨帮于2014年10月率先完成数千万美元B轮融资。

　　与国内其他家政服务O2O公司的普遍做法不同，阿姨帮对小时工采取统一聘任和管理的制度，区别于"中介"的角色，对阿姨进行培训、服务评价的系统管理。这一"重模式"保障服务质量之余，无疑增添其运作成本和难度，为实现盈利预留更多不稳定因素。

　　对此，中国电子商务研究中心助理分析师沈云云认为，家政O2O行业看似市场纷争才起，实则在资本强势进驻的鼓舞下，正酝酿着新型家政消费习惯、市场及资本格局的全面形成。对于家政O2O这块"香饽饽"，很多大平台也不甘落后，但阿姨帮有的是更加接地气的服务和更加精细的业务。

（资料来源：王荣，李奕烁．阿姨帮做家政O2O领域的京东［N］．
中国证券报，2015－5－23：12）

11.1　新成立企业

11.1.1　企业法律形式的选择

　　新企业创立之前，创业者应该首先确定拟创办企业的法律组织形式。新创企业可采用不同的组织形式，例如创业者个人独立创办的个人独资企业，或者由创业者团队创办的合伙制企业，或者成立以法人为主题的有限责任公司和股份有限公司。对创业者而言，各种法律组织形式没有绝对的好坏之分，各有利弊，但无论选择怎样的形式，都必须根据国家的法律法规要求和新创企业的实际情况，科学衡量各种组织形式的利弊，决定合适的组织形式。

　　在1999年8月30日中华人民共和国第九届全国人民代表大会常务委员会第十一次会议通过《中华人民共和国个人独资企业法》之后，2005年10月第十届全国人民代表大会第十八次会议和2006年8月27日第十届全国人民代表大会第二十三次会议分别通过了新《中华人民共和国公司法》和《中华人民共和国合伙企业法》。2013年12月28日第十二届全国人民代表大会常务委员会第六次会议通过《中华人民共和国公司法》的第三次修订。至此，我国企业法律形式基本上与国际接轨。

　　（1）个人独资企业

　　个人独资企业既是最古老，也是最常见的企业法律组织形式。个人独资企业又称个人业主制企业，是指依法设立，由一个自然人投资，全部资产为投资人所有的营利性经济组织。当个人独资企业财产不足以清偿债务时，选择这种企业形式的创业者须以其个人其他财产予以清偿。在各类企业当中，该类企业的创设条件最简单。根据《中华人民共和国个人独资企业法》，申请设立个人独资企业应满足的条件如图11－1所示。

　　个人独资企业的成功与否依赖于所有者个人的技能。当然，所有者也可以雇用那些有其他技能的员工。

　　（2）合伙企业

　　根据《中华人民共和国合伙企业法》，"合伙企业"是指依法在中国境内设立的，由各合伙人订立合伙协议，共同出资，合伙经营，共享收益，共担风险，并对合伙企业的债务承担无限连带责任的营利性组织。合伙企业一般无法人资格，不缴纳所得税，只缴纳个人所得

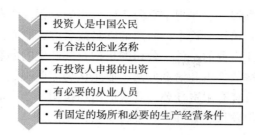

- 投资人是中国公民
- 有合法的企业名称
- 有投资人申报的出资
- 有必要的从业人员
- 有固定的场所和必要的生产经营条件

图 11 – 1 申请设立个人独资企业应满足的条件

税。其类型有普通合伙企业和有限合伙企业。两者最大的区别在于有限合伙企业有普通合伙人和有限合伙人两种不同的所有者。其中，普通合伙人对合伙企业的债务和义务负责，而有限合伙人仅以投资额为限承担有限责任，但后者一般不享有对组织的控制权。另外，普通合伙企业合伙人既可以用货币、实物、知识产权、土地使用权或者其他财产权利出资；也可以用劳务出资；而有限合伙企业合伙人不得以劳务出资。以下主要介绍普通合伙企业。

除了要有合伙企业的名称、经营场所以及从事合伙经营的必要条件，设立合伙企业还应当具备以下几个条件：

①有两个以上合伙人，合伙人应当具备完全民事行为能力，且都是依法承担无限责任者。

②合伙人应订立书面合伙协议。协议载明企业的名称、地点、经费范围、合伙人出资额和权责情况等基本事项。

③合伙人应当按照合伙协议约定的出资方式、数额和缴付出资的期限履行出资义务。出资应当是合伙人的合法财产及财产权利。合伙人以劳务出资的，其评估办法由全体合伙人协商确定。

（3）有限责任公司和股份有限公司

公司是现代企业中最主要的企业形式。它一般是指依法设立的，有独立的法人财产，以营利为目的的企业法人。所有权与经营权分离，是公司制的重要产权基础。与传统"两权合一"的业主制、合伙制相比，创业者选择公司制作为企业组织形式的一个最大特点就是仅以其所持股份或出资额为限对公司承担有限责任；另一个特点是存在双重纳税问题，即公司盈利要上缴公司所得税，创业者作为股东还要上缴企业投资所得税或者个人所得税。根据《中华人民共和国公司法》（以下简称《公司法》），我国的公司被分为股份有限公司和有限责任公司（包括一人有限责任公司）两种类型。

有限责任公司，简称有限公司，是指根据《中华人民共和国公司登记管理条例》规定登记注册，由 50 个以下的股东出资设立，每个股东以其所认缴的出资额对公司承担有限责任，公司以其全部资产对其债务承担责任的经济组织。除了要有固定的生产经营场所和必要的生产经营条件之外，创业者设立有限责任公司还应具备下列条件：

①股东符合法定人数。我国《公司法》第二十四条规定有限责任公司由 50 个以下股东出资设立。

②股东出资达到法定资本最低限额。一般有限责任公司注册资本的最低限额为人民币 3 万元，而一人有限责任公司的注册资本最低限额为人民币 10 万元，且全体股东的货币出资金额不得低于有限责任公司注册资本的 20%。

③股东共同制定公司章程。法律规定有限责任公司的章程应当载明的事项包括公司名称和住所，公司经营范围，公司注册资本，股东的姓名或名称，股东的权利和义务，股东的出资方式和出资额，股东转让出资的条件，公司的机构及其产生的办法、职权、议事规则，公司的法定代表人，公司的解散事由和清算办法，股东认为需要规定的其他事项。

④有公司名称，建立符合有限责任公司要求的组织机构。要有固定的生产经营场所及必要的生产经营条件，且股份发行、筹办事项要符合法律规定。

11.1.2　企业的工商、税务登记

2014年7月国务院发布《关于促进市场公平竞争，维护市场正常秩序的若干意见》倡导"三证合一"，改革市场准入制度。2015年10月1日起，实行营业执照、组织机构代码证和税务登记证三证合一制度。所谓"三证合一"，就是将企业依次申请的工商营业执照、组织机构代码证和税务登记证三证合为一证，提高市场准入效率；而"一照一码"则是在此基础上更进一步，通过"一口受理，并联审批，信息共享，结果互认"，实现由一个部门核发加载统一社会信用代码的营业执照。

按照现行法律法规，创业者注册新公司需要遵循一定的流程，并需要到相应的政府部门登记审批。

（1）公司核名

注册公司第一步就是公司名称审核，即差名。创业者需要通过市工商行政管理局进行公司名称注册申请，由工商行政管理局3名工商查名科注册官进行综合审定，给予注册标准，并发放盖有市工商行政管理局名称登记专用章的"企业名称预先核准通知书"。

此过程中申办人需提供法人和股东的身份证复印件，并提供2~10个公司名称，写明经营范围、出资比例。公司名称要符合规范，例如，北京（地区名）+某某（企业名）+贸易（行业名）+有限公司（类型）。

（2）经营项目审批

如新创企业的经营范围中涉及特种行业许可经营项目，则需报送相关部门审核盖章。特种许可项目涉及旅馆、印铸刻字、旧货、典当、拍卖、信托寄卖等行业，需要消防、治安、环保、科委等行政部门审批。特种行业许可证办理，根据行业情况及相应部门规定不同，被分为前置审批和后置审批。

（3）公司公章备案

企业办理工商注册登记过程中，需要使用图章，由公安部门刻出。公司用章包括公章、财务章、法人章、全体股东章、公司名称章等。

（4）验资

按照《公司法》规定，投资者需按照各自的出资比例，提供相关注册资金的证明，通过审计部门进行审计并出具"验资报告"。

（5）申请三证联办

三证联办包括工商营业执照、税务登记证和组织机构代码证，以及统计登记证，需到工商局相关部门办理。应提供的材料有《名称（变更）预先核准申请书》原件；法人代表身份证原件及复印件，公司或企业章程原件及复印件，房产证明复印件并加盖产权单位公章或

产权人签字，内资申请书产权人签字或盖章，《申请多证联办（三证合一）指定（委托）书》，《指定委托书》等。

（6）办理税务登记证

应到当地国税局办理税务登记证。办理税务登记证应提供的材料包括企业营业执照副本，组织机构代码证副本，经营场所产权证及租赁合同复印件，法人身份证，公司章程，验资报告及公章。

（7）银行开户

新创办企业需设立基本账户。企业可根据自己的具体情况选择开户银行。银行开户应提供的材料包括营业执照正本、组织机构代码证正本、法人身份证、公司公章/法人章/财务专用章、国地税务登记证正本等。

 ## 11.1.3 创办企业应注意的伦理问题

创业伦理是创业者在开拓市场、资本积累、互惠互利、协同合作、个人品德、后天修养等方面的一些行为准则。创业者组建一个新企业后，势必要进入市场竞争的圈子，相应地，也要遵守这一圈子共同维护的行为规范。当一个创业者成长为一个企业家时，他会越来越重视自己在社会中的形象，并开始注重自身的伦理和自己企业的伦理建设。毕竟，没有哪个企业愿意和一个臭名在外、不讲诚信的公司进行合作。

（1）创业者与原雇主之间的伦理问题

不少新企业是人们辞职创建的。在辞职进行创业后，一些创业者出乎意料地发现，自己已置身于与前雇主公司敌对的境地。以下是辞职时必须遵循的两个重要原则。

①职业化行事。首先，雇员恰当地表露离职意图十分重要；同时，在离职当天，雇员应处理完先前分配给自己的所有工作。急不可耐的离职会让雇主十分恼火，而且雇员不应该在最后几天的工作中忙于安排创办企业事宜。这些并非职业化的行事风格，也是对当前雇主的时间与资源的不恰当使用。如果雇员打算离职后在同一产业内创业，则至关重要的是，他不能带走属于当前雇主的资料信息。雇主有权利防止商业机密失窃（如客户清单、营销计划、产品原型和并购战略等），或阻止商业机密从办公室向雇员家里的非正当转移。根据所谓公司机会原则，关键雇员（如高级职员、董事和经理）和技术型雇员（如软件工程师、会计和营销专家）负有对雇主忠诚的特殊责任。当雇员把属于雇主的机会转为己有时，公司就会直接出面干预。在职期间，雇员可以利用下班时间策划如何与雇主竞争，但绝不允许窃取雇主机会；只有当雇佣关系终止后，雇员才能说服其他同事到新企业工作，或真正开创一家与雇主竞争的企业。

②尊重所有雇佣协议。对准备创业的雇员来说，充分知晓并尊重自己曾签署的雇佣协议至关重要。在一般情况下，关键雇员都签署了保密协议和非竞争协议。保密协议是雇员或其他当事人（如供应商）所做的不泄露企业商业秘密的承诺。这要求雇员在职期间甚至离开公司之后，都必须严格遵守该协议。非竞争协议规定了在特定时间段内，个人禁止与前雇主相竞争。如果签署了非竞争协议，要合理地离开公司，雇员就必须遵守相关协议。

（2）创业团队成员之间的伦理问题

创建者之间就新企业的利益分配以及对新企业未来的信心达成一致非常重要。对创业者团队来说，易犯的错误就是因沉迷于开办企业的兴奋之中而忘记订立有关企业所有权分配的最初协议。创建者协议（或称股东协议）是处理企业创建者间相对的权益分割，创建者个人如何因投入企业"血汗股权"或现金而获得补偿，创建者只有持有企业股份多长时间才能被完全授予等事务的书面文件。以下列出了创建者协议所包含的主要内容：

①未来业务的实质；

②简要的商业计划；

③创建者的身份和职位头衔；

④企业所有权的法律形式；

⑤股份分配（或所有权分割）方案；

⑥各创建者持有股份或所有权的支付方式（现金或血汗股权）；

⑦明确创建者签署确认归企业所有的任何知识产权；

⑧初始运营资本描述；

⑨回购条款，明确当某位创建者因病逝世，或退出出售股份时的处理方案。

通常，创建者协议的重要议题涉及某位创建者逝世或决定退出带来的权益处理问题。大多数创建者协议都包含一个回购条款。该条款规定，在其余创建人对企业感兴趣的前提下，法律规定打算退出的创建人有责任将自己的股份出售给那些感兴趣的创建人。在大多数情况下，协议还明确规定了股份转让价值的计算方法。回购条款的存在至关重要。这是因为：第一，如果某位创建者离开，其余创建者就需要用他或她的股份寻求接替者；第二，如果某位创建者因为不满而退出，回购条款就给其余创建者提供了一种机制：它能保证新企业股份被掌握在那些对新企业前途充分执着的人手中。

（3）创业者和其他利益相关者之间的伦理问题

创业者和其他利益相关者之间的伦理问题涉及：

①人事伦理问题。这些问题与公正、公平地对待现有员工和未来员工有关。不符合伦理的行为范围非常广泛，涉及从招聘面试中询问不恰当问题到不公平对待员工的方方面面。其根源可能是因为他们在性别、肤色、道德背景、宗教等方面有所不同。

②利益冲突。这些问题与那些挑战雇员忠诚的情景有关。例如，如果公司员工出于私人关系以非正常商业理由将合同交给其朋友或家庭成员，这就是不恰当的行动。

③顾客欺诈。这个领域的问题通常出现在公司忽视尊重顾客或公众安全的时候，例如做误导性广告，销售明知不安全的产品等。

11.2　企业的内部管理

管理是伴随着企业整个生命周期的企业活动，在企业发展中发挥着至关重要的作用。其目的是协调好人力、物力和财力资源，以使得整个组织活动更加富有成效。其中，企业进行内部管理的途径主要是组织构建、薪酬体系以及企业文化建设，目的在于强化组织凝聚力，加强部门间合作，提高组织的执行力，有利于企业的长远发展。

11.2.1　组织结构的选择

组织结构，是指在组织理论指导下，为了实现组织目标，经过组织设计形成的组织内部各部门、各层次之间固定的排列形式，即组织内部的构建方式。

企业组织结构的类型是多种多样的。没有任何一种组织机构模式对所有企业都适用。企业设置组织结构必须结合自己企业的文化背景、发展战略、经营策略等多方面的实际，选择最适合本企业的组织结构模式。企业组织结构一般有以下几种形式：

（1）直线型

直线型组织结构，是指上下级职权关系贯穿于组织的最高层到最低层，从而形成一种指挥链的组织结构形式。直线型组织结构是最简单、最古老的一种组织结构形式。在这类组织中，各种职务按垂直体系直线排列，各级主管拥有对下属的直接领导权，每一员工只能向一个直线上级汇报，且组织中不设置专门的职能部门。在直线型组织结构中，管理者的职责与职权直接对应组织目标。

适用范围：没有实行专业化管理的劳动密集、机械化程度较高、规模较小的企业。

（2）职能型

职能型组织结构，是指各级行政单位除设置主管负责人之外，还相应地设立部分职能机构。在组织中按照专业以及分工设置职能部门，而各部门在自身业务范围内有向下级发布命令的权利。每一级组织不仅要服从上级的指挥，还要听从各职能部门的指挥。企业采用这类结构目标在于提高企业内部效率以及技术专业化程度，适合外部环境相对稳定，技术相对成熟，跨职能部门间依存程度不高的小型或中型企业；但这种结构也存在明显的缺点：它妨碍了统一领导和集中指挥，容易导致多头领导；在中级管理层容易出现"有功大家抢，有过大家推"这类现象；当上级行政领导和职能机构的命令和指导发生冲突时，下级无法得到明确的命令，容易造成纪律松弛、生产管理秩序混乱的现象。由于这种组织结构拥有突出的缺陷，现代企业一般都不采用职能制组织结构。

适用范围：中小型企业。

（3）直线—职能型

直线—职能制，也称作生产区域制，或直线参谋制度。它是在吸取了直线制和职能制这两者优点的基础上建立起来的。目前，绝大多数企业都采用这种组织结构形式。在这种组织结构形式中，企业管理机构和人员分为两类：一类是直线领导机构及人员，其按照命令统一原则对各级组织行使指挥权；另一类是职能机构及人员，其按照专业化原则，从事组织的各项职能管理工作。其中，直线领导机构及人员在自身责权范围内有一定的决定权以及对所属下级的指挥权。此外，其需要对自己部门的工作承担全部责任；而职能机构及人员，则只能作为直线指挥者的参谋者，其不能对直接部门发号施令，只能对直接部门进行业务上的指导。

适用范围：劳动密集、规模较大、重复劳动的中大型企业。

（4）矩阵型

矩阵型组织结构，是指把按照职能划分的部门和按照产品划分的部门综合起来构成一个矩阵的组织结构形式。在这类组织中，产品经理和职能经理拥有同样的职权。同一名员工在与原职能部门保持组织上与业务上联系的同时，又要参与到产品或项目小组的工作中。矩阵型通常适用于从事项目管理的企业，为完成某一项目，从各职能部门抽调人员组成项目小组。当完成项目后，项目小组内各人员重新分配工作，项目经理不复存在。在这种结构中，一个员工对应一个上级的传统原则被打破。一个员工可以属于两个，甚至两个以上的部门。多数员工要同时向两个经理负责。一方面要服从项目的管理，而另一方面要服从公司各个职能部门的管理，从而形成一种矩阵形式。

适用范围：矩阵型组织结构适用于一些员工素质较高、技术复杂、需要集中各方面专业人员集体攻关某一项目的企业，如研发型企业、软件公司、工程企业、航天航空企业等。

（5）事业部型

事业部型结构也称产品部式结构和 M 型组织结构。在 20 世纪 20 年代，美国管理学家斯隆针对企业多元化经营带来的复杂问题，在产品部门化的基础上提出了这种组织结构。最早采用这种组织结构的是美国通用汽车。在经过多年的不断完善后，事业部型组织结构最终形成目前相对标准化的分权式结构。其所实行的分权化管理，就是指在企业的统一领导下每个事业部都负责本部的生产、销售等全部活动，形成各自的利润负责中心，且有较大的生产经营权。在这种结构中，各个事业部独立经营，独立核算，且其均有自己的产品和特定的市场，拥有自己的经营自主权；但事业部既不是法人，也不是独立的公司，它不能独立签订合同，只有在获得公司委托的前提下才能签订合同。

事业部型适合规模大、产品多、市场分散的企业。例如，"美的"所开展的事业部改造，在"美的"于市场中遭遇败绩时，高层反复商讨和论证，最终决定建立事业部型组织结构。"美的"将各个事业部逐一从主体业务中分离出来，建立起事业部体系，使得"美的"如今能够在国内家用电器市场拥有很大的话语权。此外，中国几个大的家电企业，像"海尔""联想""长虹"等大部分实行事业部制。

 11.2.2　薪酬体系的构建

（1）薪酬的含义

薪酬是企业对员工为组织所做贡献的一种回报，可以被看作员工与企业之间的一种交易行为。员工向企业付出了劳动，而企业为员工提供相应的货币或非货币的报酬。

薪酬可分为直接薪酬和间接薪酬。其中，直接薪酬主要包括基本工资、奖金、补贴、津贴、股权，而间接薪酬则主要指福利。

①基本工资。根据员工提供的劳动数量和质量及其所在职位、能力、价值核定，按照一定标准支付的劳动报酬，是工资额的基本组成部分。这是员工工作稳定性的基础，是员工安全感的保证。基本工资可分为基础工资、工龄工资和职位工资等。

②奖金。奖金是对员工超额劳动的报酬。常见的有全勤奖金、生产奖金、年终奖金、效益奖金等。

③津贴与补贴。津贴与补贴指员工在特殊的劳动条件下，在特殊的工作环境中，额外劳动消耗和生活费额外支出的工资补充形式。通常把与工作相关的补偿称为津贴，而把与生活相关的补偿称为补贴。常见的有岗位津贴、加班津贴、轮班津贴等。

④股权。以企业的股权作为员工薪酬，可以被看作企业的一种长期激励手段，有助于提

高员工的工作积极性，能够使其为实现企业长期利润的最大化而努力。

⑤福利。福利是员工的间接报酬，指的是照顾职工的生活利益，包括健康保险、带薪假期、文化娱乐设施等。

（2）薪酬的作用

一个完整的薪酬体系，应该同时具有以下3方面作用：

①保障作用。保障作用主要通过基本工资来体现。企业给予员工的薪酬至少能够保障其基本生活需要，维持家庭生活与发展，不然会影响员工的基本生活，进而对社会劳动力的生产和再生产造成一定影响。

②激励作用。一个完善且具有竞争力的薪酬体系能够更有效地吸引人才，能更加充分地调动员工的积极性。激励作用主要体现在薪酬结构中相对灵活的部分。与基本工资等相比，奖金和股权无疑更加具有激励作用。

③调节作用。通过向员工提供各类保险和福利待遇，企业可以有效增强员工对企业的信任感和依赖感，从而提高企业凝聚力，形成良好的组织氛围。

（3）影响薪酬的因素

薪酬体系的构建会受到诸多因素的影响。企业在具体实施时，应根据实际情况，全盘考虑做出合适的选择。影响薪酬的因素可归纳为3类：

①外部因素，包括政府法令、经济、社会、工会、劳动市场、团体协商、生活水平等。

②内部因素，包括财务能力、预算控制、薪酬政策、企业规模、比较工作价值、竞争力、公平因素等。

③个人因素，包括资历、绩效、经验、教育程度、发展潜力等。

具体来讲，影响企业薪酬体系构建的因素主要有劳动力市场、企业战略、职位、资质和个人绩效5个方面。

劳动力市场：劳动力市场的供求状况会影响薪酬水平。

企业战略：企业的总体战略决定了薪酬支付的总体水平、结构以及方式。

职位：员工职位所对应的工作复杂程度、责任大小，以及任职资格等是决定员工薪酬水平的重要因素。

资质：指的是员工所具有的知识、技能、个性以及经验等能有效驱动其取得优秀工作绩效的各种特性。

个人绩效：员工的个人绩效反映员工对个人工作的完成程度以及对目标的实现程度，是衡量员工在组织中的贡献的重要因素。

（4）薪酬设计的步骤

构建薪酬体系必须根据企业的实际情况，与企业的战略和文化紧密结合，系统、全面地考虑各方面因素的影响；同时，薪酬体系的设计要体现对内的公平性和对外的竞争性，关注绩效等激励性因素，对人力资源做出最有价值的应用，以充分发挥薪酬体系在企业发展中的积极作用。

①薪酬调查。进行企业薪酬现状调查、薪酬影响因素调查以及行业薪酬水平调查。调查的目的在于提高企业薪酬的对外竞争力。

②薪酬定位。分析同行业的薪酬数据后，根据本企业的具体情况选用不同的薪酬水平。

③确定薪酬原则和策略。在充分了解企业薪酬现状的基础上，确定本企业薪酬的分配依

据，进而确定分配原则与策略。

④职位分析。职位分析是构建薪酬体系的基础性工作。明确部门职能和职位关系，进行岗位职责分析，形成职位说明书。

⑤岗位评估。岗位评估的重点在于解决薪酬体系的对内公平性问题。一方面，能够比较企业内部各职位的相对重要程度，给职位排定等级；另一方面，建立统一的职位评估标准，使不同职位之间具有可比性，为实现薪酬分配的公平性奠定基础。

⑥薪酬结构设计。由于各个企业所关注的内容不同，这就使得企业在构建薪酬体系时所采取的策略和原则会有所差别。企业在进行薪酬体系设计时往往会考虑职位层级、所属职系、员工技能和资历以及绩效等多方面因素。

⑦薪酬体系的实施与修正。对总体薪酬水平做出准确的预算。在具体实施过程中，通过修正不断完善薪酬体系。

 11.2.3 企业文化的构建

（1）企业文化的内涵

企业文化是指企业中形成的一种人们所共有的经营理念、信仰和行为准则，是企业中所有员工的一种集体价值观。企业文化能够在企业中营造一种和谐、轻松、积极，具有浓厚感情色彩的文化氛围，能够有效增强团队成员的责任感，使员工树立起团队意识以及与企业荣辱与共的信念。

企业文化就像企业中一只"无形的手"，在无形中支撑着企业的发展和壮大。现代企业不仅是生产产品、创造财富的经济实体，还是由人聚合而成的集体。人群的活动必然造就文化，在企业的经营活动中也是如此，"企业文化"应运而生。现代企业文化理论的诞生是世界经济发展和管理变革的必然趋势。

（2）企业文化的构成

企业文化由显性和隐性两部分内容构成。企业文化中的显性部分指的是组织标志、厂服、商标、工作环境、规章制度、经营管理行为等，而企业文化中的隐性部分指的则是组织哲学、价值观、道德规范、组织精神等。为了更好地理解企业文化的整体内容，我们具体分4个层次对企业文化进行分析和研究，即物质层、行为层、制度层和精神层。

①物质层。物质层文化是企业文化中最直观、最表象的部分。它包括企业的产品、生产经营过程，以及企业环境、企业容貌、企业广告等人们可以直接看到、接触到的物化部分。企业的产品是企业文化物质层中最重要的组成部分。这种产品包括有形的产品和无形的服务。有形产品包括产品实体、质量、特色、品牌和包装，而无形服务包括产品给购买方带来附加利益以及信任感的售后服务、产品保障、产品声誉等。

②行为层。行为层文化，又称企业行为文化，指的是企业员工在生产经营、学习娱乐中产生的活动文化。其主要包括企业经营、人际关系活动，教育宣传、文娱体育活动中产生的文化现象。它能够动态地展现企业经营作风、精神面貌以及人际关系，也是企业精神和企业价值观的折射。可主要将其分为企业家的行为、企业模范人物行为以及企业员工行为。

③制度层。制度层文化，是指具有本企业文化特色的各类规章制度、道德规范和员工行

为准则的总和。制度层在企业文化中处于中层位置，相当于精神与物质的中介。

企业制度文化必须适应精神文化的需要。人们总是在正确的价值观引导下建立企业制度，使企业制度与组织目标相适应，进而能够保障企业战略目标的实现；反过来，企业制度文化又是企业精神文化的基础和载体。成形的企业制度会影响人们对新的价值观的选择，从而为新的精神文化的诞生奠定基础。

此外，企业制度文化也是企业行为文化得以贯彻的保证。企业制度的确立能够有效保障员工行为的合理性与严谨性，体现企业良好的经营作风与精神面貌。

④精神层。精神层文化是指组织员工长期形成并共同接受的思想意识活动，是一种深层次的文化现象，包括组织目标、组织哲学、组织精神、组织道德以及组织宗旨等。

精神层是企业文化的源泉，是企业文化的核心和灵魂所在。企业精神不仅能反映出与生产经营密切相关的企业本质特征，而且能反映企业的经营宗旨和发展方向，以及组织存在的价值及其对社会的承诺。

（3）企业文化构建的原则

企业文化通常是在某种生产经营环境中，为适应企业生存和发展的需要，由企业内少数人倡导和实践，经过较长时间的传播，在规范管理的基础上逐步形成的。企业文化的建立一般都要经历一个完善、定型和深化的过程，且新的思想和观念需要不断实践。只有在长期实践中不断运用集体智慧对企业文化进行补充和修正，才能够使其逐步趋于明确和完善。企业文化构建必须坚持以下原则：

①树立正确的企业价值观。企业价值观是以企业为主体的价值观念。其不仅是企业文化的核心，也是企业的导向。企业文化包含的所有内容都是在价值观的基础上产生的，企业的所有活动也都是在企业价值观的指导下开展的。

构建企业文化，首先要树立正确的、独特的企业价值观。这种价值观必须能够反映企业自身的利益和员工利益，在企业中发挥凝聚力和向心力的作用。正确的价值观能够调动员工的积极性，使其将个人利益与企业利益结合起来，为实现企业目标共同奋斗。

②适应时代发展，与时俱进。不同的时代带来的是不同的时代精神。企业文化也要与时俱进，能够反映时代的变化。随着时代变迁，社会环境不断变化，企业文化随之也要有所创新，以适应政策的需要和时代的变革。例如，我国目前大力加强生态文明建设，环境效益已经成为发展中不可忽略的部分。企业在确立自己的企业文化时，必须准确地把握这类时代特征，顺应时代潮流。

③明确企业目标。企业目标是企业战略的最终体现，是企业文化的具体化表现。只有具有明确目标的企业，才会有感召力和吸引力，才能有效引导员工。目标的制定必须具体、明确，切合实际。正确的目标是全体员工共同奋斗的目标，能够把员工团结起来，提升企业凝聚力，成为企业文化强有力的支撑。

④集体参与。企业文化并非单靠领导者的力量就能形成。作为一种文化，它是一种群体意识。只有引起全体员工的共鸣，得到所有员工的认同，才能真正形成一种企业文化。没有集体的参与，企业文化只会是毫无号召力的一纸空文。企业文化的形成与完善过程，也就是企业文化在员工中推广的过程。

⑤保证企业文化的独特性。企业在业务、行业环境、员工素质以及国度等方面存在差异。这使产生的企业文化也必然是各式各样的。企业在进行文化建设时，必须保持自己企业

的个性特点，不能千篇一律地挪用别人的东西。只有保持自身企业的特点，才能在竞争中独辟蹊径，树立起引人注目的企业形象。例如，"海底捞"改变传统餐饮行业中标准化、单一化的服务，提倡个性化的特色服务，用细致入微的服务树立起独特的企业形象，扩大了企业的知名度以及在行业内的影响力。

⑥继承传统，取其精华，去其糟粕。企业文化的形成并非一日之功。在企业文化发展的过程中，会留下许多优良的、独特的传统。企业要长久地发展下去，也需要保持传统的延续。像如"可口可乐""雀集"等企业的品牌文化以及企业的传统精神，大都是经过长期积淀而形成的企业宝贵财富。传统是企业精神的一种延续，对待企业文化也应当采取批判、继承的态度，对企业精神进行提炼和升华，不断完善企业文化。

11.3 企业的风险管理

创业过程需要承担包括负债、资源投入，新产品和新市场的引入，以及关于新技术的投资等在内的各种风险，而承担风险的同时也代表着把握机会。从财务角度看，高报酬往往意味着高风险。德鲁克在《创新与企业家精神》一书中指出，成功的创业者不是盲目的风险承担者。他们采用各种方法降低风险，以加强竞争地位。

 ### 11.3.1 创业风险的构成与分类

（1）创业风险

创业风险是指在企业创业过程中存在的风险，是指由创业环境的不确定性，创业机会与创业企业的复杂性，创业者、创业团队与创业投资者的能力与实力的有限性导致创业活动偏离预期目标的可能性。创业风险主要指在创业过程中所面临的3个问题：第一，可能造成的损失；第二，损失造成的影响；第三，这些损失的不确定性。

创业风险主要有以下几个特点：

①客观存在性。在创业过程中，由于内、外部环境的不确定性，变化的环境因素会对创业活动产生正面或负面的影响，导致创业活动可能偏离预期的目标，所以说创业风险的存在是客观的。它要求创业者认识企业成长发展规律及其风险，并以科学的方法应对创业过程中的各种风险。

②不确定性。创业的过程往往是指创业者一个"创意"或是创新技术市场化的过程。在这一过程中，创业者面临来自外部和内部的各种难以预知的变化，如政策和法规的变化，遭遇市场竞争对手的排斥，供应商或消费者的变化，出资方资金不及时到账，创业团队成员目标不同而散伙等导致创业的失败。

③相对性。创业风险总是相对于项目活动主体而言的。同样的风险对于不同的主体有不同的影响。创业者的风险承受能力主要受收益的大小和投入的大小影响。

④可变性。当创业的内部与外部环境发生变化时，必将引起创业风险的变化，主要包括创业过程中风险性质的变化、风险影响发生的变化，以及出现新的风险3个方面。

⑤可识别性和可控性。风险是可识别的，因而也是可以控制的。首先可根据过去的相关

资料判断某种风险发生的可能性与造成的不利影响的程度，之后通过适当的对策回避风险，或降低风险发生的损失程度。

（2）创业风险的构成和来源

构成风险的要素包括风险因素、风险事件、风险损失3个方面。

①风险因素。风险因素是指增加风险事故发生的频率或严重程度的任何事件。风险因素从形态上可分为物的因素和人的因素。如生产线上的关键设备故障为物的因素，而违背法律、合同或道义上的规定，发生的行为给他人造成财产损失或人身伤害为人的因素。

②风险事件。风险事件也称风险事故，是指酿成事故和损失的直接原因和条件。风险事件既是风险因素综合作用的结果，也是产生风险损失的原因，还是风险损失的媒介物。

③风险损失。风险损失是指非故意的、非预期的和非计划的经济价值的减少和灭失，包括直接损失和间接损失。直接损失包括财产损失、收入损失、费用损失等；间接损失包括商业信誉、企业形态、业务关系、社会利益等损失，以及由直接损失而导致的二次损失。

（3）创业风险的分类

创业风险的分类如图11－2所示。

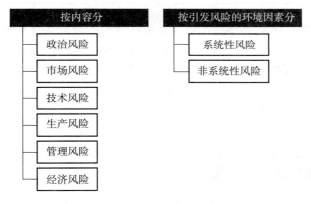

图11－2　创业风险的分类

①按照内容划分，创业风险可分为政治风险、市场风险、技术风险、生产风险、管理风险和经济风险。

一是政治风险，是指由于战争、国际关系变化或有关国家政权更迭、政策改变而导致创业者或企业蒙受损失的可能性。

二是市场风险，是指由于市场情况的不确定性导致创业者或创业企业损失的可能性。

三是技术风险，是指由于技术方面的因素及其变化的不确定性而导致创业失败的可能性。

四是生产风险，是指创业企业提供的产品或服务从小批试制到大批生产的风险。

五是管理风险，是指因创业企业管理不善产生的风险。

六是经济风险，是指由于宏观经济环境发生大幅度波动或调整而使创业者或创业投资者蒙受损失的风险。

②按引发风险的环境因素划分，可将其分为系统性风险和非系统性风险（如表11－1所示）。

表 11-1　系统性风险与非系统性风险

风险类别	风险构成	具体内容
系统性风险	政策法规风险	创业政策的支持程度、相关法律法规健全程度
	宏观经济风险	宏观经济状况、经济景气指数变动、通货膨胀
	金融与资本市场风险	利率变动情况、创业信贷、资本市场规模与健全程度
	社会风险	社会认可度、中介服务机构以及基础设施完善程度
非系统性风险	技术风险	研发风险、商业化风险、技术淘汰风险
	生产风险	生产工艺与设备，生产资源获取的难度，以及资源配置的合理程度
	财务风险	融资风险、追加投资风险、财务管理风险
	管理风险	经营决策和战略规划的合理性，管理层的综合素质和能力，以及企业管理制度的科学性和合理性
	人员风险	流动性风险、契约风险、道德风险

其中，创业的系统性风险是指由于创业外部环境的不确定性引发的风险，是创业者和企业无法控制或无力排除的风险，比如政府政策、宏观经济以及社会文化等带来的风险。这类风险是创业者无法控制或抑制的，只能在创业过程中设法规避。

非系统性风险是指非外部因素引发的风险，即与创业者、创业投资者和创业团队有关的不确定性因素引发的风险。通过创业各方的主观努力可以控制或消除非系统性风险，如技术风险、管理风险、市场风险等。对于这类风险，创业者需要千方百计地设法加强控制。

 11.3.2　风险防范的可能途径

（1）系统性风险防范

①创业前：

一是要了解各地各级政府的相关创业优惠政策。为支持不同的创业人群，国家和地方各级政府出台了多项优惠政策，涉及融资、开业、税收、创业培训、创业指导等诸多方面。

二是要了解国家相关法律法规。避免以投机心理和冒险行为替代理性的法律思维。只有懂法、守法，并依法保护自己的合法权益，才能确保创业者的创业行动稳健与长久。

三是要正确选择创业方向。创业者在创业前要做好市场调研，在了解市场需求和预测市场未来发展方向的基础上选择正确的创业方向，充分了解相关行业的发展规律和未来前景、经济变化趋势、行业发展趋势和市场竞争状况。

②创业过程中：

防范非系统性风险主要需要创业者保持与外界等信息获取和沟通。创业者需要实时了解国家政策、经济发展状况以及法律法规的最新变动情况，同时要掌握所在行业最近的技术革新信息。

由于企业外部环境风险的客观性，创业者必须在企业内部建立一套应对环境风险的预警管理系统，以监测、评估外部环境对企业的影响并明确企业面临或可能面临的不利环境因素。这样就可以建成防范企业外部环境风险的有效机制，确保企业处于相对安全的环境之中。

（2）非系统性风险防范

①创业前：

一是调整心态。创业者要做好面对创业困难坚持不懈努力的心理准备。只要学会以良好的心态面对失败，及时总结错误，吸取教训，绝不气馁，就能够找到成就事业的新起点。

二是积累创业经验。对于初次创业的创业者而言，一方面在明确创业目标之后，要去与新创企业相关的行业的企业学习或实习，积累经营管理经验；另一方面，应积极参加创业培训，了解市场变化和行业信息，接受专业指导，积累创业知识，提高创业成功率。

三是准备资金，多渠道融资。除银行贷款、自筹资金、民间借贷等传统途径外，也要充分利用风险投资、天使投资、创业基金等融资渠道。

四是锻炼能力。很多初次创业者在技术上出类拔萃，而理财、营销、沟通、管理方面的能力明显不足。要想创业获得成功，创业者就必须做到技术和管理两手抓。

②创业过程中：

一是提高管理能力。管理是否科学合理直接关系到企业的生存和发展。管理风险的防范可被归结为：第一，建立创新激励机制；第二，建立人才储备机制；第三，构建法人治理结构。

二是防范市场风险。市场风险是导致创业企业失败的最主要因素之一。对于新创企业来说，由于市场本身所具有的不确定性，所以开拓市场是一项挑战性的事业。具体的防范可从以下3方面入手：第一，加强营销队伍建设，缩短市场接受时间；第二，强化市场战略，增强企业竞争力；第三，市场导向，完成"产""销"预算。

三是建立有效的财务预警机制。分析导致企业失败的管理失误和波动，运用财务安全指标预测企业财务危机，有效解决资金的可获得性和持续支持，提高资金使用效率，并不断调整自身，从而达到摆脱财务困境的目的。

四是强化技术风险的防范意识。技术风险防范是指决策者对技术风险进行识别、预测，并采取有效措施进行回避、转移、削减的行为。应该借鉴"木桶原理"保证整个技术系统的均衡性，主要从风险回避、风险转移和风险削减3个方面进行。

11.3.3　创业者风险承担能力的估计

德鲁克指出，成功的创业者不是盲目的风险承担者。他们通过市场调查、风险评估等方法降低不确定性，增强市场竞争力。

（1）创业者风险承担

创业者风险承担是指创业者对不确定环境下开展创业活动的意愿，或者说是愿意承担风险和容忍不确定性的程度。Palmer（1971）认为，创业活动最主要的因素是风险评估和风险承担。对于创业者而言，在创业准备阶段以及创业过程中面对来自宏观环境、市场、消费者、供应商等的各种不可知和不确定性的时候，只有那些愿意承担风险的个体和企业才有生存和成功的可能性。

风险承担是创业者在创业过程中表现出的重要行为特征。Dickson & Giglierano（1986）

认为，在风险面前创业者的行事风格存在差异。借大海中航行来比喻，创业者发动他们的"船只"进入一片充满着迷雾的未知领域，从而希望可以抢占市场，获得先机。如果市场的反应并不如企业家想象的那样，决策没有带来预期的利润，没有收回成本，那么这艘船就得"沉"了；相反，另一些创业者会等待着迷雾散去，看清楚市场的需求究竟是什么。这样的等待，错过最好的发展时机或者已经被竞争者抢先占领了市场。

（2）创业者的风险倾向

早期学者们认为，创业者的个性特征之一便是风险承担倾向（Risk-taking Propensity）。Knight 把创业者定义为"管理不确定性的人"。早期的创业特质理论认为，所有人在发现创业机会上是平等的，但人们的某些个性领域，如对风险的态度和行为，决定了他们是否愿意成为创业者。Brockhaus（1980）将创业者界定为一个新创企业的所有者兼管理者，并不在其他单位工作。承担和控制风险的能力是创业者成功的关键。但之后的研究发现成为创业者与高风险承担的相关性不明显。

现实中，人们通常认为创业是一种高风险行为，甚至将创业者冠以"赌徒"的名号。创业者在开展创业活动时往往面临的是环境、市场，以及资源高度不确定的情况。毫无疑问，他们要承担一定的，甚至更大的风险。除部分创业者确实因为性格与所处环境的影响而更倾向冒险外，大多数成功的创业者必然能够探索出合理规避、控制风险的办法。

（3）作为风险管理者的创业者

随着创业研究的深入，人们逐渐认识到创业者的个性特质只是一个方面，开始转向对创业行为和活动的研究。有学者认为，对创业者的风险管理进行的研究应取代对创业者风险倾向的研究，即作为风险管理者的创业者是比作为风险承担者的创业者更有价值的主题。

风险管理和控制主要是在风险分析的结果上采取必要的应对手段，最大限度地减小损失的频率和幅度，或使这些损失更具有可预报性。为降低高技术企业创业的风险，常用的风险应对策略有风险规避、缓解、转移、自留以及这些策略的组合。

①风险规避。风险规避是指通过有计划的变更消除风险或风险发生的条件，保护目标免受风险的影响。风险规避比较适用于以下两种情况：一是某种特定风险发生的可能性和造成的损失程度相当高；二是其他风险防范措施所需要的成本高于该项活动所产生的经济收益。为尽量避免经济损失，创业者应当在创业活动开展之前就采取相应的措施，以达到规避风险的目的。

②风险缓解。风险缓解是指通过风险控制措施降低风险的损失频率或影响程度，在于消除风险因素和减少风险损失。主要措施包括降低风险发生的可能性，控制风险损失，分散风险，以及采取一定的后备措施等。

③风险转移。风险转移是指企业为避免承担风险损失而有意将损失或与损失相关的收益转移给其他企业的方式。

④风险自留。风险自留又称承担风险，是指由高技术企业创业者自身承担风险损失。风险自留是以一定的财力为前提条件而使风险发生的损失得到补偿的方式。风险自留可能使创业者面临更大的风险，因而该策略更适合应对风险损失后果不严重的风险。

⑤风险应对组合策略。风险应对组合策略是指根据实际情况综合运用风险规避、风险缓解、风险转移、风险自留等策略，以降低风险发生的概率或者减少风险事件发生后所造成的损失。高技术企业的创业环境是复杂的，因而更多的时候是同时面对多种风险的。其对风险

应对组合策略的要求也相对较高。

11.4 企业的成长管理

创业企业的发展是对自身不断进行审视，对企业发展定位及运行模式不断进行优化和调整的过程。这就意味着，创业企业在创立后并不能自发进入快速成长的阶段，而需要其不断调整、改进最初设定的发展定位，检验并完善原来设计的商业模式，探索并建立稳定的业务组合，不断充实企业管理团队等。在创业企业不断探索并寻求发展的过程中，科学有效的管理必不可少，而要对创业企业实施科学有效的管理，就必须充分认识其成长过程及不同阶段的发展特征、管理需求。

 11.4.1 创业企业的生命周期理论

美国管理学家伊查克·爱迪思（Ichak Adizes）提出一个关于创业企业成长的理论框架。他以生命体的概念描述了创业企业的成长过程。他认为：创业企业就像生命体一样，具备出生、成长、老化、死亡等不同周期阶段。企业生命周期理论有利于企业在不同阶段找到与企业特点相适应的组织结构形式和管理模式，以保证企业在每个阶段都充分发挥自身的特色优势，进而延长企业的生命周期，实现企业的可持续发展。企业生命周期的各个阶段如图11-3所示。

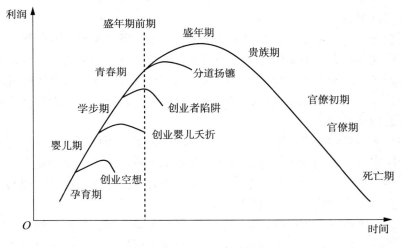

图 11-3 企业的生命周期

11.4.2 创业企业的阶段管理

企业在不同成长阶段所具备的特点存在差异，因此针对不同发展时期的创业企业，企业管理方面的要求也有所不同。在这里，以企业成长理论框架为基础，主要将创业企业的生命周期分为创业期、婴儿期、学步期、青春期以及盛年期5个阶段。

（1）创业期

创业期指的是企业从无到有的过程，即企业的孕育过程，指的是创业将一个技术概念或构想进行商业化开发，也就是我们通常所说的狭义创业过程。

①创业期企业的主要特征。创业过程是一个非常艰难的过程。一般创业者要从零起步。创业家首先要充分接受自己所要开展的创业活动，并建立足够的自我承诺，将创业作为自己重要的事业。创业者要有足够的热情，去推销自己的构想，寻找愿意承担风险、分享承诺的投资人。创业者可能会经历多次挫折和打击，必然还要接受其他要素所有者对自身的质疑和检验，包括对个人素质、品德的考查，以及对技术或商业构想的验证等。探索既是创业期最主要的特点，也是创业活动多元主体的共同行为。

②创业期企业的管理要求。创业期管理的重点在于创业者的个人行为。由于创业阶段企业还没有成立，充沛的激情、坚韧的性格，以及坚定的信念等是这个阶段创业者必须具备的精神和特质，对于创业成功至关重要。创业者若是缺乏这些素质，难以承受创业过程中的各种磨难，那么其只能使创业停留在梦想阶段。

创业者要将目标与行动有效结合起来。创业者要有长期的奋斗目标，着眼于企业的长远发展；同时，创业者也必须认识到创业活动本身的探索性特征，要在干中学，在实践中总结发展经验。

创业者要以积极的态度对待创业活动，进行充足的知识储备，以审慎的行动推进创业活动，同时做好心理和能力等多方面的准备。

（2）婴儿期

创业企业一旦诞生，对其的管理就需要转变为组织化的管理。这种管理必须依据这个阶段组织的基本特征进行。

①婴儿期企业的主要特征。婴儿期企业作为一个刚具备初始形态的组织，组织结构处于建设过程中，因此其首先要明确创业团队中各成员的组织身份。其次，市场拓展在这个阶段是非常重要的任务。创业企业需要培养或引入市场营销人才，建立营销机构或网络，进而提高组织的复杂性。此外，婴儿期企业必须持续进行资源筹措行动，并以保持企业生存为优先任务，同时保有探索性特征。

②婴儿期企业的管理要求。婴儿期企业的制度、政策、预算等各方面都还非常有限，因此创业企业的探索和发展仍较大程度上依赖创业者个人或团队。初期创业企业的不确定性以及市场环境的多变性，可能会使得创业者出现恐慌的心理。此外，内部机制的建立以及外部市场的拓展等多元化劳动使得创业者忙碌不堪。

在这个阶段，创业者必须保持持久的创业热情，向企业倾注极大的耐性。创业者及其团队必须意识到不确定性是这个时期的特点。企业管理不能依靠外来的职业化团队，不要过早建立太多死板的制度，要时刻关注环境变化，努力强化自己取得现金的能力。

（3）学步期

创业企业度过了艰难的婴儿期后，自信程度得到了提高，便开始尝试站立，满怀希望地步入学步期。

①学步期企业的主要特征。随着企业业务不断拓展，企业发展壮大，学步期企业已经建立了相对稳定的组织结构和管理团队；企业产品已经得到市场认可，与供应商、客户等形成

稳定、密切的合作关系；企业开始有稳定的现金流产生，对外部资源的依赖性降低。然而，企业的发展会使一些创业团队自信心膨胀，甚至失去理智而做出不该有的决策和承诺，即出现所谓的"小马拉大车"的现象。

②学步期企业的管理要求。一是完善企业内部机制。将创业者的激情转变为理智的思考，将企业活力转变为稳定的企业结构与制度，完善企业制度，进而形成集体决策、分工合作的工作机制。建立和完善稳定的管理团队，加强企业的规范化、制度化建设。

二是避免盲目扩张。在企业拥有稳定现金流的前提下，创业者及其团队必须意识到企业资源是有限的，要对自身正确定位。

三是制订合理的企业发展计划。依据创业计划或商业计划书确定的企业发展目标，排定企业各项业务的开展顺序，分清轻重缓急，合理安排时间，有效利用各类资源。

（4）青春期

青春期是企业从建立到成熟的过渡阶段。伴随企业经营管理上复杂程度的提高，各类矛盾纷纷显现。

①青春期企业的主要特征。"矛盾"是青春期企业的主要特征。随着企业在市场上站稳脚跟，企业具备了一定的冗余资源，生存已经不再是问题。此时，发展成为创业团队共同面对的问题。在企业应如何发展这个问题上，各方可能会持不同的观点，而未来发展战略则成为矛盾的焦点。此外，业务规模扩大以及股东的多元化都使得企业的管理活动日益复杂，会导致不同人员之间产生矛盾和冲突。可以看出，青春期企业面临的最大问题就是管理风险。如果不能从青春期实现转化，完成从感性探索到理性战略的转换，那么企业会很容易陷入混乱。

②青春期企业的管理要求。一是明确企业内部管理团队的分工，使创业者和管理团队同时掌握一定的权力，从而建立平等的合作关系。

二是确定企业战略和发展愿景。重新定义企业使命、经营宗旨以及发展方向等要素，使之得到企业员工的认可，达成广泛共识。

三是依据组织使命、宗旨和战略目标建立规章制度。同时，对于战略的执行、制度的落实，以及对各种矛盾的处理与协调，企业都必须做好缜密的计划，不要急于求成，而要安排好切实可行的步骤与措施。

（5）盛年期

盛年期就是企业度过青春期，步入成熟期之前的发展阶段。盛年期企业的资源较为丰富，内部管理相对完善，是企业取得成就的最佳时期。

①盛年期企业的主要特征。进入盛年期的企业具备了稳健成熟的特点。企业按照制度规范有序运作，依据既定的公司战略稳健发展。盛年期企业产品形成规模，技术上建立了优势，开始进入高峰期。然而，制度化建设的同时强化了组织刚性，企业与外部环境的互动减少，使得企业的灵活性减退，甚至消失。

②盛年期企业的管理要求。在盛年期，创业者及其团队必须保持年轻的心态及创业的激情。企业管理层必须密切关注外部环境的变化，适时推进企业内创业，促进产品技术创新，培育年轻事业。

加强企业文化建设，将创新创业精神确立为企业的核心价值。通过创新创业的精神保持管理者的好奇心并激发企业员工的探索精神，使企业能够与时俱进。

11.5　企业管理创新

11.5.1　管理创新的内涵

　　管理创新，是指依据现代企业制度的要求，舍弃传统的管理模式及相应的管理方式和方法，创建新的管理模式，即创造一种新的更有效的资源整合范式。这种范式既可以有效地进行资源整合，也可以做到细节管理。

　　在知识、技术、产品创新速度不断加快的时代，企业成长的可持续性引起了管理者极大的重视。管理创新是为了适应系统内、外变化而进行局部和全局的调整。管理者要对企业所面临的障碍与阻力有清晰的认识，制订严谨、完善的创新实施计划，以适应企业发展的需要。

11.5.2　管理创新的策略

　　（1）管理观念创新

　　管理观念又被称为管理理念。树立现代企业的管理理念和管理意识，以科学的管理观念提升企业的管理水平，对企业实现管理的创新和突破具有重要意义。进入20世纪80年代以来，经济发达国家的优秀企业提出了许多新的管理理念，如柔性管理、理念管理、危机管理、ERP、数字化管理、战略管理等。企业进行管理理念创新，就要敢于做出转变，在适应现代社会需求的基础上，结合自身条件，构建企业独特的经营管理理念。

　　（2）管理技术创新

　　管理技术创新是企业完善内、外部管理，提高效率的强有力手段。随着知识和技术的不断发展，新型的管理技术和手段渗透到企业的方方面面，例如管理信息系统的运用。企业的管理技术随着计算机技术、通信技术等各类科学技术的进步也在不断更新。现代企业应当积极主动地将先进管理成果转化并应用到企业管理的各个环节。

　　（3）组织结构创新

　　组织结构是一种表明企业内部工作任务如何进行分工、分组和协调合作的模式。其本质是为实现组织的战略目标而采取的一种分工协作的机制。随着时代的变化以及企业的发展，企业的战略会做出相应调整，组织结构也必须随着组织重大战略的调整而调整，进行合理有效的创新，以保证企业在变化的环境中持续发展。

　　①简化组织结构。从组织结构的规范化程度，以及对职工控制程度等方面划分，可以将其分为刚性结构和柔性结构两种基本类型。柔性较强的组织结构主要为事业部结构和矩阵结构。其基本特征是：领导、指挥关系不明确，且经常会有变动；组织内部主要依靠横向沟通，通过部门之间的协调，及时调整各自的工作任务。在简单而稳定的环境中，柔性结构工作效率不高的特点会有所显现；而在外部环境复杂多变的条件下，这种结构则能显现出良好的适应性，可以对外部环境的变化做出灵活而有效的反应，有利于企业进行管理创新。

②构建学习型组织。学习型组织是指企业能够在经营发展的过程中持续、熟练地创造、获取并传递知识的组织，同时不断提高企业员工的素质，以适应新的知识和见解。在现代企业组织中，学习能力已经成为组织核心能力最为关键的因素之一。

学习型组织善于不断地学习。第一，强调终身学习。组织中各成员均应养成终身学习的意识和习惯，有利于在组织内形成良好的学习氛围。第二，强调全员学习。企业组织中的各个层级，包括决策层、管理层、操作层，都要全心投入学习，且决策层与操作层之间相隔层次极少，使得上下级能够直接有效地互动和沟通，从而产生持久的创造力。第三，强调全过程学习，必须将学习活动贯彻于组织系统运行的全过程，把学习和工作有效结合起来。第四，强调团队学习，不仅强调组织成员个人的学习和能力开发，更强调各成员的合作学习以及组织智力的开发。团队是最基本的学习单位。需要注意的是，学习型企业一般适用于管理基础较好的企业，并不是所有企业都适合建立。因此，在引入学习型组织时要充分考虑其适用性，使其与企业的发展阶段相适应。

（4）人力资源管理创新

在现代企业的竞争中，企业的成败关键取决于企业对智力资源利用的程度。因此，人作为智力资源的载体成为最重要的生产要素，在企业的生产经营以及管理中发挥着巨大的作用。人力资源作为企业中不断增值的资源，必须加强管理和开发。

①"以人为本"与管理制度相结合。企业在制定管理制度时，要充分将企业的发展与员工自身的发展结合起来，树立"以人为本"的科学管理理念。具体而言，就是在制度的先进性中体现人的先进性，在制度的执行中体现人的作用。实现人力资源的优化配置，"以人为本"的管理思想，要注重对人自身价值的实现，以有效激发员工的积极性、主动性和创造性。

②构建绩效综合评价体系。进行人力资源管理的创新，要将绩效的评价标准从单一指标型转变为综合评价体系型。绩效评价体系目的不在于控制员工，而在于充分调动员工的积极性，注重管理者与员工之间的沟通和共识。一个完整的绩效评价体系应当涵盖所有的管理职能：计划、组织、领导、协调和控制。企业建立和完善绩效评价体系要依据企业的实际情况，考虑其是否与公司的战略相结合，是否与员工的知识水平和素质相匹配。合理构建绩效综合评价体系对持续提升个人、部门和组织的绩效，促进企业持续发展具有重要意义。

③进行企业文化创新。企业文化是一种"软性"的凝合剂，在企业的人力资源管理工作中能够发挥一定的协调力。企业在进行文化创新时应当确定员工广泛认同的价值观和行为准则，促使企业文化所包含的价值观和行为准则能够被各工作单元普遍接受，成为一种能够影响员工行为选择的基本规范。企业通过塑造具有活力的、创新的企业文化能够有效强化组织成员之间的合作、信任和团结，培养员工的信任感和归属感，进而形成组织巨大的向心力和凝聚力。

本章要点回顾

本章所涉及的内容是新创企业的管理，分别介绍了成立新企业的流程和步骤，如何进行企业内部管理、风险管理、成长管理，以及开展企业管理创新的途径。

创业者在创立企业之初，需要对企业有明确的定义和规划。首先应当明确企业的各类法律形式，包括个人独资企业、合伙企业、有限责任公司和股份有限公司。其次要明确工商税务登记的流程。相关审核和登记项目包括公司核名、经营项目审批、公司公章备案、验资、申领营业执照（组织代码证或税务登记证）、银行开户、购买发票等。创业者需对企业进行清晰的定位，且必须满足社会道德的要求。再次，企业要制定合理的组织运营架构，制定合理的薪酬体系，创造良好的企业文化氛围，以提高企业的凝聚力和团队创造力，从而保证企业能够迅速、稳定地发展。

随着企业业务和规模的不断扩大，企业在市场中面临的风险不断增多。这就要求企业能够正确地识别风险，并通过管理活动将风险可能带来的不良影响降到最低。其中，按照引发风险的环境因素划分，可将其分为系统性风险和非系统性风险。

企业发展是一个成长的过程，且企业在各个成长阶段所具备的特征存在差异。因此，企业管理者应当采用合理的管理手段和方式，以适应企业在不同阶段的发展要求。企业管理者管理本企业时，应当依据自身实际情况进行管理创新，创造更有效的资源整合模式。

总的来看，管理活动是伴随企业终生的。新创企业要对企业管理有明确的认识。

习题

1. 名词解释

个人独资企业、组织结构、企业文化、创业风险、系统性风险、非系统性风险

2. 简答题

（1）简述创业者注册新公司需要遵循的工商、税务登记流程。

（2）简述企业组织结构的类型。

（3）分别从系统性风险和非系统性风险的角度，简述企业防范风险的主要途径。

（4）简述企业文化的构成。

3. 综合应用题

结合导入案例，分析"阿姨帮"在未来发展中可能遇到的机遇与风险，并谈谈应对风险可采取哪些措施。

课后拓展

本章介绍了新创企业开办的流程及应注意的问题的理论基础。限于篇幅，本章只着重介绍了新创企业在公司形式选择、成立、道德伦理问题及可能面临的风险。其实，创办新企业是一个非常复杂的过程，需要做大量的前后期准备工作。那么，你能否再列举一些新创企业应注意的关键问题呢？

第十二章　大学生创业案例分析

▨▨▨▨▨▨▨▨▨▨▨【内容提要】

　　大学生创业已受到越来越多的关注和重视。其实，大学生创业有太多值得总结和思考的地方。本章主要选取两个具有典型意义的大学生创业案例——校联购和"后会有期"。其中，校联购已经停止经营。本章分别介绍两支大学生创业团队的创业灵感、经营历程与心得体会，以供后续大学生参考借鉴。

　　学完本章后，希望同学们做到：

　　①掌握大学生创业的基本要素；

　　②了解大学生创业的一般历程；

　　③理解大学生创业的风险；

　　④掌握大学生防范创业风险的技巧。

12.1　校联购 & 校联帮——坚持者的梦想

　　校联购作为一个面向大学生的校园生活 O2O 服务平台，联合了北京多所高校，覆盖北京林业大学、中国农业大学、中国矿业大学等 30 余所高校，20 多万名会员，以及 300 多家合作商。

　　这个在短短 4 年中快速发展、由在校大学生创建的公司，实现了一个又一个"神话"。比如，2014 年 9 月，乐邦乐成（创投孵化机构）领投，中关村天使成长营一期基金（天使共赢基金）基石合伙人丁华民跟投，完成了对校联购百万级别的天使投资。

　　在校联购的成长中，每个参与人都挥洒了太多汗水，隐忍了太多辛酸；但是，他们一定是快乐的，因为他们是在为自己的梦想而奋斗。现在，让我们抛开那些纷纷扰扰的表面，来看一看他们的创业故事、他们的梦想之旅，以及那些不为人知的故事吧。

12.1.1　校联购 CEO 兼创始人

　　刘泽碧（见图 12-1）是校联购创始人，出生于福建。

　　大学之前，刘泽碧并没有想过创业。他的理想是去政府工作。所以，他高中 3 年十分努力学习，但有时命运就是这样多变，他的高考失利了，不得不再复读一年。就如大家熟知的创业者马云一样，每个创业者都会经历众多曲折才能走向成功。也正是复读的这一年，使刘泽碧明白了去政府工作不是那么简单的事情。它需要能力、才华、人际关系等。再加上基于他的家里都是生意人的这种环境，一颗要干一番事业的种子播撒在他的心中，并准备破土发芽，甚至成长为参天大树。所以，在第二年高考填报志愿时，刘泽碧坚定地来了北京，坚定地选择了营销专业。他认为市场营销是一个高大上的专业，可以学到很多想要知道的东西，可以对创业梦助一臂之力。但是直到真正进入大学课堂，刘泽碧才觉得课堂上的内容并不是那么合自己的口味。老师讲的理论很受用，但是理论是需要和实际相结合的。尤其是对于营销专业的学生，如果只是停留于课堂和校园，则是远远不够的。刘泽碧并没有像身边的人一样，或为社团组织频频奔走，或为游戏动漫废寝忘食。他开玩笑地说："我很无聊，粗俗地讲，就是闲得蛋疼。我觉得人生的光阴不能这样被挥霍，觉得自己的生活太没有激情。于是，我开始寻找。"

图 12 – 1　刘泽碧本人

12.1.2　创业历程

（1）接触互联网（2010 年 9 月—2011 年 12 月）

起初，刘泽碧倒卖茶叶，回收旧书，做兼职，努力寻求一种自我存在感，想靠自己的能力获得收入，想真正理解生活。在不断探索的道路上，他兜兜转转，经历了很多，忍受过别人的蔑视，在夏天的烈日下汗如雨下过，也曾困到一着枕头就睡着，还有过向别人推销时因滔滔不绝而口干舌燥。虽然受了很多委屈，但是正是这些不易让刘泽碧迅速地成长，让他找到自己的爱好，使他更加明确自己的目标与梦想。后来刘泽碧又接触到淘宝，开了淘宝店。这是他第一次接触互联网。他说："我是一名从大山里走出来的孩子，家里很穷，可以说是西伯利亚中的西伯利亚。因此，互联网对我的吸引力可想而知。"平时生活中，他常常和同学们聊到他的淘宝店，通过他的研究和不断努力，经营效果还不错。同时，这帮助刘泽碧积累了一定的经验与阅历。他说："我清楚地认识到互联网交易会成为一种发展趋势。"

（2）建立校园订餐网（2011 年 9 月—2011 年 10 月）

受到淘宝的启发，刘泽碧开始观察学校学生的需求，计划建立一个互联网交易平台。在这个过程中，他发现很多同学有定外卖的需求。说到创业灵感，有一次一个朋友对他提到商业模式，他便突发奇想：把饭放到网上卖怎么样？晚上，他和室友进行了一场头脑风暴。谈着谈着，越说越兴奋，一拍桌子，哎，这个可以啊！21世纪新型商业模式！互联网啊！IT啊！多么高规格的东西！那个时候，似乎整个世界，都汇集到了这个小小的寝室。几个年轻人的眼中闪着火光。那火，似乎能把整个世界都点着。随后，宿舍成了刘泽碧的办公地点，和几个志同道合的舍友共同开启了创业历程。他们分工明确。有人负责跑业务，接电话，也有人负责联系商家，但彼此之间又能相互帮助，都干得了彼此的活儿。"校联购—校园订餐网"也由此诞生了。说到订餐网，大家会觉得这是多么高大上啊！其实，由于缺乏榜样和经验，刘泽碧及他的创业团队也在摸索着前进。他们摸索着建了网页，穿着西装，提着电脑，和那些商家狂侃一些其实他们也不甚明晰的概念。他们的第一个成果是拿下了位于林业大学北路福满居，前前后后去了十几次，不断推销"21世纪商业模式"，然后了解对方的经营方式。刘泽碧认为，与其说是那美好的"21世纪商业模式"促成了合作，倒不如认为最终促成合作成功的，是创业团队的执着打动了那些老板。

在2011年的酷热暑假结束后，校联购第一个订餐网就在所有人都不知道的情况下上线了。订餐网一上线，刘泽碧最希望的就是被所有人知道。众所周知，一个在线商业平台的推广，往往需要巨大的财力投入和长时间的客户培养。以著名的中国最大的自营式电商企业京东商城为例，直到前后花了上亿元资金和近两年的时间，才建设起一个堪比邮政EMS的物流网络，才使得"京东"这一品牌家喻户晓。

最初，团队里面只有4人，而刘泽碧也是在这个时候踏上了这条不归路。其实，上线前一天的一整个晚上，创业团队都在校园里忙碌着。夜深人静，他们就像骑行侠一样，在校园的各个广告宣传栏里都贴上了宣传海报，希望第二天清晨能够在校园的各个角落都看到他们自己的海报。可第二天早上所有的传单都不见了。刘泽碧之所以如此记得这件事，是因为这是他们经历的第一次挫折。他们尝试在大学里面做一件属于自己的事情，等来的却是一盆迎面的冷水。他们没有放弃，并且为之努力着。因为是年轻人，意气风发，有的是勇气和毅力。第二天刘泽碧和他的团队又印了一堆传单。在第二食堂门口，刚发了第一张传单，就被保卫处的工作人员阻止了，因为传单没有批条……

事实证明，"越努力，越幸运"这句话是正确的。之后订餐网的业务范围渐渐覆盖了林大、农大和矿大。随着业务范围的扩大，刘泽碧和他的团队的心情也越来越激动，越来越觉得有希望。那时的他们，真的什么经验也没有，什么也不知道，只是扎根于泥里，与土为伴。就在团队成员以为已经踏上了逆袭之路，每天都忙而充实着，享受着一边上课，一边当客服的日子时，有一天，订餐网由于订单量过大，系统崩溃了。由于格局不够，没有良好的技术支撑，这个网站无法挽回地结束了。现在看来，十分流行的"饿了吗"和他们的订餐网几乎是同一时间开始做的；而如此受欢迎的百度外卖和美团外卖，是2014年才开始推出的。网上订餐，是十分有前景的理念。因为技术原因没有坚持下去，是刘泽碧及其团队的一大遗憾。

（3）在团购里的激战（2011年11月—2012年1月）

刘泽碧认为，创业是一个过程，是积累，每一个阶段都有视野的局限性，哪怕很多问题在现在看来是十分容易解决的，在那时却能够成为夭折一个项目的致命性因素。

订餐网失败后，团队就要面临转型。团队曾经也想过放弃，但是团队的存在，使他们相互鼓励，相互支持。当你想放弃的时候，总是会有人站出来，要坚持。团队的合作，使得他们一步步走过来。虽然失败来得无声无息，但是幸运的是当年的他们既足够年轻，也足够热情。最重要的还是心态。团队抱着就是想创业的心态，把失败当成经验，认为失败了还可以从头开始。

2011年，团队赶上了团购的盛况，当年数千家团购网站百家争鸣的壮观绝对是空前的。凭着一腔热情，刘泽碧带领团队投入到团购行列中。然而，这是一个烧钱的行业。大公司把几十亿元全部扔在这个行业里。当时团队和嘉华国际影城谈合作，但是没有坚持多久就因为美团巨额投资把嘉华买断，合作即刻终止。2011年团购的惨烈，相信有关注的同学也有所了解。校联购在其中就像沧海一粟，一颗小石头投入暴风雨中顶多只能泛起一个不起眼的小浪花。现如今留下来的也就百度的糯米、腾讯的大众点评、阿里巴巴的美团。也许对于其他公司来说，只用掰一掰手指的力量，放到校联购身上就是重重的一击。团队的想法、激情、创意，在刘泽碧的心里，就像是被踩躏一般。仿佛一个懵懂的孩子被社会经验成熟的人随意欺负一样，他们还没有走多远的梦想就这样被扼杀在摇篮里。这种不对等的竞争关系让刘泽碧深深地感觉到，这就是商业竞争，一个没有年龄、怜悯、垂爱、包容，只有利益的商业竞争。团队的心，被深深地刺痛了，仿佛又一次漂泊在大海上，漫无边际，不明方向。还没有展开的翅膀就这样被折断了。他们，想过放弃；但是，他们仍旧坚持。刘泽碧的同伴说过，他仍然记得那个冬天的某个晚上，骑着自行车，为了给一个会员送货，骑行在五道口的烈风中，紧握着双手，仰望着灯火璀璨的五道口购物中心。那一刻，他人生走到了20岁，有一种说不出的感觉漫在心头，已经忘了当时在想什么，但是他清楚记得在那时突然知道了什么叫梦想。

不出意料，校联购的团购项目随着团购盛极而衰的大势，成了众多支撑不下去的团购网站之一。这次的打击不可谓不大，团队一度停滞。可怕的不是失败，而是失败之后的空白。当发现自己不知道应该做什么的时候是最让人受不了的。

经历了这些，刘泽碧也更加理解了什么是创业。创业就像是在一片波涛汹涌的大海上驾驶一帆小舟，没有灯塔，只能摸索着前行。

（4）校联购VIP卡时代（2012年4月—2012年10月）

团购失败后，有很多团队成员离开。在创业的路上，如果不作为创业者亲身去经历，去体验，你就永远想象不到创业的艰难。在团队的管理上，或许所有人当初跟你有共同的想法与追求，有着共同的梦，但是想法只是想法，梦并不代表梦想。只有经历过时间与实践的历练、筛选，团队中留下的才是那些与你有共同追求的人。刘泽碧并没有怪离开的同伴，因为他也曾想放弃，也曾无数次找不到出路与未来。当想放弃的时候，你就到了选择的岔路口。是继续坚持，还是就此回到原点？心中总是有一股劲支撑着，坚持下来，硬着头皮往前闯。团队在每一个失败的岔路口，都要面临继续坚持以前的模式，还是转型的问题。然而，在天花板即将砸到他们之前，团队总是能绕道而行。

刘泽碧说："黎明前的黑暗，总是最黑的。也许是我们傻，也许是我们一根筋，但是现在看来我更愿意相信那叫纯粹。"

团队中留下来的人渐渐静下心来，找了很多校园创业的成功和失败案例。经历了寒假的思考和筹备，结合之前订餐网、团购网的商户资源，加上他们闲不住的性格，团队推出校联购打折优惠卡。这是一种很奇妙的想法。为同学寻找福利，为商家寻找宣传方法，校联购来做个桥梁吧！团队主打五道口吃喝玩乐消费打折一卡通，解决大学生生活娱乐消费费用高昂的问题。就是这么简单，校联购团队再次动起来。这时团队已经经历重组。当看着日渐熟悉的人离开，那滋味确实不好受。美好的是离开成员的衷心祝福。"我虽然不在这里待了，但是我仍然相信校联购能够成功！祝你们早日实现梦想！"在听到这句话的时候，刘泽碧的泪还是不争气地打转。"常回家看看，这里随时都欢迎你！"刘泽碧总是对昔日的队友这样说。当有人在默默地祝福你的时候，被祝福的人可以做的就是头也不回地往前冲！为了曾经的队友，为了没说出口的梦想，他们仍怀着必胜的决心在拼搏！

2012 年 4 月，校联购团队打响了最长的战役。经过为期两个月的筹备后，终于在所有同学的一致呼声中推出了校联购 VIP 卡。最令团队受到鼓舞的是，区别于以前的平平反映，校联购 VIP 卡一经被推出，就受到了很多同学的好评。刘泽碧将永远都会记得第一次最正面的肯定。吸取了之前的经验，既然现在好不容易找到了方向，团队就要铆足了劲拼命往前跑。

如果说以前团队很努力，那么现在的他们已经进入了拼命的状态。刘泽碧甚至觉得自己回到了高三的状态，脑袋只有一个想法，眼中只有一个目标。商户组开始不断地扫街，几乎不出现在办公室。在五道口与一家又一家的商铺谈合作，拿着合作协议，一遍又一遍地介绍校联购。很多同学觉得校联购有那么多商家很惊讶，但是同学们并不知道这些商家都是团队一家家谈下来的。没有其他秘诀，校联购两年在五道口谈了 500 家商家，而经过刷选之后有100 家合作，就是这么简单。营销部开始每天 12 小时地工作，早上 8 点在办公室上班，一直工作到晚上 10 点左右，特殊情况随时加班。团队所有工作自由，随意休息，但是每个成员都很默契，每天休息时间甚至没有超过 4 个小时。会员组为了给各个学校同学发卡而努力着，宣传，活动，展台，从来都没有停过。除了校联购成员，所有人都无法在脑中想象出一个已经毕业的大学生是怎样在社团百团大战中给新生发传单的画面。因为他是校联购的成员，也许心酸，也许感动。那是无法忘记的一幕。校联购每个人都是全能成员，哪里有需要，哪里就有人补上，既可以谈商家，也可以发传单，还可以写文案，能跳能唱，能攻能受。正因为有团队所有人的努力，才有了校联购的现在！

这里插入一个小故事，说说在发展初期，在靠自己的双手推广校联购的时候与保安不得不说的事。也许很多人都会在校园范围看到校联购的传单，而每次看到有校联购的传单被扔到地面时都感慨万千。校联购团队可以说是传单派发的专业户，从组建以来，一直到现在都需要发传单。而且，校联购的传单都是自己印刷，自己派发，都是心血。因此，现在看到别的同学发传单，成员们都会接过来，然后跟他们说一声，谢谢！因为，毕竟都是同路人。毕竟，只有自己经历了，才能懂得别人的感受。

说到传单，不能不提的就是保安。校联邦团队所有人都在林大、农大、矿大、北科、地质、北语发过传单，而且都无一例外地被保安抓住过。甚至，在清华发传单时有一次"光荣牺牲"了，被很礼貌地没收了传单。然后，成员们死缠烂打地把传单要了回来。之后，又继续英勇地在圣熙八号继续发。

从那以后成员们面对保安真的是从容淡定了。遇见保安，第一件事就是淡定，若无其事地做其他事，或者从他们身边走过。等他们走了，就安全了，继续狠狠发！如果被抓住了，千万别反抗！一定要装无辜，同时要让他马上知道你是学生，一般没那么严的保安都会放你一马。如果倒霉碰到不放的，一定要强调自己的学生身份，装单纯，扮无辜，一阵扯皮之后，又是一条好汉！

虽然对保安是爱恨交加，但是说实话，他们都是普通人，只是尽自己的责任，没有什么不对的。而且，有的保安甚至比成员还小。对于保安还是要保持尊重。这对双方都有好处。至少，能有很大概率把传单保住，多被抓几次就会无所惧了。多相互理解吧。大家都是为了自己的梦想，或者说是生活。

很多同学认为校联购规模很大，赚了很多钱，甚至会有人说校联购是学校外面的大公司，但是在刘泽碧看来校联购是一个单纯的学生创业项目。校联购的每一个成员都是各个学校货真价实的在校大学生。他们希望向同学提供更多的优惠，也尽量避免了各种费用的收取。说到底，他们同样是学校里面要上课、要考试、要谈恋爱的大学生，只不过因为同一个目标而聚在一起奋斗。没有工资，只有偶尔的吃饭、看电影等福利。所以，刘泽碧认为，说校联购是大公司，真的连边都沾不上。没有工资，没有投资，何来的很赚钱？

校联购能一路走过来，除了团队的坚持，更多靠的是会员们的支持。这并非客套，而是事实。校联购对于同学来说，只是一群不知道名字的陌生人，没有名气，没有钱，没有技术，是一群在尝试错误的大学生；但是，校联购的会员愿意一次次相信校联购的卡，相信他们的服务，谅解他们诸多的失误，是成员们继续努力的最大动力，心存感激。

那时校联购的成员们奔走于各家商店，五道口周边各所学校。每一届大一新生到来之际，便会看到他们奔走于学校的宿舍楼道间，向学弟学妹们宣传着校联购的优惠卡。经过团队成员的坚持以及努力，最终共覆盖五道口 10 所高校，20 000 多持卡会员；团队成员一开始用卖卡盈利，后来成员发现这样做市场格局不够，应该有所突破，便开始免费发放优惠卡。于是，拓展市场的速度更加迅速了，深受商户和学生的支持。在免费中探索出了商家校园整合营销的商业模式，成立了一家营销公司，为周边商家解决营销难的问题。校联购的生意很红火，但是市场主要集中在五道口这片地区。团队想扩展业务到全国就会有些困难，于是校联购考虑转型。

校联购就是这样，跌倒后，换条路，继续走（见图 12－2 和图 12－3）。

图 12－2　校联购

图 12－3　校联购创业团队

（5）高校生活娱乐资讯平台（2012 年 10 月—2013 年 7 月）

团队已经不满足于仅仅一张打折卡。他们想要做的是搭建面向大学生的一站式服务平台，想要做一个靠谱的、能切实为大家服务的东西。当被问道为什么会如此重视"靠谱"这个词时，刘泽碧笑了："因为我们就是这样一步一步走来的啊。试想，如果我们自己就很坑爹，那么我们怎么会走到今天呢？"

成员继续把心静下来，观察周围身边人们的需求。校联购始终把自己的服务定位在满足他人需求上。只有考虑到别人需要什么，才有市场，才有发展。在 2012/10—2013/07 这段时间，团队发现校园服务市场中，考研代理、驾校代理乱象丛生。大学生觉得没有安全感，外面的人也感觉学生的钱很好赚。为了更好地服务学生，规范校园市场，于是成立了北京翻滚科技有限责任公司，重新定位校联购为高校生活娱乐资讯平台，在打折卡基础上开展增值服务，如驾考服务、旅游服务、分期付款、校园营销等业务。随着业务的扩大，团队需要解决的困难也会增多，团队成员之间的分歧也会变大。在这次转型过程中，团队经历了不断的洗礼和成长。幸运的是遇到了一群兄弟，凝结了一批有创业想法和创业历程的人，团队也开始不断地壮大。所以一直说团队的稳定是需要时间的沉淀和困难的磨炼的。随着团队的壮大，校联购团队不再是一个小小的团伙儿，分工变得明细。这样有利于工作。刘泽碧，作为团队的管理者，也意识到了上课时学的管理学虽然很重要，但是没有和实际结合起来，所以感觉课程很乏味。这个时候刘泽碧只能自己买本管理学的书来恶补。

（6）市场进一步开拓（2013 年 8 月—2014 年 4 月）

在团队的努力下，市场开始走出五道口，做全北京高校市场的开拓探索，业务多元化，致力于为在校大学生提供一站式校园生活服务。终于，校联购走出了五道口。随之市场扩大了，团队的梦想一步步成为现实，青春的热血最终获得了回报。刘泽碧及其团队也感受到了源自内心深处，无法用语言形容的幸福感。团队更加忘我地工作了。工作的时间不短，经常加班，但是成员丝毫没有感觉到累，因为大家有激情和热爱，是为自己奋斗。与身边经常看到的上班族不同，他们尽管有很高的薪水，但也经常抱怨工作的繁忙与无味，每天都是在完成别人布置的一项项任务，没有实现自己的价值。当然，这并非歧视打工者。这里说的打工者，是指那些不喜欢自己目前工作的人。无论你从事的是什么工作，只要是你喜欢的，你干着就有劲头、有盼头。这种情况下，你也就同时拥有了自己的事业。"说到这里，我想多扯一点。我认为我们每个人都应该有属于自己的事业，而不仅仅是局限于一份工作。尤其团队成员都是经管院的大学生，应该给自己一定的时间去体味生活，去实习，去兼职，多去外面走一走，多参加一些和自己专业有关的活动。在这些经历中，我们会发现我们喜欢做什么，我们的激情在哪里，找到适合我们、自己又喜欢的工作，进而就拥有了自己的事业。人只有拥有了事业，才能舒心快乐地过每一天。"

（7）大学生兼职平台的搭建——校联帮（2014 年 5 月—2014 年 8 月）

通过对接高校生活资讯，对接校园服务，并对其进一步深入了解后，团队发现好多大学生想找兼职。然而相对来说学生是最容易受骗上当的人群。高校兼职市场是最混乱的。几乎做兼职的学生都有被中介骗过的经历。刘泽碧也有过被骗的经历。他切身感受到兼职市场的混乱。刘泽碧发现这不光是服务大学生的大好时机，同时又是一个很好的商业机遇。经过调整，团队砍掉很多的现金流项目，开始尝试突破口——大学生兼职平台的搭建。校联购尝试给大学生提供靠谱的兼职。创业的发展历程就是这样，不断地改变，不断地调整，而当即将撞到天花板时，即时调整路线，转型，发展。有些时候，事情是做出来的，且越做越知道该怎么做，朝着哪个方向努力。就这样，一步一步地向前走，摸索着，攻破一层层的土皮，看到希望的阳光。黎明前的黑暗总是能够带来希望。

互联网是一个飞速发展的行业。市场的变化是迅速的。只有能够敏锐地捕捉到市场的人，才能抓住市场机遇。在运营的同时，校联购也在不断探索着。

2014 年 9 月，刘泽碧及其团队毕业了。每当毕业，就要面临选择，如保研、考研、出国、找工作、创业等。刘泽碧也曾真真正正犹豫过：到底要不要放弃创业？如果真的要创业，他就把这一切都搭进去了，相当于拿整个人生赌一把。刘泽碧始终相信，即使创业失败，去工作，通过创业锻炼出来的能力也足够自己找一份理想的工作。最终，刘泽碧决定继续创业。团队也经历了大变动。好多人在毕业的岔路口选择了放弃。毕竟相比看不见未来的创业，那些企业稳定的薪资更具诱惑力。也有一批新的队员加入校联购团队。这批人跟着刘泽碧一直干到今天，已经有一年半了。在这一年半里，他们早晨 9：30 起床办公，晚上下班就没有固定时间，只要觉得自己完成了工作就行。团队成员住在一栋楼里，一起吃饭，一起工作，一起生活，一起梦想。整个团队就是一支友爱的、充满激情、讲义气、互相帮助的团队。团队成员目前也基本都为全职。由于业务的扩大、员工的增多，校联购也换了办公地点，不再在学校的科技园办公，而是搬到了学知园附近的学知轩大厦。每天早上从住所到这里就几分钟的路程，不用像大多数北京工作者那样挤早高峰，使刘泽碧心里有一丝满足。至此，校联购彻底离开了学校，开始了新的征程。明确了发展思路，致力于把校联购打造成大学生的校园生活 O2O 服务平台。

校联购成员继续努力着，拉投资，找赞助，寻求靠谱兼职，不断向大公司取经。功夫不负有心人。经过团队成员的坚持付出，终于完成百万级天使轮融资，由乐邦乐成（创投孵化机构）领投，中关村天使成长营一期基金（天使共赢基金）基石合伙人丁华民跟投，成立了校联购（北京）网络技术有限公司。

作为创业者，他们看过太多的团队签署百万元、千万元，甚至亿元级的投资，包括"90 后"的代表超级课程表就在今年获得阿里巴巴两千万美金的投资。创业路十分精彩。犹如很多的牛人，团队成员们也常常对伯乐充满向往：天使投资什么时候才会来，第一笔投资会有多少？仿佛遥不可及的机会，突然有一天真的从天而降了。幸福来得如此突然，让团队有点不知所措了。在签完协议后，刘泽碧甚至都没反应过来：这就敲定了？

为什么校联购能获得投资，凭什么可以与那么多牛人团队同台竞技？他们的回答是：坚持和踏实。两年时间对校园市场的挖掘和运营，从一个宿舍作为起点，到覆盖 12 所高校，从 4 个人到 10 万个用户，全凭团队一点一滴的积累。校园每一个角落，他们都摸过。脏活、累活，他们也都尝试过。

刘泽碧及其创业团队甚至不敢想象，当年 3 个懵懂大学生的一时冲动，两年之后，会引来众多投资公司的关注和邀请。团队估值 2 000 多万元，在半个月时间里闪电般地签下了百万元级别的天使投资！他们从来不掩饰自己是从泥土里成长起来的草根创业团队。如今校联购终于用时间和行动证明，大学生创业同样是靠谱的。

团队成员清楚地认识到，天使投资既不是校联购的最终目的，也不是其沾沾自喜的资本，而这仅仅是一个新的起点。两年的坚持，让成员深知这个机会来之不易，同时也深感肩上的任务是如此沉重。投资人的资金不是一笔可以随便花的钱，而是对团队莫大的认可和信任。这针强心剂更是对团队所有人的鞭策，转化成为更强的动力。

在投资商谈过程中，领投人说了一句感动他们的话："投资你们，是因为我觉得校联购团队的你们靠谱，相信你们是干实事的人。在你们身上我看到了当年同样在校园创业的自己。我看好你们的前景。看对人，我这笔投资就算成功了，相信你们不会辜负我的期待。"在社会总是提醒我们现实是残酷的同时，也让校联购团队遇上了如此有情怀的贵人。话语中的信任和认可，是绝对不能辜负的期望。

刘泽碧认为，不管什么时候，有梦想的人从来都是在路上的！距离上次的失败，已经过去了1年时间，但校联购从来没有停止过前进的步伐。只有追随着自己的心不断地前进，才会不辜负所有的汗水和付出。

校联购从大学生需求出发，基于现在大学文凭的说服力降低，而能力对公司选拔来说越来越重要。校联购致力于给大学生提供靠谱的兼职和良好的实习机会，给大家一个"能力"上的履历。校联购提供"58同城"式的多样化服务，以"京东自营"式的标准保障靠谱、便捷、实惠的服务质量，并将向校园创业者开放，升级成为"淘宝"式的大学生创业平台。在注入资金之后，校联购一方面将凭借极强的地推能力和经验，继续覆盖北京其余校园；另一方面将进行商业模式升级，减少线下对校园分期、校园旅游、驾校代理等业务的依赖，集中力量强化生活分享平台及校园兼职板块，并完善CRM系统，为布局全国做好前期铺垫。团队越来越壮大，彼此之间的感情也越来越浓厚。

坚持，这两个简单字，终于不负众望，把校联购引向了新的奇迹！

（8）我们会继续勇往直前地走下去

2014年10月—2014年12月这段时间，团队对兼职平台运营的深入和兼职平台商业模式的摸索，尝试过接项目、代发工资的人力资源公司，提供担保赔付等重运营模式，但发现平台上获取的兼职信息不能满足用户的需求，很多会员反馈上面的信息量不够，基本状态就是"狼多肉少"。团队开始整理运营思路，把很多运营重的项目砍掉，开始专注提供靠谱兼职信息。

2015年1月，团队开始反思之前的运营思路，认为必须把兼职作为更好的切入校园服务的工具，酝酿新的校园服务产品"校联帮"，彻底做靠谱、真实海量的兼职信息服务，免费服务于学生和用人企业，开始全面拓展北京、上海、武汉、天津高校市场。

这几年时间里，成员经历了太多太多，团队发生了各种剧烈的转变。诱惑与危机就摆在面前。大家迷茫过、纠结过、痛苦过，甚至绝望过，但是始终都没有动摇过。成员都知道创业是一条不归路，既然如此，那校联购就一路到底，看一下最后是走到死胡同，还是踏上了康庄大道。

刘泽碧认为，他的团队没有比其他人更加勇敢，只是多了一份纯粹。要成功，要努力见证一份大大方方的成功；要失败，那也要把墙撞破，来一份彻彻底底的失败。年轻的人们，从一个起点走到另一个起点，很多时候我们不知道目的地是哪里，既没有尝试过成功，也没尝试过失败。那就在有资本坚持下去的时候，把未知的底牌掀开，决一胜负！

校联购，从来都是创造不可能的名字。很多人没有听过校联购，他们就偏偏要一次又一次地呐喊，让更多的人听到他们的声音。没有人看好大学生，他们偏偏要以大学生的身份干出一份靠谱的事业。没有人看好校联购，他们偏偏要坚持到底，做一份实实在在的事业。

（9）梦的终结

在创业的道路上，成员们洒满了汗水与泪水。当有人问道：你为什么要创业？你要知道，你现在的收入不如班里其他上班同学多。刘泽碧认为：首先，创业是实现自己梦想的旅程；其次，在创业过程中这能收获真真切切的友谊。它是青春的象征。即使有一天失败了，至少青春没有被辜负。这是他们愿意承担的风险。毕竟互联网这行业3年一变，发展越来越快，说不定，很多事情都没有定数。

2015 年年底，创业真的要终结了。由于诸如 58 同城等竞争者的加入和 A 轮融资遇到资本寒冬，校联购没有如期融到期望的投资。在反复权衡并征得投资者意见后，校联购选择了终止经营。如火如荼的创业失败了。

如今，校联购创始人又开始了另一个创业项目。

 12.1.3　创业启示

（1）一分耕耘，一分收获，爱拼才会赢

关于大学生创业，刘泽碧说，现在社会的形势对大学生创业来说已经宽容了很多，也有利了很多。大学生是最有创造力的人群，但是也害怕失败。对此，他的看法是，个人并不怎样看好，因为还有很多局限：资历、阅历，以及人们的态度。据统计，大学生创业成功的概率只有不到 3%。对于大学生创业的建议，他是这么说的：最关键的一点，是你要清楚自己的内心。你是否真正想做这件事。无论何时，都一定要明白自己在干什么。

很多人在询问：创业要怎样做，要注意什么，才能够少走弯路？对于这个问题，刘泽碧的回答让我们略微吃了一惊。他说，创业是不可能不走弯路的，因为你少走的弯路都要还回来。"人就是这么一种神奇的生物。只有吃一堑，才真的会记住。"自己切身经历过，和听别人谈谈他们的经历感想，实际上效果是大不相同的。

"我们的课程很有用。以前不好好学的内容，现在都要补回来。"在问到作为一名创业者的他怎样看待大学中的课程的时候，他给出了如上坚定的回答。同时，由于目前公司发展的最大的问题是团队内部结构的发展跟不上公司的发展，现在的自己开始恶补管理学。对此，他表达了微微的自嘲。

作为一名线代挂过科的不幸少年，他对大学的课程，便也多了份感情。他说，课程很有用，但重点就在于怎么用。创业过程中的自己会结合实际获取自己想要的知识，应用与求知之间，便加强了对知识的掌握。这里的知识，绝对不是会背几个概念、会做几道题就可以，关键要会用，要和实际相结合。真正的精英，往往都很有文化。

对他而言，一路走来，充满了感动。小伙伴们一直陪伴着他，和他一起奋斗，最终坚持了下来，真的非常感谢岁月。他说，其实创业者就是一个能量体。它传递正能量，一路走来，吸引、汇集着各方志同道合的朋友们。这是一种踏实的自豪感。这种志同道合，便是大家骨子里似乎都有那么一种创业的基因。不甘于平庸的小小野心。他总是给自己的团队提倡这样一种价值观：年轻人不应该害怕犯错，应该主动地尝试错误，在试错过程中，摸到正确的路。爱拼才会赢。

其实，创业很简单，也很复杂。很多人都只看到了创业成功的光鲜亮丽，却从未想象过他们背后的艰辛与苦累。创业的秘诀，说简单也简单，就是几个字：坚持，用心。可是能落实、能做到的人，实在太少了。想创业的人，从来都不会后悔。因为他们相信，付出总是会有回报的。校联购这条路，他们携手走过，笑过，哭过，醉过，痛过。一路走来，收获了太多。

关于创业的收获，泽碧学长的回答很具体。第一，视野扩大，胸怀变宽，看问题的思维也更加具有深度。第二，心态成熟了，思想也更加长线，具有宏观性。第三，对于人性的理解有了全面的提升。和人的交往过程中渐渐体会到了人是怎样的。第四，能力提升，包括学习能力、事务能力等。同时，携带的能量也在上升。校联购这个能量体，又具有了更加强大的吸引力。

在刘泽碧的定义中，创业其实就像种庄稼一样，有了付出与投入，收获就像是水到渠成一般。现在的社会很浮躁，可是事情是急不来的。万物一分耕耘，一分收获。令人无可奈何的是，偶尔天公不作美，那也是没有办法的事情。这一份成熟淡定的心境，也是这段如梦的经历带给他的。

（2）良好的团队建设是成功的基石

看到刘泽碧的创业经历，从大一开始的几个兼职学生到现在的 20 来个全职人员，队伍在不断壮大。虽然队员有更迭，但是大家只要进入了这支队伍，就都充满了激情与拼搏的梦想。大家都有着相同的目标与努力的方向。如果没有团队成员之间的相互鼓励，当有人想要放弃时总有人会站出来，校联购不会走到今天。

良好的团队建设是成功的基石。

从卖茶叶、旧书，到订餐网，再从订餐网到团购，校园优惠卡，大学生娱乐资讯平台，再到校联帮，这一次次的转变，一次次在将要放弃的时候选择的坚持，都离不开成员之间的相互督促与勉励。每次到风口浪尖上，总有人拉你一把。

团队建设离不开团员之间的相互理解与包容，更离不开团队领导者的良好管理。大学时枯燥的课堂让天生闲不住的刘泽碧选择逃课，去外面开创自己的一番事业，然而，课堂上的知识，在他实际管理团队中都是用得到的。他边工作边恶补管理学知识，为的是建设良好的团队。

团队的凝聚力若不强，则会成为一盘散沙。只有凝成一股绳，才可能打败困难。尤其是在现如今的社会，经济一体化，全球化，分工明细化，大到国家，小到个人，都已经成了整个世界经济体中不可或缺的一部分。我们每个人都在自己的岗位上贡献着自己的微薄之力。

都说上大学之后，同学们之间相互提防了，再也找不到高中时候那样纯洁的友谊了。同学与同学之间充满了竞争。然而，现代社会是一个充满竞争的社会，但同时也是一个更加需要合作的社会。作为一个现代人，只有学会与别人合作，才能取得更大的成功。竞争与合作是构成人生和社会生存与发展的两股力量。社会生活中有竞争，更有合作。人多智慧多。只要善于合作，去发挥合作和整体的力量，就能想出办法，取得成功。因此，同学之间要共同学习，与同学相处大方得体，乐于助人，心胸开阔，不要因小事斤斤计较。

校联购 & 校联帮的团队，一直充满着欢笑。大家虽然工作任务繁重，但丝毫不觉得有压力。他们的精神是振奋的。他们是彼此友爱的。在工作中，他们是良好的合作伙伴；在生活中，他们是很好的朋友。下面有图有真相（见图 12 - 4 ~ 图 12 - 6）。

（3）越努力，越幸运

越努力，越幸运。这被无数人证实。

邓亚萍、史铁生、霍金、海伦·凯勒这些我们耳熟能详的名字，通过自己不懈的努力，感动了上天，成了被青睐的幸运儿。现实生活中，面对就业压力的增大，好多人总是抱怨：为什么别人可以进那么好的公司，干那么轻松的工作？为什么别人可以找到那么好的男朋友？为什么别人晋升可以那么快？为什么他们的家庭那么幸福……不停地抱怨，他们却没有想过，别人是如何努力的。家庭再不幸，工作再不好，只要自己肯下苦功夫，努力提升自己各方面的能力，就能改变命运。要知道，勤能补拙。越努力，也就越幸运。

图 12 – 4　深夜大家一起讨论

图 12 – 5　开心的圣诞

校联购创始人刘泽碧是从大山里走出来的孩子。他没有抱怨过自己的生活。他热爱生活，善于发现。他将责任放于自己的肩上，奋斗不止，努力不止。他选择合适时机，抓住市场机遇。当你竭尽全力向前走的时候，你会发现，越来越多的人给你建议与支持，贵人越来越多。真的，自己是幸运的。

年轻人就应该给自己努力的机会。再不努力，我们就老了！

你也曾年轻过，但倘若没有努力过，就请不要苛责幸运之神未光顾，并于此刻开始，努力一点，更努力一点。

人生很短，我们没有时间拖延；人生也很长，努力永远都来得及。

人生是一场马拉松，而努力就是一辈子的护身符。

给自己一次机会，让努力书写自己的人生。

图 12 – 6　讨论中

（4）喜欢，便是事业

工作的人如果总是以一种打工者的心态过生活，并不真正喜欢着手所做的事情，那么他的生活少不了抱怨，也不会开心。并不是要我们每个人都去创业，不创业的人也可以拥有创业者的那份执着，也能体会到梦想的能量。一切的一切，都源于一个词——喜欢。

前段时间，社会上一直热议"你幸福吗"的问题。我们每个人幸福与否，只有自己能感受到。也许别人眼里的幸福是你眼中的不幸，而别人眼中的不幸却是你的幸福。每个人都有幸福，只是幸福总在别人眼里。我想说，只要我们做自己喜欢的事情，我们就会有坚持下去的动力与信念，还有幸福的生活。

当你真正喜欢自己从事的工作的时候，你便拥有了自己的事业。拥有事业的人是幸福的。所以，当好多人质疑刘泽碧毕业之后为什么继续选择创业的时候，刘泽碧坚定地回答："那是我的事业！"拥有事业的人便不再怕累、不怕苦，精神是振奋的，其他一切，已经不算什么。校联购的团队成员，都拥有梦想，并为了自己的梦想而执着。我非常清晰地记得一个团队成员的那句话："我仍然记得那个冬天的某个晚上，我骑着自行车，为了给一个会员送货，骑行在五道口的烈风中，紧握着双手，仰望着灯火璀璨的五道口购物中心。那一刻，我人生走到了 20 岁，有一种说不出的感觉漫在心头，已经忘了当时在想什么，但是我清楚记得我在那时突然知道了什么叫梦想。"就是这种有梦想的火焰在燃烧，所以遇到的一个个困难我都能克服。它们充满着正能量，是因为它们我不是在工作，而是在奋斗事业！

只要喜欢自己的工作，你就拥有了自己的事业！

12.2　后会友期

12.2.1　想法雏形

2015 年 7 月 7 日的晚上，有两个人分别接到了一个男生的电话。打电话的人是农大的学生潘启农，而接电话的是林大学生叶小滢，以及当时还在京东金融任职的北京人马里尧。马里尧开着车载着大家到了他哥们儿开的一家麻辣烫店。3 个人在微风徐起的树下吃着麻辣烫，开始密谋一个让他们仨都激动不已的项目。这 3 个人中，马里尧最年长，1985 年生，土生土长的北京人，开过餐厅，也有着丰富的政府关系资源与餐饮资源；叶小滢，当时是一名大三的学生，自主创业做旅游平台，已有将近 4 万人参与出游，有着丰富的校园资源，同时曾经在做众筹的公司实习，有着众筹的经验；潘启农，大二，做过私募的风控，有着良好的市场能力与沟通能力，在农大有着丰富的校园人脉。这 3 个人一拍即合，决定要一起众筹大学生餐厅，叫"后会友期"。

后来很多人问他们为什么想要众筹。在他们看来，众筹好处多多，是对于众筹双方都受益的行为。首先，生产者和消费者角色融合了，对"主动"这一概念赋予了新的内涵。顾客通过筹集资金变成生产者，同时也是消费者，成为餐厅的长久客源，并带来持续宣传力；"股东"参与校园众筹，相当于买了一张入门券，认识更多志同道合的朋友，对接各校优质资源；后会友期作为平台给"股东"对接各种机会，让"股东"获得更多福利，拥有更多资源，进入名企实习等。

他们希望，后会友期不只是一家餐厅。后会友期以众筹为主线，积累资源，建立圈子，并最终形成一个大的社群。不定期举办主题聚会、联谊活动、文化沙龙、节日 party、大咖分享、创业实践……建立在学校周围的后会友期将借助高校的庞大学生资源，聚合更大的社会资源，成为年轻人的交流空间，成为高校与社会的连接纽带，成为远离家乡赴京求学学子的第二个家。

后会友期的项目以众筹的方式启动。在资本寒冬期降临之时，于"大众创业，万众创新"的号角吹响之机，借着互联网浪潮的推波助澜，"众筹"这一概念悄然兴起。正是众筹，给了众多有梦想、有情怀，却囊中羞涩的小微创业者一次机会。通过众筹模式，既解决了初创时期的资金来源问题，同时又分摊了风险问题，降低了重资产实体经济对投资者的压力。筹资这一模式，更是让没钱没资源的小投资者跨越了资本与技术门槛，获得了实现高收益的可能性。就拿众筹餐厅举例，人人都眼红餐饮行业暴利的收益，但同时也对餐饮行业的入门门槛望而生畏。高达百万元的投资，如租房、装修、工商、税负、消防、宣传、运营、采购等，可能随便一个环节，都可以让一家餐厅流产。开一家餐厅无疑会有很多障碍，然而后会友期众筹餐厅解决了开餐厅可能遇到的许多困难：

众筹解决了开餐厅最重要的资金来源问题，为租房、装修、设备购买、食物采购、宣传推广、雇用员工打下基础。

众筹不仅筹的是钱，也是资源。随着新"股东"的不断加入，可以聚合开餐厅所需要的资源，比如政府公关、店面装修、厨房管理、食物采购、校园推广等，为餐厅的正常运营提供了坚实的保障。

众筹筹的更是人心。"股东"与餐厅有着利益的联系，自然是最忠实的顾客与最卖力的宣传者。这提供了餐厅客源流量，即使遇到困难，也可以发挥群众的智慧与力量。众多"股东"只要齐心协力想办法，头脑风暴，即使是再头疼的困难，也会迎刃而解。

通过众筹打造学院路资源整合平台，提供给志同道合的朋友们一个社交、恋爱、学术交流的平台，通过平台整合各类校园资源以及社会资源，实现真正意义上的社群运营，同时作为平台提供给大家社会以及校园各类资源扶持。

后会友期学院路店众筹主要是面向北京学院路的学生。由于投资本身就是有风险的，考虑到学生群体是比较小心谨慎的，所以为了大大降低风险，后会友期把入股门槛拉低。这样一来风险也随之降低。这一点能够引起更多学生的注意和关心。据调查问卷显示，大多数学生的生活费在 2 000 元左右，因此第一家店，后会友期把起投金额定为 1 000 元。1 000 元就能参与到众筹当中，无疑是个大噱头、大卖点。以往许多众筹的门槛都是 3 万元以上。这些众筹项目面向对象不是学生，而是有经济能力的成年人。大学生众筹起价 1 000 元，使风险降到最低。做一个最坏的打算，假如这 1 000 元赔掉了，对学生们生活的影响并不是很大，可能会损失几顿美味的佳肴，可能会损失几件美丽的衣服，但是买不来众筹的这段经历。如果是 3 万元以上，出现负面后果肯定是大多数大学生自己担当不起的。对于后会友期餐厅起初的众筹，感兴趣的大部分人群应该是有着一定的资金基础、平常也对理财有想法的人。后会友期通过这一步骤从众多人群中筛选出备选投资者。通过与备选投资者交谈，进一步了解投资者的能力，如在学校的影响力，所拥有的资源，是否参与学生工作，是否参与社团活动等。如果投资者在校园内具有一定的影响力，这将间接帮助餐厅节省推广费用。

12.2.2　前期准备

有了初步构想后，他们先去咨询了许多行业内的人员。马里尧的表哥是某餐饮业巨头的高层，给了后会友期许多切合实际的建议与资源。在成本控制与厨师资源方面，该公司能给后会友期最大的支持。叶小滢之前曾在众筹网站实习，也咨询了不少前辈有关众筹的细则，而她在百度实习时的上司也曾有开餐厅的经历。在百度的总部，关于如何将互联网化融入餐饮，他们也曾有过一番激烈的头脑风暴。潘启农找到了之前做私募时认识的律师朋友，咨询众筹的法律问题。

紧接着就是团队的组建。对于创业公司而言，团队的组建是十分重要的，甚至大于项目本身。所以，后会友期团队的组建十分谨慎认真。每一位团队成员都要通过 3 轮面试。只有拥有一定的校园资源或者优秀个人技能的学生才能加入团队。初始团队，后会友期采用的是寻找 KOL 的方法，也就是找到关键人物。学校里面的意见领袖，如学生会里的部长、主席、社团的社长，自主创业的团队等。马里尧、叶小滢、潘启农 3 个人在学校暑假期间分工寻找各个学校的 KOL。经过一个暑假的筹备，后会友期从最开始的 3 个人变成了 20 个人的团队，有了自己的运营、市场、法务部门。

12.2.3　第一次冲突爆发

第一次冲突爆发，是在暑假的时候。原因是项目进程太慢。当时的马里尧还在京东金融就职，叶小滢还在百度实习，而潘启农也有两个星期在自己的家乡。组建的初始团队大多数人暑期回家，无法线下见面。后会友期项目一度只能线上交流，进程缓慢。创业的初期是事情最繁杂的时候，如进行人员分工、注册公司、咨询法务、编制企业章程、制定发展规划、寻找靠谱团队、落实各项决策、制订推广计划等。后会友期是北京首家大学生众筹餐厅项目。所有的一切都没有前车之鉴，只能靠自己摸索，但是彼时的 3 个人精力分散，连见面都是奢侈。"这是创业吗？像样吗？如果是这样，还不如趁早结束。"

那个时候的 3 个人，大概还没有真正端正自己的心态，没有把"创业"当成创业来看待。这次冲突爆发后，3 个人都进行了细细的自我反思。不久，叶小滢、马里尧都相继地向公司提交辞呈，而潘启农也从家乡回到北京。3 三个人开始天天在一起着手后会友期事宜。

12.2.4　项目推广

暑假很快就过去，迎来了开学季。学生们拖着行李从各地返回，后会友期也迎来了快速宣传推广期。第一步是团队培训。马里尧、叶小滢、潘启农 3 个人将理念与宣传推广方式系统地传达给团队成员，使每一位成员都能清晰、生动地对外宣传后会友期众筹餐厅项目。9 月中—10 月中，后会友期采用的是线下推广的方式。首先，收集各个学校的资源，做好学校与工作的分工，将之分配给每一位团队成员，由团队成员各自完成任务；同时，在学院路各个学校开后会友期的宣讲会。后会友期走进过北京林业大学、中国农业大学、中国矿业大学、北京语言大学、北京科技大学、北京航空航天大学、中国地质大学、北京体育大学的校园。团队成员利用自己的资源与人脉申请教室与经费。后会友期用最低的成本完成了进校园的计划。伴随着项目的进程，后会友期团队发现，线下的推广吃力、速度慢、转化率低。经过了一个月的推广，知名度是有了一些，但是大部分学生还是采取观望的态度，最后仅众筹了 50 万元左右。后会友期团队意识到，线下推广有其局限性。虽有利于增加品牌知名度，但是基数太小，股东转化率不高。于是，他们尝试走"大咖"之路，寻找众筹行业有知名度的学者、企业家，以及学院路各大高校的优秀校友，希望借"大咖"们的资源与影响力，提升后会友期的知名度。然而，若缺少途径与人脉，"大咖"们就不会利用自己的太多资源助力后会友期项目。在这个过程中，虽然众筹的数额并没有增长很多，但是得到了很多行内人士与校友的有效建议与支持。显然，"大咖"之路也不是一个推广的好方法。团队迅速改变方针：以线上推广为重点！

10月13日，后会友期微信公众平台完成审核，开始推出第一篇文章。第一篇文章的基调与效果尤为重要，是后会友期线上推广的开端。文章由叶小滢编写，"写了两小时，改了一天"。最后，文章一经推出，便收获同学们的自主转发。当时后会友期微信公众平台只有20个关注量，文章却有将近2万的阅读量。叶小滢、潘启农等也利用自身的高校资源，免费发动校园媒体协助转发该文章。我想认识你、校联帮、校联购惠生活、microtrip、相遇未名、bsu校园通、北体职协、北科微生活、伴随成长的印记等平台都对我们的第一篇推文进行了转发。后会友期在校园里第一次有了比较广泛的知名度。很多同学被文章所动，主动联系后会友期团队，申请成为后会友期"股东"。同时，后会友期开展了线上宣讲会，在每所高校组建后会友期宣讲会微信群聊进行路演，省时间，省人力，有效果。路演内容主要包括这几点：

①大学生学到的专业知识没有足够好地被运用。许多人都处于盲目学习的状态。不少怀揣着创业梦想的人，由于缺乏一个好的团队、好的队友而选择投靠另一类从众群体（出国、考研、考公务员）。

②从家乡来到首都，大学生活给了我们又一个人脉圈，但是我们并没能好好利用我们的人脉圈。这问题在于我们的毅力不够，没有下狠心要在大学期间弄出大事件，以轰动校园。

③从小学到高中，我们一直在比学习成绩。如果到了大学我们还在比成绩，那就太幼稚了。成年的我们应该学着给家里减轻经济负担。我们应该比的是谁的月薪更高，谁的工作更轻松，又赚钱。

④学校食堂吃腻了，五道口地段的饭馆人均太高，但又想享受生活，怎么办？身处于学院路的我们有着丰富的资源，庞大的客流量，那么，我们为什么不来尝试一下拥有我们自己的餐厅呢？

这4个点抓住了学生的心理与需求，通过线上宣传导流到线下见面细聊，最后转化为餐厅"股东"。团队成员每天被想要加入"股东"的同学们约得满满当当，忙得不亦乐乎。林大周围的咖啡厅，比如咖啡陪你、双风车、雕刻时光等都被后会友期团队及"股东"们"占领"。大家都在喝咖啡，聊创业，聊梦想，聊餐厅，聊众筹。在如此势头下，后会友期10天便众筹了100万元。越来越多的优秀学生加入团队。团队规模在11月初达到了50人，股东达到将近200人。10月下旬，后会友期团队迎来了一位新加入的核心成员——三哥。三哥家里是"餐饮世家"，自己家有5家餐厅，有着丰富的餐饮管理经验。三哥与马里尧是从小一起长大的好哥们儿。在听说了马里尧、叶小滢、潘启农3个人的构想之后，三哥也觉得众筹模式下的餐饮潜力巨大，便加入后会友期。"我之前做的一直都是传统的餐厅，每天被动地等待客人上门消费。众筹餐厅的好处是，在开业之前，就已经找好了顾客，同时在众筹的过程中，就是对餐厅的一个宣传。每一位'股东'，又会再主动地帮助餐厅转发推广。而且，这样的模式好复制，可以在短期内开多家店，甚至开遍全国。"有了三哥的加入，后会友期学生团队成员在餐厅的运营管理方面完全不用操心。这对于没有餐饮运营经验的学生们来说，心头的大石终于被放下。

12.2.5 第一阶段结束

2015 年 11 月中期，账目上的钱达到了 160 万元，已经到了可以租店面的数额，也找到了还算合适的店面（见图 12 - 7）。团队开始纠结：如果租下店面，春节期间学院路周围是没有多少顾客的，所以没必要招厨师，开门营业。这相当于白扔了 3 个月的房租。如果不租店面，按照这一带店铺的抢手程度，就很难在合适的时间找到价格合适、地理位置合适、面积合适的店面。已经等待了许久的股东又是否乐意呢？于是，后会友期团队针对股东做了一个有关是否应该租下店面的调查问卷。调查结果显示，同意租店的股东占多数。这与后会友期团队内部的投票结果是一致的。

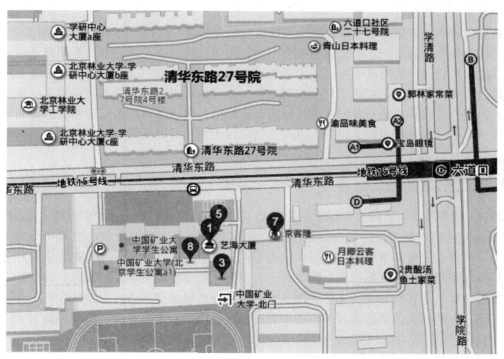

图 12 - 7 后会有期店面选址地

选址分析：不少人会认为，考虑到客流量及交通，最好的地点应在五道口；但是经过实体调查，五道口每月房租高达 15 万元，运营成本过大，所以暂不考虑。六道口位于五道口 2 000 米处，位置处于八校中心偏北。临近的学清路、学院路、王庄路、成府路、志新路等都是目前看好的地段，位于 8 校地区内部。附近除了高校以外，还有同方大厦等众多写字楼，白领汇聚，还有很多商住两用房。因此，周围居民以及白领皆为餐厅消费群体。不仅如此，六道口现已开通地铁，附近分布不少公交站点，交通方便程度不次于五道口。

从 2015 年 7 月 7 日开始算起，138 天后，后会友期租下了第一家店面，位于清华东路 16 号艺海大厦 201 室，紧邻中国矿业大学、北京林业大学和中国农业大学。学院路八大高校步行距离 1 000 米以内，占地 305 平方米。后会友期团队在感谢文中写道："餐厅地址被敲定，悬而未定的心终于有了归宿。从一个不经意的小念头到可感知的实体，这一程，感谢所有小伙伴的陪伴。谢谢你们成就后会友期的一个梦。未来的世界，也请一起走吧。"同时，他们宣布后会友期学院路店进入第二轮募股期。招募对象仅为学院路的学生"股东"，且"股东"名额仅有 200 个，投资金额仅限 1 000 元，以此增加学院路各大高校"股东"的人数。而此时，后会友期魏公村店正式开始众筹。非学院路八大高校的投资人可以投资后会友期魏公村店。

此时，马里尧主要负责装修事宜、政府关系与大资源对接；叶小滢负责后会友期的线上运营，如微信、微博、"股东"微信群，组织"股东"关系维系活动及标准化文字撰写；潘启农负责后会友期的市场，招募新"股东"；三哥负责厨师的招募与菜品的设计，进行主厨的试菜与筛选。团队的其他成员都按照部门分工有条不紊地工作。

当然，项目的发展并不是一帆风顺的。学生团队的优势与劣势都十分明显。优势是，有激情，有想法，踏实肯干，不计回报；劣势是，没有经验，难以坚持，无法全职。伴随着项目的发展，不断地有新鲜血液加入后会友期，也有老队员遗憾离开。离开的原因多种多样：因为无法很好协调创业与学习，因为能力不足，因为热情下降，因为家长不同意，因为个人情绪，因为出国，因为考研……但庆幸的是，有那么一些人，一直坚持着，经过了时间的筛选，通过了现实的考验，组成了后会友期这样一支高执行力、高质量的优秀团队。他们也会争吵，但争吵过后是更加完善的方案；他们也会迷茫，但迷茫过后是更加明确的方向。在一起创业的日子，在一起走过的时光，或许是比项目成功更要宝贵的经历。

 12.2.6　新的方向

2015 年 12 月下旬，后会友期学院路店已筹集资金 200 万元，拥有 400 名"股东"，与 60 多个校园社团、组织保持着良好的关系。此时，后会友期第五位核心成员——申哥——加入了。申哥是传奇摇滚厂牌饭醉团伙的创始人，旗下有二三十支乐队，在音乐节筹办与招商、乐队包装与推广、音乐行业资源方面多有建树。后会友期有了新的方向：餐饮、文化传媒、旅游三驾马车齐头并驱，充分利用高校资源优势，运营有活力的大学生社群，为高校提供有态度、有格调的生活娱乐服务，围绕着高校市场打造一个有态度、有情怀的大学生生活娱乐平台。

在餐饮板块，学院路店装修开业，魏公村店、石家庄店进行众筹，打造后会友期线下实体空间；饭醉团伙音乐厂牌正式并入后会友期旗下，开展针对高校市场的音乐活动，同时给后会友期"股东"带来音乐方面的福利；组织了将近 4 万大学生出游的旅游平台 MicroTrip 微旅游并入后会友期旗下，开展后会友期的旅游业务。后会友期巧妙利用自己的上游资源，通过众筹、旅游供应、餐饮供货、活动资源，依托大学生的市场，开展餐饮消费、旅游消费、活动消费等下游板块，很好地打通上下游，围绕大学生打造吃喝玩乐的生活娱乐平台。

12.2.7　第一家店开业

2016 年，在别人都在欢天喜地过春节的时候，有那么一拨人，心里想的却是尽快回到后会友期学院路餐厅，开始筹备开业。年初五开始，后会友期团队成员陆陆续续返校，开始了餐厅开业前的准备：菜品的拍照，传单的制作，餐厅装饰品的购买与摆放，餐厅物资的采购，前厅人员的安排，开业前的线上宣传，互推校园媒体的联系，线下传单的铺设，开业当天的活动策划与礼品准备等。后会友期团队成员们为了餐厅顺利开业，熬了两个星期的夜，只为了给顾客呈现最好的餐厅形象。这个"处女座"团队，甚至在开业之前，自己预演了不下10遍开业当天会出现的状况。

万万没想到，后会友期餐厅迎来的第一位顾客，是明星郭品超。离开业还有几天时间，这家位于学院路的餐厅迎来了明星郭品超的活动拍摄。后会友期餐厅LOFT的装修风格在绝大多数餐馆中别树一帜。核心成员申哥的人脉资源让后会友期的名气在娱乐圈也小有耳闻。郭品超在品尝了后会友期的菜品后，给餐厅点了大大的赞，并在餐厅墙上留下签名，与团队成员纷纷合影。有了男神的支持与鼓励，后会友期团队更加振奋，继续投入餐厅开业前的"战斗"中。

餐厅一共有4个双人位，15个4人位，2个12人位，即可以同时容下92位客人。为了防止顾客停留时间过长而影响翻台率，后会友期的设计师设计了既舒服，又不舒服的凳子。凳面宽，因此刚坐下的时候客人会觉得很舒服，但是凳面采用硬木，坐久了就会慢慢感觉到不舒服。桌子被分为两种：一种是高桌，而另一种是矮桌。高桌适合高个子的学生用餐。很多男生会有这种不愉快的用餐经历：由于桌子过矮，不方便把腿挪进桌子下面，或者只能伸直腿，但会影响到对面人用餐，非常尴尬。为了解决这种问题，后会友期定制了高桌，专为身高180 cm以上的人士打造愉快又舒适的用餐条件。矮桌适合女生、老人以及行动不便者用餐。餐厅规划如表12-1所示。

表 12-1　后会有期餐厅店面格局

店面建筑面积305 m², 可使用面积270 m²		
使用项目	使用面积（m²）	最大客流量计算（人）
厨房	85	—
洗手间	15	
走道	25	—
收银台	10	
餐位（21桌：4桌双人位，15桌4人位，2桌12人位）	135	92
同一时段总计最大接待人数		92
翻台率（按照正常计算）中午接待量为0.5桌，晚上为1.5桌		184
总收益人数（按照最大化人数）		184

同时，后会友期不仅是一家餐厅，还有下午茶，而到了晚间则"变身"小酒吧。下午茶时间是下午2点至下午5点，有蛋糕和咖啡供消费者选择。当学生找不到合适的地方自习或者看书的时候，可以到餐厅点一杯咖啡提提神，看看书。晚上9点半之后后会友期会不定期举行小活动（如一起看电影，一起玩桌游（狼人杀、三国杀、德州扑克等），还提供进口

啤酒享用。通过这些，同学们不但可以认识不少学院路其他高校的学生，还可以通过品酒普及一些课外小知识。后会友期的酒保会给学生讲述啤酒中的小故事，让学生可以学到大学课堂中没有的知识。

2016年3月14日，后会友期第一家餐厅——后会友期学院路店——正式开业。后会友期团队请来了一辆兰博基尼埃文塔多，一辆兰博基尼盖拉多，一辆法拉利458，十几名乐队主唱，鹿晗演唱会御用摄影师，中国地质大学街舞社成员，还有熊本熊玩偶到现场助兴。开业的现场，有跑车，有美女，有音乐，有街舞，有玩偶，还有红包。有些"股东"特定请假从外地赶来，见证自己餐厅的开业。开业当天，无论是中午，还是晚上的营业时间，刚刚开门即爆满。后会友期每张桌子都放上了准备好的美金红包，单桌消费满100元以上还送一块儿味道精美的蛋糕。开业当天的中午时分，后会友期团队成员迎来了人生中的第一次"接客"，第一次穿上队服，给慕名而来的客人点单、上菜，对每一位顾客报以真挚的笑容。在后会友期餐厅，绝大部分的顾客都会主动对服务员说谢谢。这是在其他餐厅比较少有的场景。餐厅管理者三哥说："我干了这么久餐饮，从来没有看过一个餐厅的客人会发自内心地对服务员这么客气。餐厅的氛围充满了年轻人的气息，从顾客到服务员都是以大学生为主。这大概也是后会友期餐厅的不同之处。（图12-8）"

图12-8 后会有期开业当天

由于现场人数爆满，大家都是第一次上阵，所以有点手忙脚乱。当天中午有上错菜的情况。在发现错误之后，在场的团队成员及时进行了诚恳的道歉与补偿，比如给上错菜的顾客送上小蛋糕，以及一小盘水果沙拉。顾客们都纷纷表示理解。中午的营业时间里，打印机出现了小故障，无法出电子单。在被告知后，团队成员迅速进行调整，改为手写单子，尽量减少时间上的延误。中午营业结束后，餐厅管理者三哥给团队召开了会议，进行了总结与工作调整。下午营业时间餐厅前厅运营有条不紊。忙碌的一天结束了之后，大家都十分劳累，深深地体会到了餐厅服务员的不容易……

开业以后，餐厅的推广与宣传持续进行，线上线下的推广渠道全面打开。许多来餐厅吃饭的顾客都主动拍照发朋友圈。开业后不久，许多媒体到餐厅对我们进行采访。光明网、《中国青年报》、《北京青年报》、《当代中国》、答案网，以及各大高校的官方媒体纷纷到餐厅进行采访跟进。媒体的主动报道让后会友期的知名度再度提升。股东们从新闻上看到了后会友期的消息，都兴奋地主动转发传播。其中，潘启农还作为创业榜样登上了中国农业大学的官方网站头条，并与学校的书记、校长取得了良好的联系。后会友期在中国农业大学的市场得到了更好的渗透。最令人印象深刻的是，一天晚上 10 点多，有一个 30 岁左右的男士走进餐厅，要求见见创始人。叶小滢便过去与他攀谈了起来。原来他是一名哈尔滨工业大学的老师，来清华交流学习一个星期，第二天就要离开北京回学校了。晚上刚刚聚餐完，他也顾不上回酒店休息，就匆匆忙忙地赶到了后会友期餐厅。"我在网上看到了你们的报道，觉得你们真的是太棒了。来北京之前我就告诉自己，一定要来后会友期餐厅，来向你们取取经。"老师表示，也想在哈尔滨开一家后会友期餐厅，通过众筹的模式，聚合资源，笼络人心。每当有外地小伙伴提出在当地众筹后会友期餐厅，后会友期团队都会让该负责人在当地做调研，如高校分布、学生消费水平、周围菜系、房租、人员开支等。只有确保有 80% 以上成功的把握才开始行动，而不是盲目扩张。

12.2.8　文化传媒板块

后会友期文化传媒板块被分为音乐与活动。在音乐方面，后会友期有二三十支自己的乐队，同时与各大音乐节、音乐社团保持着良好的关系。2016 年 3 月 26 日，后会友期在 13CLUB 举办了后会友期专场音乐演出。演出者皆为后会友期旗下乐队。演出对外售票 100 元/张，对后会友期"股东"免费开放，还邀请了各大高校的音乐社团观看演出。13CLUB 现场可容纳 500 人，当晚现场爆满。2016 年 3 月下旬，后会友期与乐谷·理想音乐节主办方"城市理想"达成深度合作。后会友期成为北京乐谷·理想音乐节唯一高校出票口，协助理想音乐节进行高校市场的推广，而后会友期的两支乐队也会登上乐谷·理想音乐节的舞台；同时，后会友期与草莓音乐节的主办方"摩登天空"合作，成为北京、上海草莓音乐节的高校票务出口。

在活动方面，后会友期将围绕高校市场组织学生参与度高的活动。4 月 22—24 日，后会友期组织了北京林业大学英雄联盟比赛，拉来了 OMG 战队相关产品的赞助作为奖品。比赛获得了同学们的广泛参与与好评。同时，后会友期正在对接各大高校的篮球社团，策划高校间的篮球比赛。未来，后会友期还会组织更多的高校间活动，增强各大高校学生黏性，帮助商家打开高校市场。

12.2.9　旅游板块

承接过将近 4 万人出游的高校大学生旅游平台 MicroTrip 微旅游并入后会友期旗下运营，从最初的专做周边游发展为海内外畅游。后会友期旅游板块把全年分为几个高峰出游时期：开学出游、春游、毕业季出游、暑期出游、开学出游、赏秋之旅、滑雪温泉季和寒假出游。2016 年 3 月初开学以来，已经有超过千人参加后会友期旅游线路。

同时，后会友期还与中青旅达成线路的深度合作，为高校大学生提供靠谱、专享的舒适之旅。

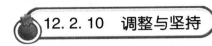

12.2.10 调整与坚持

后会友期餐厅已经正式运营一个多月，各项运营已渐渐进入正轨。后会友期不定期在餐厅举办多种类型的活动：每周末晚上的桌游组局，针对《太阳的后裔》热点的21点观剧，针对科比退役的精彩回顾，优秀创业者的经历分享，请女神吃"霸王餐"的交友活动，每周一款特价菜活动，招募试吃官永久免费品尝后会友期新菜品等。

后会友期学院路餐厅开业后的第一个月，前厅的服务员费用支出为零。每一位坚持在餐厅一线的服务员都是餐厅的股东，都为了实现餐厅利益的最大化而努力。后会友期的每一位成员都明白，这并不是长久之计，也难以保证服务水平的高质与平均，于是进行调整。如今，后会友期餐厅有了固定的服务人员与正式的排班表。工作人员各司其职，责任到人。每天晚上9点半，所有人员都要参加会议。前厅工作人员总结今日不足，安排明日事宜；活动策划部门落实近期活动，讨论新奇玩法；市场部门提出规划，跟进项目。

后会友期魏公村店也在持续众筹中。后会友期学院路店的开业使得许多魏公村院校的学生对后会友期的品牌产生信任感，有利于魏公村店的众筹，但仅凭这是远远不够的。后会友期魏公村店现有团队成员30人，分布在魏公村不同的高校：中国人民大学、北京理工大学、北京外国语大学、中央民族大学、北京交通大学、北京师范大学等。成员们在各自的高校积极组织线上、线下分享会，让更多魏公村的学生了解后会友期，明白众筹的理念。如今，后会友期魏公村店已经有近200名"股东"，筹集了近200万元，现已正式开始餐厅选址。在菜品定位方面，后会友期将"因地制宜"，并不局限于单种菜品。

从一个想法，到梦想实现；从默默无闻，到众所周知。在创业这一条不那么舒适的道路上，后会友期的每一位成员都拼尽全力地在奔跑向前。有时候，成功变得不那么重要。后会友期的成员们戏称："我们喜欢的是在一起的感觉。我们只是顺便做一件很好的事情。"还是那句话，在一起创业的日子，在一起走过的时光，或许是比项目成功更要宝贵的经历。

12.3 案例总结——5种创业式思维成就校联帮

12.3.1 验证性思维

验证性思维导图是制作思维导图时应具备的一种思维方式。验证性思维包括以下步骤：初步假设、寻求验证、修正思维、进一步验证、应用。验证性思维导图将思维和导图相结合，层层递进。

好多创业公司的发展中都体现了验证性思维，比如：苹果的第一款产品是MP3，并不是一开始推出IPHONE；Facebook的创始者扎克伯格起初是为了将哈佛大学里的美女搜罗到一个平台上供大家看，后来随着使用频率的增大，演变为一个校内照片分享平台。扎克伯格并没有打算做覆盖众多学校的照片分享平台，只不过是随着Facebook的发展、实践中的应用与变换，Facebook 演变成了现在这个样子。这正是验证性思维的体现。随着实践不断改变模式，不断假设，寻求验证，转型的过程也是修正思维的过程，然后新的模式到来后进一步验证新模式是不是符合需求，而当没有太大差错时就可以将新设想的创业模式应用到实际创业中。

　　两个案例的创业过程中也体现了验证性思维。他们以互联网为载体，但是并没有说制定一个一定要达成的目标，而是一个摸索前进的过程。校联购从发现网上卖饭的巨大商机，到做订餐网站的初步假设，然后在实践中发现各种各样的问题，不断尝试，不断自我完善的过程也是寻求验证的过程。最终由于服务器的崩溃导致失败。他们观察市场，修正思维，做起很有市场前景、将来必定火爆的团购网站。在实践中进一步验证自己的思维。由于美团的重金砸入，校联购，作为一个刚刚起步的大学生创业团队的公司，是不能与之抗衡的。最终团购网的失败，使得校联购进一步修正思维。他们做起了高校娱乐资讯平台，在五道口这边很有市场，但是想要继续往外扩充就有些困难。于是，他们又开辟了另一片天空——转型做大学生兼职、实习的提供平台。这样，市场就可以被扩充到全国，而且是大学生最普遍的需求。从订餐网到团购，再到大学生娱乐资讯以及转型到校联帮这一兼职资讯平台，正是体现了验证性思维。在每一个阶段，他们都不会预测到下一步会不会转型。他们就是这样不断实践，不断摸索。每一个失败探索的过程都是寻求验证的过程，每一个转型的过程都是修正思维的过程，每一个新的尝试的过程都是进一步验证的过程，而每一次转型成功都是应用的过程。校联购同苹果、Facebook 一样，并不是一开始做什么最终还是做什么。创业历程是一个不断验证的历程。校联购 & 校联帮的创业历程正是遵循了"验证性思维"。后会有期后期做文化产业、做旅游，同样是验证性思维。

12.3.2　战略思维

　　面对企业管理、军事管理、国家管理等实际问题，对于运用抽象思维所形成的若干个相关因素，连续地、动态地、全面地度量这些相关因素的数量变化程度，并找出这些相关因素在数量变化程度上相互影响、共同变化的规律性，以发现的这些规律性为基础，以已形成的目标格局为导向，促使现实问题从当前状态向目标状态演化。

　　校联帮：服务于大学生的"吃喝玩乐""学习"和"成长"的战略性思维这一思维模式从未改变。校联帮始终是从大学生需求出发，以方便大学生生活为宗旨，通过细心观察大学生生活中不便利的地方，进行自己的创业尝试，给大学生的生活带来便利。服务他人、愉悦大家，正是他们的分享精神、奉献精神、服务精神的支撑，使得校联购即使在订餐网失败之后还能做团购，团购失败之后还能做高校娱乐资讯平台，然后又立足于服务大学生开辟了兼职平台，做兼职实习服务。虽然校联购的运营模式一直在变，但是他们始终奉行着"服务大学生的吃喝玩乐、学习和生活"这一准则，不断曲折地前进着。

　　企业的发展是需要战略性思维的。战略性思维可以给企业良好的定位，使得企业有一个中心，当面临挫折与挑战时能够围绕这个中心进行改进、完善。如果没有这种战略性思维，企业就不可能向前，而是不断迂回，最终会成为一盘散沙，不知道自己的方向与定位，最终会导致失败。

　　战略性思维在一个企业的发展中起主心骨的作用，是不可或缺的。

12.3.3 互联网思维

互联网思维，就是在（移动）互联网、大数据、云计算等科技不断发展的背景下，对市场、用户、产品、企业价值链，乃至整个商业生态进行重新审视的思考方式。互联网是一个重要工具。

随着信息时代的到来，互联网可以很方便、快捷地帮助人们做许多事情，并且大大提高人们的生活节奏与质量，越来越多的不可能将通过互联网变成可能。现实生活中的许多事物，比如购物、买房、找工作等都在互联网化。我们的现实生活世界正在被虚拟化、智能化。互联网化已经是我们社会发展的必然趋势。

新创业企业要知道如何很好地利用互联网这一能折射、反映出很大能量，带来无限可能的神奇工具。

校联购 & 校联帮一直在使用互联网这一工具。从订餐网开始做起，一直围绕互联网展开自己的业务。订餐网到团购都利用互联网的优势。后来微信公众号营销火爆，校联购便利用微信公众号建立起北京高校娱乐资讯平台。之后想要继续扩展自己的业务，转型做校联帮，做成校联帮 APP 兼职平台，给大学生提供靠谱兼职实习机会。通过互联网，校联帮覆盖了北京、上海、广州、武汉、南京、天津、西安、重庆、成都等主要城市。校联帮还将继续完善服务体系，将校园一站式生活服务拓展到更多的大学。这就是互联网缔造的帝国。一个小小的手机界面便可以集中那么庞大的一群人。强大的客户流量带给校联购无限的可能。

互联网使得世界缩小，同时也使创业变得简单！

互联网成本低，开发费用小，人员组成简单，风险系数低，利润丰厚，营业时间不受限制，以及交易时间不受限制。互联网大大减小了创业的难度，给校联购的创业者——学生群体——提供了一个很好的平台，使得他们即便没有很多资本，也可以创业。

互联网正是校联购 & 校联帮一路走来的有力工具。

拥有互联网思维是现在创业者必备的一个有力武器，是适应时代发展与需求的必然。

 12.3.4 创业思维

创业思维是相对于管理思维而言的。管理思维是按照管理的规律，在开展工作之初有较好的目标，有人、财、物的优化配置，之后执行行动方案。与管理思维不同，创业思维既很难有较为清晰的目标，也很难有较为优化的人才配置，而行动方案也是一改再改。

每一个创业历程都会体现创业思维。因为创业初期很难有清晰的目标，大家是从一个很小的出发点开始做起的，对于以后的发展道路很难有明细的规划。

校联购起初并不知道以后要做什么，只是知道现在在尝试做什么。对于创业初期的人来说，有时只是一个突如其来的想法便激发了他的创业热情。他很难有清晰的目标，不确定自己将来要干什么。他们的团队首先没有较为清晰的目标。其次，刘泽碧的创业团队起初只是宿舍里几个志趣相投的人的组合，并没有按照大家的特长进行精确的人才配置，也没有招募专业的工作人员，所以说在创业初期是缺少较为优化的人才配置的；行动方案一改再改也是创业公司的一特点。刘泽碧的公司经历了订餐网、团购网、高校娱乐咨询平台以及兼职平台的发展与变动历程。他们的行动方案是不固定的，是一直变化的。

正是因为创业，所以一切都是不确定的，是有挑战性与变换性的。公司是不稳定的，是不可能有一个具体行动方案的。这正是创业团队初期的真实形态。只有当一切步入正轨，公司规模化后，管理思维将替代创业思维，有秩序的管理才能促进公司稳定发展。

创业思维是属于创业初期的创业公司的。

每一个创业公司都需要创业思维。创业思维有利于新创业企业的发展。因为新创业企业本身就是不稳定的，是需要一改再改、随机应变的。管理思维可以帮助企业有好的计划、可靠的战略，以及深入的市场分析，但是此路不通。新企业的运营过程中包含了太多不确定性。企业还不知道谁是自己的顾客、滋生的产品应该是什么。当情形变得更加难以捉摸之时，未来越发扑朔迷离。老的管理方式无法胜任这项工作。计划和预测只能用于长期的、稳定的运营历史和相对静止的环境，而这些条件是新创企业不具备的。所以，新创企业要想很好发展，应更多地依靠创新思维。新创企业的那种颠覆性、创造性和混乱的状况是可以加以管理的，而这种管理就是创业管理，即创业思维在管理上的运用。基于创新企业的不稳定特性，新创业公司需要创业思维。

12.3.5 平台思维

简单地说，自己不干，而是提供一个平台，让别人去干。比如淘宝就是一个平台。它自己不卖东西，而是让买家和卖家在这里交易。它提供帮助、服务，起到监管的作用。很多人可能觉得淘宝、天猫的设计逻辑并不复杂，但其实你看到的只是产品的一小部分，即面向买家 C（Customer）的部分。面向卖家 B（Business）的部分要复杂得多。当然还有面向开发者 D（Developer）的（比如淘宝开放平台）。

平台模式的精髓，在于打造一个多主体共赢互利的生态圈。将来的平台之争，一定是生态圈之间的竞争。百度、阿里、腾讯三大互联网巨头围绕搜索、电商、社交各自构筑了强大的产业生态，所以后来者，如 360 其实是很难撼动的。

校联帮就看到了平台模式带来的巨大好处。校联帮的 APP 和微信平台就是一种平台思维。

校联帮是校联购（北京）网络技术有限公司旗下专注于大学生的校园生活 O2O 综合社区服务平台，致力于打造最值得信赖的大学生生活服务站，旨在为在校大学生提供实惠、便捷、靠谱的一站式校园生活服务。服务涵盖"找兼职，找实习，去哪玩，零花钱"等。通过这一平台，大学生可以方便地找到靠谱兼职或实习，而招聘的公司也有一个方便的渠道招到合适的人选。这种互惠互利的平台会吸引越来越多的企业与学生。随着客户使用量的增多，平台也会相应增值，获得更多的收益并为以后的服务扩展提供大数据。

校联帮将平台定位在服务大学生兼职，想要达到覆盖全国高校的规模。在移动互联网行业，有了想法就必须快速执行，否则自己的市场将很快被别人占领。校联购到校联帮的转型只用了 5 个月左右的时间。去年获得百万元级别天使融资之后，近期校联购又获得了价值 800 万元的 B 轮融资，公司市值 5 500 万元。

平台模式，简单地说，就是创业者自己可以"偷懒"，盈利更轻松。传统的创业方式一般是自己做生意，做产品，再销售；而互联网经过平台思维之后，便可以转而做中间人。校联帮自己并不做产品，只是提供一种平台，像淘宝平台一样，提供帮助、服务，发挥监管的作用。这样，校联帮将建成自己的生态圈。平台这一模式将吸引众多的企业以及来自全国各地想要找实习或兼职的同学到这个平台上来。未来，对于他们，将有无限可能。

平台思维不容小觑。

本章要点回顾

本章主要选取了两个具有典型意义的大学生创业案例——校联购和"后会有期"。其中，校联购已经停止经营。校联购是一个面向大学生的校园生活 O2O 服务平台，联合了北京多所高校，覆盖北京林业大学、中国农业大学、中国矿业大学等 30 余所高校，20 多万名会员，以及 300 多家合作商。其创始人是出生于福建的刘泽碧。他们的创业过程经历了 9 个阶段：接触互联网，建立校园订餐网，在团购里的激战，校联购 VIP 卡时代，高校生活娱乐资讯平台，市场进一步开拓，大学生兼职平台的搭建——校联帮、艰难持续、梦的终结。虽然最后校联帮没有成功运营下去，但是在这个过程中，刘泽碧和他的创业团队收获了很多感悟。

后会有期创业团队也经历了一个很艰难的创业过程。在这个过程中叶小滢和他的创业团队因为志同道合组成了一个团队。虽然也曾因意见不同而发生争吵，但正是因为他们有想法，敢想敢做，后会有期众筹餐厅才得以生存与发展。

本章通过具体介绍两个大学生创业团队的创业灵感、经营历程与心得体会，凭借他们的亲身经历阐述本书所要传递给读者的信息。

课后拓展

本章介绍了两个大学生创业案例。限于篇幅，本章只介绍了校联邦和后会有期两个创业案例的创业灵感、经营过程和心得体会。其实，大学生创业案例有很多。那么，你还知道哪些大学生的创业实践？列举一个和大家分享，并说出自己的见解。

参考文献

［1］张玉臣，叶明海，陈松．创业基础［M］．北京：清华大学出版社，2015.

［2］李家华，张玉利，雷家骕．创业基础（第2版）［M］．北京：清华大学出版社，2015.

［3］吴晓义．创业基础——理论、案例与实训［M］．北京：中国人民大学出版社，2014.

［4］施永川．大学生创业基础［M］．北京：高等教育出版社，2015.

［5］李肖鸣，朱建新．大学生创业基础（第2版）［M］．北京：清华大学出版社，2013.

［6］中为智妍．搜狐公众平台财经频道，2015.

［7］封面故事．创业邦，2012.

［8］［美］海尔（Hair, J. F.），［美］布什（Bush, R. P.），［美］奥蒂诺（Ortinau, D. J.）．营销调研：信息化条件下的选择［M］．第4版．刘新智，刘娜，译．北京：清华大学出版社，2012.

［9］李翔，胡国华，丁业银．市场调查：基本方法与应用［M］．广州：暨南大学出版社，2006.

［10］郝渊晓．市场营销调研［M］．北京：科学出版社，2010.

［11］［美］迈克丹尼尔（McDaniel. C.），［美］盖兹（Gates. R.）．市场调研精要［M］．第6版．范秀成，杜建刚，译．北京：电子工业出版社，2010.

［12］［美］伯恩斯，［美］布什．营销调研［M］．第6版．于洪彦，金钰，汪润茂，译．北京：中国人民大学出版社，2011.

［13］柯惠新，丁立宏．市场调查［M］．北京：高等教育出版社，2008.

［14］陈友玲．市场调查预测与决策［M］．北京：机械工业出版社，2008.

［15］陈凯．营销调研/通用管理系列教材·市场营销［M］．北京：中国人民大学出版社，2011.

［16］梁东，刘健堤．市场营销学［M］．北京：清华大学出版社，2006.

［17］梁文玲．市场营销学［M］．北京：中国人民大学出版社，2014.

［18］李晏墅．市场营销学［M］．北京：高等教育出版社，2008.

［19］张鸿．市场营销学［M］．北京：科学出版社，2009.

［20］胥悦红．企业管理学（第2版）［M］．北京：经济管理出版社，2013.

［21］伏玉．企业管理创新的策略研究［J］．理论界，2009（1）：209－210.

［22］金爱兰．新时期企业文化建设的思考［J］．铁道经济研究（Z1），2013：46－48.

［23］贡志国．商业计划书及其编制的研究［D］．西南交通大学，2004.

［24］孔蕾蕾，邵希娟．商业计划书财务分析中的常见问题及对策［J］．财会月刊：综合版，2008（12）：42－43.

［25］卢福财．创业通论［M］．北京：高等教育出版社，2012.

［26］王斋．宝洁公司怎样打造企业文化［J］．石油政工研究，2012（1）：78－78.

［27］周沙．上海冠方信息技术有限公司创业计划书［D］．上海外国语大学，2013.

［28］宋毅刚．T公司中空玻璃暖边间隔条商业计划书［D］．华南理工大学，2015.

［29］田宝．宁夏A企业竞争战略的分析研究［D］．宁夏大学，2013.

［30］王丹雪．宠物短期寄养在线服务平台创业计划书［D］．厦门大学，2014.

［31］杜志明．佳普乐有限公司创业计划书［D］．厦门大学，2013.

［32］洪爱华．LOVSPORTS公司创业计划书［D］．厦门大学，2014.

［33］郑畅．GQ海品乐淘网商业计划书［D］．华南理工大学，2015.

［34］吴健安．市场营销学［M］．北京：高等教育出版社，2011.

附：创业计划书模板

目　　录

第一部分　执行总结

1.1　产业背景

家具是每家每户的必需消费品。这个前提条件为家具定义了一个很广阔的市场。据统计，我国家具业的发展速度甚至远远超过了国民经济的发展速度。在这样整体的家具业大趋势下，青少年家具，应该说是家具市场家具类别细分趋势下的必然结果。青少年是每一个家庭的关注重心所在。青少年的健康成长与家庭环境的好坏是息息相关的，而青少年家具就是构成一个好的青少年成长环境的一个必不可少的重要因素。据市场调查显示，我国 16 岁以下青少年有 4 亿多名，这说明了市场的巨大潜力和空间。而且据业内人士分析，从近年来青少年家具的销售情况来看，父母越来越愿意在有助于青少年健康成长的产品上花大价钱。伴随最新生育政策产生的经济效应，青少年产品在家具全行业所占市场份额将会持续提高。

1.2　公司与产品服务

×××公司是一家专门从事设计和生产 6～18 岁青少年无醛创意家具的企业，致力于打造无醛创意环保型绿色青少年家具，给所有孩子营造最健康、最舒适的环境，让家具不再有安全隐患，让所有家长放心。我们会为孩子的未来发展打下坚实的基础，无论是身体，还是心理，都让孩子有个健康的成长环境。

×××公司有两大核心竞争力：一是真正做到环保零甲醛；二是家具设计新颖出彩。环保胶合板和以天然大豆废渣为原料的创新木材胶黏剂是我们家具无甲醛的双重保障。我们拒绝任何甲醛捕捉剂和化学胶黏剂。

1.3　定位与发展战略

价值定位：目前我国市场上存在的青少年家具所用的胶黏剂 90% 以上的甲醛含量对于青少年成长都有巨大危害。目前市面上存在的许多所谓的"无醛家具"也只是商家的幌子，实际使用甲醛捕捉剂延缓甲醛释放，以达到国标 E0 级环保检测标准。这样的家具对青少年的成长和发育是十分不利的。×××生产的青少年家具，以关爱青少年健康成长为出发点，运用以大豆废渣为原料制成的胶黏剂，生产过程中无须使用任何甲醛捕捉剂或其他胶黏剂，经检测直接符合国际 E0 级环保标准，无甲醛释放，为青少年营造健康的生活环境。这一点填补了市场的空缺，满足广大家长对健康无醛的青少年家具的需求。

企业战略：◆ 近期发展目标（1～2 年）：采取聚焦战略，抢占市场份额。

　　　　　◆ 中期发展计划（3～5 年）：采用高品质战略，扩张经营。

　　　　　◆ 长期发展计划（5～10 年）：采用横向一体化战略，丰富产品线，注重自主创新研究。

1.4 市场与竞争分析

目前大部分青少年家具生产企业都还停留在"卖家具"的阶段，而×××公司致力于以独具特色的环保家具为主体，不拘泥于家具本身，推行一种完全属于青少年的创意空间概念，为中国青少年营造真正健康、环保、快乐的成长环境。

纵观整个国内外青少年家具市场，内销市场需求巨大，市场广阔；同时，国外市场的形势也很喜人。但是不论是发展国内市场，还是国外市场，青少年家具的环保、创新诉求都是一切国内青少年家具企业必须直面的。只有提高青少年家具的环保系数，同时针对国内新的生育政策以及比较紧张的住房空间创新出更适合小户型、高空间利用率的青少年家具，才能够在青少年家具的市场中得到持续的发展。

1.5 营销策略

结合×××公司具体情况，现将市场营销分为3个阶段。第一阶段，市场进入和开发阶段。第二阶段，市场成长阶段。第三阶段，市场成熟阶段。×××公司将根据3个阶段公司的发展规划和发展特点，采取不同的销售渠道、销售方式和推广策略，以获所期销售额。

在进入市场1~2年内，主要目标是通过线下实体销售和线上网络销售的销售方式，结合线上的微博微信等网络平台、线下的实体广告、小区宣传等宣传手段开始推广绿色无醛的家具理念以及企业文化，树立品牌形象，力争在北京青少年家具市场占有一席之地。

市场进入和开发阶段，无醛家具理念已得到一定的推广，产品品牌已逐渐建立，北京的主要消费客户群也不断壮大，产品已在青少年家具市场占有一席之地。对好产品与好理念应继续进行大范围推广。

通过市场进入开发阶段和市场成长阶段相关计划的实施，已积累大量现金和原始资本。通过维持全国范围内公司广告投入、促销活动等固定支出，已确立基本的销售渠道，已在国内重点城市拥有了公司自有的销售网络和相对固定的消费群体。×××公司将以此为依托，以放射状继续向二三城市扩张，最终编织成一张能够覆盖全国的销售渠道网络。另外，公司将进一步加大广告、促销活动等方面的投入，途径与前两个阶段的方式大体一致。

第二部分 产品与优势

2.1 产品背景与定位

×××公司的市场细分到6~18岁的青少年这一群体，使得我们的目标消费者（即家长）能找到与他们的需求紧密相关的产品。

×××公司设计的青少年家具，以关爱青少年健康成长为出发点，运用以大豆废渣为原料制成的胶黏剂，生产过程中无须使用任何甲醛捕捉剂或其他胶黏剂，经检测直接符合国际EO级环保标准，无甲醛释放，为青少年营造健康的生活环境，这一点填补了市场的空缺，满足了广大家长对健康无醛的青少年家具的需求。

 ## 2.2 产品特色

2.2.1 完全无甲醛的原料

×××公司生产并销售的青少年无醛创意家具采用以大豆加工剩余物豆粕为原料的胶黏剂与先进的环保胶合板制成，达到国际环境监测 EO 标准，经检测在室内游离甲醛量为 0，板材本身产生的甲醛量也符合 EO 标准（≤0.1 mg/L）。

2.2.2 健康舒适的设计

同时，×××公司拥有专业的设计团队，通过对人体的尺度、骨骼、肌肉之间的关系进行再研究、再设计。×××公司的家具在支撑人体动作时，将人体疲劳度降至最低限度，使人能够得到最舒适和安定的感觉。

设计完全贴合中国青少年身心特点，具有个性化创意，是一种绿色环保、贴合青少年个性需求的高性价比家具。

 ## 2.3 产品前景

2.3.1 产品技术及环保指标层面

改性大豆基胶黏剂产品与其他胶黏剂产品对比：

①与采用低摩尔比改性尿醛胶黏剂的产品相比，本公司产品不仅能够有效降低人造板材产品的甲醛释放量，胶合强度也很高，胶黏剂的固化时间较短。

②与采用异氰酸酯类胶黏剂的产品相比，本公司产品的生产成本较低，企业与用户都更容易接受。

③与采用人造板甲醛捕捉剂的产品相比，本公司产品不仅能够降低甲醛的释放量，胶合强度高，而且不会影响到人造板的质量和化学性质，成本也较低。

④大豆为良好的生物质可再生能源，作为胶黏剂的主要原料解决了合成胶黏剂对化石资源的过度依赖问题，符合环境保护和可持续发展的要求。

⑤本产品的制备过程简单，工艺条件温和，操作简便，对成品质量容易控制，生产成本相对较低。

2.3.2 产品设计层面

×××公司生产的青少年无醛家具与普通青少年家具对比：

×××公司生产的青少年家具摆脱单一家具本身的概念，将设计理念提升至整体层面，针对中国青少年的体型、体态特征，以及骨骼发育特点，结合人体工学规律进行设计，大大提高了其使用时的舒适度。同时，关注中国青少年的审美特点和心理偏好，精选色彩搭配方案，融入时下中国青少年之间的流行元素，创造出属于中国青少年家具的新兴概念和设计理念。

大多数普通青少年家具厂家并不具备原创的实力，抄袭国外者众多。实际上，中国孩子在身高、体重、喜好和生活习惯上都与国外孩子大相径庭，因此使用以国外青少年家具为样板制作的产品，会造成中国孩子使用上的不便利与不愉快。

由此可见，×××公司的产品发展前景广阔。

第三部分　市场分析

3.1　市场机会

3.1.1　顺应家具产业细分的趋势

相关市场调研结果显示，家具产业目前的发展机会将细分在不同的市场以及其经营的各个过程中，分解产业链的各个环节，实现家具产业链的专业化和综合成本最低化。×××公司应这一总体的产业趋势，将市场细分到6～18岁的青少年这一群体，使得我们的目标消费者（即家长）能找到与他们的需求紧密相关的产品。他们会感到，一个特定的供应商更理解他们，或更直接地与他们交流，因此消费者就会做出更多反应，最终才更有可能对我们的产品产生忠诚度。

3.1.2　符合绿色环保的主题

随着绿色环保越来越受人关注，《木家具中有害物质限量国家标准（修订）》已起草完成，《软体家具沙发中有害物质限量》《软体家具床垫中有害物质限量》两项新制定的国家标准也已完成起草。在这样的整体市场大背景下，家具的绿色环保显得至关重要。×××公司生产的青少年家具正是符合家具行业越来越受到重视的"绿色环保"主题，有较为广阔的市场空间。

3.2　目标市场定位

相关市场调研结果显示，家具产业目前的发展机会将细分在不同的市场以及其经营的各个过程中，分解产业链的各个环节，实现家具产业链的专业化和综合成本最低化。

×××公司顺应这一总体的产业趋势，将市场细分到6～18岁的青少年这一群体，使得我们的目标消费者（即家长）能找到与他们的需求紧密相关的产品。他们可能会感到，一个特定的供应商更理解他们，或更直接地与他们交流，因此消费者就会做出更多反应，最终才更有可能对我们的产品产生忠诚度。

3.3　市场容量估算与趋势预测

据最近一项国内城市家具市场调查表明，约有40%家庭的孩子已经有了自己的单间居室和家具，而且46%的家庭有购买青少年家具的欲望。可见，青少年环保家具市场有待进一步开发适销产品。其最关键之处不在于色彩鲜艳，而在于绿色环保、实用性、功能性与安全性并重。这是一个市场前景的总趋势。本类青少年家具定位在6~18岁的青少年。对于这个年龄段的青少年来说，家具的绿色、环保十分重要。以天然的大豆粕为家具胶原料，制造出的真正的零甲醛家具，全面呵护青少年的健康成长。

 ### 3.4　竞争优势

①×××公司的青少年家具产品以利用改性大豆基胶黏剂为特点，配套环保的水性漆，不同于目前市场上所使用的普通家具黏合剂，在使用的过程中无甲醛释放，从源头上解决了由于青少年家具的甲醛污染而造成的不利于青少年生长发育的问题。

②×××公司的青少年家具产品结合青少年活泼多动，有着自身个性化诉求和审美的特点，不仅绿色环保，同时还坚固耐用，具有个性化创意，能够全面满足青少年在成长过程中对家具的审美和环保诉求。

③×××公司的青少年家具所用的改性大豆基胶黏剂，原料易得，成本低，从而使得我们产成品的最终成本大大降低。这就使得我们有更多的资金空间去设计、发展更加符合青少年的个性化的创意家具产品。我们结合青少年的特点、喜好和不同成长阶段对产品进行分类。不同于完全的量身定制家具的高价格，考虑到目前年轻的家长经济压力的逐步增大，我们的青少年家具在全面了解目前青少年的喜好的基础上，推出不同系列的产品供消费者选择，以一种半个性化定制的模式，既能够符合青少年自身的特点，又能够避免家长在市场上现有的完全个性化定制家具的高价面前望而却步。

④目前的青少年家具市场上，大多数青少年家具厂家并不具备原创的实力，抄袭国外者众多。实际上，中国孩子在身高、体重、喜好和生活习惯上都与国外孩子大相径庭。因此，使用以国外青少年家具为样板制作的产品，会造成中国孩子使用上的不便利与不愉快。其实，孩子比大人更急迫地需要专业与体贴的专属家具设计。×××公司推出的青少年家具正是迎合了这一诉求，根据青少年人体工学特点，设计出真正符合青少年使用的家具，让青少年能够在使用我们家具的过程中感受到舒适和体贴。

第四部分　竞争战略

 ### 4.1　市场现状

中国家具市场规模庞大，家具业发展速度已远远超过国民经济发展速度。青少年家具是家具市场细分趋势下的必然结果。中国16岁以下青少年有4亿多人，其中：6岁以下的1.71亿人，而7~16岁的达1.71亿人，占全国人口的1/4，但当下青少年的市场份额不足家具市场份额的10%。可见，市场发展潜力巨大。

4.2 市场定位

目标客户群"从点到面"，主要定位于 6 ～ 18 岁青少年的家长，在市场成熟阶段也会将消费群体拓宽，满足更多年龄群体对无醛个性化家具的需求。

目标地域在市场进入和发展阶段主要集中于北京，在市场成熟阶段将以放射状向二三城市扩张，最终编织成一张能够覆盖全国的销售渠道网络。

4.3 发展战略

- 近期发展目标（1～2 年）：采取聚焦战略，抢占市场份额。
- 中期发展计划（3～5 年）：采用高品质战略，扩张经营。
- 长期发展计划（5～10 年）：采用横向一体化战略，丰富产品线，注重自主创新研究。

4.4 竞争力分析（SWOT）

（1）优势（Strength）
- 策略优势：良好的风险分析与规避策略，明确的市场定位、产品定位与营销策略。
- 产品优势：产品清洁环保，成本低，质量高。

（2）劣势（Weakness）
- 经验劣势：团队没有足够的经验，技术不是非常成熟。
- 资金劣势：固定资本所占比重较大。

（3）机遇（Opportunity）
- 市场机遇：良好广阔的市场前景，国内外市场需求巨大，整个市场环保诉求逐步提升。

（4）威胁（Threat）
- 市场威胁：市场上相似产品的竞争。
- 技术威胁：新技术与传统技术的竞争。

第五部分　营销策略

5.1 营销目标

（1）市场进入和开发阶段（1～2 年）

通过实体销售的销售方式，结合线上的微博、微信等网络平台、线下的实体广告、小区宣传等宣传手段开始推广绿色无醛的家具理念及公司的企业文化，树立品牌形象。

（2）市场成长阶段（3～5 年）

以安全新型兼具设计特色的青少年无醛家具作为公司主打产品进行推广宣传，建立产品品牌，继续以实体销售的销售方式作为主打销售方式，扩大北京主要消费客户群，市场占有率预计从开始的15%迈向30%，力争使本公司产品在青少年家具市场占有一席之地。

（3）市场成熟阶段（5～10年）

以放射状继续向二三城市扩张，最终编织成一张能够覆盖全国的销售渠道网络。进一步加大广告、促销活动等方面的投入，突破自设限制因素，逐渐拓宽产品范围并进行技术革新，将创立初期锁定的主要消费群体进行拓宽，满足更多人对高品质家居生活的需求。

 ## 5.2 营销战略和总体规划

（1）销售渠道

在市场进入初期阶段主要选择实体销售的销售渠道，随着公司发展加入网上直销和代销等多种销售渠道。

（2）价格

采用总成本加权定价法和需求导向定价法相结合的形式对产品定价。

（3）产品与服务

利用改性大豆基胶黏剂和配套环保的水性漆的个性化打造青少年家具产品。

（4）推广方案

网络营销（微博、微信、网站）、O2O营销、实体广告营销、体验营销、公益营销和折价营销。

 ## 5.3 销售渠道策略

在市场进入开发阶段和市场成长阶段，公司均采用实体销售方式。在市场成熟阶段，公司会采用网上直销和代销两种方式配合实体销售。网上营销，即公司会建立完善的网络运营机制，通过大量而全方位的网络营销，使公司品牌的知名度得到极大提升。代销即利用大量中间商，建立广泛的销售网络，与更多客户建立更广阔的联系。

 ## 5.4 产品与服务策略

采用天然高分子化合物的大豆胶黏剂制作的胶合板技术完成家具的生产制造，能够彻底解决人造板甲醛释放的问题。结合中国青少年身心特点，针对其体态特征和骨骼发育特点以及中国青少年的审美特点和兴趣偏好，在提高舒适度的同时按照不同流行主题进行整合设计，打造属于中国青少年的安全、绿色环保、个性化家具。

 ## 5.5 市场策略

×××公司的客户主要是6～18岁青少年的家长，在当下市场中大多数家具中有毒物质含量超标，破坏青少年身心健康的环境下，致力于提供个性化的适合青少年的绿色安全且经济适用的无醛家具。

5.6 价格策略

主要的价格策略有折价策略和地理价格策略两种。折价策略中包括数量折扣、交易折扣和推广折扣 3 种方式。地理价格策略，即根据无醛家具的生产地，考虑到运输成本，根据各地区经济发展状况的不同，考虑到代理商成本，综合分析各地区的优势和劣势进行统一交货定价，以及区域定价。

第六部分　经营管理

6.1 商业模式

家具产业是我国传统的产业，近年来有了飞速的发展，但是目前我国的大部分家具企业仍然是制造工厂模式。其面临的很大一部分风险被控制在经销商手中，而一旦渠道有了变动，就会对企业的发展产生巨大的影响。为了避免这一现象并降低创业初期的风险和成本投入，×××公司对现有模式做出如下创新：

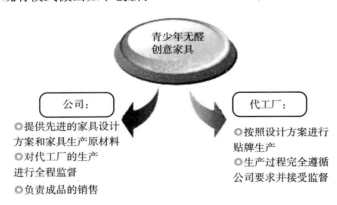

6.2 经营战略规划

项目	短期	中期	长期
业务发展	线上推广，线下销售	扩大线下销售规模	网站与实体相结合
文化发展	宣传无醛家具理念和创意家具	树立品牌形象	形成独特的企业文化
服务理念	产品/服务概念	形象/品牌概念	
客户利益	产品/服务	形象/品牌	
市场区域	北京	京津冀地区	全国

××× 公司旨在走复合式多元化产品路线并成功占领市场，从而通过销售获得利润。在国内家具市场更加注重细分，青少年家具市场逐渐受到重视的今天，我们要通过不断完善自身产品的生产技术，确保产品质量，随时把握国家政策以及市场变化，做出相适应的决策。我们将其分为近期发展目标、中期以及远期发展计划，并且做出缜密的思考，制定多个方案，以应对各种未来市场中可能出现的情况，并且保持随机应变的能力，使公司迅速发展壮大。

第七部分　团队组成

7.1　团队成员

总经理：张莞翌

来自北京林业大学梁希实验班，本科专业为农林经济管理，本科在读期间经常参与各类创业讲座，积极投身于各类创业活动，并因此结识了很多成功的企业家，经常向他们请教创业方面的经验。在校期间，担任本班组织委员，擅长统筹谋划，并且善于管理团队，分配好各自职能，并且使团队团结协作，互相配合。曾举办各类班级活动及学院大型晚会等。此外，还曾组队参加了娃哈哈创意策划大赛及大学生创新创业大赛等，均取得优异成绩。在寒、暑假期间，积极参与实习，曾在会计、销售等岗位实习，积累了丰富的职场经验。

销售部经理：古一

北京林业大学的精英班级——梁希 12-1 班，爱好广泛，耐心细致，待人友善，处事灵活。最喜欢的一句话是：努力才是王道，一切皆有可能。现任 ××× 公司的销售总监，是公认的销售能手。在校期间，曾参加过大学生创业设计竞赛，娃哈哈创意策划、促销实战大赛等众多比赛，均执笔营销部分并携手团队取得优异成绩。此外，在大一的暑假和大二的暑假分别实习于内蒙古呼伦贝尔市的龙凤家具卖场和第三百货服装销售市场，具有一定的销售经验，在销售过程中亦能将理论与实践相结合，使销售业绩格外突出。现阶段目标是为 ××× 公司成功进入市场、达成短期销售目标而努力奋斗。

公关部经理：刘奕君

作为工商 12-2 班的生活委员和经管院学生会秘书处副主任，参与并协助举办了学院及班级的各项文体活动、同学聚会，例如学院的迎新大会、主持人大赛、运动会、诗歌赛等活动。这些经历不仅让我变得擅于进行社交活动，同时还能进行重要日程安排并协调好与其他各部门的关系，做好人员间的沟通管理工作。最重要的是学会了如何进行危机处理，对突发事件能做到事前预案，事中掌控，事后反省。推崇的是"0%"和"100%"的概念，即 0%的抱怨，100%的正能量。这也与"××× 公司"想传达给您我们最真挚的心一致：0%的甲醛，100%的健康。我愿用我的笑容感染每一位热爱高品质生活的您。

设计总监：陈焱

本科专业：家具设计与制造。性格开朗，工作热忱度高，愿意为家具设计事业倾尽其所有力量。对平面设计和室内设计颇有研究，之前做过许多平面和包装设计。这种经历给我的家具设计灵感带来不可忽视的启迪作用，将平面设计的要素第一冲击力运用在家具上能达到突破传统、实现创新的效果。

人力资源部经理：郭宇晗

专业是信息管理与信息系统，既学习管理科学，又学习信息技术。能够熟练运用办公软件。担任班级的副班长、经管院宣传部部长和校级英语地带社团的团支书兼办公室部长，参与并协助举办了社团、班级等的相关活动。这使我掌握了一些管理技能，增进了与人交流、合作。我积极参加各种活动，锻炼创新、实践和管理能力，不断汲取知识，增长见识。"滤掉满纸功过，白纸堪落新墨"。我愿用我的努力，做好公司的人力资源管理工作。

生产部经理：李婷婷

专业：木材科学与工程。相关经历：（1）曾担任北京林业大学材料学院学生会外联部副部长，带领着部内成员为组织筹集到资金近 7 000 元。（2）曾参与策划、举办北京林业大学职业生涯发展俱乐部的职业生涯规划比赛，具有较强的组织能力和洞察力。（3）现任材料学院木工第一党支部宣传委员一职，带领支部获得北京市多个奖项并获得奖金近 2 000 元，具有较强的表达能力和责任感。（4）现任北京林业大学动漫社常务副社长一职，带领社团与周围各大高校进行了多次交流与合作。

财务总监：张晓晓

北京林业大学会计学专业在读，曾在会计师事务所、浙江海翔药业股份有限公司与浙江红太阳汽车销售有限公司进行实习，对上市公司、工业企业、销售企业以及审计业务具有一定的财务知识和实践能力。在校期间担任班级组织委员与学生干部，熟悉组织规范流程，具有团队协作精神。

市场部经理：张琬莹

相关经历：（1）担任北京林业大学创行（原赛扶）团队项目经理，具有较好的沟通能力和领导协调能力；（2）参与娃哈哈营销大赛，为娃哈哈新产品做市场调研并撰写营销策略；（3）作为主发言人获得 2014 年创行创新公益大赛世界杯中国站区域赛一等奖，具有较强的表达能力和责任感；（4）北京林业大学 TED 演讲大会主策划人。

 7.2　成员能力分析

虽然×××公司的成员专业背景不同，但是公司的成员无论在专业知识，还是软技能上都有很强的互补性，可以成为一支具有强大战斗力的团队。更重要的是，×××公司的成员都有共同的理想，为了×××的使命而共同奋斗。

第八部分　财务分析与投资说明

 8.1　融资说明

8.1.1　公司起步融资计划

● 创业小组出资 202.5 万元。

- 天使投资 63 万元。
- 技术入股 34.5 万元。

8.1.2　可利用的其他融资方式

- 与投资者战略持股相结合。
- 利用商业信用融资。

8.1.3　利益分配

根据公司经营状况，前期用净利润的 5% 发放红利。之后随着公司的扩张，业务的增加，逐步提高发放率，最高至 30%。

集团公司为切实维护股东和合作伙伴的利益，不但不会侵犯合作伙伴现有的利益，而且在经营过程中公司还将注入资金，帮助股东或合作伙伴做大做强，获得更大利益。

8.1.4　利益分配方案

公司交纳所得税后的利润，按下列顺序分配：

- 如上年度有亏损，其分配应弥补上一年度的亏损。
- 提取任意公积金。
- 支付股东股利。
- 提取法定公积金 10%。

8.2　财务目标

- 使有限的资源得到最合理的利用，以最小的成本实现最大的利润。
- 充分运用财务管理手段，帮助公司科学决策。
- 财务状况清楚真实，账目明晰，防止账目混乱，错账漏账，避免与商家、各部门发生账目争执。
- 实现财务内部管理的科学化、人性化。

8.3　5 年财务报表

5 年财务年报如表 A－1 至表 A－3 所示。

表 A－1　现金流量表

编制单位：×××公司（单位：万元）

项目	第一年	第二年	第三年	第四年	第五年
一、经营活动产生的现金流量					
销售商品、提供劳务收到的现金	184	230	430	608	871
经营活动现金流入小计	184	230	430	608	871
购买商品、接受劳务支付的现金	68.5	70.2	65.7	93.5	178.7
支付给职工以及为职工支付的现金	43.2	51.3	53	67.4	128.9

项目	第一年	第二年	第三年	第四年	第五年
支付的各项税费	11.4	30.9	56.1	86.4	110.9
支付其他与经营活动有关的现金	4.9	1.6	5.4	16.8	10.3
经营活动现金流出小计	128	154	174.8	264.1	439.1
经营活动产生的现金流量净额	56	76	255.2	343.9	431.9
二、资本活动产生的现金流量					
投资活动产生的现金流出	4.3	8.6	27.3	42.9	49.9
筹资活动产生的现金流入	130.5	91.4	53.1	25	180
资本活动现金流入小计	126.2	82.8	25.8	-17.9	130.1
三、汇率变动对现金及现金等价物的影响					
汇率变动引起的现金及现金等价物净增加额	-0.17	3.48	1.97	-4.38	0.9
加：期初现金及现金等价物余额	56	76	255.2	343.9	431.9
期末现金及现金等价物余额	55.83	79.52	257.17	339.52	432.8

表 A－2　利润表

编制单位：×××公司（单位：万元）

年度	第一年	第二年	第三年	第四年	第五年
一、营业收入	184	230	430	608	871
减：营业成本	128	154	154	148	249
营业税金及附加	10.88	30.82	56.10	86.36	104.65
销售费用	8.6	13..5	27.4	14.8	38.9
管理费用	11.9	13.4	14.7	14.6	13.1
财务费用	3.6	2.8	4.3	3.8	8.7
二、营业利润	30.02	25.48	183.5	350.4	466.65
加：营业外收入	15.988	27.01	42.76	32.3	60.835
减：营业外支出	0.9	7.3	6.5	7.2	11.9
其中：非流动资产处置损失	0	1.7	2.3	1.4	2.4
三、利润总额	45.108	45.19	219.76	375.5	513.185
减：所得税费用	768	6.776	32.96	56.34	62.61
四、净利润	29.34	38.42	186.8	319.2	450.575

表 A - 3　资产负债表

编制单位：×××公司（单位：万元）

项目	第一年	第二年	第三年	第四年	第五年
资产					
流动资产					
货币资金	25.83	59.52	67.17	89.52	82.34
存货	118.31	159.46	143.58	126.74	138.29
其他流动资产	19.43	45.36	65.47	116.85	217.25
流动资产合计	163.57	264.34	276.22	333.11	437.8
固定资产					
固定资产原值	73.2	81.84	95.48	109.21	122.8
减：累计折旧	8.72	16.41	19.19	21.96	24.73
固定资产净值	64.48	65.43	76.26	87.25	98.12
无形资产					
无形资产原值	84	108	124	143	159
减：无形资产摊销	7.35	14.75	28.34	36.78	51.93
无形资产净值	76.65	90.55	95.66	106.22	107.07
总资产	304.78	420.32	448.14	526.58	607.07
负债和股东权益					
流动负债					
应付账款	2.125	51.38	65.7	73.5	71.9
应付职工薪酬	1.6	34.3	24.42	45.61	63.83
应付股利	0	0	18.6	31.9	23.1
总负债	3.725	85.68	90.12	119.11	158.83
股东权益					
实收资本	300	300	300	300	300
资本公积	0	-2.3	8.6	8.9	13.1
盈余公积	1.22	5.763	25.58	37.48	76.83
法定公益金	0.41	7.921	11.63	27.58	39.08
未分配利润	0.525	21.177	11.91	33.51	19.63
股东权益合计	301.055	334.64	358.48	407.47	429.01
负债及所有者权益合计	304.78	420.32	448.14	526.58	607.07

8.4 资金构成表

资金构成表如表 A－4 及图 A－1 所示。

表 A－4 资金构成表

编制单位：×××公司

项目	创业小组	天使投资	技术入股
金额/万元	202.5	63	34.5
比例/%	67.5	21	11.5

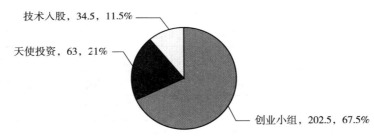

技术入股，34.5，11.5%

天使投资，63，21%

创业小组，202.5，67.5%

■ 创业小组 ■ 天使投资 □ 技术入股

图 A－1 ×××公司资金构成

8.5 投资回收期分析

根据计算公式 $\sum_{k=0}^{n} I_K = \sum_{k=0}^{n} O_k$ 以及"插值法"计算，×××公司的投资回收期为：

静态回收期：$n = 2.55$ 年。

动态回收期：$n = 2.87$ 年。

×××公司在 2～3 年内能把资金全部回收，这说明公司盈利空间较大，发展前景好。

8.6 内部收益率分析

计算公式：$\sum_{t=0}^{n} NCF_t (P/F, IRR, t) = 0$

根据"插值法"计算出本公司内部报酬率（*IRR*）为：25.38%，高于资产报酬率 12%。主要原因在于×××公司的产品符合专利法的规定并且具有独特性和盈利性，对经济市场和环保绿色都具有重大意义。

8.7 投资分析

投资分析如表 A-5 至表 A-7 所示。

表 A-5 总投资估算表

编制单位：×××公司（单位：万元）

序号	工程或费用名称	估价	备注
1	建设投资	170.2	
1.1	固定资产投资	42.2	
1.1.1	建筑工程	14.4	
1.1.2	设备购置	25	
1.1.3	安装工程	2.8	
1.2	无形资产投资	114	
1.2.1	土地费用	79.5	
1.2.2	专利技术	34.5	
1.3	其他费用	8	
1.4	预备费用	6	
2	建设期利息	9.8	
3	流动资金投资	120	
4	总投资估算合计	300	

表 A-6 项目总成本费用表

编制单位：×××公司

序号	项目	合计	达产期			
			1	2	3	4
1	生产负荷/%		80	100	100	100
2	外购原材料/万元	98	20	26	26	26
3	外购包装材料/万元	34	7	7	9	9
4	外购燃料及动力/万元	106	22	28	28	28
5	工资及福利费/万元	88	22	22	22	22
8	其他费用/万元	58	14.5	14.5	14.5	14.5
9	折旧费/万元	34	8.5	8.5	8.5	8.5
10	摊销费/万元	40	10	10	10	10
11	利息支出/万元	62	12	18	18	14
11.1	长期借款利息/万元	23.2	7.2	6	6	4

续表

序号	项目	合计	达产期			
			1	2	3	4
11.2	流动资金借款利息/万元	38.8	4.8	12	12	10
12	总成本/万元	582	128	154	154	146
13	经营成本/万元	458	104	118	118	118

表 A-7 项目损益表

编制单位：×××公司（单位：万元）

序号	项目	合计	达产期			
			1	2	3	4
1	销售收入	1 452	184	230	430	608
2	销售税金	174.42	10.88	30.82	56.10	86.36
2.1	进项税	72.6	20.4	8.2	17	17
2.2	销项税	246.84	31	39.1	73.1	103.4
3	总成本费用	582	128	154	154	148
3.1	经营成本	458	104	118	118	118
4	利润总额	695.58	45.12	45.18	219.8	375.6
5	所得税	104.337	6.768	6.776	32.96	56.34
6	税后利润	591.243	38.34	38.42	186.8	319.2

第九部分 风险分析与规避策略

9.1 市场风险分析及规避

（1）风险

● 用大豆加工剩余物豆粕为原材料制作而成的胶黏剂已在全国 26 个省市 300 多家企业生产发展，且相类似使用生物基制作的无醛胶黏剂已有较广的推广范围。

● 市场上青少年的家具鱼龙混杂，安全问题频频曝光，导致家长在选购青少年家具时慎之又慎，难以让其产生对×××公司产品的信服感。

● 传统的青少年家具在不停地更新换代。随着同类产品、技术更新的速度加快，以及生产技术逐步改善，极有可能出现新的产品或替代品，市场竞争会日益激烈。

● 随着青少年家具安全问题日益受到关注，国家在青少年无醛创意家具宏观政策的变化，也会一定程度上影响青少年家具的市场，给×××公司产品的生产和销售带来一定的风险。

（2）策略

● 公司定期对市场进行调查和分析，及时洞察市场的走向，考核竞争对手的经营策略，并据此调整自身的营销策略，力图为×××公司开拓更大的市场，对市场有充分的认识。

● 公司在制定相关生产营销策略时要具有灵活性，针对性地宣传本产品的独特性（以大豆加工剩余物豆粕为原料制作的无醛胶黏剂）、生产工艺的环保性，以及产品的高科技含量。

● 充分考虑到青少年家具色彩的丰富性、简明性，在色泽上提供多样选择，且充分考虑到青少年家具功能应与孩子的年龄和体型相配，注意多功能性及合理的多样性。

● 及时根据政府在公共服务方面的决策，以及城市公用绿化政策的变化做出改变，避免因政策的变化造成公司的严重损失。

 ## 9.2　技术风险分析及规避

（1）风险

● 技术创新所需要的相关技术不配套、不成熟、不完善，进而影响技术的适用性、先进性、完整性、可行性和可靠性。

● 引进时由于对技术认识不充分，不能很好地使用，导致设备闲置，发挥不了效益。

● 对市场技术创新预测不够，造成所使用的技术落后，成本较同行高，利润空间下降。

（2）策略

● 重视技术方案的咨询论证，就技术方案的可行性进行研究，对项目方案的风险水平与收益水平进行比较，对方案实施后的可能结果进行猜测。×××公司专门设立了专家顾问团，聘请相关方面的专家提供技术指导。

● ×××公司聘请具有相关领域知识和经验的高级人才成立技术研发部，致力于通过选择合适的技术创新项目组合，进行组合开发创新，降低整体风险。

● 建立健全技术开发的风险预警系统，及时发现技术开发和生产过程中的风险隐患。

● 建立健全有关技术治理的内部控制制度，加强对技术资产的监督治理。

 ## 9.3　财务风险分析及规避

（1）风险

● 在筹资过程中，由于利率风险、融资风险、财务杠杆效应、汇率风险等造成筹集资金的不确定性，所以可能会影响到公司的成立和初步运作。

● 在投资进行生产经营活动或进一步扩大时，因市场需求的变化将影响最终收益与预期收益偏离的风险，会使公司内部的流动资金减少，影响公司正常运作。

● 在供、产、销各环节中由于各种不确定因素，可能使得×××公司产品销路不畅，存货囤积，货款收回困难，资金流动性不强等。

（2）策略

● 在筹资环节，应更多地使用自有资金，但当企业经营业务出现资金不足的困难时，可以采取发行股票、债券或从银行借款等方式筹集所需资本。

● 在投资阶段主要应该通过控制投资期限、投资品种降低风险，并要注意对汇率风险、利率风险的规避。

● 在经营销售阶段，要求企业在确定生产何种产品时，应先对产品市场做好调研，要生产适销对路的产品。

 9.4　战略风险分析及规避

（1）风险

● 战略定位确定、位置判断、战略目标确定的失误。

● 实现目标的方法与途径失误、综合分析失误。

（2）策略

● 管理者需熟悉青少年家具这个行业，包括行业整体情况，国家和地方对该行业的政策，生产原料的来源，生产的主要工艺和流程，产品在整个产业链中的地位和作用，客户群体是哪些等。

● 管理者要为×××公司制定合理的发展目标，并针对现实情况对发展目标做适时调整。

● 当公司的定位、目标被确定以后就要确定实现目标的方法与途径。

 9.5　管理风险分析及规避

（1）风险

● 管理层经验不足，组织结构制度制约着组织内部人员、资金、物资、信息流，影响着组织目标的实现，决定着青少年无醛家居技术创新的各个环节。

● 管理层不具备与家具有关的专业能力和一般业务知识，难以遵循科学的方法和流程制订正确、有效的计划，合理安排并组织人员。

● 人才缺乏，难以有相应的合适的人员配备。

（2）策略

● 全面提升管理层人员的素质和能力，加强×××公司管理层自身的品德修养，从而增强企业的凝聚力和激励力。

● 积极利用多种渠道与社会组织加强内外信息沟通和交流，注重知识经验的有效识别和积累，加强管理层青少年家具知识管理，建立知识储备库。

● 要设立正确的青少年家具生产目标，最大限度地利用现有条件制订科学合理的计划，其中包括对风险的预测及建立相应的防范规避机制。

 9.6　竞争风险分析及规避

（1）风险

● 政府对房产的调控政策给许多家具企业带来了痛苦。

- 青少年家具是个潜在的巨大市场。众多家居企业与家居卖场纷纷效仿。
- 消费者由以往对青少年家具单纯关注价格转变成开始注重环保健康、设计角度、品牌意识。

（2）策略

- 家具制造业属于劳动密集型产业。×××公司将不仅依靠外部给予的一些"优惠"降低成本，而且争取把企业做扎实，努力提高企业内部核心竞争力，如增加品牌价值、优化产品结构、改进生产线、加大营销创新。
- 练好内功，积极寻求走品牌化、精细化、差异化的发展道路。
- ×××公司本着"生产一代，拓展一代，开发一代，规划一代"的研发思路，继续追踪国际新技术，逐步加大研发投入和新产品开发力度，研发高新产品，保障公司产品引领行业产品趋势。
- ×××公司在降低甲醛含量、开发可循环材质等方面需不断改进创新，重视产品健康环保。
- 发力整体家居，整合产业链。

 9.7　团队风险分析及规避

（1）风险
- 过分追求民主，没有形成创业团队的领袖或盲目自信。
- 团队成员间搭配不尽合理。
- 团队成员之间缺乏共同的创业目标、利益、思路、纲领、规则等。

（2）策略
- 团队要有正确的理念，有一致的创业思路和共同的目标远景。
- 要保证团队成员间通畅的沟通渠道，进行持续不断的沟通。
- 以法律文本的形式确定一个清晰的利润分配方案，把最基本的责、权、利界定清楚。